제국신도의 형성

식민지조선과 국가신도의 논리

저자

아오노 마사아키青野正明, Aono Masaaki

1958년생. 오사카외국어대학(大阪外国語大学) 외국어학부 조선어학과를 졸업했다. 쓰쿠바대학(筑波大学) 대학원 지역연구 연구과 석사과정과 동대학원 역사·인류학연구과 박사과정을 거쳐 국제일본문화연구센터(国際日本文化研究センター)에서 박사학위를 취득했다. 한국근대사 전공. 현재 모모야마학원대학(桃山学院大学) 국제교양학부 교수로 재직 중이다. 저서로『朝鮮農村の民族宗教-植民地期の天道教・金剛大道を中心に』(社会評論社, 2001), 공저로『종교와 식민지 근대-한국 종교의 내면화, 정치화는 어떻게 진행되었나』(책과함께, 2013) 등이 있다.

역자

배귀득裵貴得, Bae, Kwi-deuk

1978년생. 리쓰메이칸대학(立命館大学) 대학원 문학연구과 석사과정 및 동대학원 박사과정을 수료했다. 근대한일종교사 전공, 현재 리쓰메이칸대학 문학부 시간강사로 재직 중이다. 논문으로「日本組合教会の朝鮮伝道における一考察-渡瀬常吉の初期朝鮮伝道を中心に」(『一神教世界』第3号, 2012), 「1910년대 최중진의 자유교회와 그 주변」(『전북사학』 제40호, 2012), 공저로『종교와 식민지 근대-한국 종교의 내면화, 정치화는 어떻게 진행되었나』(책과함께, 2013) 등이 있다.

심희찬沈熙燦, Shim, Hee-chan

1980년생. 리쓰메이칸대학(立命館大学) 대학원 문학연구과 석사과정 및 동대학원 박사과정을 수료했다. 근대사상사 전공. 현재 리쓰메이칸대학 객원협력연구원으로 재직 중이다. 논문으로 「미시나 쇼에이의 신화연구와 근대역사학-식민주의 역사학의 사상적 재구성」(『역사문제연구』 제36호, 2016), 「일본 근대역사학의 성립, 발전과 '조선'의 위상」(『동서인문학』 제52호, 2016), 공저로『식민주의 역사학과 제국-탈식민주의 역사학 연구를 위하여』(책과함께, 2016) 등이 있다.

제국신도의 형성 식민지조선과 국가신도의 논리

초판인쇄 2017년 12월 20일 **초판발행** 2017년 12월 30일
지은이 아오노 마사아키 **옮긴이** 배귀득·심희찬 **펴낸이** 박성모 **펴낸곳** 소명출판 **출판등록** 제13-522호
주소 서울시 서초구 서초중앙로6길 15, 1층
전화 02-585-7840 **팩스** 02-585-7848
전자우편 somyungbooks@daum.net **홈페이지** www.somyong.co.kr

값 35,000원 ⓒ 소명출판, 2017
ISBN 979-11-5905-248-4 93910

THE TRANSFORMATION FROM STATE SHINTO TO "IMPERIAL SHINTO"
IN JAPANESE-CONTROLLED KOREA

제국신도의 형성

식민지조선과 국가신도의 논리

아오노 마사아키 지음 | 배귀득 · 심희찬 옮김

소명출판

TEIKOKU SHINTO NO KEISEI:
SHOKUMINCHI CHOSEN TO KOKKA SHINTO NO RONRI

by Masaaki Aono

ⓒ 2015 by Masaaki Aono

First published 2015 by Iwanami Shoten, Publishers, Tokyo.

This Korean edition published 2017

by Somyong Publishing Co., Seoul

by arrangement with Iwanami Shoten, Publishers, Tokyo

한국어판 서문_ **국가신도는 제국신도였다**

이 책은 2015년 7월 일본의 이와나미서점岩波書店에서 출판된 졸저의 한국어판입니다. 일본어판 서명은 한국어판과 동일한 『帝国神道の形成 ―植民地朝鮮と国家神道の論理』입니다. 이 책에서 저는 식민지조선의 신사정책과 그 전개를 제국사의 관점에서 바라보고, 국가신도 논리의 형성과정과 본질을 파악하고자 했습니다. 그리고 국가신도는 제국신도 였다는 결론을 내려 보았습니다.

한국의 독자 여러분들은 알고 계실지 모르겠습니다만, 일본의 많은 연구자들에게 있어서 이와나미서점에서 자신의 책을 내는 것은 그야말로 꿈속의 꿈같은 일입니다. 꿈을 이루어준 이 책을 한국근대사는 물론, 일본근대사 및 종교학에 종사하고 있는 다른 연구자들도 읽어준 모양입니다. 출판된 지 반 년 만에 책이 거의 다 팔려서 증쇄를 찍을 정도로 많은 독자를 얻었습니다. 그리고 『일본역사』(일본역사학회)와 『종교연구』(일본 종교학회) 등의 학회지에 지금까지 네 편의 서평이 실렸고, 저를 직접 초대해준 서평회가 두 번 열렸습니다.

이 같은 주목을 받게 된 것에는 출판사의 지명도도 있겠지만, 급격한 우경화를 겪고 있는 최근 일본의 정치적·사회적 상황에 대해 위기감을 느끼는 사람들이 많이 있기 때문이기도 합니다. 헌법 개정을 부르짖으며 작금의 우경화에 가담하고 있는 커다란 세력 가운데 하나가 일본회의日本會議[1]로 대표되는 '종교우익'입니다. 종교내셔널리즘이 일본사회의 심각한 문제라는 점을 많은 사람들이 깨닫게 된 것입니다.

2015년 일본에서 이 책이 출판되었을 때 이와나미서점이 외부용 광고문을 만들어 주었습니다. 이 책이 의도하는 내용을 정확히 꿰뚫는 글이기에 아래에 인용하겠습니다.

'신사 비종교론(神社非宗敎論)'에 입각한 국가신도는 언제, 어떻게 황조신 숭배와 결부되었을까? '경신숭조'의 논리는 어떻게 형성되었고 또 구체화 되었을까? 1930년대를 중심으로 식민지조선의 신사정책과 그 전개를 신사신도의 담론 및 지역 제사의 현장을 통해 분석하고, 다민족 제국주의적 내셔 널리즘에 바탕을 둔 국가신도의 모습을 해명하여 그 본질에 육박한다.

이 책은 이처럼 식민지조선을 통해 신사신도(국가신도)의 본질에 다가가고, 제국사의 시점에서 다민족 제국주의적 내셔널리즘에 입각해있던 국가신도의 모습을 '제국신도'로서 제시합니다. 이 제국신도는 다른 종교를 억압, 탄압, 회유했으며, 국체론(천황제 이데올로기)이라는 종교내셔널리즘의 측면을 가지고 있었기 때문에 공인종교와 비공인단체인 '유사종교'는 심대한 압박에 놓이게 되었는데, 바로 이 때문에 반발의 의미를 포함해서 많은 영향을 받았다고 보입니다. 가령 당시의 많은 '유사종교' 단체는 독립을 의도하는 종말사상을 직접적으로 내걸고 있었고, 치안 당국의 삼엄한 감시를 받고 있었습니다.

비록 이 책은 공인종교의 문제를 다루고 있지는 않습니다만, 위의 내용과 관련하여 제2부의 부론에서 '유사종교' 개념의 문제를 논해보았습니다. '유사종교'는 치안 당국의 단속 대상이었던 신종교단체로부터 나온 개념인데, 이것이 본국정부로 역수입되었을 가능성이 높습니다.

이 역수입의 과정은 국가신도 그 자체에도 적용해볼 수 있을 겁니다. 1930년대 중반부터 식민지조선에서 국가신도가 다민족 제국주의적 내셔널리즘에 입각한 제국신도로 탈바꿈한 이후, 일본 '내지'에 역수입되었을 가능성을 본문에서 지적해보았습니다. 서평 등을 통해 대만 등 다른 식민지의 경우는 어땠는가라는 질문을 많이 받았습니다만, 이는 '제국신도의 전개'라는 저의 다음 연구주제에서 다룰 테마가 될 것입니다.

저는 대학원 박사과정에 재학할 당시 1987년도부터 88년도에 걸쳐 한국에 유학한 적이 있습니다(한국정신문화연구원, 현 한국학중앙연구원). 그 뒤로 계속 느껴온 점입니다만, 식민지지배하의 사회적 실태에 대해서는 한국의 연구자들이 훨씬 훌륭한 분석결과를 내놓고 있습니다. 이에 대해 조선총독부의 정책 같은 지배자 측의 논리를 분석하는 경우에는 일본인 연구자에게 유리한 점이 있는 것으로 보입니다. 이와 같은 관계성을 토대로 한일 간의 공동연구나 연구협력관계를 증진시키는 일은 더욱 높은 수준의 연구에 도달하는 지름길이 될 거라는 범박한 생각을 해봅니다.

그런 의미에서 한국에서 출판되는 이 책이 한국학계에 공헌할 수 있는 점이 있다면, 아마 식민지지배의 영향을 받은 종교개념의 문제를 들 수 있을 겁니다. 조선총독부 종교정책의 큰 틀은 법령으로 규정되었고 행정적인 소관을 동반하고 있었습니다. 통치자가 일본 '내지'에서 들여온 그 틀의 주된 구성요소는 비종교로 간주된 신사신도神社神道, 공인종교(교파신도, 불교, 기독교), 그리고 비공인단체('유사종교')로 이루어져 있었습니다. 이들 3자의 경계가 애매했기 때문에 실제로는 신사신도와 '유사종교'를 이용한 종교정책이 실시되었습니다.

참고로 이때 비밀결사나 '미신', 교화단체 등의 범주가 만들어졌다는 점도 첨언해둡니다.

앞으로 이 책을 한국의 역사학자나 종교학자 분들이 참고해주신다면, 그 성과를 다시 일본의 연구자들이 참고하는 넓은 의미의 협력관계가 생길 수도 있을 겁니다. 그렇게 되기를 간절한 마음으로 바라고 있습니다.

출판에 관한 경위를 마지막으로 알려드리겠습니다. 이 책은 2017년도 모모야마학원대학桃山学院大学의 학술출판조성의 지원을 받아 간행되었습니다.

한국어판 출판을 위해 출판사를 찾고 있을 때, 예전부터 친하게 지내왔던 한양대 윤해동 교수님이 소명출판을 소개해주셨습니다. 윤해동 교수님께는 평소에도 많은 것을 배워왔지만 이번 출판을 통해 더없이 큰 빚을 지고 말았습니다.

그리고 능력과 인내력을 동시에 요구하는 번역작업을 맡아주셨을 뿐만 아니라, 한국의 연구자분들이 편히 읽을 수 있는 문장으로 만들어 주신 배귀득 선생님과 심희찬 선생님께 감사드립니다. 두 분 선생님은 일본 교토의 리쓰메이칸대학立命館大学에서 박사학위를 취득한 우수한 연구자로서, 한국과 일본 양국에서 활발히 재능을 펼치고 있습니다.

하나의 조그마한 예에 불과합니다다만, 두 분 선생님은 일본의 종교학계와 역사학계에서 높은 평가를 받고 있는 책(磯前順一・尹海東編, 『植民地朝鮮と宗教－帝国史・国家神道・固有信仰』, 三元社, 2013.1)의 공동 집필자이며, 그 한국어판인 윤해동·이소마에 준이치 편, 『종교와 식민지근대-한국 종교의 내면화, 정치화는 어떻게 진행되었나』(책과함께, 2013.10)에서는 번역자로도 활약했습니다. 사족이지만 이 책의 독자 여러분들께 두 분 번역자와 저의 글이 실려 있는 위의 책도 추천 드리고 싶습니다.

무엇보다 출판사정이 매우 어려운 상황에 놓여있는 IT 선진국 한국에서, 그럼에도 불구하고 이 책의 출판을 흔쾌히 허락해주신 소명출판의 박성모 대표님과 공홍 편집부장님께 심심한 감사의 말씀을 드립니다.

한일 양국 간 연구자의 교류가 더욱 활성화되기를 바라면서 한국어판 서문을 이만 줄입니다.

오사카大阪에서 아오노 마사아키青野正明

차례

제국사와 국가신도

1. 문제제기

1) 들어가며

이 책에서 다루려는 과제는 다음과 같다. 조선총독부의 신사정책을 분석하고 이를 통해 식민지조선에서 드러나는 신사신도神社神道[1]의 변용을 제국사帝國史적 시야에서 파악하는 것. 제국사적 시야란 신사신도와 국민교화의 관계를 파악하는 데 있어서 제국일본이라는 관점을 바탕으로 단일민족적 국민국가만이 아니라 다민족적이고 제국주의적인 내셔널리즘의 형성을 함께 고찰하려는 방법을 나타낸다.

이러한 입장에서 이 책은 식민지조선에서 변용을 겪게 되는 신사신도가 천황 숭경의 시스템과 연결되는 지점을 통해 국가신도의 논리를 추출하는 동시에 이러한 논리의 실체화를 살펴보고자 한다. 이는 '내지'에서는 베일에 감춰져 잘 보이지 않았던 국가신도의 보다 본질적인 모습, 즉 다민족 제국주의적 내셔널리즘에 입각한 국가신도의 실체를 드러내는 작업으로 이어질 것이다. 이와 같은 형태의 국가신도를 이 책에서는 '제국신도'라 부른다(상세한 내용은 후술함).

그리고 이 책에서는 제국주의를 국민국가론에서 말하는 근대국민국가Nation-state의 확장으로 바라보는 입장을 취하며,[1] 식민지에서의 내셔널리즘(이 경우에는 국민주의)을 단일민족주의에 한정하지 않고 다민족적인 내셔널리즘 또한 고찰의 대상으로 삼고자 한다. 조선인은 한국병합에 의해 일본국적을 보유하는 '일본인'이 되었지만, 호적의 구별을 통해 '내지인'(이 책에서는 일본인으로 표기)과는 법적으로 엄격히 구분되었기 때문이다.

2) 국가신도 연구의 방향성

저자는 이전부터 조선총독부의 신사정책과 조선사회의 접점에 관심을 가져왔다. 즉 신사신도와 조선의 비공인종교단체(소위 '유사종교' 단체나 종교적 비밀결사) 및 민간신앙('동제洞祭', 무속 등)과의 접점에 초점을 맞춤으로써, 배제라는 관점에 입각하여 조선에서 펼쳐진 국가신도의 논리에 다가갈 수 있다고 생각하기 때문이다. 당연히 국가신도의 사상적, 이

---

1 柄谷行人, 『'戦前'の思考』(文藝春秋, 1994・講談社学術文庫, 2007)의 『帝国とネーション』, 16~17쪽을 참고.

데올로기적인 측면에 관해서도 일찍부터 주의를 기울여왔다.

그런데 주로 '내지'의 국가신도를 대상으로 진행되어온 선행연구들은 식민지에서 국가신도의 사상적, 이데올로기적인 모습이 전면에 등장하는 점을 일종의 '일탈'로 파악하고 국가신도의 전개 과정과는 분리시켜서 생각해왔다. 가령 사카모토 고레마루阪本是丸는 패전 후 국가신도연구를 견인해온 무라카미 시게요시村上重良의『국가신도国家神道』(이와나미 신서岩波新書, 1970년)로부터 무라카미의 국가신도론을 더욱 확장시킨 시마조노 스스무島薗進의『국가신도와 일본인国家神道と日本人』(이와나미 신서, 2010년)에 이르는 40년간의 국가신도 연구사를 정리한 바 있는데,[2] 여기에 식민지를 시야에 넣은 연구는 보이지 않으며 그러한 연구의 필요성조차 언급되지 않는다.

물론 사카모토의 연구사 정리 덕분에 저자처럼 식민지조선을 대상으로 삼는 연구자도 야스마루 요시오安丸良夫로 대표되는 국가신도의 사상적, 이데올로기적 측면에 대한 선행연구(예를 들면『신들의 메이지 유신 – 신불분리와 폐불훼석神々の明治維新 – 神仏分離と廃仏毀釈』, 이와나미 신서, 1979년)들을 — 가령 시마조노가 그랬던 것처럼 — 비판적으로 계승할 필요가 있음을 새삼 깨달을 수 있었다. 사카모토는 신사신도가 근대일본에서 "어떠한 국가적 또는 인민적 위치를 점하고 있었는지에 관한 실태를 사상적, 이데올로기적 측면에서 탐구"하는 것이 "국가신도 연구의 기초적 작업, 그 기반이 된다는 점에는 의심의 여지가 없다"는 방향성을 제시하면서 글을 끝맺고 있다.

그렇지만 그러한 방향으로 나아가기 위해서라도 국가신도의 사상적,

2 阪本是丸, 「「国家神道」研究の四〇年」, 『日本思想史学』 第42号, 2010.9.

이데올로기적 측면이 노골적으로 표출되었던 식민지에 눈길을 돌려볼 필요가 있는 것은 아닐까? 이런 의구심을 품고 있을 무렵, 저자는 이소마에 준이치磯前順一의 연구와 만나게 되었다. 이소마에는 국가신도의 사상적, 이데올로기적 측면을 중시한 나머지 식민지에 대한 관심을 빠트리게 된 점을 기존의 연구들의 한계로 지적하고, '내지'와 식민지를 연결하는 시각을 집요하게 추구하고 있었다.

가령 이소마에는 쓰다 소키치津田左右吉의 국민사 구상을 제국주의 안에서 자라난 사상으로 재정립하기 위해, 그의 단일민족국가론을 다민족제국의 관점에서 분석하고 나아가 패전 이전의 다민족제국주의와 단일민족주의의 관계는 물론 패전 후의 단일민족주의까지 고찰의 대상에 포함시키는 작업에 열중하고 있다.[3] 그에 따르면 다민족제국주의와 단일민족주의는 동화와 차별의 논리로서 국민국가를 함께 보좌하는 '공범관계'에 있었다. 따라서 이소마에는 국민국가를 단순히 단일민족국가로 동일시할 것이 아니라, 제국주의를 포섭하는 근대의 시스템이라는 더욱 넓은 시점에서 바라볼 필요가 있다고 주장한다.

여기서 니시카와 나가오西川長夫의 국민국가론을 상기해보자. 니시카

3　磯前順一, 「近代日本の植民地主義と国民国家論—津田左右吉の国民史をめぐる言説布置」, 『思想』第1095号, 特集「「戦後」の超克」, 2015. 이 논문은 2013년 5월 한양대 비교문화연구소가 개최한 심포지엄 '일본의 '식민지주의 역사학'과 제국'에서 발표한 기조강연의 내용을 토대로 작성된 것이다(당일 심포지엄의 성과는 윤해동, 이소마에 준이치 편, 『식민주의 역사학과 제국』(책과함께, 2016)으로 정리되었다). 이 심포지엄에서 이루어진 제국사관과 단일민족사관에 관한 논의 및 그에 대한 고찰은 磯前, 『閾の思考—他者・外部性・故郷』(法政大学出版局, 2013)의 「はじめに」에 정리되어있다(21~25쪽). 전후 일본에서는 잘못된 제국사관과 올바른 단일민족사관이라는 정반대의 평가가 공존해왔다. 이 점이 논의의 대상이 된 한양대 심포지엄의 성과는 "심포지엄의 주최자인 윤해동 씨가 해방 후 한국 사회에 있어서 민족주의 역사학과 식민사학이 불가분의 관계를 지니고 있었음을 지적한 것처럼, 일본에서도 제국사관과 단일민족사관은 한 쌍을 이루고 있었다"(22쪽)는 서술에서 여실히 드러난다.

와는 식민지주의를 규명하려는 관점에서 국민국가론을 전개했는데,[4] 이소마에 역시 비슷한 관점에서 쓰다를 분석하고 이를 통해 국민국가론에 관한 자신의 논점을 표명하는 것처럼 보인다. 탈식민지주의의 이론에 정통한 이소마에에게, 식민지문제를 포함하는 국민국가론은 자신의 종교개념론[2]을 제국일본에까지 확대시켜 전개하기 위한 중간 역에 지나지 않을 것이다. 그렇다면 이소마에의 쓰다론은 — 비록 본인이 명기한 적은 없지만 — 국민국가론을 발전시킨 제국사로서의 종교론, 즉 '제국종교'론을 확립하려는 의도에서 제기된 것이라고도 볼 수 있다.

참고로 — 이소마에가 『종교와 식민지 근대』[5]를 엮어낸 2013년을 전후한 시기로부터 쓰다에 관한 논문을 완성시키기에 이르는 단계에 — 국가신도를 제국사의 관점에서 다룬 흥미로운 논의들이 등장하는 바 여기에 소개해둔다. 이소마에가 엮은 위의 책에 실린 김태훈의 논문(「1910년 전후 '종교' 개념의 행방—제국사적 관점에서」)은 종교개념이 제국사적으로 전개했음을 주장하고, 나아가 제국일본의 종교개념이 식민지와 '내지'를 고리처럼 연결시키고 있었다는 점을 제시한다.[6]

4 西川長夫, 『植民地主義の時代を生きて』(平凡社, 2013)을 참고.

5 윤해동·이소마에 준이치 편, 『종교와 식민지 근대—한국 종교의 내면화, 정치화는 어떻게 진행되었나』, 책과함께, 2013.

6 김태훈은 이러한 문제제기 이후, '조선불교'를 통해 식민지와 '내지'의 연환을 논한다. 그는 '조선불교'라는 개념의 변천을 세 단계로 구분한다. 첫 번째는 1890년대부터 1900년에 이르는 시기로 '일본불교'에 대응하여 '조선불교', '조선에 있는 불교'의 의미로 사용되었다. 그 뒤 1910년대부터는 조선인들의 자기언급으로서 '조선불교'가 등장하고 1920년대를 거쳐 정착하게 된다. '일본불교'를 상대화하면서 조선민족이라는 내셔널 아이덴티티와의 접속이 시도된 시기이다. 1930년대부터 1940년대에 걸쳐서는 '조선불교'의 독자성이 표출되는데, '일본불교'를 특수한 것으로 여기면서 보편적인 '제국불교'를 지향하는 자세를 강하게 띠고 있었다고 한다. 김태훈, 「「朝鮮仏教」の成立—「帝国仏教」論の射程」, 末木文美士·林淳·吉永進一·大谷栄一編著, 『ブッダの変貌—交錯する近代仏教』, 法蔵館, 2014.

또한 이소마에는 같은 책 서문에서 「제국사로서의 종교론」을 제창하고, 본문에 실은 논문(「식민지조선의 종교개념에 관한 담론편성—국가신도와 고유신앙의 틈새」)에서는 국가신도론을 제국의 이데올로기로 새롭게 파악하는 작업을 통해 '제국사로서의 종교론'이라는 문제의식을 더욱 심화시킨다. 그 후 쓰다론으로 이어져가는 이소마에의 '제국종교' 논의가 제국신도론에 관한 저자의 구상에도 많은 영향을 주었음을 밝혀둔다.[7]

위에서 설명한 이소마에의 제국종교론에 입각하여 단일민족주의와 다민족 제국주의적 내셔널리즘의 형성을 동시에 시야에 넣으면서, 제국

김태훈은 이 글에서 종교개념론을 이용하여 '조선불교'에 보이는 특수와 보편의 교차를 밝히고, 이를 통해 '민족'과 '친일' 개념의 교차를 재구성하기 위해 '제국불교'론의 사정(射程)을 묻고 있는 것으로 보인다. '민족'과 '친일'이라는 대립 항에 집착해온 선행연구를 넘어서고자 하는 김태훈의 시도로부터 많은 것을 배울 수 있었다. '조선불교', '일본불교', '제국불교'의 개념이 내셔널리즘을 반영하는 것이라면, '제국불교'와 내셔널리즘의 문제 및 이데올로기의 측면을 전제로 '조선불교'를 평가하는 작업이 앞으로의 과제라 하겠다.

가령 김태훈이 제시한 두 번째 시기에서 세 번째 시기로 이행하는 단계와 그 내용은, 이책에서 저자가 구상하는 아마테라스 오미카미[天照大神]의 성격변화(본문에서 논함), 즉 단일민족주의적 내셔널리즘에 다민족 제국주의적 내셔널리즘이 가미되는 시기의 성격변화와 중첩되기도 한다. '제국불교'론을 이 책의 '제국신도'론에 겹쳐보면 양자의 논의와 이해가 더욱 깊어질 것으로 보인다.

7　윤해동·이소마에 준이치 편, 『종교와 식민지 근대』에서 이소마에는 근대일본의 종교연구에 제국사의 시점을 도입하려고 한다. 미국에 거주하는 사카이 나오키[酒井直樹]는 이소마에가 제국 이데올로기로서 새롭게 정립한 국가신도론에 대해 다음과 같이 논한다. 즉 전후 일본은 식민지조선에서 보이는 것과 같은 제국주의적 내셔널리즘(imperial nationalism)으로부터 패전 직후 미국의 점령정책에 의해 민족주의적 내셔널리즘(ethnic nationalism)으로 전환했고, 그로 인해 신사신도 또한 민족주의적 내셔널리즘에 따라 재정의되었다는 것이다. Naoki Sakai, "Comment on Discursive Formation around 'Shinto' in Colonial Korea by Isomae Jun'ichi", https://divinity.uchicago.edu/sites/default/files/imce/pdfs/webforum/092012/Naoki%20Sakai%20response%20to%20Isomae%20FINAL.pdf.
이소마에는 이와 같은 지적을 수용하고, 국민국가를 식민지주의의 생산·재생산 장치로 간주하는 니시카와 나가오의 국민국가론(『植民地主義の時代を生きて』)에 입각하여 쓰다의 단일민족국가론을 다민족 제국의 관점에서 분석한다(「近代日本の植民地主義と国民国家論」).

일본이라는 분석틀을 가지고 내셔널리즘의 문제를 식민지조선에서의 신사신도 및 국민교화의 관계를 통해 파악해보는 것이 이 책의 목적이다. 다민족 제국주의적 내셔널리즘을 국민교화에 이용하던 국가신도의 모습을 추적하여 그 논리를 적출하고, 나아가 그와 같은 논리의 실체화 과정을 검토해볼 것이다.

3) 제국신도란

이 점을 조금 더 자세히 살펴보기 위해 아마테라스 오미카미天照大神[3]의 봉재奉齎가 조선에서 겪었던 변천의 과정을 간단히 설명해둔다(상세한 논의는 제1장 제1절의 (1), 제3장 제4절의 (1)을 참조). 일본인 이주자 및 본국정부, 총독부 당국이 아마테라스 오미카미에게 부여한 성격에만 한정해서 볼 경우, 이를 세 단계로 나누는 것이 가능하다. 먼저 첫 번째 단계는 한국병합을 전후하여 일본인 이주자들이 자치적으로 아마테라스 오미카미를 제사 지낼 신사시설을 짓기 시작한 시기. 두 번째는 조선신궁朝鮮神宮 진좌(1925년)를 전후한 시기. 세 번째는 국폐소사國幣小社[4]의 열격列格이 시작되는 '심전개발운동'(1935년 제창. 제2장과 제3장에서 다룬다)[8]의 단계이다. 각각의 단계에 아마테라스 오미카미에게 부여된 성격은 식민지조선의 내셔널리즘을 반영하고 있었는데, 두 번째 단계까지는 소위 단일민족 제국주의적 내셔널리즘을, 세 번째 단계부터는 다민족 제

---

8 조선총독부는 '심전개발', '심전개발운동'이라 불렀다. 이 책에서도 심전개발운동으로 부르겠다.

국주의적 내셔널리즘의 요소를 확인할 수 있다. 아마테라스 오미카미의 성격변화에 관한 저자의 기본적인 입장은 위와 같다(이에 대해서는 종장에서 다시 설명할 것이다).

이처럼 저자는 국민교화를 담당했던 국가신도가 식민지조선에서는 단일민족주의는 물론 다민족 제국주의적 내셔널리즘과도 깊은 관련을 맺고 있었다고 본다. 이 책에서는 국민국가가 확장하는 과정에서 제국주의적 내셔널리즘을 바탕으로 국민교화를 추진했던 국가신도를 가리켜 '제국신도'로 칭할 것이다.

앞서 아마테라스 오미카미의 성격이 세 단계에 걸쳐 변화한 점을 지적했는데, 이러한 변화를 가져온 신사정책의 이행과정에 관해 간략히 살펴보자. 일본의 식민지가 확대됨에 따라 식민지에도 신사가 창건되었고, 이민족이 본격적인 국민교화의 대상이 되는 시기가 찾아오게 된다. 여기서 특히 신사신도의 종교성에 주목할 필요가 있다. 조선신궁(1919년 창립, 1925년 진좌. 제신祭神은 '아마테라스 오미카미'와 '메이지천황明治天皇') 을 진좌할 당시 벌어진 제신논쟁(후술)에서 핵심이 된 사항은, 조선인을 대상으로 추진하는 국민교화에 과연 신사를 이용해도 되는가의 문제였다. 그리고 단군의 봉재를 둘러싼 논쟁에서도 알 수 있듯이 조선인의 교화에는 신사신도의 종교성이 동반되었다.

총독부 당국이 내지에서 신사 비종교론神社非宗敎論이 고수되던 점을 감안하여 종교성의 강조에 반대했다면, 민간의 신도가들은 종교성을 전면에 내건 교화를 주장하고 있었다. 신사신도는 비종교적인 도덕으로 간주되는 한편 종교성을 동시에 포함하는 양가성을 지니고 있었는데, 도덕과 종교성 사이에 그어진 선[9]의 위치 여부에 따라 신사신도의 종교성은 드러나기도 하고 혹은 감추어지기도 했다. 게다가 이러한 선 자체도 가변성을 띠고 있었으며, 그 위치가 변화할 때마다 조선사회와의 마찰을 불러일으켰다. 이와 같은 선의 이동은 국가신도 논리를 분석하는 데 있어서 중요한 시사점을 제공할 것이다. 참고로 이 책에서는 종교성에 중점을 둔 신사신도 담론을 적극적 신사 비종교론으로 부른다(제1장 제4절 (2)에서 설명).

4) '내지'에서의 시기구분

다음으로는 이 책에서 다룰 1930년대 조선총독부의 신사정책이 국가신도의 연구사 안에서 어떤 위치를 차지하는지에 대해 논해보겠다.

이소마에는 국가신도의 변천 과정을 세 단계로 구분한다.[10] 다만 이는 '내지'에서의 변천을 다룬 것이기 때문에 식민지조선에 적용하기 위해서는 '해외신사'의 시기구분과 대조할 필요가 있다는 점을 말해둔다.

첫 번째 단계는 국가신도의 전사前史를 이루는 신도 국교화정책의 시기로서, 대략 1868년의 신기관神祇官[5] 포고에서 1882년의 관국폐사官國幣社의 교도직教導職[6] 겸보兼補 폐지에 이르는 시기를 가리킨다. "신교

---

9   이소마에 준이치는 심희찬 역, 『상실과 노스텔지어―근대 일본이라는 역사 경험의 근원을 찾아서』(문학과지성사, 2014)의 제4부 「초법적인 것의 그림자―근대일본의 '종교 / 세속'」(4절 「텅빈 제국」)에서 신사제사가 국민도덕을 실천하는 장이 되었기에 전전의 사회에서 종교와 도덕은 연속된 것으로 파악되었으며, 나아가 그 사이의 선을 둘러싸고 논쟁이 반복되었음을 지적한다. 그리고 신사제사 그 자체에도 종교와 국민도덕의 양가성이 존재했다고 보는 입장에서 국가신도론과 정교분리, 천황제의 문제를 논한다.
10 이소마에 준이치, 제점숙 역, 『근대 일본의 종교 담론과 계보―종교·국가·신도』(논형, 2016)의 제3부 제1장 「국가신도에 관한 각서」(363~377쪽)를 참조.

의 자유 및 종교라는 개념이 사회에 정착하기 이전의 단계"라 하겠다.

두 번째 단계는 1884년의 교도직 폐지에 따른 공인교제도公認敎制度의 설립과 1889년의 대일본제국헌법 공포를 통해 "신교의 자유가 일본사회에 정착되어 가는 속에, 공적 영역으로서 국민 의무인 도덕과 사적 영역으로 개인의 역량에 일임된 종교라는, 그때까지 미분화된 교敎가 구분된 시기"다. 신사는 "오로지 국가제사를 담당하는 역할로, 이전의 종교적인 성질은 공동화空洞化 상태가" 되었지만, 한편으로는 "제신을 모시고 참배행위를 함으로써" "여전히 종교성을" 띤 상태로 존재하고 있었다.

세 번째 단계는 관국폐사 국고공진금제도國庫供進金制度가 시행되고 신사합사(정리)가 본격적으로 개시된 1906년 무렵부터 45년에 이르는 시기를 말한다. 이 시기에는 정부에 의해 신사 비종교론이 적극적으로 이용되었고, "신사를 적극적으로 활용한 국민교화정책, 엄밀한 의미에서의 국가신도 체제"가 펼쳐지게 된다. 그렇지만 다이쇼大正 10년대(1920년대)에 접어들면 신사의 종교적 성질이 기독교나 불교계 측에 의해 비판되었고, 신사 비종교론이 신교의 자유를 저해한다는 목소리도 커지기 시작했다. 이에 "보수진영 안에서 신도학神道學이라는 새로운 담론이 등장하여 신도라는 것이 종교나 도덕이라는 범주에 속하는 것이 아닌 오히려 이들을 포섭하는 극한개념으로 국체國體 즉 천황제 내셔널리즘과 동의어라는 주장이 야기되기"에 이른다.

이소마에는 이 세 번째 단계에 속하는 전시기에 국가신도 체제가 융성하는 점에 주목하고, '전시기의 모습'을 "파시즘 체제가 초래한 이상한 일탈"로 간주하는 시각의 재검토를 요구한다. 전시기의 형태야말로 도리어 '국가신도의 본질'을 보여준다며 당시의 국가신도 체제로부터 국가신도의 본질을 찾아야할 필요성을 강조한다.

이소마에는 국가신도 연구의 앞으로의 과제로서 "종교개념과 함께 국가신도를 유지하는 기본범주인 '신도'나 '신사'가 이런 모든 과정 속에서 어떻게 오늘날의 의미를 함축한 제3기의 개념으로 변해갔는지를 규명"할 필요성을 든다. 신사 비종교론에 근거한 국가신도가 어떻게 천황제 이데올로기와 관련되어갔는지를 해명하는 작업이라 할 수 있겠다.

이 책에서는 이러한 과제를 계승하면서 1930년대 조선총독부의 신사정책을 통해 식민지조선에서 전개된 국가신도를 고찰할 것이다. 이를 위해 다음으로 '해외신사'의 시기구분을 살펴보고, 앞서 소개한 국가신도의 시기구분과 대조하는 작업을 통해 이소마에가 제기한 과제를 식민지조선에 어떻게 적용할 수 있는지 검토해보도록 하겠다.

5) 조선에서의 시기구분

나카지마 미치오中島三千男는 '해외신사'의 설립시점을 토대로 세 단계의 시기를 구분한 선행연구들의 논점을 보충, 정리한 적이 있다.[11] 제1기는 메이지 초기부터 1910년대 중반 무렵까지의 시기로 "대만신사나 가라후토樺太신사 등의 정부설치 신사와 거류민설치 신사가 병행하여 세워지던 시기"였다고 한다. 정부설치 신사의 제신으로 개척삼신(오쿠니

---

11 中島三千男, 「『海外神社』研究序説」, 『歷史評論』 第602号, 2000.6. 이 시기구분은 원래 닛타 미쓰코[新田光子]의 『大連神社史―ある海外神社の社会史』(おうふう, 1997)에 의한 것이며, 여기에 나카지마가 각각의 시기에 나타나는 특징과 내용을 보충, 설명한 것이다.

타마노 미코토大國魂命, 오나무치노 미코토大己貴命, 스쿠나비코나노 미코토少彦名命)[7]이 포함된 점과 관련해서는 아직 '내지'에서 "종교가 아닌 제사로서의 신사신도=국가신도의 논리가 확립되지 않은 단계의 신도 교의를 반영"한 것으로 설명한다.

제2기는 1930년 무렵까지의 시기로 "법제도가 정비된 시기이며, '내지'에서 확립된 국가신도의 논리가 '외지'에 전해진 시기"였다고 한다. 이에 관해 '해외신사'의 법 정비가 지닌 특징으로서 "종교와 신사를 분리하는 방향이 확인"되며, 1925년에 진좌한 조선신궁이 개척삼신이 아닌 황조신皇祖神[8] 및 메이지천황을 제신으로 삼았던 것에 대해서는 "국가신도의 논리가 제신의 문제로 파급된 것"으로 설명한다.

제3기는 만주사변이 일어난 1931년 이후로서 '해외신사'가 가장 '발전'한 시기이다. 그 특징으로서는 "아마테라스 오미카미가 전면에 등장한" 점, 그리고 "정부설치 신사—정부열격신사—거류민설치 신사의 피라미드가 완성된" 점을 들 수 있다고 한다.

이 '해외신사'의 시기구분과 '내지'의 시기구분을 대조해보면 '해외신사'의 제2기 및 제3기가 '내지'의 세 번째 단계와 대체로 겹쳐지는 것을 알 수 있다. 따라서 '내지'의 두 번째 단계에서 신사가 "국가적 제사를 담당"하는 데 논리적 지주가 되었던 신사 비종교론은 '해외신사'에서는 조금 늦은 시기인 제2기의 법 정비에 반영되었고, 1910년대 중반 무렵부터는 "종교와 신사를 분리하는 방향"이 진행되었다.

여기서 조선에서의 제2기를 검토해보자. 간단히 정리하면 제2기는 '내지'에서 확립된 국가신도의 논리, 곧 "종교와 신사를 분리"한다는 논리가 '외지'에도 전해진 시기이며, 이러한 논리가 파급된 결과로서 — 조선신궁의 제신에 보이는 것처럼—식민지 총진수總鎭守에 황조신 숭배의 사상이 나타난 시기로 여겨진다. 하지만 정말 그렇게 볼 수 있을까?

가령 조선총독부는 신사 비종교론에 입각하여 1910년대 중반 이후에 내지에서 이루어진 법 정비를 받아들이고, 1925년에는 신사행정을 학무국 종교과에서 내무국 지방과로 이관시킨다. 이와 병행하는 형태로 조선신사(후에 조선신궁)의 창건이 논의되었고, 1918년에는 제신이 '아마테라스 오미카미'와 '메이지천황'으로 내정되었으며, 1925년에 조선신궁으로 개칭하여 진좌에 이르게 된다.

6) 선행연구의 정리

이처럼 시대적 동시성을 중시한다면 조선총독부 내에서 신사 비종교론과 황조신 숭배의 관계가 어떠했는가를 검증할 필요가 있다는 점이 드러난다. 여기서는 식민지조선에서의 신사정책 중에서도 특히 국가신도 논리에 관한 선행연구를 정리하는 작업을 통해 검증의 실마리를 찾아보도록 하겠다. 국가신도와의 관련을 염두에 두면서 이루어져 온 종래의 신사정책 연구는 1925년의 조선신궁 진좌를 둘러싼 제신논쟁에 주목하거나, 혹은 식민지 총진수의 제신이 개척삼신에서 황조신으로 변한 점을 들어 대부분 진좌 그 자체를 신사신앙神社信仰으로부터의 '변화·일탈'로 여겨왔다.

우선 조선신궁의 제신논쟁을 간략히 살펴보자. 1925년 조선신궁의 진좌를 둘러싸고 신사의 종교성을 중시하는 민간의 신도 관계자들은 조선의 시조인 단군을 봉재하자는 주장을 펼쳤다. 그렇지만 신사 비종교론의 입장을 취하던 조선총독부 당국은 이와 같은 주장을 받아들이지 않았고, 이에 대상을 조금 넓힌 '구니타마노 가미國魂神'[9] 봉재론이 등장하지만(이 때 '구니타마노 가미'는 '시조始祖 및 건국유공자建國有功者'로 해석되었다) 이 또한 총독부 당국에 의해 거절당했다.

이와 같은 제신논쟁에 대해 나카지마는 스가 고지菅浩二의 견해를 비판하고 "국가신도 논리의 확립"을 재확인한다.[12] 조선신궁의 진좌를 신사신앙으로부터의 '변화·일탈'로 간주하는 기존의 인식을 "뿌리 채 비판"하는 스가에 대해, 나카지마는 종래의 논의를 옹호하는 것이다(스가의 견해에 대해서는 후술하겠다).

다카기 히로시高木博志는 삿포로신사 이래의 '영토개척' 신학의 형태를 추적한 연구에서 조선신궁의 제신논쟁에 대해 다음과 같이 논한다. "관폐대사官幣大社 조선신궁의 제신논쟁이 아마테라스 오미카미를 모시는 것으로 결론이 나게 됨에 따라, 삿포로신사 이래 관폐대사에서 — 개척한 국토를 천손에게 넘겨주는 신화를 반영한 — '영토개척의 신' 오쿠니타마노미코토를 제사지내는 신학(대만신사, 가라후토신사)은 종언을 맞이한다."[13]

한편 '통합'의 시각을 강조하는 야마구치 고이치山口公一는 조선총독부의 신사정책을 단순한 이데올로기로 치부하는 논의를 비판하고, '국민의례'를 강요하는 신사 비종교론의 전개과정 속에 조선신궁의 진좌와 1930년대의 신사정책을 자리매김한다.[14] 이처럼 나카지마, 다카기, 야

---

12 위의 글의 주34, 「朝鮮神宮祭神論争」을 참조.

13 高木博志, 「官幣大社札幌神社と「領土開拓」の神学」, 岡田精司編, 『祭祀と国家の歴史学』, 塙書房, 2001.

14 山口公一, 「植民地期朝鮮における神社政策と朝鮮社会」, 一橋大学博士学位論文, 2006.3.

마구치 등은 신사 비종교론이 국가신도 혹은 신사정책의 지주 역할을 했다고 보고, 조선신궁의 '아마테라스 오미카미' 봉재는 신사 비종교론에 의한 '국민의례'의 강요에 다름 아니었다고 평가한다.

이에 반해 조선총독부의 신사정책을 신사 비종교론의 전개로 여기는 주장을 부정하는 스가는 조선신궁의 황조신 봉재를 "'주변'을 향해 일방적으로 비대해져가는 '중심'"의 문제로 보고, "'황조신 배례의 강제'는 신도에 보이는 천황 신앙이라기보다는 오히려 모더니즘 일반의 문제로 환원시켜 생각해야할 것"이라 논한다.[15]

스가가 황조신 봉재에 관해 제기한 "모더니즘 일반의 문제로 환원"하는 방법에 대해서는 이 책 제1부 제1장에서 비판할 예정이기에 여기서는 생략하겠으나, 조선신궁의 진좌를 국가신도 논리의 확립으로 보는 입장을 부정한 점에 관해서는 눈여겨볼 필요가 있다. 왜냐하면 조선신궁 제신의 결정과정을 분석한 스가의 연구에 의해 황조신 봉재가 신사 비종교론과는 다른 논리에 의거하고 있음이 적출되었기 때문이다(후술).

스가를 포함하여 위에서 소개한 선행연구들은—지금까지 1930년대 조선총독부의 신사정책에 관한 연구가 그다지 진전을 보이지 못한 탓이긴 하지만—어떤 난점을 공유한다고 총평할 수 있다. 이들 연구는 신사제도 개편과 관계가 있는 심전개발운동을 조선신궁의 진좌 및 제신논쟁에 결부시켜서 파악하는 시점과 분석을 결여하고 있다. 이러한 시점에 입각한 분석은 조선신궁의 진좌, 제신논쟁의 평가에 대한 재해석을 자연스레 포함하게 된다.

---

15 菅浩二, 『日本統治下の海外神社―朝鮮神宮・台湾神社と祭神』, 弘文堂, 2004, 149쪽.

7) 선행연구와의 차이

그러므로 조선신궁의 진좌 당시 조선총독부 내에서 신사 비종교론과 황조신 숭배가 어떤 관계에 있었던가를 검증할 필요가 있다. 조금 더 구체적으로 말하자면, 종래의 논의가 황조신 봉재를 신사 비종교론에 근거한 것으로 이해하고 이를 신사신앙으로부터의 '변화·일탈', "국가신도 논리의 확립"으로 결론짓는 평가가 과연 타당한지를 검증할 필요가 있다는 것이다.

그리고 저자는 이와 같은 검증이 앞서 국가신도의 변천에 관한 시기구분을 소개하는 구절에서 논했던 국가신도 연구의 앞으로의 과제(이소마에)와도 관련된다고 본다. 이 과제를 식민지조선에 대입해보면, 조선신궁의 진좌와 제신논쟁으로 대표되는 제2기에는 철저하게 신사 비종교론으로 일관했던 국가신도가 만주사변 이후의 제3기에 들어서서 천황제 이데올로기와 결부되어 가는 과정을 해명하는 작업으로 이어질 것이다. 이를 해명하기 위한 실마리를 신사 비종교론과 황조신 숭배가 동거하는 조선신궁 진좌 및 제신논쟁에서 찾을 수 있다고 본다.

다시 말해 조선신궁의 진좌와 제신논쟁의 평가를 검증하고 식민지조선에서 형성되었던 국가신도의 논리를 분석하는 작업은, 선행연구들이 지닌 난점을 극복할 뿐만 아니라 앞서 논했던 국가신도 연구의 과제를 해결하는 작업과도 관련되는 것이다. 이와 같이 조선신궁의 진좌 및 제신논쟁에서 심전개발운동에 이르는 신사신도의 전개 과정과 그 변용을 분석함으로써 국가신도의 논리를 적출하려는 것이 저자의 기본적인 입장임을 밝혀둔다.

그러면 선행연구와의 차이를 조금 더 명확히 해두기 위해 — 조선신궁의 제신논쟁에 관한 선행연구들의 견해를 염두에 두면서 — 국가신도 논리의 전개과정에 대한 저자의 가설을 피력해보도록 하겠다.

위에서 살펴보았듯이 나카지마 미치오는 제신논쟁에 관한 스가 고지의 견해를 비판하고 "국가신도 논리의 확립"을 주장한다. 이에 대해 스가는 자신의 저서에서 반비판의 형태로 지론을 펼치는데, 조선신궁 제신의 결정과정에 관한 스스로의 검증작업을 토대로 아마테라스 오미카미는 조선신궁 이전부터 조선에 설치되었던 신사 제신의 주류였으며, 이주자들의 내셔널 아이덴티티에 직결하는 숭경의 대상이었다고 논한다. 그리고 조선신궁의 제신이 된 '아마테라스 오미카미'는 "동조同祖관계에 있는 두 민족 공통의 '국조'"의 성격을 지니고 있었다고 설명한다.[16]

이 책 제1장 제1절 「조선신궁 제신의 논리」에서 논증하겠으나, 저자는 조선신궁에 '아마테라스 오미카미'가 봉재된 것을 국가신도 논리의 확립으로 보지 않는다. 오히려 아마테라스 오미카미는 이주자들의 내셔널 아이덴티티에 직결하는 숭경의 대상이었다고 보는 스가의 분석에 찬성하는 입장이며, 조선신궁에 봉재된 '아마테라스 오미카미'는 '동조'의 측면을 지니고 있었다고 간주한다. 게다가 진좌 당시의 조선신궁이 지니고 있던 특이성을 감안하면, 진좌 자체가 국가신도 논리 형성의 — 확립이 아니라 — 발전 도상 단계를 가리키는 지표에 불과했을 가능성이 있다.

그 후 만주사변을 거쳐 1930년대 중반이 되면 심전개발운동을 통해 '아마테라스 오미카미'는 천황제 이데올로기와 깊은 관련을 맺게 된다.

---

16 위의 책, 종장의 「三 朝鮮に特徴的な祭神群」을 참조.

앞으로 이 책에서는 이러한 과정을 중심으로 성격이 달라진 '아마테라스 오미카미'의 봉재로부터 국가신도 논리의 확립을 증명하는 동시에 그와 같은 논리의 실체화에 대해 고찰할 것인데, 이는 앞서 설명한 국가신도 연구의 앞으로의 과제와 이 책의 내용이 만나게 될 구체적인 지점이기도 하다.

선행연구에 결여된 조선신궁의 진좌 및 제신논쟁과 심전개발운동을 결부시키는 분석은, '아마테라스 오미카미'의 성격변화와 동시에 그어진 도덕과 종교 사이의 선의 궤적 — 신사신도의 양가성 — 을 추적하는 작업이 되기도 한다. 조선신궁의 진좌 당시, 토지의 신인 '구니타마노가미'를 모심으로써 신사신도의 종교성을 전면에 내세우려 했던 신도관계자들의 노력이, 그리고 다른 한편으로 신사 비종교론에 입각하여 신사신도의 종교성을 부정하려 했던 조선총독부 내무성의 의도가 동시에 존재하고 있었던 것이다.

이러한 선 긋기는 총독부 당국 내에 신사신도의 종교성이 침투한 정도를 반영한다. 그렇다면 이를 조금씩 천황제 이데올로기에 물들어가던 황조신 숭배에 추진력을 제공했던 신사신도의 종교성과, 기존의 신사 비종교론 사이의 선 긋기로 재해석할 수도 있을 것이다. 따라서 비종교로 간주되었던 신사신도가 1930년대의 식민지조선에서 그 종교성을 전개시켜나간 방식을 구체적으로 살펴볼 필요가 있는 것이다.

이 책에서는 신사신도의 종교성을 인정하는 입장에서 조선총독부의 신사정책을 고찰하고, 신사신도와 종교 사이에 그어진 선의 궤적을 추적함으로써, 즉 신사신도의 종교성이 총독부 당국에 침투하는 과정을 밝힘으로써 신사신도의 변용과 함께 '아마테라스 오미카미'의 성격이 변화하는 양상을 살펴보도록 하겠다. 그리고 이를 통해 신사신도가 변용하는 과정 속에서 형성되는 국가신도의 논리를 추출, 제시할 것이다.

8) 국가신도의 용법에 대해

여기서는 뒤늦게나마 이 책에서 '국가신도'라는 용어를 어떠한 의미로 사용하는지 설명해두겠다. 상세한 내용은 본문에서 다시 다루겠지만 이 책에서는 국가신도를 "신사를 통해 천황제 내셔널리즘을 국민에게 교화하려고 한 전전戰前의 사회체제"로 규정한다. 시마조노 스스무에 의하면 국가신도라는 용어에는 두 가지 용법이 있다고 한다. 좁은 의미에서는 '종교'의 범주에서 벗어난 '비종교'로서의 '신사신도'를 뜻하며, 국가의 관리 아래 있었던 신사와 그 집합체를 가리킨다. 넓은 의미에서는 좁은 의미의 신사신도에 황실 제사나 천황 숭경의 시스템(국체론)이 더해진 형태를 나타낸다고 한다.[17]

식민지조선에서 1936년부터 본격화하는 심전개발운동(국민통합을 위한 조선 민중의 '신앙심' 대책)이 천황 숭경의 시스템과 깊이 관련되어 있는 신사신도의 양태를 보여주는 것은 사실이다. 무엇보다 조선총독부의 신사정책에 관해서는 — 신사참배 강요와 같은 황민화 정책으로 이어지는 일련의 과정이 존재하기에 — 사후적인 판단에 따라 넓은 의미의 국가신도를 적용하는 경향이 있다.

---

17 島薗進, 『国家神道と日本人』(岩波新書, 2010)의 제2장 「国家神道はどのように捉えられてきたか?」를 참고.

한편 국가신도의 문제를 포함하여 신사정책을 다루었던 선행연구들은 신사신도와 천황 숭경 시스템 사이의 관계를 파악하는 데 어려움을 겪어왔다. 왜냐하면 기존의 연구들은 대부분 신사신도를 신사 비종교론의 관점에서 천황제 이데올로기와 구별해서 바라보는 입장을 취해왔는데, 이로 인해 천황 숭경의 시스템과 겹쳐지는 부분은 그저 "신사신앙으로부터의 변화·일탈"로만 이해되었고 신사신도의 변용 그 자체를 묻는 시점은 결여되어왔기 때문이다.

그러므로 신사신도가 변용을 거쳐 천황 숭경의 시스템과 접속하고 이윽고 황민화 정책으로 이어져가는 일련의 과정과 그 내용, 그러니까 제신의 논리나 신사 비종교론의 변천, 그리고 '유사종교'에 관한 대응 등을 분석, 해명할 필요가 있다. 이를 위해서는 앞서 논했듯이 신사신도에서 도덕과 종교성의 경계선이 요동치는 모습, 곧 그 사이에 그어진 선을 추적하는 작업이 중요해진다. 조선총독부 신사정책의 추이를 파악하기 위해서는 천황 숭경의 시스템과는 일단 거리를 둔 채 먼저 신사신도의 종교개념에 대해 논할 필요가 있다는 것이다. 심전개발운동에 이르는 과정을 포함하여 총체적으로 신사정책을 이해하기 위해서는 국가신도를 종교개념으로 파악하는 동시에 이를 좁은 의미에서 사용하는 편이 유용하리라 생각된다.

국가신도를 이와 같이 바라보는 입장은, 마찬가지로 좁은 의미의 국가신도론을 전개해온 사카모토 고레마루의 연구와 접근 방식에서 공통점이 있는 것으로 보이겠지만, 결론을 이끌어내는 방향성이 완전히 다르다는 점을 말해둔다. 사카모토는 국가신도와 천황제 이데올로기를 구별하고, 종교행정이 추진한 신사 비종교론을 중심으로 논의를 전개한다. 가령 사카모토는 『근세·근대신사 논고』 제4편 제2장에서 "내무성 신사국神社局, 신기원神祇院의 관료들이 일관되게 '신사 비종교론', 곧 '국가신도 이데올로기'라고 할 수 있는 강고한 신념에 의거하여 신사행정을 수행했던 점에는 의심의 여지가 없다"고 단언한다.[18] 그리고 같은 장 주2에서는 "이 내무성 식 '신사 비종교론'에 근거한 '경신숭조敬神崇祖'가 국가신도의 중핵 이데올로기로서 전쟁 당시까지 유지되었음"을 『신사본의神社本義』(신기원, 1944년)에 나오는 "경신은 곧 숭조다"라는 구절을 인용하여 주장한다.

하지만 '경신'과 '숭조'를 관련시켜서 생각하는 당시의 사고가 신사신도의 종교성을 강조하는 입장에서 생겨났을 가능성 또한 배제해서는 안 된다. 저자는 '경신'과 '숭조'의 조합이 지닌 이데올로기성에 주목할 필요가 있다고 본다. 이 점에서 사카모토와 저자의 방향성, 즉 국가신도 이데올로기에 대한 이해가 갈라진다. '경신'과 '숭조'를 조합하는 사고에 관해서는 제3장에서 다루도록 하겠다.

후지타 히로마사藤田大誠는 신사 비종교론을 소위 '국가신도 이데올로기'로 파악하는 사카모토의 국가신도론을 계승하고 있다. 후지타는 신기원 특별관아 설치운동의 전개를 논한 글 「국가신도 체제 성립 이후의 제정일치론」의 결론부분에서 신기원(내무성 신사국의 규모를 확대하고 기능을 강화시키기 위해 내무성의 외국外局으로서 1940년 1월에 신설된 부서)에 관해 다음과 같이 논한다. "내무성 신사국 설치 이후 '국가신도 체제'하에서 신사 관계자들의 주요한 요구였던 '신사행정 통일' 및 '핫신덴八神殿 봉

---

18 阪本是丸, 『近世·近代神社論考』(弘文堂, 2007)의 제4편 제2장 「内務省の「神社非宗教論」に関する一考察」의 383쪽을 참조.

재'[10]는 그들에게 있어서는 긴 시간에 걸쳐 이루어진 피땀 어린 요구였지만, 정부 측은 이를 결코 받아들이지 않았고 결국 허무한 꿈으로 끝나고 말았다."[19]

후지타의 논문은 '신사행정 통일'에 대해 야스쿠니 신사靖國神社의 독자성을 주장하는 육해군성陸海軍省의 강한 반대가 있었던 사실(1918년)이나, 이러한 설치운동을 추진한 신사계 자체가 굳건한 조직체가 아니었으며 통일된 움직임을 보여주지도 못했다는 점을 밝혀내는 등, 매우 흥미로운 내용으로 이루어져있다. 다만 논의 자체가 '국가신도 체제' 대 '신사 관계자들'이라는 이항대립의 구조를 띠고 있기 때문인지, '신사 관계자들'의 요구가 '국가신도 체제'하의 정부에 의해 거부되어 "허무한 꿈으로 끝나고 말았다"고 여기는 결론에는 문제가 있다고 본다. 조금 다른 시점에서 분석할 필요가 있었던 것은 아닌가 생각한다.

예를 들어 사카모토는 "'종교행정의 관점에서 문제를 파악하는 방법'은 '종교행정'의 배후에 있는 다종다양한 사상, 이데올로기를 고찰하는 실마리가 되고, 또한 반대로 다종다양한 사상, 이데올로기의 고찰을 통해 그것들이 어떻게 '종교행정'에 반영되었던가를 물을 수 있는 실마리도 생겨날 것이다"[20]고 한다. 종교행정의 문제를 중시하면서도 신사 비종교론을 강조하는 종교행정과 다종다양한 사상, 이데올로기의 상호관계를 보아야한다는 말일 것이다.

---

19 藤田大誠, 「国家神道体制成立以降の祭政一致論一神祇特別官衙設置運動をめぐって」, 阪本是丸編, 『国家神道再考―祭政一致国家の形成と展開』, 弘文堂, 2006, 390쪽.

20 阪本是丸, 『近代の神社神道』, 弘文堂, 2005, 194~195쪽.

9) 국가신도의 정의 및 그 논리

이 점을 염두에 두고 후지타 논문을 다시 읽어보면 특히 제4절 「쇼와기昭和期의 제정일치론과 신사제도 조사회」가 흥미롭게 느껴진다. '쇼와기'에는 신사의 종교성을 둘러싸고 '신사 대 종교문제'가 부상하는 바, 앞서 본 '국가신도 체제' 대 '신사 관계자들'이라는 대립 틀의 다른 표현으로서 신사신도의 종교성을 주장하는 입장 및 담론이 종교행정과 대항한다는 구도를 설정하고 있다. 그 중에서도 신사제도 조사회(1929년 12월 발족, 신기특별관아에 대해서도 심의했다)와 관련하여 신사신도의 종교성을 주장하던 신사계의 '자세'를 해설한 부분이 특히 주목을 끈다. "당시의 '신사 대 종교문제'에 관한 신사계의 자세는 내무성 식의 '신사 비종교론'을 강조하는 것이 아니라, 신사의 국가적, 공적 측면에 더해 그 종교적 측면을 적극적으로 평가하고 '개인 신앙'에 해당하는 다른 종교와의 차이를 어필하는 점이 특징적이었다. 이는 신사제도 조사회 중에서도 도쿄부 신직회神職會의 의견을 비롯하여 『신사에 관한 제씨諸氏의 의견』이나 이마이즈미 사다스케今泉定助, 가와쓰라 본지川面凡児, 가토 겐치加藤玄智 등이 논의의 대상이 된 점에 나타나며, 나아가 위원직을 맡고 있었던 에모토 가즈유키江本千之나 하나이 다쿠조花井卓蔵, 그리고 가케이 가쓰히코筧克彦 등의 주장에서도 확인된다."[21]

1939년 1월에 히라누마 기이치로平沼騏一郎가 수상에 취임하자 그 후 "신사계의 특별관아 설치운동은 호전"을 보이게 된다. '제정일치'에 대해 히라누마 자신은 1938년에 "제사의 정신을 '신인합일神人合一'에 두

---

21 藤田, 「国家神道体制成立以降の祭政一致論」, 385쪽.

고 미소기 하라에祓禊[11]에 의한 '진혼귀신鎭魂歸神'을 중시한다"는 의견을 피력했다고 한다. 이러한 히라누마의 견해는 신사신도의 종교성을 강조하는 것이었으며, 후지타 또한 "대체로 가와즈라나 이마이즈미의 견해와 상통한다"고 분석한다.[22]

그리고 1940년 11월에는 '신기원 관제'가 성립하는데, 제1조에 정해진 신기원 사무에 관한 내용 가운데 4번째 항목이 '경신사상의 보급에 관해서'였다. 이 사실을 중시하는 후지타는 "'국가신도'에 처음으로 이데올로기, 사상이 부가되었다는 점에서 매우 중요"하다고 논한다. 다만 '경신사상'의 내용에 관해서는 언급이 없다.

위와 같은 전개과정을 보면―'신사 관계자들'의 '허무한 꿈'이라는 결론과는 별개로―정부의 입장이었던 신사 비종교론이 '쇼와기'에 있어서는 '신사 관계자들'을 비롯하여 신사신도의 종교성을 주장하는 측의 담론에 압도되었으며, 그로 인해 신기원의 설치에 이르렀다고 여기는 가설도 불가능하지는 않을 것이다.[23] 참고로 후지타는 다른 논고에서 쇼와 초기(1920년대 후반)의 '신사 대 종교문제'에서 신사계의 논의(신사신도의 종교성을 주장하는 담론)와 '준전시 하(1931년의 만주사변 후)' "소수자에 대한 신사참배의 '강제'나 '사회적 억압성'의 행사"를 "직접 결부시켜 논하는 주장"에 의문을 표한다. 오히려 양자 사이에는 "메우기 힘든 '비약'"이 있으며, 이를 메우기 위해서는 "어떤 '도약대'가 필요"했다고 논한다.[24]

---

22 위의 글, 388쪽.

23 신기원의 설립문제에 관해서는 이미 아카자와 시로[赤澤史朗]가 『近代日本の思想動員と宗教統制』(校倉書房, 1985)의 제5장 제3절 「神祇院の設立」에서 상술하고 있으며, 특별관아 설립문제의 진전에 유리한 조건 등도 고찰되어 있다(228~229쪽).

24 藤田大誠, 「神社対宗教問題に関する一考察―神社参拝の公共性と宗教性」(『國學院大學研究開発推進センター研究紀要』第7号, 2013.3)의 「五 むすび―「神社非宗教論」と「神社宗

"메우기 힘든 '비약'"이라고까지 표현하는 것에는 의문이 남지만, '도약대'라는 개념을 제시한 점에는 찬동한다. 왜냐하면 이 개념은 국가신도 변천의 시기구분을 소개한 구절에서 설명한 국가신도 연구의 앞으로의 과제(이소마에)와 비슷한 내용을 담고 있기 때문이다. 후지타의 제안에 따르는 경우, 신사의 종교성이 강화되어 신기원의 설치에 이르게 되었다는 가설은 '도약대'가 무엇이었던가를 도출하는 작업의 하나가 된다. 또한 후지타는 '위령, 추도, 현창顯彰 연구'의 현황과 과제를 정리한 논고에서 "신사신도 등 '신도적' 위령, 추도, 현창에 관한 연구"의 거점을 확립할 것을 주창한다.[25] 이 '신도적' 위령, 추도, 현창의 연구는 바로 '도약대'의 여러 요소들을 해명하기 위한 의의를 가진다. 여기에 식민지 조선에서 전개된 '경신숭조'의 이데올로기 역시 '도약대'의 요소 가운데 하나로서 포함시킬 필요가 있다.

이와 관련하여 '국가신도'에 '경신사상' 같은 '이데올로기, 사상'이 부가된 것은 '신기원 관제'가 처음이었다고 하는 후지타의 기술에 오류가 있다는 점을 지적해둔다. 조선에서는 이에 앞서서 '경신사상'은 물론 '이데올로기, 사상'이 국가신도에 부가되었다는 사실이 확인된다.

이 책 본문에서 입증하겠으나, 저자는 '신기원 관제'보다 대략 5년 앞선 시기인 1935년에 식민지조선에서 제창된 심전개발운동을 통해 신사신도의 종교성을 주장하는 담론이 총독부 당국에 침투했으며, 그 와중에 천황제 이데올로기와 결부된 '경신숭조'가 제시되었을 뿐만 아니라

教論」の間」를 참조.

25 藤田大誠, 「日本における慰霊・追悼・顕彰研究の現状と課題」(『神社本庁教学研究所紀要』第12号, 2007.3)의 「五 むすび」를 참조.

신사행정에도 커다란 영향을 끼치게 되었다고 보고 있다. 거듭 강조하지만 식민지조선의 조선신궁 진좌 및 제신논쟁에서 심전개발운동으로 이어지는 과정에 드러나는 신사신도의 변용을 분석하는 작업을 통해 '경신숭조'의 이데올로기성을 확인하는 것이 가능하며, 동시에 국가신도의 논리도 파악할 수 있게 되리라는 것이 저자의 입장이다.

앞서 보았듯이 이소마에는 '종교' 개념의 형성을 체계적으로 분석하고 이를 통해 국가신도의 성립과정을 세 단계로 나누어 설명한다. 국가신도의 정의에 대해서는 미야지 마사토宮地正人의 논의를 따라[26] "신사를 통해 천황제 내셔널리즘을 국민에게 교화하려고 한 전전의 사회체제"로 파악한다. 종교개념의 분석을 통해 신사신도가 지닌 종교와 비종교의 양가성을 지적하는 이소마에의 연구로부터, 식민지조선에서도 신사신도의 도덕과 종교성 사이에 그어진 선이 종교성의 짙고 옅은 정도, 혹은 신사와 조선사회의 관계에 따라 그 위치를 바꾸어갔음을 예상할 수 있다.

이 책에서도 이소마에 등의 선행연구를 따라 좁은 의미의 용법에 입각하여 국가신도를 "신사를 통해 천황제 내셔널리즘을 국민에게 교화하려고 한 전전의 사회체제"로 정의할 것이다. 그리고 이러한 해석을 바탕으로 신사신도의 도덕과 종교성 사이에 그어진 선의 궤적을 따라가볼 예정이다. 식민지조선의 국민통합에 깊이 관여했던 심전개발운동을 중심으로 신사행정의 실태와 제신, 그리고 이와 관련한 여러 담론을 정책사의 관점에서 분석함으로써 신사신도의 종교성이 동요하는 모습을 추적할 것이다.

---

26 宮地正人, 「国家神道の確立過程」, 國學院大學日本文化研究所編, 『近代天皇制と宗教的権威』, 同朋舎出版, 1992.

이를 위해 이 책은 조선신궁의 진좌 및 제신논쟁에서 조선총독부가 신사 비종교론을 강력하게 표명하던 1925년 무렵부터, 신사신도와 천황 숭경의 시스템을 결부시켰던 심전개발운동이 1936년에 본격화할 때까지의 10여 년간을 분석의 대상으로 설정한다. 다만 위에서 말한 선 긋기는 1933년에 본격화한 농촌진흥운동을 통해 실제로 이루어지기 시작하며, 심전개발운동을 통해 확립하는 국가신도 논리의 실체화가 시도되는 것은 1930년대 후반부터이다. 그러므로 실질적으로는 1930년대가 주된 분석의 대상이 된다.

이와 같은 작업을 통해 식민지조선에서 전개된 신사신도와 그 종교성이 요동치는 정도, 또는 신사 비종교론이 요동치는 정도를 밝히는 것이 가능하리라 본다. 이를 바탕으로 신사신도가 변용하는 모습을 파악하고 관국폐사에 모셔진 제신의 논리를 국가신도의 논리로서 제시할 것이다. 나아가 그러한 논리의 실체화가 정책적으로 이루어졌음을 상정하고, 정책의 내용과 시도의 실태를 검증, 규명하는 것을 과제로 삼는다.

여기서 말하는 국가신도의 논리란 다음과 같다. 만약 조선인에 대한 국민교화를 의도한 제신의 논리라는 것이 존재했다면, 당연히 관국폐사인 조선신궁과 국폐소사에서 그 형태를 찾을 수 있을 것이다. 진좌 당시의 조선신궁에서 이것이 실현되는 일은 없었지만, 국폐소사의 경우에는 그 제신의 논리가 실천으로서의 천황 숭경 시스템에 파급된 사례가 보인다(본문에서 검증함). 그런 의미에서 이 책은 조선신궁과 국폐소사에 보이는 제신의 논리를 국가신도의 논리로 간주한다. 그리고 국가신도의 논리가 천황 숭경의 시스템에 파급되었다는 것이 조선에서는 어떤 의미를 지녔던가를 집요하게 물을 것이다.

10) 관련연구 소개

이제 이 절의 내용을 매듭짓는 의미에서 심전개발운동에 관한 선행연구를 소개해둔다. 가와세 다카야川瀬貴也는 저서를 통해 '심전개발운동' 정책을 개관하고 있다.[27] 가와세는 이 정책의 "성격과 실태"를 밝히기 위해 "주로 총독부에 동원된 당시의 지식인과 종교가의 담론을 인용"(같은 책, 「들어가며」)하여 분석을 행하고, 그 성과를 제5장 제2항 「『심전개발에 관한 강연집』으로 보는 '심전개발운동' 정책」에 정리한다. 그렇지만 이들 담론은 정책의 입안과정에서 당국이 참고자료로 사용하기 위해 실시한 강연의 내용을 담은 것에 불과하며, '성격과 실태'까지 파악하기 위해서는 이러한 강연이 정책 결정에 끼친 영향까지 함께 고려할 필요가 있다.

무엇보다 심전개발운동 정책을 조선총독부의 정책사라는 측면에서 다룬 연구는 매우 부족한 상태이며, 가와세의 연구를 비롯하여 조선총독부의 내부 자료까지 섭렵한 선행연구는 아직까지 보이지 않는다. 정책결정 과정이나 정책의 논리 자체가 아직 불분명하기 때문에 식민지조선이 놓여있던 시기적 상황에 따라 설명이 이루어지는 경우가 대부분이다. 이러한 경향은 한국의 연구에서도 별반 다르지 않다.

한긍희 「1935~37年 日帝의 '心田開發' 정책과 그 성격」은 심전개발운동에 관한 1930년대의 상황을 설명한 후, 이를 바탕으로 교육문제라는 파생적 사항까지 정책을 지탱하던 두 기둥 가운데 하나로 간주하고 논의를 전개한다.[28] 심전개발운동을 '종교부문'과 '교육부문'으로 나누

---

27 川瀬貴也, 『植民地朝鮮の宗教と学知-帝国日本の眼差しの構築』(靑弓社, 2009)의 제5장 「「心田開発運動」政策について」를 참고.

어 분석하는 것이다. 이렇게 시기적 상황에 근거하여 사후적으로 분류하기 때문에, 마치 '신도'가 당연히 '종교부문'에 속하는 것처럼 여기는 초보적인 실수를 범하게 된다.

박균섭도 「心田開發論과 教育隱退問題」에서 한긍희가 설정한 파생적 사항을 답습하고, 마찬가지로 교육문제를 중심으로 논의를 펼친다.[29] 심전개발운동의 실행 세목에 '학교교육 시설사항'이 들어있는 것처럼(실행 세목에 대해서는 이 책 제3장 제1절 (5)를 참조) 교육문제가 천황 숭경 시스템의 일환으로서 심전개발운동에 포함되어 있었던 것은 사실이나, 정책의 중심이 되는 부분은 어디까지나 신사신도와 종교의 형태에 있었다.

실은 저자도 이전에 심전개발운동을 부분적으로 다룬 적이 있는데, 불충분한 분석과 잘못된 인식이 있었음을 인정한다.[30] 이 책에서는 정책결정 과정과 논리를 가능한 한 조선총독부의 내부 자료를 근거로 분석하고, 이를 통해 심전개발운동을 새롭게 정리해볼 것이다.

참고로 국가신도론 및 심전개발운동에 관한 연구는 아니지만 최근 한국에서 신사와 관련하여 주목할 만한 연구가 등장했다. 김승태는 "일제강점기 한국에 세워진 신사神社, 神祠의 설립과정과 지역적 분포, 조선총독부의 신사정책, 신사의 행사와 이데올로기적 기능, 일제의 신사참배 강요와 한국인의 저항 등 역사적 실상과 성격을 총체적으로 정리, 규명

---

28 한긍희, 「1935~37年 日帝의 '心田開發' 정책과 그 성격」, 『한국사론』 제35권, 1996.
29 박균섭, 「心田開發論과 教育隱退問題」, 『일본학보』 제47권, 2001.
30 졸고, 「朝鮮総督府の神社政策―一九三〇年代を中心に」, 『朝鮮学報』 第160輯, 1996.7. 이 글에서 저자는 농촌진흥운동의 전개 과정 속에서 우가키 가즈시게 총독에 의한 "신사(神祠) 중심의 '관제' 자치상(像)"을 고찰하고(제2절), 우가키의 구상에 근거하여 심전개발운동을 "'미신타파'와 '자력갱생'을 낳는 보다 적극적인 정신생활 대책"으로 바라보았다(98~110쪽).

하는 것을 목적"으로 제시하는 논문을 발표했다.[31] 김승태의 문제의식과 그간의 축적된 연구가 신사참배에 집중되어 있기 때문인지 양과 질모두 "일제의 신사참배 강요와 한국인의 저항"의 문제에 초점이 놓여 있지만, 바로 그 점에서 매우 뛰어난 연구이기도 하다. 다만 조선총독부의신사정책에 관한 부분에서는 — 강요와 저항의 구도가 유지되고 있는점에서도 알 수 있듯이 — 기존의 한계들도 확인된다.

김대호의 논문[32]은 각각의 신사가 식민지 지배에서 행한 역할을 밝히기 위해, 특히 1910년대부터 30년대 초까지 경성신사가 정착하는 과정에 주목하고 거기에 관여한 사람들, 운영과 실태, 조선사회 안에서 경성신사가 지녔던 의미 등을 논하고 있다. 예를 들면 경성신사는 조선신궁진좌 이후 미코시神輿[12]의 도어渡御[13] 등을 이용하여 조선인을 숭경자崇敬者[14]의 조직으로 흡수해갔으며 조선인도 숭배할 수 있는 '구니타마노 가미'를 추사追祀하는 등, 조선인 사회와의 접점을 가지기 위해 적극적으로 노력했다고 한다. 그렇지만 조선총독부의 신사정책에 관한 부분은 선행연구를 참고하는 데 그치고 있기 때문에 일본의 연구들이 지닌한계 또한 공유하고 있다. 그럼에도 불구하고 김대호 논문의 방법론, 즉각각의 신사를 분석대상으로 삼고 거기에서 식민지 지배를 역으로 바라보는 방법은 앞으로의 식민지 신사연구에 커다란 영향을 주게 될 것으로 보인다.

31 김승태, 「일제하 조선의 신사에 관한 연구」, 허동현·권태억·김승태·이규수 편저, 『근대 한·일간의 상호 인식』, 동북아역사재단, 2009.
32 김대호, 「1910년대~1930년대 초 경성신사와 지역사회의 관계−경성신사의 운영과 한국인과의 관계를 중심으로」, 이승일·김대호·정병욱·문영주·정태헌·허영란·김민영 편저, 『일본의 식민지 지배와 식민지적 근대』, 동북아역사재단, 2008.

2. 연구의 방법

1) 신사제도 개편을 해명하는 작업의 의미

신사참배 시설에 대해 식민지조선에서 처음으로 내려진 법령을 살펴보자. 조선총독부는 법령에 의거해 신사 및 신사神祠(신사의 하위)를 규정하고 있었다. 병합 후에 신사, 그리고 일본불교를 가리키는 '사원'에 관해 주로 창립의 수속 등을 규정한 법령은 「신사사원규칙神社寺院規則」(총독부령 제82호, 1915년 8월)이었다. 특히 '신사'에 관해서는 창립 기준의 명시가 중시되었다. 그 후 1936년의 신사제도 개편(후술)을 통해 '신사규칙'(총독부령 제76호, 8월)과 '사원규칙'(총독부령 제80호, 8월)이 분리되어 개별적으로 제정되기에 이른다.

한편 식민지 특유의 상황이 생겨나기도 하는데, 신사의 운영 및 설비면, 가령 숭경자, 신직神職, 사전社殿 등의 설비 기준을 만족시키는 것이 현실적으로 곤란한 경우가 있었다. 이런 경우에 '특례'로 인정된 시설이 신사神祠였는데, 그 설립을 위한 기준을 신사보다 낮게 책정하기 위한 법령이 「신사에 관한 건神祠ニ関スル件」(총독부령 제21호, 1917년 3월)이었다. 이 법령도 1936년의 신사제도 개편에 따라 분리 제정된 신사규칙의 내용에 맞추어 개정되었다(총독부령 제79호, 1936년 8월). 상세한 내용에 대해서는 이 책 제1장 제1절에서 설명하겠다.

그러면 지금까지의 논의를 바탕으로 서두에서 소개한 이 책의 과제를 조금 더 자세히 설명해보자. 조선신궁의 진좌 및 제신논쟁에서 심전개발운동에 이르는 신사신도의 전개과정과 변용을 파악하고, 이를 통해 국가신도의 논리를 제시하는 것. 그리고 그러한 논리를 조선에서 실체화하기 위해 총독부 당국이 제안한 것들을 추적해가며, 민족종교의 틀을 넘어선 국가신도론을 시도해보는 것이 이 책의 과제이다. 아래에서는 이와 같은 과제를 다루는 데 있어서 이 책이 택하는 방법에 대해 서술한다.

식민지조선과 국가신도를 논하기 위해서는 조선에서의 근대 '종교' 개념을 규정하는 작업을 피할 수 없다. 하지만 이를 수행하는 것은 저자 능력의 한계에 더해 이 책의 과제로부터도 너무 멀어지게 된다. 그리고 이 책의 과제 중 하나는 신사신도에 있어서 종교와 도덕성 사이에 그어진 선의 궤적을 밝히는 것이다. 이 선은 당연히 조선총독부의 종교정책의 틀을 전제로 하고 있기 때문에 이 책에서는 그러한 틀, 곧 공인종교와 비공인종교의 틀을 이용하여 종교에 접근하는 방법을 취할 것이다. 또한 이 선의 법적 근거나 '내지'와의 비교에 관해서는 아직 해명되지 못한 부분이 많은데, 제2부 부론에서 검토해볼 예정이다.

위에서 이 책의 과제를 거듭 설명해보았는데, 이 시기에 나타나는 국제정세의 변화를 살펴보면 만주사변의 발발(1931년)과 '만주국'의 건국(1932년), 그리고 일본의 국제연맹 탈퇴(1933년)와 그에 따른 국제적 고립화가 눈에 띈다. 이와 같은 국제정세 아래 조선에서는 1931년에 우가키 가즈시게宇垣一成가 조선총독에 취임하고 농촌진흥운동을 전개하는 바, 이를 통해 우가키는 장래 총동원체제의 구축을 구상하고 있었다(제2장 제1절 (2)를 참조).

농촌진흥운동이 시작부터 삐걱거리는 와중에 조선민중의 '신앙심'에 관한 대책으로서 심전개발운동이 시작되었고, 그 과정에서 1936년 신사제도가 개편되었다. 당시에는 '신사제도의 확립' 또는 '신사제도의 개정'으로 총칭되었는데, 이 책에서는 이를 '신사제도 개편'으로 부를 것이다. 이와 같이 농촌진흥운동의 연장선 위에 신사제도 개편을 자리매김하는 것이 중요한데, 신사신도의 변용 또한 이러한 움직임을 전제로 파악할 필요가 있다. 이를 통해 농촌진흥운동이 전개하는 과정에서 왜 신사제도가 개편되어야만 했던가를 가늠할 수 있기 때문이다.

2) 관련정책의 설명

그러면 농촌진흥운동[33]과 신사제도 개편에 대해서 간단히 살펴보자. 먼저 농촌진흥운동을 보자. 일본 '내지'에서 쇼와공황昭和恐慌[15]이 벌어지자 그 영향으로 조선의 농촌도 극도로 피폐해지게 된다. 이러한 상황에서 1931년 조선총독에 취임한 우가키 가즈시게는 농촌진흥운동을 개시한다. 농촌진흥운동은 농산어촌의 '자력갱생'을 슬로건으로 내걸었으며, 1932년 9월 총독부에 위원회가 설치되었고 다음 해부터 본격적으로 시행되었다. '갱생지도 부락'을 선정하고 그 '부락'의 각 농가마다 '영농개선營農改善'과 '생활개선'의 농가갱생 5개년 계획을 수립, 실시하는 것이 핵심이었다. 이러한 농촌진흥운동은 1937년에 중일전쟁이 전면화한 뒤로는 전시체제 아래 새롭게 재편되었다.

---

33 농촌진흥운동의 연구사 및 전개에 관해서는 板垣竜太, 「解説」(板垣竜太 監修・解説, 『自力更生彙報—朝鮮総督府農業政策史料』 第6巻(ゆまに書房, 2006))을 참조할 것.

저자는 이 근대주의적 정책의 본질이 어디까지나 수탈체계의 합리화에 있었다고 본다. 또한 근대주의와 함께 일본화가 추진된 점도 특징으로 들 수 있다. 계획의 실시를 통해 촌락에 행정력이 침투하는 한편, 야마자키 노부요시山崎延吉가 주장하는 '황국농민'이나 '경신숭조' 등의 정신론이 중요시 되는 등(제1장 제2절에서 논함), 소위 '일본적 근대화'의 문제가 확인되는 점을 강조하고 싶다.

다음으로 신사제도 개편을 보자. 심전개발운동이 실시되는 와중에 '내지'에서 국체명징성명(1935년)이 이루어졌으며, 이를 계기로 신사행정 측은 대중을 신사에 동원하는 방책을 모색하기 시작한다. 이를 법 정비에 의거하여 제도적으로 확립한 것이 바로 신사제도 개편이었다. 우선은 신사제도 개편을 통해 정비된 관계법령을 살펴보자.

1936년 7월 31일자로 공포된 5칙령(제250~254호)은 각각 순서대로 다음과 같다. 「관국폐사 직제 중 개정의 건官國幣社職制中改正ノ件」, 「관국폐사 급 신궁신부서 신직 임용령 중 개정의 건官國幣社及神宮神部署神職任用令中改正ノ件」, 「조선신궁 직원령 중 개정의 건朝鮮神宮職員令中改正ノ件」, 「조선에서 관국폐사 이외 신사의 신찬폐백료 공진에 관한 건朝鮮ニ於ケル官國幣社以外ノ神社ノ神饌幣帛料供進ニ關スル件」, 「관국폐사 이하 신사폐백 공진사복제 중 개정의 건官國幣社以下神社幣帛供進使服制中改正ノ件」. 관국폐사[34]에 관한

---

34 관폐사와 국폐사의 총칭으로서 관사(官社)로도 불린다. 양쪽 모두 경비의 일부를 국고에서 지급받았다. 덧붙이자면 황실로부터 신찬폐백료가 공진된 것은 관폐사의 경우 기년제(祈年祭)[16] · 신상제(新嘗祭)[17] · 예제(例祭)[18]였고, 국폐사의 경우에는 기년제 · 신상제였다. 국폐사의 예제는 국고에서 지급받았다. 관폐사와 국폐사에는 각각 대사(大社) · 중사(中社) · 소사(小社)가 있었고, 이에 더해 별격 관폐사도 있었다. 조선에는 패전 당시 관폐대사로서 조선신궁과 부여신궁(진좌되지는 않았음), 국폐소사로서 경성신사, 용두산신사, 대구신사, 평양신사, 광주신사, 강원신사, 전주신사, 함흥신사의 8개 신사가 있었다.

칙령을 포함한 이 5칙령을 통해 신사제도 개편이 두 가지 주요목적을 설정하고 있었다는 점, 그리고 5칙령은 그 두 가지의 주요목적을 '내지'와 조선의 법역의 경계[35]를 넘어서 조정하기 위한 것이었다는 점을 알 수 있다.

주요목적이란 무엇인가? 하나는 국폐사 열격으로서 이를 준비하기 위한 규정이 첫 번째부터 세 번째 칙령에 해당한다. 국폐사 열격은 대체로 각 도에 하나의 사社를 두려는 방침을 지향하고 있었으며, 특례를 제외하면 도청소재지에 있는 주요 신사를 국폐사로 열격한다는 내용을 담고 있었다.[36] 두 번째 목적은 관국폐사 이외의 신사나 신사神祠를 계층제도 안으로 포섭하는 작업을 통해 증설에 대비하는 것이었는데, 뒤의 두 칙령이 여기에 해당한다.

---

35 헌법이 사실상 거의 효력을 가지지 않았던 식민지에 '내지'의 법률은 원칙적으로 시행되지 않았다. 다만 식민지에도 법률의 효력이 미칠 수 있도록 해당 법령의 전부 또는 일부를 칙령에 의거해 시행하는 것은 가능했다. 또한 대만과 조선의 경우에는 각각 율령과 칙령에 의해 법률을 그대로 적용할 수 있었다(대만민사령과 조선민사령 등).
이 점을 조금 더 설명해보자. 칙령은 원칙적으로는 식민지에 시행되는 것이 아니었다. 그렇지만 관제(官制)·관리령(官吏令)·군제령(軍制令)·영전령(榮典令)·은사령(恩赦令)처럼 천황의 대권 사항에 관련된 칙령은 '내지'와 식민지에 관계없이 효력을 발휘했으며, 해당 칙령에 그 의도가 명시된 채 시행되었다. 관사 전체에 공통된 직제, 신직임용 관련 법령 등이 이러한 종류의 칙령에 해당했는데, 해당 지역에의 적용에 관한 문언이 포함되어 식민지의 관사에도 시행되었다. 그 외 관사의 개별적 사항이나 각 사(社)에 관해서는 별도로 해당 지역의 법체계에 의한 법령이 제정되었는데, 가령 대만신사에는 대만총독부령, 조선신궁에는 조선총독부령, 가라후토 신사에는 시기에 따라 각령(閣令)·탁무성령(拓務省令)·내무성령 등이 제정되었다.
36 이러한 조건을 포함하여 조선에서의 국폐사 열격 전형내규에 관해서는 菅, 『日本統治下の海外神社』, 제4장, 180쪽을 참조.

3) 국가신도 논리의 해명을 위해

그러면 방법론의 문제로 돌아가서, 농촌진흥운동의 연장선 위에 신사 제도 개편 및 그 결과인 국폐소사 열격과 신사, 신사神祠의 증설을 자리 매김하고, 이러한 도정에 나타나는 신사신도의 변용을 파악하기 위해서는 어떤 방법이 필요할지 생각해보자. 신사신도의 변용을 그 도정의 마지막 부분에 중점을 두고 바라보는 경우, 국가신도의 논리가 실체화되는 각각의 장면이 떠오르게 될 것이다. 다음으로 이 점을 설명하겠다.

앞서 언급한 일본의 국제적 고립은 제국 내 국민통합을 이루기 위한 민족적 동질성의 요구로 이어져갔다. 오가사와라 쇼조小笠原省三가 1933년 12월에 설립한 동아민족문화협회는 신사 관계자들에 의한 그 시도의 하나였다고 볼 수 있다. 이 협회는 동조론에 근거한 '신 그대로의 큰 길惟神の大道'에 따라 '동아민족'의 동질성을 창출하자는 논의를 주창했다(제1장 제4절에서 논함).

이 '동아민족'론의 배경에는 '내지'의 신사 관계자들이 조선의 '동제洞祭'에 관심을 가지게 되었다는 경위가 있다. 그들은 '동제'를 신사의 옛 형태로 간주하고, 제장祭場의 신목神木이나 단壇은 히모로기神籬 및 이와사키磐境[19]에 해당한다고 주장했다. 참고로 '동제'란 '내지'의 무라마쓰리村祭り에 해당하는 것으로 제시祭り나 제장을 가리켜 사용하는 경우가 많았다. 이 책에서는 당시에 일반적으로 쓰이던 이 호칭을 그대로 사용할 것이다.[37]

---

37 朝鮮總督府編, 『朝鮮巨樹老樹名木誌』(1919.4)는 각지의 '거수, 노수, 명목'에 관해 소재지, 수목의 주위, 높이, 나이, 종류, 고사(故事)전설 등의 항목에 데이터가 기재되어있

조선의 '동제'에 대한 이러한 관심을 국가신도의 논리에 결부시켜 바라보는 경우, 국폐소사 등에서 이루어지는 국가적 제사만이 아니라 공동체 제사 또한 그 실체화의 장면으로서 기능했으리라는 추측이 가능해진다.

여기서 모리 겐지森謙二의 연구를 소개한다. 그의 저서『묘지와 장송의 사회사』는 메이지 민법의 기초자로 잘 알려진 호즈미 노부시게穗積陳重와 일본민속학의 창시자인 야나기다 구니오柳田国男를 중심으로 일본의 묘지, 장송에 관한 그들의 연구가 "이데올로기로서의 조상 제사"를 내포하고 있음을 지적한다.[38] 호즈미, 그리고 도쿄제국대학 법과대학에서 그에게 배운 야나기다의 조상 제사론은 '국가제사', '공동체제사', '가족제사'라는 서로 다른 제사들을 조령祖靈 혹은 조상 제사로서 통합하고 일원적으로 파악하게 해주는 이론적 틀을 제공했다. 즉 세 가지 층위의 제사를 모두 조상 제사로서 각각 '황조신 제사', '우지가미氏神[20] 제사', '집안의 조상 제사'로 재해석한 것이다(제3장 제3절에서 논함).

그렇다면 이 책에서 국가신도의 논리로 제시하는 '경신숭조'는 총독부 당국의 관료들(도쿄제대 법과대학 출신)이 대학에서 받은 교육의 영향, 혹은 그 응용으로 이해할 수 있지 않을까? 저자는 호즈미, 그리고 신도 사상가이자 '천황귀일天皇歸一'론을 주창한 가케이 가쓰히코(도쿄제대 법과대학, 법학부에서 행정법과 법리학을 담당)로부터 관료들이 받은 교육의 영

다. 개중에는 종류 '신목', 고사전설 '연 1회 동제를 행하는 관례 있음'이라는 식으로 '동제'가 적혀있는 사례도 다수 발견된다. 이 자료집에서는 마을 사람을 '동민'이라 부르고 있으며 '동제'도 마찬가지로 촌락 제사의 총칭으로서 일본어의 '무라마쓰리'에 해당하는 용어로 사용된다.

38 森謙二, 『墓と葬送の社会史』, 講談社現代新書, 1993, 186~198쪽.

향, 아니면 적어도 지식의 공통점을 중시하고 싶다. 총독부의 관료들이 공통된 지식을 응용하여 식민지 지배에 적용하기 위한 '경신숭조'의 논리를 형성해갔을 가능성이 있기 때문이다.

이처럼 '천황귀일'론을 응용했을 가능성이 있는 '경신숭조' 담론을 바탕으로 국가신도 논리가 실체화하는 중요한 장면으로서, 국폐소사에 '구니타마노 오카미國魂大神'를 봉재했던 '국가제사', 그리고 앞서 소개한 '공동체 제사'를 — 신사, 신사神祠의 증설을 불러왔다는 점에서 — 지적할 수 있다. 이 두 장면은 그야말로 신사제도 개편의 주요한 목적 두 가지와 딱 맞아떨어진다는 점이 눈에 띄기 때문이다. 그 주요한 목적 두 가지란 국폐사 열격을 갖추는 것, 그리고 관국폐사 이외의 신사, 신사神祠를 계층제도 안에 집어넣어 증설에 대비하는 것이었다.

또한 세 번째 장면으로서 '가정 제사'를 상정할 수 있다. 다만 이는 조선인의 가족법을 둘러싼 법률문제와 관계하기 때문에 심전개발운동이나 신사정책과는 직접적인 관련이 있다고 보기 힘들며, 주로 법제사 분야에서 조선민사령의 개정문제로서 다루어야할 테마일 것이다. 그렇다고 해서 완전히 무시할 수도 없는 문제이므로 이 책에서는 '공동체 제사'가 '가정 제사'와 겹치는 부분, 가령 농촌진흥운동 및 신사, 신사神祠의 증설이 유교제사와 맺는 관계 등에 대해서도 가능한 한 다루어볼 예정이다.

참고로 종교를 공인, 비공인으로 구별하는 틀을 유지하고 있던 총독부가 식민지조선의 종교적 존재들을 행정상으로 분류하던 방식을 설명해둔다(이하 설명 가운데 괄호는 심전개발운동이 실질적으로 시작된 1936년 1월 당시의 소관부서 및 보충설명). 조사범위 내에서 간단히 열거하면 신사·신사神祠·

무원신사無願神祠(내무국 지방과, 1925년에 학무국 종교과로부터 이관됨), 공인종교(학무국 사회과), '종교유사단체'·비밀결사(경무국 보안과), '미신(경무국 위생과)', '유도儒道(학무국 사회과, 교화단체로서)'였다.

이제 앞서 1절 '문제제기'에서 설명한 이 책의 과제와 그 논의과정을 2부 6장으로 구성된 목차에 입각해 설명하겠다. 조선신궁의 진좌 및 제신논쟁에서 심전개발운동에 이르는 시기를 중심으로 신사신도의 전개과정과 그 변용을 파악하고, 이를 통해 국가신도의 논리를 제시하는 부분이 「제1부 국가신도 논리의 형성－1930년대 전반」이며 전체 3장으로 구성된다. 그리고 국가신도의 논리를 조선에서 실현할 방법을 모색하던 총독부 당국의 모습을 그린 부분이 「제2부 국가신도 논리의 실체화－1930년대 후반」으로서 본론 2장과 부론 1장으로 이루어진다.

다음으로 국가신도 논리의 실체화가 드러나는 세 가지 장면 가운데 두 장면, 즉 '국가제사'와 '공동체 제사'에 관한 논의과정을 위에서 말한 구성에 적용하여 설명한다. '국가제사'는 심전개발운동의 중핵을 이루며, 더욱이 그 제신의 결정과정은 국가신도 논리의 형성과정과도 중첩되어있었다. 따라서 국가신도 논리의 분석과 밀접한 관련을 지니게 되는데, 편의상 시기를 조금 앞당겨 제1부 제3장의 후반 부분에서 다룰 예정이다. '공동체 제사'에 보이는 실체화의 경우 신사, 신사神祠의 증설 시책이 강력하게 추진되었기 때문에 — 선행연구에서는 거의 다루어지지 않았던 — 무원신사(비공인 신사)라는 민간의 참배시설을 둘러싼 통제의 문제나, 각 마을의 토착신앙을 어떻게 포섭할 것인가라는 문제와 직면하게 되었음이 예상된다. 이는 '무엇을 신사로 여길 것인가'라는 근본적인 물음을 내포하므로 제2부의 중심적 논제로서 검토할 것이다.

그리고 국가신도 논리의 실체화를 분석함에 있어서 중요한 과제로 떠오르는 것이 이에 수반되는 배제의 문제를 어떻게 생각할 것인가라는 점이다. 그러므로 국가신도의 논리에 의해 배제된 종교적 존재들도 고찰의 대상에 포함시킬 필요가 있다. 다만 이러한 논점은 신사정책을 주로 다루는 이 책의 중심 내용과는 거리가 있기 때문에, 실체화의 내용을 논하는 제2부의 부론에서 검토하겠다. 국가신도와 배제의 문제에 관해서는—'내지'로부터 전해진 조선총독부 종교정책의 구조를 중시하면서도— 식민지조선에서 생겨나 '내지'로 역수입된 것으로 보이는 '유사종교' 개념을 통해 논의를 진행할 것이다.

1장

농촌진흥운동기의 신사정책

'동제洞祭'에 대한 관심

신사신도의 도덕과 종교성 사이에 그어진 선(서장)의 궤적을 살펴보면, 식민지조선의 농촌사회에서 농민의 '신앙심'에 관한 대책(심전개발운동, 제2장에서 다룰 것임)을 추구했던 농촌진흥운동이 이 선을 움직이는 계기가 되었음을 알 수 있다. 이 장에서는 농촌진흥운동기의 신사정책을 고찰하고 선이 움직이기 시작하는 양상을 밝히고자 한다.

1. 조선신궁 제신의 논리

여기에서는 조선총독의 권한과 관련하여 조선신궁의 특이성과 조선총독부의 독자성을 서술하고, 이를 바탕으로 조선신궁 제신의 논리를 검토한다.

1) '동조同祖'와 '영토개척'

잘 알려져 있듯이 일본인 거류지에 신사가 창건됨으로써 조선에서 신사의 역사가 본격적으로 막을 올린다. 야마구치 고이치에 따르면 한국병합을 전후하여 거류지에 창건되는 신사들은 다음과 같은 경향을 지니고 있었다. 아마테라스 오미카미를 모시는 대신궁大神宮이 창건된 거류지에도 덴만궁天滿宮[1]이나 고토히라신사金刀比羅神社[2]가 세워졌고, 이들은 다이진구의 창건 과정에서 그 경내境内, 경외境外 신사로 여겨졌다.[1]

야마구치는 이러한 경내, 경외 신사가 만들어지던 경향은 대체로 병합 후의 창립허가(1915년에 제정된 신사사원규칙에 의함)를 거치면서 변화하게 되며, 아마테라스 오미카미 이외의 제신이 "합사合祀, 추사追祀되는 사례가 눈에 띈다"고 한다. 이런 새로운 경향은 그 후로도 현저히 나타나며 "조선의 신사라 하면 아마테라스 오미카미 봉재 신사를 가리키게 되었다"고도 지적한다.[2]

그러면 아마테라스 오미카미와 다른 신들이 공존한다는 이중성을 어떻게 이해해야 할까? 이항대립적인 관점에서 천황제 이데올로기 대 재조일본인在朝日本人의 신앙이라는 도식으로 파악해도 될까? 이를 검토하기 위해 조선의 경상북도 연안에 이주해온 일본의 어민들에 의해 일본인 마을이 형성되었던 구룡포(현 포항시 남구 구룡포읍)의 사례를 살펴보자.

경상남도와 경상북도 근해에는 풍부한 어장이 존재했기에 남해안·

---

1 山口公一,「植民地期朝鮮における神社政策と朝鮮社会」, 一橋大学博士学位論文, 2006.3, 40쪽.
2 위의 글, 48쪽.

도서부와 마찬가지로 동해안에도 일본의 가난한 어민, 선어운반업자 및 가공업자, 그리고 그들을 상대로 상업 활동을 벌이는 상인 등이 많이 이주했으며, 이윽고 어항이 정비되고 일본인 마을이 형성되었다. 구룡포는 그러한 마을의 하나였다. 구룡포에 이주·정주한 일본인들은 두 세력으로 나누어져 있었는데, 하나는 다수파를 이루던 가가와현香川縣 출신의 어민들(하시모토 젠키치橋本善吉가 중심)이었으며, 다른 하나는 타지역 출신의 세력(소고 야사부로十河弥三郎가 중심)이었다. 마을이 번창해감에 따라 두 세력 사이에는 상권과 의사결정권 등을 둘러싼 대립이 심화되어 갔다. 그런데 자연항으로서 방파제가 없었던 구룡포항은 폭풍에 의해 어선이 전복되고 사망자가 나오는 일이 잦았기에, 두 세력은 1923년(혹은 1921년)에 제휴하여 항만의 건축을 개시하게 된다.[3]

이러한 사정을 염두에 두면서 구룡포의 신사참배 시설을 살펴보자. 『경상북도 구룡포 시가도』를 보면 경내지가 가장 넓은 '구룡포 신사'와 그 다음으로 넓은 '에비스 신사ㅁ ビス神社',[3] 그리고 소규모의 '이나리稲荷',[4] '부동명신不動明神' 신사가 확인된다.[4] 그 외에 '고토히라신사'도 있었다고 여겨진다.[5] 이주가 일단락된 1913년에는 도로와 시가지가 정

---

3 趙重義, 權善熙著, 中嶋一訳, 『韓国内の日本人村—浦項九龍浦で暮した』, アルコ[浦項], 2009(初版)·2012(改訂版), 88~91쪽. 이 자료는 포항시청에서 받았다. 이 자리를 빌려 감사의 뜻을 전한다.

4 발행연도 미상의 이 시가도는 위의 책 뒤쪽에 실려 있다. 저자는 2013년 8월 27일에 현지를 방문해 네 곳 신사의 흔적을 확인했다.

5 포항시 문화관광 해설자가 구룡포에 거주하는 95세(추정) 노인에게 들은 이야기에 의하면 '고토히라신사'는 현재 수협(수산업 협동조합)이 있는 장소에 세워졌다고 한다. 그리고 해방 후 '구룡포 신사'의 옛터에 구룡포 공원을 만들 때 '부동명왕' 사당에 있던 작은 석상과 '고토히라신사'에 있던 고마이누[狛犬][8] 한 쌍을 공원으로 옮겼다고 한다. 저자가 방문했을 당시에도 석상과 고마이누를 공원에서 발견할 수 있었다.

〈그림 1-1〉 **구룡포 신사 터에 남아있는 돌계단**(2013년 8월, 저자 촬영)

비되었고, 시가지의 뒷산에 '구룡포 신사'가 건립되었다(그림 1-1).[6] 이 신사시설은 구룡포에 있던 일본인들의 '우지가미'였던 것으로 보인다.[7] 그리고 마을 사람들은 1929년에 총독부에 신사神祠 설립허가를 신청하는데 이것이 통과되어 '신명신사神明神祠'('아마테라스 오미카미'를 모시는 각 신사神祠를 칭하는 행정용어)라는 행정상의 이름을 얻었다. 제신은 '아마테라스 오미카미'였다.[8]

---

6 '구룡포 신사'의 건립, 도로의 개축, 시가지 정리가 1913년에 이루어진 사실이 『九龍浦の中の日本』이라는 포항시가 발행한 소책자(일본어, 발행연대 미상)의 「九龍浦公園周辺造成」 연표에 기재되어 있다. 다만 이 소책자가 '참고'한 포항시사 편찬위원회 편, 『포항시사』 상권(포항시, 1999) 및 후속편인 동위원회 편, 『포항시사』 제1권(포항시, 2010)을 확인한 결과, '구룡포 신사'의 건립에 관한 기술은 보이지 않았다. 아마 '구룡포 신사' 건립에 관한 부분은 『韓国内の日本人村』를 저술하는 과정에서 옛 이주자로부터 얻은 정보를 토대로 쓰인 것으로 추측된다.

7 2009년 10월에 구룡포회(구룡포에서 일본으로 돌아간 사람들이 1978년에 결성. 『韓国内の日本人村』, 155쪽)의 회원들 15명이 구룡포를 방문했을 때, '구룡포 신사'가 자신들의 '우지가미'였다고 말하는 것을 앞의 포항시 문화관광 해설자가 들었다고 한다.

8 岩下伝四郎編, 『大陸神社大観』(大陸神道連盟, 1941)의 「神社大観編」, 「附録編」에 실린

한편 다른 신사참배 시설들은 고향을 달리하는 어민들과 상인들의 개별적인 신앙의 대상이었던 것으로 보인다. 이들 시설은 신사행정 측으로부터 후술할 홋카이도 개척지의 무허가 '무원신사'와 같은 취급을 받았을 것이다. 다만 조선에서는 구룡포에서 가까운 곳을 예로 들면 공인을 얻은 포항신사 및 감포의 '신명신사'처럼 이나리사稻荷社는 '우카노미타마노 미코토倉稻魂命',[5] 고토히라사는 '오모노누시노 미코토大物主命',[6] 에비스사는 '고토시로누시노 미코토事代主命'[7] 등, 각각의 제신에 기기신화記紀神話에 등장하는 신의 이름을 붙여서 신사나 '신명신사'에 합사한 사례들도 보인다.[9] 그렇지만 구룡포의 경우에는 합사를 행하지 않고 각각의 신사神祠가 독립한 채 존재했던 것으로 생각된다. 따라서 이주민의 신앙을 파악하기도 쉽지 않다.

그러므로 여기서는 연구가 진척되어있는 홋카이도 개척지의 사례를 참고하여 구룡포의 일본인 이주자들과 신사신앙의 문제를 생각하는 실마리로 삼겠다.

무라타 후미에村田文江에 의하면 홋카이도 개척지에 보이는 진수신鎭守神의 분포양상은 "남쪽 지방이나 근세 후기에 '장소'로서 개척된 해안지대에는 어업 신앙의 계보를 잇는 개별적 제신이 많은" 것에 비해 "내륙 개척지에는 국가의 신으로서 아마테라스 스메오카미天照皇大神[9] 및 개척 삼신을 모시는" 경우가 많다고 한다.[10] 무라타는 이 양자를 소위 민중 대

「朝鮮神祠一覧」에 의함.

9 위의 책. 가령 경상북도 경주군 감포리의 '신명신사'(1927년 설립허가)의 경우 제신은 '아마테라스 오미카미, 고토시로누시, 오모노누시'였다. 『大陸神社大観』의 「神社大観編」(「朝鮮編」)에 의하면 경상북도 영일군 포항읍의 포항신사(1923년에 창립허가)의 제신은 '아마테라스 오미카미, 오모노누시, 우카노미타마노 미코토'였다.

10 村田文江, 「北海道開拓地における無願神祠に関する覚書」(『歴史人類』(筑波大学) 第10

국가의 이분법으로 바라보는데, 이에 비해 고모토 미쓰기孝木貢는 히야마지청檜山支廳【10】기타히야마정北檜山町의 진수사인 와카마쓰신사若松神社를 사례로 이분법적 관점을 비판한다. 와카마쓰신사는 1899년에 와카마쓰부락 중앙에 아마테라스 오미카미를 모시는 사당이 세워진 것에서 비롯되었다. 고모토는 아마테라스 오미카미를 제사 지내는 와카마쓰신사를 "이주민들의 마음의 거점"으로 파악하고, "자연발생적으로 신사가 창설된 타입"으로 간주한다.[11]

실제로 홋카이도에 세워진 신사의 제신에는 아마테라스 오미카미가 압도적으로 많았다.[12] 개척지의 신사에서 제신을 선택하는 경우 대부분의 사람들이 출신지의 신을 모시려고 했기 때문에 "누구든지 이의 없이 찬성할 수 있는 제신이 아마테라스 스메오미카미였다"는 설명은 설득력을 지닌다.[13] 이향의 백성들 사이에서 공동생활을 해야만 하는 이주민들이 개척지에서 찾고자 하는 아이덴티티의 거점으로서 아마테라스 오미카미 봉재를 선택하리라는 것은 상상하기 어렵지 않다.

이와 같은 홋카이도 개척지의 아마테라스 오미카미 봉재 문제를 참고해서 읽으면 스가 고지의 아마테라스 오미카미에 관한 논의도 더 잘 이

号, 1982.3)을 참조. 덧붙이자면 개척삼신은 오쿠니타마노 미코토[大国魂命], 오나무치노 미코토[大己貴命], 스쿠나비코나노 미코토[少彦名命]를 가리키며, 조선신궁에 앞서 식민지 총진수였던 삿포로 신사, 대만신사, 가라후토 신사도 이 개척삼신을 제신으로 모셨다.

11 孝木貢, 「北海道地域社会における神社形成過程－日高・浦河町地方の事例研究」, 『明治大学人文科学研究所紀要・別冊』第4号, 1984.

12 상세한 내용은 茂木栄, 「北海道の神社創建と展開－「神社明細帳」を通して」 및 前田孝和, 「北海道の集落小祠－『北海道神社庁誌』の未公開社を中心にして」(『悠久』第119号, 2009.10)를 참조할 것. 참고로 『悠久』 제119호는 '홋카이도의 개척과 신사' 특집으로 꾸며졌다.

13 山田一孝, 「御祭神の撰び方」, 『悠久』第119号.

해할 수 있게 된다. 스가는 조선신궁 제신의 결정과정을 검증한 뒤 이를 토대로 다음과 같은 흥미로운 견해를 제시한다. 조선신궁의 제신이 된 아마테라스 오미카미는 조선신궁 이전부터 조선의 신사 제신의 주류를 차지하고 있었으며, 이주자들의 내셔널 아이덴티티와도 직접 결부되는 숭배의 대상이었다. 병합 후 3·1운동이 일어나자 "제국의회에서는 '한국병합이야말로 '민족자결'의 결과다'"라는 '관주도 내셔널리즘'[14]으로서의 "동조론적 해석이 제시"되었다. 이러한 해석에 따르자면 조선신궁의 제신인 '아마테라스 오미카미'는 "동조관계인 양 민족 공통의 '국조'"의 성격을 지니게 된다.[15]

소위 일선동조론을 '관주도 내셔널리즘'으로 간주하는 인식은 더 검증될 필요가 있겠으나, 아마테라스 오미카미에 관해 동조론적 해석이 행해졌다는 점에 대해서는 동의할 수 있다. 조선에 이주한 일본인들의 근대적 국민의식의 형성에 아마테라스 오미카미가 많은 영향을 끼쳤고, 이를 바탕으로 조선에서의 삶이라는 특수한 상황 속에서 일선동조론에 근거하여 아마테라스 오미카미를 양 민족 '공통의 조상'으로 해석한 것으로 볼 수 있다. 이와 같은 스가의 견해에 야마구치가 제시한 두 가지 경향, 그러니까 거류지의 여러 신사시설들이 다이진구의 경내, 경외 신사로 여겨졌던 점과, 병합 후 창립허가를 거치면서 여러 제신이 아마테라스 오미카미를 중심으로 합사, 추사되어가는 점을 겹쳐보면 다음과 같은 사실이 떠오른다.

---

14 菅浩二, 『日本統治下の海外神社—朝鮮神宮・台湾神社と祭神』, 弘文堂, 2004. '관주도 내셔널리즘'은 베네딕트 앤더슨의 개념을 따온 것이다. 어원은 'official nationalism'이다.

15 위의 책 終章, 「三 朝鮮に特徴的な祭神群」을 참조.

즉 다양한 출신과 배경 아래 갖가지 신을 모시던 일본인들은 식민지 조선에 이주하고 협력해서 사회를 구축해가는 와중에 공통된 심적 근거로서 아마테라스 오미카미를 '다이진구'에 모시고, 이를 아이덴티티로 삼아 국민의식을 형성했다. 아마테라스 오미카미가 재조일본인의 통합에 긍정적인 역할을 수행하는 것을 본 신사행정 측은 아마테라스 오미카미를 경신의 대상으로 삼고 교화에 이용할 것을 결정했고, 이에 따라 공인된 신사에서는 기본적으로 아마테라스 오미카미를 주된 제신으로 모시게 되었다. 그리고 여기에 다른 신들을 아마테라스 오미카미와 합사, 혹은 추사했던 것이다.

다시 구룡포 이야기로 돌아가 보자. '구룡포 신사'가 설립허가를 받아 '신명신사'가 된 것은 1929년인데, 대립하던 두 세력이 서로 협력하게 된 시기에 신청이 이루어졌음을 알 수 있다. 1913년에 건립된 이 신사의 호칭이 마을의 이름을 딴 '구룡포 신사'였다는 점에도 주의할 필요가 있다. 조선의 다른 지역에 세워졌던 '다이진구'들처럼 '구룡포 신사'의 제신이었던 아마테라스 오미카미가 서로 다른 고향을 가진 일본인 이주자들 공통의 심적 근거가 되었고, 설립허가 신청 당시에 마을을 진수하는 역할이 주어졌다고 볼 수 있다.

여기서 1915년에 제정된 신사사원규칙(총독부령 제82호, 서장의 「2. 연구의 방법」을 참조)을 기준으로 신사행정의 통제가 시작되던 시기에, 아마테라스 오미카미가 재조일본인들의 국민의식과 연속성을 지닌 채 존재하고 있었음을 알 수 있다. 그러므로 조선총독부와 내무성이 이러한 연속성에 입각하여 식민지조선의 총진수인 조선신궁의 제신으로서 아마테라스 오미카미를 선택한 것은 당연한 결과이기도 했다.

이처럼 식민지조선에서 신사가 걸어간 궤적은, 적어도 조선신궁을 창건하게 되는 시기까지는 아마테라스 오미카미 봉재를 매개로 재조일본인의 국민의식 형성과 보조를 함께 하고 있었다. 조선신궁의 아마테라스 봉재는 신사신앙으로부터의 '일탈'이 아니라 오히려 일본인의 국민의식 형성에 따른 '변용'으로 보아야 할 것이다.

위의 논의를 염두에 두고 조선신궁(1919년 창립, 1925년 진좌)의 제신에 관해 살펴보자. 조선신궁에 관한 선행연구들은 제신논쟁을 중심으로 논의를 전개하고 있다.[16] 조선신궁의 제신에는 '아마테라스 오미카미'와 '메이지천황'이 합사되었다. 후술할 국폐소사 열격을 보아도 제신은 '아마테라스 오미카미'와 '메이지천황'이었다. 아래에서는 '아마테라스 오미카미'와의 합사라는 점에 주목하여 조선신궁의 제신에 대해 고찰해보자.

조선신궁의 제신이었던 '아마테라스 오미카미'와 '메이지천황'에 관해서는 스가의 견해가 현시점에서 가장 유력한 논의로 보이기에 그에 따르도록 한다. 아마테라스 오미카미는 조선신궁 이전부터 조선에 있던 신사 제신의 주류였으며, 병합 후에는 동조론적 해석이 나타나게 됨으로써 양 민족 공통의 '국조'로 여겨지게 되었다는 스가의 논의는 이미

---

16 나카지마 미치오[中島三千男], 「「海外神社」研究序説」(『歴史評論』第602号, 2000.6)은 1925년의 '조선신궁 제신논쟁'에 관한 스가 고지의 견해를 비판하고 "국가신도 논리의 확립"을 다시 한 번 강조한다. 나카지마는 종래의 제신논쟁에 관한 평가("정부가 설치한 신사의 제신이 '개척삼신'에서 '황조신＝아마테라스 오미카미'로 바뀐 것은 국가신도 논리의 확립＝신사신앙으로부터의 변화, 일탈로 보는 평가")를 소개하고는 자신도 이러한 "입장을 취한다"고 한다. 이러한 평가에 반대하는 것이 스가의 논의인데, 나카지마는 스가의 주장을 비판하면서 제신논쟁 평가의 핵심은 "정부에 의한 '황조신＝아마테라스 오미카미' 봉재"에 있으며, '구니타마노 오카미' 봉재에 관해서도 "'황조신＝아마테라스 오미카미'를 전제로 하는 봉재(합사)였다"고 지적한다. 스가는 그 후에 간행한 자신의 책(『日本統治下の海外神社』)의 제1장과 제2장에서 제신논쟁에 이르는 경위를 검토하고 이에 대한 반론을 펼친다.

앞에서 소개했다.

한편 메이지천황은 메이지 시절 일본열도가 획득한 모든 영토를 포괄하는 '제국' 건설의 구현자이자 '제국'의 아버지였다. '아마테라스 오미카미'와 '메이지천황'을 봉재하는 조선신궁은 "상고上古 '민족'의 아버지=황조신과 근대적 '제국'의 아버지=메이지천황을 함께 섬기"는, "조선의 땅에서 소위 이세신궁伊勢神宮[11]과 메이지신궁明治神宮[12]을 합침으로써 한일 '재통합'을 표현"한 "신궁"이었다고 한다.[17]

앞서 밝혔듯이 저자는 '아마테라스 오미카미'가 동조관계인 양 민족 공통의 '국조'로 여겨졌다는 견해에 대해서는 동의한다. 이러한 주장을 위해 '조선신사'(진좌 직전인 1925년 6월에 '조선신궁'으로 개칭. 내각 고시 제6호에 의함)의 제신과 관련하여 '내지'에서 벌어진 논쟁을 상세히 분석한 스가의 논리에 설득력이 있다고 생각하기 때문이다.

그렇지만 '메이지천황'에 관한 스가의 해석에 대해서는 동의하기 어렵다. 스가는 "근대적 '제국'의 아버지"라는 표현에서 알 수 있듯이 동조론적 해석을 '메이지천황'에게도 적용한다. 하지만 스가의 고찰을 자세히 들여다보면 이러한 적용은 설득력이 떨어짐을 알 수 있다. 스가는 조선신사의 제신에 관한 논의를 분석하는 가운데 '스사노오노 미코토素戔嗚尊'=단군설에 근거한 '스사노오노 미코토' 봉재론에 대해서도 자세히 서술하고 있다. 그렇다면 '메이지천황'의 봉재는 이와 같은 '스사노오노 미코토' 봉재론을 막아버리는 의미를 지니고 있었을 가능성이 있다. 이

---

17 菅, 『日本統治下の海外神社』의 終章, 「三 朝鮮に特徴的な祭神群」을 토대로 요점을 정리했다(인용은 355쪽). 이러한 견해에서도 알 수 있듯이 스가는 '모더니즘'론에 입각하여 제신을 설명한다.

점에서 스가가 그다지 중요시하지 않는 부분, 즉 '조선총독부'가 '스사노오노 미코토'가 아니라 '메이지천황'을 "정통의 '개척신'"[18]으로 삼았다는 지적이 더욱 중요할 수 있다.

그러므로 '스사노오노 미코토', 그리고 이를 부정하고 대체하는 '메이지천황'의 성격을 고려하는 경우에 종래의 식민지 총진수(삿포로 신사, 대만신사, 가라후토 신사)가 공유하는 '영토개척'[19]의 성질이 보다 중요해지며, 저자는 '메이지천황'에 관해서도 대만신사 등에 보이는 '영토개척'의 측면과 연속성을 지닌다고 보고 있다. 마찬가지로 조선신궁이나 후술할 국폐소사 제신을 논하기 위해서는 '동조'와 '영토개척'을 조합한 논리가 필요하다.

1918년, 조선신사의 제신을 '아마테라스 스메오카미'과 '메이지천황'으로 생각하고 있던 조선총독부는 "스사노오노 미코토를 제사지내는 것이 적당하다는 의견"도 있었기 때문에 내무성에 이를 조회하는데, 내상內相의 자문기관인 신사조사 위원회가 7월에 열려서 제신에 대한 심의가 이루어졌다.[20] 그 결과 신사조사 위원회는 "이미 결정된 것처럼 아마테라스 오미카미, 메이지천황을 제사지내는 것이 적당하다"며 총독부의 의견에 힘을 실어주는 결정을 내린다.[21]

---

18 위의 책, 356쪽.

19 高木博志, 「官幣大社札幌神社と「領土開拓」の神学」(岡田精司編, 『祭祀と国家の歴史学』, 塙書房, 2001)은 삿포로 신사 이후의 '영토개척' 신학의 행방을 검토하는 시점에서 조선신궁의 제신논쟁을 분석하고 있다(이 책 서장 참조).

20 척식국장이 내각총리대신에게 조회를 위해 보낸 문서 「조선신사 창립에 관한 건(朝鮮神社創立ニ關スル件)」(拓 제6556호, 1919.3.19)의 「조선신사를 창립하고 사격을 관폐대사로 열함(朝鮮神社ヲ創立シ社格ヲ官幣大社ニ列セラル)」에 수록되어 있다. JACAR(아시아 역사 자료센터)−Ref.A01200173500, 공문 유취・제43편・다이쇼(大正) 8년・제28권・경찰・행정경찰・위생・인류위생, 사사(社寺)・신사(교규(教規))・잡재(雜載)(국립공문서관).

참고로 조선총독부가 내무성에 조회할 때는 일본인 거류민들이 조선에 세운 '대신궁'에서 통용되고 있던 '아마테라스 스메오카미'의 명칭을 사용했는데, 신사조사 위원회는 이를 '아마테라스 오미카미'로 수정하여 사용했다. 이 수정과 관련하여 저자는 문헌에 의거해 제신명祭神名을 정한 결과로 보는데, 아마 일본서기日本書紀의 명칭에 따라 '아마테라스 오미카미'로 결정되었을 것이다. 신사조사 위원회에는 내무성 신사국 고증과장인 미야지 나오카즈宮地直一가 참가하고 있었다. 미야지는 동위원회가 개최되고 한 달 뒤에 도쿄제국대학 문과대학 강사에 임명되었고 국사학과에서 신기사神祇史 강의를 담당했다.[22]

신사조사 위원회의 답신서에는 '아마테라스 오미카미'에 대해 "황통의 시조이신 천조의 위령"이라 적혀있으며, '메이지천황'에 관해서는 "그 홍덕위업鴻德偉業 지금껏 들어본 적 없는 메이지 대제의 신위"라고 적혀있다. 특히 '메이지천황'에 대해서는 이 두 신으로 충분하며 "다른 신을 찾을 필요가 없다"는 이유가 적혀있는데, '스사노오노 미코토'는 이에 미치지 못하는 존재임을 나타낸 구절로 볼 수 있다.

조선총독부는 위의 결정을 받아들이고 조선신사 창립에 관한 상주품청서上奏稟請書[23]를 내각에 제출한다. 제신에 대해서는 다음과 같이 표기

21 조선총독부에 보낸 내무대신의 통지서 「조선신사 어제신에 관한 건(朝鮮神社御祭神ニ關スル件)」(内秘 제852호, 1918.7.4)에 첨부된 신사조사위원회의 답신서 「조선신사의 제신에 관한 건(朝鮮神社ノ祭神ニ關スル件)」에 의함. 「조선신사를 창립하고 사격을 관폐대사로 열함」에 수록. 참고로 동위원회의 회합은 1918년 7월 2일에 열렸다.

22 遠藤潤, 「宮地直一」(島薗進・磯前順一編, 『東京帝国大学神道研究室旧蔵書—目録と開設』, 東京堂出版, 1996)에 첨부된 「宮地直一 年譜」를 참가했다.

23 내각총리대신에게 조선총독이 보낸 상주품청서 「조선신사 창립에 관한 건(朝鮮神社創立ニ關スル件)」(内秘 제434호, 1918.12.16일자). 「조선신사를 창립하고 사격을 관폐대사로 열함」에 수록.

하고 있다. '아마테라스 오미카미'에 관해서는 "황통의 시조이신 아마테라스 오미카미"(제신명이 변경됨)로, '메이지천황'에 관해서는 "그 홍덕위업 지금껏 없었으며 조선의 민중을 대함에 있어서 또한 비교할 수 없는 인혜仁惠를 펼치신 메이지천황"이라 적혀있다. 여기에서 총독부가 신사조사 위원회의 결의 내용에 사용된 표현을 가져왔음을 알 수 있다. 다만 '메이지천황' 부분에 가필이 보이는데 특히 "조선의 민중을 대함에 있어서 또한 비교할 수 없는 인혜를 펼치신"이라는 표현이 주목된다. 이는 통치를 의미하는 내용으로서 '개척신'의 이미지가 더해진 것이다.

정리하자면 조선신사 창립 당시 총독부가 제신에 대해 가졌던 이미지는 '아마테라스 오미카미'에 관해서는 '동조', '메이지천황'에 관해서는 '영토개척'이었음을 알 수 있다. 참고로 본국 정부 역시 이와 동일한 이미지를 가지고 있었다. 조선신사 창립 심사보고서[24]를 보아도 총독부의 표현을 그대로 사용하여 두 신에 대해 각각 "황통의 시조이신 아마테라스 오미카미", "그 홍덕위업 지금껏 없었으며 조선의 민중을 대함에 있어서 또한 비교할 수 없는 인혜를 펼치신 메이지천황"으로 기술하고 있다.

다만 위에서 본 '동조'와 '영토개척'의 조합은 조선신궁의 경우 제신 결정까지의 단계에만 나타나는 과도기적 논리로 보인다. 그 후 이 두 가지 논리를 조합하는 방식은 조선인의 교화에 중점을 두는 천황제 이데올로기로 옮겨가게 된다. '동조'(실제로는 변화가 생기지만)와 '영토개척'을 조합하는 논리 자체가 '영토개척'에 조선의 신을 집어넣음으로써 확립될 수 있기 때문이다. 저자는 이러한 논리가 심전개발운동의 이데올

---

24 내각총리대신에게 내각서기관장이 보낸 심사보고서(閣甲 12, 1919.7.14). 「조선신사를 창립하고 사격을 관폐대사로 열함」에 수록.

로기였던 '경신숭조'의 논리에 포함되었고, 나아가 1936년 8월 이후에 열격이 시작되는 국폐소사의 제신을 통해 실체화되었다는 가설을 세우고 있다.

이와 같은 관점에서 보면 조선신궁의 창건에 이르러 황조신 숭배를 핵심적 내용으로 삼는 국가신도의 논리가 확립했다는 종래의 논의에 대해 약간의 수정을 가할 필요가 있음을 알 수 있다. 위에서 언급한 가설을 달리 표현하자면, 조선신궁 창건 당시는 아직 국가신도 논리의 형성기였으며 그 확립은 국폐소사 열격으로 상징되는 '경신숭조'의 실시를 통해 이루어졌던 것이다. 이 절에서 검토할 조선신궁의 논리, 그리고 제3장에서 다룰 심전개발운동의 논리 분석은 모두 이와 같은 가설을 검증하는 작업이 될 것이다.

이제 아마테라스 오미카미 봉재 문제를—국가신도 논리와 관련하여 서장에서 기술한—국민교화와 내셔널리즘의 관점에서 정리해보자. 한국병합을 전후하여 일본인 이주자들이 아마테라스 오미카미를 섬기는 신사시설을 자주적으로 건립하던 단계에 있어서 아마테라스 오미카미는 그들의 아이덴티티와 국민의식 형성에 깊이 관계하고 있었는데, 이때의 국민의식은 단일민족주의적 내셔널리즘으로 이루어져있었다. 그리고 그 뒤 조선신궁의 진좌를 전후한 시기에도 아마테라스 오미카미는 일본인 및 조선인 공통의 '동조'로서의 성격을 지니고 있었으며, 여전히 국민의식에 있어서 동심원의 중심을 차지하고 있었다. 따라서 단일민족주의적 내셔널리즘이 유지되고 있었던 것으로 볼 수 있다.

2) 조선신궁의 특이성

1936년 신사제도가 개편되고 관계법령의 정비가 이루어지는 와중에 7월 31일자로 5칙령(제250~254호)이 공포되는데, 서장에서 본 것처럼 그 중 세 가지 칙령의 주요목적은 국폐사 열격에 관한 규정의 확립에 있었다. 「관국폐사 직제 중 개정의 건」(칙령 제250호), 「관국폐사 급 신궁신부서 신직 임용령 중 개정의 건」(칙령 제251호), 「조선신궁 직원령 중 개정의 건」(칙령 제252호)이 그것으로서, 국폐사 열격 규정의 확립을 '내지'와 조선의 법역의 경계를 넘어서 정비하려는 의도를 지니고 있었다. 그리고 이 세 칙령은 관국폐사의 직제와 신직 임용에 관한 내용을 가리키는 한편 그 개정의 법규를 공포하는 것이기도 했다.

'내지'에서 최초로 제정된 관국폐사 직원 규칙은 「관사 이하 정액 급 신관 직원 규칙官社以下定額及神官職員規則」(태정관太政官 포고 제235호, 1871년)이었다. 그리고 이 법령에 보이는 '관사 이하 정액'에 의해 신사는 크게 관사官社와 제사諸社로 나뉘었고, 관폐대사에서 국폐소사에 이르는 관사 97사가 열격되었다(그 후에도 늘어남. 별격 관폐사도 더해짐).

관국폐사의 직제와 신직 임용(이는 천황의 대권사항과 관계함)에 관한 법 정비는 칙령 「관국폐사 직제官國幣社職制」와 「관국폐사 급 신궁 신부서 신직 임용령官國幣社及神宮神部署神職任用令」에서 완성되는데, 이 두 칙령은 식민지에서도 시행되었다. 다만 저자가 조사한 바로는 조선신궁과 관동신궁關東神宮(1938년 창립, 1944년 진좌. 조선신궁과 같은 관폐대사로서 제신 역시 '아마테라스 오미카미'와 '메이지천황'이었다)의 경우는 이들 두 법령을 개정하지 않고, 각각의 법령을 개별적으로 적용한 「조선신궁 직원령」(칙령 제276호,

1925년)과 「관동신궁 직원령」(칙령 제539호, 1944년)이 제정되었다.[25]

조선신궁의 특이성을 생각하기 위해서는 그 전까지 예가 없었던 직원령이 조선신궁에 처음으로 제정되었던 경위를 파악해두어야만 한다.

우선 1925년의 조선신궁 진좌를 앞두고 총독부와 내무성이 어떻게 법령을 조정했는지를 살펴보자. 자료가 많지 않은 가운데 쓰카모토 세이지塚本清治 법제국法制局 장관 앞으로 유아사 구라헤이湯浅倉平 내무차관이 보낸 상신서 「관국폐사 직제, 관국폐사 급 신궁 신부서 신직 임용령 개정의 건官國弊社職制,官國弊社及神宮神部署神職任用令中改正ノ件」[26](내무성 각사閣社 제1호, 1925년 3월 24일자)이 유용한 단서를 제공해준다.

이 문서는 1925년 3월에 총독부가 「관국폐사 직제」와 「관국폐사 급 신궁 신부서 신직 임용령」의 두 칙령에 관한 개정안을 내각에 제출했다는 사실을 알려준다. 그 내용은 조선신사(당시에는 아직 조선신사였다) 신직

---

25 「관동신궁에 설치할 직원에 관한 건(關東神宮ニ設置スル職員ニ關スル件)」, JACAR—A03010170200, 공문 유취・제68편・쇼와(昭和) 19년・제29권・관직29・관제29(관동국일(關東局一))(국립공문서관). 관동국(關東局)이 관동신궁의 진좌제에 앞서서 직원의 증대를 요청한 것을 받아들여 대동아대신(大東亞大臣)이 각의를 품청한 문서 등에 의함(1944.4.12). 이 품청서에 첨부된 법제국 주임참사관의 「관동신궁 직원 증치 각의 결정 부기」를 보면 관동국이 관동신궁에 관동주(關東州) 뿐만 아니라 '만주국'에 거류하는 "우리나라 사람들의 총진수의 지위"를 "부여하고 싶다"는 의도를 드러내고 있는 기술이 있다. 이를 위해 관동국은 같은 시기의 조선신궁보다 조금 더 우대받는 직원 수(1935년의 칙령 제292호에 따라 '조선신궁 직원령'이 개정되자 조선신궁의 직원에 권궁사(權宮司)[13] 1명이 배치되었고, 주전(主典)[14]도 2명 증원되어 7명이 되었다)를 요청했다. 그렇지만 법제국의 심사를 거쳐 진좌 당시의 조선신궁 직원 수에 맞추어 다시 수정되었고, 4월 18일자로 '지령'이 내려졌다(강력한 요청을 배려하여 주전이 조선신궁보다 한 명 더 많아졌으며 궁사 1명, 예의(禰宜)[15] 1명, 주전 6명이 배정되었다). 그리고 이 직원 수는 그 후 제정되는 '관동신궁 직원령'에도 반영되었다. 이를 통해 본국정부가 관동신궁을 조선신궁과 동등한 것으로 여기고 있었음을 알 수 있다.

26 「조선신궁 직원령을 정함(朝鮮神宮職員令ヲ定ム)」에 수록. JACAR—A01200546700, 공문 유취・제49편・다이쇼 14년・제33권・지리・토지-잡재, 경찰・보안경찰, 사사・신사・사원(국립공문서관).

의 '임용 급 감독'에 관한 것으로 '조선총독의 권한을 정하기 위한' 개정
이었다. '감독'의 권한을 다룬 「관국폐사 직제」의 주된 요지는 제11조[27]
'내무대신의 직권'과 '지방장관의 직권'을 조선총독이 맡는다는 점에 있
을 텐데, 내무성은 아마 대만과의 사이에서 차질을 빚지 않기 위해 '이의
없음'을 표명했던 것으로 추정된다.

　한편 '임용'의 권한을 다룬 「관국폐사 급 신궁 신부서 신직 임용령」의
경우에는 제13조[28]가 문제가 되었다. 내무성은 제13조에 '조선총독'을
추가하는 것에 '동의하기 어려움'을 표명했다. 총독부는 개정안에 — 야
스쿠니 신사와 마찬가지로 — 조선신사의 신직과 '조선총독'에 관한 문
언을 추가함으로써, 조선신궁에서도 '조선총독'이 궁사宮司를 사실상
'전형銓衡'할 수 있기를 원하고 있었다. 다만 내무성이 '동의하기 어려
움'이라며 반대한 이유는 제시되어있지 않다. 앞서 논한 「관국폐사 직
제」의 경우에 비추어 추측컨대, 대만총독에게 없는 권한을 조선총독이

---

27 이 시점의 「관국폐사 직제」 제11조는 다음과 같다. 참고를 위해 1936년의 신사제도 개
　편에서 이루어진 동법령의 개정법령(칙령 제250호)에 따라 추가된 문언을 괄호'[]'로
　표시한다. 이 개정은 국폐사 열격을 대비한 것이었다.
　제11조 본령 중 내무대신의 직권은 [조선에서는 조선총독] 대만에서는 대만총독, 가라후토
　에서는 내 각총리대신이 이를 행하며, 지방장관의 직권은 [조선에서는 제2조의 경우를 제외
　하고는 조선총독] 대만에서는 대만총독, 가라후토에서는 가라후토청 장관이 이를 행한다.
28 이 시점의 「관국폐사 급 신궁 신부서 신직 임용령」 제13조는 다음과 같다. 여기서도 참고
　를 위해 1936년의 신사제도 개편에서 이루어진 동법렵의 개정법령(칙령 제251호)에 따
　라 추가된 문언을 괄호'[]'로 표시한다. 이 개정은 본문에서 언급한 '조선총독의 권한'을
　어느 정도 인정하고 있기에 조선 고유의 특수한 지위가 발생하게 되었다. 이 개정 역시
　국폐사 열격을 대비한 것이라는 점을 덧붙인다.
　제13조 본령 중 주무대신에 속하는 직권은 별격 관폐사 야스쿠니 신사의 신직에 관해서는
　육군대신 및 해군대신, 그 외에 관해서는 내무대신이 이를 행한다.
　[조선에서는 본령 중 주무대신에 속하는 직권은 조선총독이 이를 행하고, 제3조 중 주무대
　신으로 되어 있는 부분은 조선총독부, 제9조 중 문부대신으로 되어 있는 부분은 문부대신
　또는 조선총독이 담당하며, 조선총독이 선임하는 신직 고등시험위원은 전형에 한해 이를
　행한다.]

가지게 되는 점이 거슬렸을 것이다.

그런데 그로부터 약 두 달이 지난 후에 조선총독부는 또 한 번 내각에 「관국폐사 직제」의 개정안을 제출한다. 이러한 경과만 가지고는 이전의 두 칙령에 관한 개정안을 법제국이 어떻게 심사했는지 알 도리가 없으나, 결과적으로 개정법령 제정에 실패했다는 점은 확실하다. 쓰카모토 법제국 장관에게 보낸 유아사 내무차관의 상신서 「관국폐사 직제 중 개정의 건官國幣社職制中改正ノ件」[29](내무성 각사 제1호 가운데 1925년 5월 13일자)에는 "제목의 건에 관해 칙령 개정안 각의에 품청했고, 이번 달 5일자로 내각 척식국장으로부터 통지가 있었습니다만"이라는 구절이 있다. 이 개정안의 주된 내용은 "조선신궁의 궁사를 칙임勅任 대우할 것"이었는데, 이에 대해 내무성은 "대만신사, 야스쿠니 신사 그 외 내지의 각 신사와의 균형을 생각해서 진중하게 고려할 필요가 있다"며 신중한 태도를 보이면서도 결코 부정은 하지 않았다.

이와 관련하여 초대 궁사가 유력했던 다카마쓰 시로高松四郎는 조선신사 궁사를 칙임관勅任官[16]으로 대우해줄 것을 취임의 조건[30]으로 내걸고 있었다. 칙임관 대우는 곧 선임의 권한이 조선총독으로부터 떨어져 나감을 의미했다. 의도가 무엇이었는지는 불분명하지만 「관국폐사 직제 중 개정의 건」이라는 표제에서 알 수 있듯이, 총독부가 다카마쓰가

---

29 「조선신궁 직원령을 정함」에 첨부되어있다.

30 다카마쓰 시로의 유고집 『松廼舎遺稿』(高松忠清編, 非賣品, 1960)에 수록된 「朝鮮神宮懷舊錄」에 의함. 내무성이 궁사로 추천했던 다카마쓰는 1925년 3월 20일 도쿄에서 조선총독부의 시모오카 추지[下岡忠治] 정무총감을 만나 취임의 뜻을 전하는 자리에서 세 가지 조건을 내걸었다. 하나는 칙임관 대우였으며, 그 외 두 가지 조건은 조선신사의 사호를 조선신궁으로 바꿀 것과 권궁사를 두는 것이었다. 세 가지 조건 중 두 가지는 곧바로 실현되었지만 권궁사를 두기 위한 법 개정은 '심전개발'이 제창되는 1935년이 되어서야 비로소 이루어졌다(칙령 제292호 「조선신궁 직원령 중 개정의 건」).

제시한 조건을 받아들이고 「관국폐사 직제」 개정안을 작성했던 것은 분명하다. 그러나 결과적으로 「관국폐사 직제」(그리고 「관국폐사 급 신궁 신부서 신직 임용령」)는 개정되지 않았고, 별도로 조선신궁에만 적용되는 이례적 직원령이 제정되었다.

이러한 경위를 거쳐 '조선신궁'으로 개칭된 이후인 1925년 9월 10일에 '조선신궁 직원령'(칙령 제276호)이 공포된다. 그 와중에 '조선총독의 권한'을 요구하는 조선총독부와 이에 이의를 표명하는 내무성 사이에 갈등이 있었던 점에 유의하자. 또한 법령상의 조건으로서 조선신궁 궁사가 주임관奏任官에서 칙임관의 대우를 받게 된 점, 조선에는 조선신궁 이외의 관국폐사가 없었으므로 '조선총독의 권한'에 대한 요구가 불필요해졌고, 직원령의 제정이라는 법적 조치로 이어진 점을 지적할 수 있겠다.[31] 덧붙이자면 1936년의 신사제도 개편을 통해 조선에도 조선신궁 이외의 관국폐사가 생겨나면서 '조선총독의 권한'이 국폐소사에 있어서 어느 정도 실현되기 시작한다.

지금까지의 내용을 정리하면 내무성은 '조선총독의 권한'을 인정하는 것에는 부정적이었지만 조선신사(조선신궁)의 지위를 높이는 것에는 얼마간 긍정적이었다. 아마도 '아마테라스 오미카미'를 모시는 최초의 식민지 총진수였기 때문일 것이다. 그리고 이는 1925년의 커다란 변화를 불러오게 된다. 궁사의 칙임관 대우 및 조선신궁으로의 개칭과 함께 「조선신궁 직원령」이 제정되었던 것이다. 이제 조선신궁은 조선의 이세

---

31 「조선신궁 직원령」 제정의 경위에 관해서는 졸고, 「植民地期朝鮮における神社の職制・神職任用関連の法令―1936年の神社制度改編を中心に」(『桃山学院大学人間科学』 第30号, 2006.1)의 내용을 가필, 정리했다.

진구를 상징하는 존재로, 나아가 법령상으로도 대만신사나 가라후토 신사 등 종래의 식민지 총진수들을 뛰어넘는 존재가 되었다.

조선에서 이세진구를 상징하는 존재가 되었다는 점을 조금 더 자세히 설명해보자. 1935년에 '심전개발'이 제창된 직후 총독부 당국은 직접 주최한 '신도 간담회'(같은 해 2월)를 통해 ― 아마 조선신궁 측의 요청이 있었던 것으로 보이는데 ― 조선신궁에 권궁사權宮司를 설치하고 주전主典을 증원하는 기획을 세운다. 이를 위한 절차로서 「조선신궁 직원령」을 개정할 필요가 있었고, 총독부가 본국정부에 송부한 개정안이 법제국의 수정을 거쳐 각의 결정되었다(1935년 9월 30일자). 이 때 각의 결정 관계 문서에 첨부되었던 「조선신궁 직원령 개정에 관한 설명자료(보충)朝鮮神宮職員令改正ニ關スル說明資料補充」[32] 가운데 「1 조선신궁의 특수한 성질朝鮮神宮ノ特殊的性質」이라는 것이 있다.

이를 통해 조선신궁의 창건에 대해 1935년 당시 총독부 당국이 가지고 있던 인식을 확인할 수 있다. "반도의 민은 내지의 이세진구에 필적하는 신궁을 세울 것을 간절히 바라고 있으며"라는 구절이 그것이다. 창건 당시에도 이렇게 생각하고 있지는 않았겠지만, 적어도 1935년 무렵에 "이세진구에 필적하는 신궁"이라는 인식을 가지게 된 것은 틀림없다.

이처럼 조선신궁은 조선의 이세진구를 상징하는 존재가 되었고, 이후로 그 제신이 지닌 의미를 '동조'와 '영토개척'의 조합으로만 설명하는 일은 불가능해졌다.

---

32 「조선신궁 직원령중을 개정함(권궁사 급 주전 증치)(朝鮮神宮職員令中ヲ改正ス(權宮司及主典增置))」에 수록. JACAR―A01200690300, 공문 유취·제59편·쇼와 10년·제12권·관직10·관제10(조선총독부4)(국립공문서관).

3) 조선총독부의 권한과 독자성

지금까지 고찰한 것처럼 조선신궁의 제신이 결정되는 과정까지는 '동조'와 '영토개척'의 조합을 통해 제신의 논리를 이해하는 것이 가능하지만, 조선신궁이 진좌하고 이세진구를 상징하는 존재가 된 이후로 이와 같은 조합은 일단 유보되었다. 이 두 개념을 조합하는 논리는 오히려 1936년부터 열격이 시작되는 국폐소사로 계승되는데, 아래에서는 이 점을 살펴보자.

앞에서 보았듯이 조선신궁이 진좌되기 이전까지 「관국폐사 직제」 및 「관국폐사 급 신궁 신부서 신직 임용령」의 두 칙령이 개정된 적은 없고, 별도로 「조선신궁 직원령」을 제정하고 있었다. 그 후 1936년의 신사제도 개편에 임해서 국폐소사의 열격이 결정되자 「관국폐사 직제」와 「관국폐사 급 신궁 신부서 신직 임용령」을 조선에 적용할 필요가 생겨났다. 이에 따라 조선신궁 창건 당시에는 개정되지 않았던 「관국폐사 직제」 제11조와 「관국폐사 급 신궁 신부서 신직 임용령」 제13조가 개정되었다. 이 두 개정의 요점을 이하에 정리해둔다.[33]

참고로 「조선신궁 직원령」 제10조도 개정되었는데 이는 「관국폐사 급 신궁 신부서 신직 임용령」의 적용에 따른 부수적인 조정이었다.[34]

우선 「관국폐사 직제」 제11조의 개정(주26을 참조)에 의해 주임관 대우

---

33 졸고, 「植民地期朝鮮における神社の職制・神職任用関連の法令」의 내용을 가필했다.

34 「조선신궁 직원령」의 제10조는 판임관 대우를 받는 신직인 예의, 주전의 임용에 관한 규정이었는데, 1936년 「조선신궁 직원령」의 개정법령(칙령 제252호)에 의해 전문이 삭제되었다. 이는 「관국폐사 급 신궁 신부서 신직 임용령」 제13조의 개정에 따라 제10조의 규정이 불필요해졌기 때문이다(마찬가지 이유로 제9조에서 권궁사의 내용도 삭제되었다).

를 받는 신직의 주청奏請이 대만총독의 그것과 마찬가지로 조선총독의 권한이 되었다. 주임관 대우를 받는 신직이란 구체적으로는 국폐소사의 궁사와 조선신궁의 권궁사를 가리키는데, 개정의 주된 목적은 전자에 있었다.

또한 '지방장관의 직권'에 관해서는 "조선에서는 제2조의 경우를 제외하면 조선총독"이라는 문언을 통해 이를 조선총독의 권한으로 간주한다는 뜻을 명기하고 있다. '제2조의 경우를 제외'한다는 것은 무엇을 의미할까? 제2조는 "궁사는 내무대신 및 지방장관의 지휘 감독을 받아 국가의 종사에 봉사하고 제의를 관장하며 서무를 관리한다"는 내용을 담고 있다. 따라서 '제2조의 경우를 제외'함이란 궁사를 '지휘 감독'하는 권한을 조선총독에게만 한정하지 않고 조선의 '지방장관의 직권', 곧 도지사의 직권으로서도 인정한다는 뜻으로 풀이할 수 있다. 국폐소사 열격에 대응하는 조치로 보인다.[35]

다음으로 「관국폐사 급 신궁 신부서 신직 임용령」 제13조의 개정(주 27을 참조)에 관해 살펴보자. 이미 논한 것처럼 주임관 대우를 받는 신직의 주청이 조선총독의 권한이 되었다. 제13조에 추가된 문언을 보는 한, 주임관 대우를 받는 신직의 임용은 전형 임용(이 때는 조선총독이 선임한 신직 고등시험위원이 전형을 담당한다)을 상정하고 있었던 것으로 생각된다.

---

35 국폐소사 열격에 따라 제정된 총독부령 및 총독부 훈령 가운데, 관폐대사인 조선신궁에 대한 조선총독의 직권과 쌍을 이루는 형태로 국폐소사에 대한 도지사의 직권을 인정하는 것이 있었다. 가령 「국폐사 회계규칙(國幣社会計規則)」(총독부령 제73호, 8.1)이나 「국폐사에서 항례로서 행하는 식. 그리고 그 식의 순서 및 요배사, 하라에쓰모노 및 오하라에노 고토바의 격례(國幣社ニ於テ恒例トシテ行フ式及其ノ式次第並ニ遥拜詞、祓物及大祓詞ノ格例)」(총독부 훈령 제15호, 8.1), 「국폐사 처무규정(國幣社処務規程)」(총독부 훈령 제16호)은 조선신궁에 관한 해당법령의 전부(앞의 두 법령) 혹은 일부(세 번째 법령)를 그대로 적용할 것을 정하는 법령이었다. 또한 조선총독을 도지사로 바꾸어 읽을 것을 표기한 규정도 있었다.

이 역시 국폐소사의 열격에 대처하는 것으로서, 조선총독부가 궁사를 어느 정도 독자적으로 선발할 수 있게 됨을 의미했으며 대만이나 가라후토에서는 인정되지 않던 권한이었다.

참고를 위해 다음 해인 1937년에 선임된 신직 고등시험위원을 열거해둔다(신사행정의 주관부서는 내무국 지방과). 위원장은 정무총감 오노 로쿠이치로大野緑一郎, 다른 위원 네 명은 모두 사무관으로서 오타케 주로초竹十郎(내무국장), 니시오카 요시지로西岡芳次郎(내무국 지방과장), 야마자와 와사부로山澤和三郎(총독관방 심의실), 우스이 다다히라碓井忠平(총독관방 인사과장)였다. 덧붙여서 관국폐사 이외 신사의 신직인사를 담당하는 사사社司 사장社掌 시험위원에는(관국폐사 이외 신사의 신직에 해당) 오타케 로쿠이치로가 위원장, 다른 위원 여섯 명 중 다섯 명이 사무관(위의 세 명을 포함)에 배정되었고, 그 외에 조선신궁 궁사 아치와 야스히코阿知和安彦도 임명되었다.[36] 여기에서도 국폐소사 궁사의 인선을 총독부 당국이 독자적으로 행하려는 의도를 엿볼 수 있다.

지금까지 본 바와 같이 조선총독부 전체의 권한이라는 측면에 초점을 맞출 때, 세 칙령(「관국폐사 직제」, 「관국폐사 급 신궁 신부서 신직 임용령」, 「조선신궁 직원령」)의 개정이 지닌 가장 큰 특징으로서 다음과 같은 사항을 지적할 수 있다. 1936년부터 열격이 시작된 국폐소사의 궁사(칙임관 대우를 받는 신직)를 총독부 당국이 독자적으로 선발하게 된 점, 그리고 국폐소

---

36 朝鮮總督府編, 『朝鮮總督府及所屬官署職員錄』에 의함. 참고로 신직 고등시험위원에 관한 규정은 딱히 정해진 것이 없었다. 사사(社司) 사장(社掌) 시험위원의 임명에 관해서는 「신직 임용 봉무 급 복장 규칙(神職任用奉務及服裝規則)」(조선총독부령 제50호, 1916)의 제4조에 "위원장 및 위원은 조선총독부의 고등관 중에서 이를 임명한다", "위원은 관리 이외의 자를 촉탁할 수 있다"는 규정이 있었다.

사의 궁사를 '지휘 감독'하는 권한이 도지사에게 주어진 점이다.

이는 1925년에 조선신궁이 진좌하기 전에는 '조선총독의 권한'을 예외적으로 인정하는 것에 부정적이었던 내무성 당국이 1936년의 신사제도 개편에 임해서는— 특히 국폐사의 열격에 관해서는— 총독부의 권한과 독자성을 어느 정도 인정하는 방침을 취하기 시작했음을 의미한다. 이와 같은 방침의 변화는 국폐소사 제신의 결정과정을 고찰함에 있어서 매우 중요한 요소이므로 기억해 둘 필요가 있다.[37]

2. 농촌진흥운동과 야마자키 노부요시의 농본주의

이 절에서는 농촌진흥운동에 보이는 야마자키 노부요시山崎延吉의 농본주의와 그의 '경신숭조'관을 분석한다.

---

37 '제국' 일본의 시점에 입각한 총력전체제의 분석은 종종 식민지와의 상대적 관계보다는 내외지배의 일원화를 강조하는 경향을 보인다. 예를 들어 아오이 아키히토(青井哲人)는 자신의 저서 『植民地神社と帝国日本』(吉川弘文館, 2005)에서 내무성 계열의 기술자 네트워크가 뒷받침한 "내지와 외지를 관통하는 일원적인 설계체제"(224쪽)의 문제를 제기하고 있다. 다만 이 시기는 "내지와 외지의 행정 일원화" 문제(1942년에 부상)가 드러나기 전이며, 법제에 있어서도 '일원화'를 둘러싸고 본국 정부와 조선총독부 사이에 갈등이 계속되고 있었다.
본문에서 지적한 내무성 당국의 방침 변화는 내지와 외지에서 설계체제가 전개하는 과정을 구체적으로 검토할 필요성을 새롭게 시사한다. 이 경우 조선에서는 조선신궁이나 국폐소사(열격)와 같은 관국폐사의 조영과, 그 외의 증설된 신사, 신사(神祠)의 조영을 나누어 생각해야만 한다는 점을 부언해둔다. 신사제도 개편 이후에 신사(神祠)가 증설됨은 주지하는 바이나, 이것들을 세우는 방식에는 총독부 당국의 방침이 반영되어있다. 이 점에 관해서는 이 책 제5장에서 다루겠다.

1) 조선총독부 촉탁이 된 야마자키 노부요시

1932년 가을 야마자키 노부요시[38]는 촉탁으로서 총독부에 들어가게 된다(총독부 농림국 임정과 촉탁, 연 수당 5천 엔, 1941년 3월말 사임). 우가키 가즈시게 총독(1931년 6월~1936년 8월 재임)이 직접 요청했다고 한다.

촉탁이 된 야마자키는 9월 27일 총독부에서 농산어촌 진흥에 관해 강연하고 위원회 설치의 필요성을 역설한다. 위원회의 설치는 여러 방면에서 시기적절한 기획으로 주목받았다.[39] 일은 일사천리로 진행되었는데 30일자로 「조선총독부 농촌진흥위원회 규정」(총독부 훈령 제62호)이 제정되었고,[40] 같은 날 오후에 제1회 위원회가 개최될 정도였다(위원장

---

38 야마자키 노부요시[1873~1954]는 이시카와현[石川縣] 가나자와[金沢] 출신으로 1897년에 도쿄제국대학 농과대학을 졸업, 1901년에 아이치현립[愛知縣立] 안조농림학교(安城農林學校) 교장에 취임한다. 아이치현의 농업과 산업조합의 진흥에 힘썼으며, 그가 지도했던 헤키카이군[碧海郡]이 모범농촌으로서 전국에 알려져 '일본의 덴마크'로 불리게 된다. 또한 1908년에 출판한 『農村自治の硏究』는 십여 번의 중판을 냈다고 한다. 1929년에는 신풍의숙(神風義塾)을 열고 농촌 청년들에게 '고신도'에 입각한 '농민도'의 교육을 실천했다. 쇼와 농업공황기에는 중견인물의 양성시설인 '농민도장'의 지도자 가운데 한 명으로서 농촌의 경제재생 운동을 적극적으로 지원했다.
야마자키의 생애에 관해서는 아다치 이쿠쓰네[安達生恒], 『山崎延吉―農本思想を問い直す』(リブロポート, 1992), 농본주의에 관해서는 쓰나자와 미쓰아키[綱沢満昭], 『日本の農本主義』(紀伊國屋書店, 1980(新裝版))의 제7장 「山崎延吉論」을 각각 참조했다. 쓰나자와는 야마자키의 사상을 "어떤 의미에서는 현실에 입각한 이른바 토착의 사상이 아니었을까"라고 평가한다. 그러나 한편으로는 만주사변 이후 소위 파시즘체제하에서 야마자키의 농업경영, 농촌경영이 지닌 '합리성'이 쇠퇴하고 '고신도'의 정신론으로 중점이 옮겨가고 말았으며, '국체명징'이나 '팔굉일우'의 사상에 쉽사리 이용된 점을 비판한다.
야마자키의 농본주의가 조선통치에 이용된 것과 관련하여 저자도 일찍이 졸고, 「朝鮮農村の「中堅人物」―京畿道驪州郡の場合」(『朝鮮学報』第141輯, 1991.10)에서 잠깐 논한 적이 있다. 여기에서는 졸고의 내용을 대폭 가필, 수정하여 야마자키의 농본주의가 농촌진흥운동에 끼친 영향을 분석하고자 한다.

39 「山崎氏中心으로 農村振興의 委員會設置擡頭」, 『동아일보』, 1932.9.29, 8면.

40 『朝鮮總督府官報』 제1721호, 1932.9.30.

은 정무총감, 야마자키도 위원으로 참가).[41] 이 농촌진흥위원회를 중심으로 다음해인 1933년부터 농촌진흥운동이 본격적으로 개시되었다.

농촌진흥운동은 농민의 자각에 입각한 '자력갱생'을 슬로건으로 내걸고 있었는데, '농촌자치'론과 '농민도農民道' 등 정신론적 특징을 지닌 야마자키의 농본주의가 여기에 중대한 영향을 주었다.[42]

야마자키가 주창한 '농촌자치'의 궁극적 목표는 '촌락'의 향상에 있었다. 특히 '촌락'의 요소로서 촌풍村風(자치체의 정신), 촌민의 행동(자치체의 태도), 촌내 질서(자치체의 모습)가 제시되었는데, 이들을 향상시키는 것이 '농촌자치'의 목적이었다. 이처럼 정신을 중시하는 관념적 목적을 내세우고 전통적 공동체 및 거기에 전래되는 '오래된 것'을 살려가면서, 산업조합의 조직화를 통해 '새로운 마을' 만들기의 방법을 고민한 것으로 요약할 수 있겠다.[43]

그런데 이처럼 정신을 중시하는 야마자키의 경향은 신풍의숙神風義塾을 개설할 즈음부터 '농민도'의 확립을 지향하는 방향으로 변해갔고, 점차 경제적 합리성보다도 더 큰 비중을 차지하게 된다. 그의 '농민도'는 가케이 가쓰히코(1872~1961년, 도쿄제국대학 법과대학 법학부 교수, 신도사상가)의 '고신도古神道'에 입각한 것이었다.

---

41 「朝鮮農漁村의 統制振興會組織 三十日午後委員会를 開催 總督府中心으로」, 『동아일보』, 1932.10.1, 8면.

42 조금 다른 각도에서 이를 분석한 연구로서 요시자와 가요코[吉沢佳世子], 「日本の植民地朝鮮支配と農業教育・農民教育」(『年報・日本現代史』第10号, 2005)이 있다. 이 글은 야마자키 노부요시의 영향 아래 있던 안조 농림학교와 신풍의숙에서 공부하던 청년 가운데, 특히 조선에 취직했던 일본인 청년 및 조선에서 일본으로 건너온 청년을 주된 분석의 대상으로 삼고 있다. 졸업생의 진로에 관한 분석은 야마자키와 조선통치의 관계를 생각하는 데 중요한 재료가 될 것이다.

43 綱沢, 『日本の農本主義』, 제7장의 내용을 참고로 저자 나름 정리해보았다.

가케이의 '고신도'는 제1종의 신 '아메노미나카누시노 카미天之御中主神'[17]에게 제2종의 '야오요로즈노 카미八百萬神'[18]라는 신들이 '귀일'한다는 내용을 담고 있다. 다케다 도시카즈竹田稔和는 가케이의 '고신도'에 보이는 아메노 미나카누시노 카미와 8백만 신들의 관계를 다음과 같이 설명한다. "가케이에 의하면 모든 신들은 '대생명'인 아메노미나카누시노 카미(고사기古事記에 최초로 등장하는 신)로부터 분리되어 나왔고, 이를 간직하며 표현한다. 8백만의 신들로 분기했지만 그 근원을 거슬러 올라가면 전일한 아메노미나카누시노 카미에 도달하므로, 신들이 '일심동체'임은 물론이거니와 그것이야말로 '본래'의 형태가 된다."[44]

이렇게 "신대神代[19]의 여러 신이 사실에 의거해 제시"되었다면 이는 "아마테라스 오미카미가 확정하고, 나아가 진무천황神武天皇[20]을 통해 이 세상에 실현된 길"을 가리킬 것이다. 명칭을 '고신도'로 한 것은 '단지 편의를 위해서'였는데, 이는 '신의 길'의 다른 표현에 다름 아니다.[45] 그러니까 신대로부터 이어져온 '신의 길', 신의 뜻 그대로의 길惟神道인 것이다. 이것이 가케이가 주창한 '고신도'이다.

이시카와 겐지石川健治는 '가케이판 천황기관설天皇機關說'[21]을 고찰하고 인간과 '보편아普遍我'의 관계를 다음과 같이 설명한다. "인간은 일반적으로 독립인이기 이전에 표현인이며 '보편아'의 표현인(보익표현인輔翼表現人)으로서 살아"가기 때문에 "국민 한 사람 한 사람이 각각 표현인인

---

44 竹田稔和, 「筧克彦の国家論－構造と特質」, 『岡山大学大学院文化科学研究科紀要』第10号, 2000.11, 335쪽.
45 筧克彦, 『古神道大義 皇國之根柢万邦之精華』, 清水書店, 1912. 인용은 1958년 가케이 가쓰히코박사 저작간행회(筧克彦博士著作刊行会)가 출판한 재판을 사용했다(「緒言」, 2쪽).

바, 천황은 유일하게 그 무엇으로도 대신할 수 없는 완전한 표현인이기는 하지만 어디까지나 '일심동체'를 표현하는 '중간仲間Genosse'"이라고 한다. 이와 같은 논의를 중심으로 이시카와는 가케이 천황제론의 요점이 "범신론적 구성을 취하기보다는 도리어 일본사회에 보이는 '표현관계'의 절대성을 강조한다. 지배자가 절대적인 것이 아니라 관계가 절대적인 것"에 있다고 정리한다.[46]

위의 내용을 저자 나름대로 해석하자면, 천황 자체를 절대시하는 것이 아니라 천황과의 관계가 절대시되므로 개인은 천황과의 '일심동체'를 표현하는 '표현인'으로서 살아가게 되며 천황에 따르는 존재가 된다. 이처럼 관계를 절대시하는 논리의 골격은 가케이가 '고신도' 담론을 체계화하는 과정에서도 활용되었을 것이다.

가케이는 신들과 천황의 관계성을 설명하면서 '귀일'을 비롯하여 '합일', '일체' 등의 용어를 자주 사용한다. 가령 앞에서 소개했듯이 가케이는 아메노미나카누시노 카미와 8백만 신들 사이의 '귀일' 관계가 아마테라스 오미카미에서 '확정'된 것으로 본다. 곧 8백만의 신이 아마테라스 오미카미에게 '귀일'하는 관계가 다카마가하라高天原에서 '확정'되었으며, 천손강림 후에도 '이 세상에 실현된 길'인 '고신도'로서 진무천황에게 이어졌다는 것이다.

이처럼 천황에게 '귀일'하는 관계를 가케이는 다음과 같이 설명한다.

---

46 石川健治,「権力とグラフィクス」, 長谷部恭男・中島徹編, 『憲法の理論を求めて─奥平憲法学の継承と展開』, 日本評論社, 2009, 298・300쪽. 인용문에 이어 이시카와(石川)는 천황제 사회, 천황제 문화로 불리는 '일본사회의 이미지'를 "이 정도로 날카롭게 도려낸 논의는 많지 않다"고 논한다. 그리고 "이런 관계의 절대성에 입각한 '관계로서의 권력'은 지배자에게는 한층 실효적인 지배를, 피지배자에게는 노골적인 폭력에 내던져지는 것보다도 더욱 저항의 여지가 없는 복종을 가져오게 된다"고 주장한다.

진무천황과 '일체가 되시는' 천황의 "총람 아래 거국일치, 상하동체가 이루어졌으며 일본아我인 일본국國이 구성되었다". 이는 "일본민족 본래의 성립으로서, 또한 실제로 역사상에 실현되어 장래 더욱 발양할 것"에 틀림없는 '일본민족'의 '이상적 규범'이었다. 그러므로 "천황은 만민이 귀일하여 구성하는 총람표현인"이 되며, "일본인민이란 단 한 사람도 천황 없이는 존재할 수 없는" 것이 된다.[47] 용어와 표현이 독특하긴 하지만 천황은 소위 아마테라스 오미카미의 드러남('총람표현인')이므로 개인이 '표현인'으로서 '천황'에게 '귀일'하는 것이 '일본민족'의 '이상적 규범'이라는 내용이다. 가케이의 '고신도' 담론은 이처럼 개인과 천황의 관계를 절대시하는 논리구조를 지니고 있었다.

야마자키는 이와 같은 가케이의 '고신도' 담론에 입각하여 이른바 농민판 '천황귀일'론을 전개한다. 일본의 국민은 자신에게 주어진 일을 자각하고 이를 통해 '국가'에 '귀일'하는 바, 더욱 나아가 '천황'에게 '귀일'하는 것이 진정한 일본인이라는 것이다. 즉 농민에 대한 '천황귀일'의 사상이 바로 '농민도'인데, 농업을 하나의 일본적 '행行'으로 파악하고 농민은 농업이라는 주어진 일을 통해 '천황'에게 '귀일'함으로써 '황국의 농민'이 된다는 것이다.[48]

위의 내용을 바탕으로 지금부터는 야마자키가 농촌진흥운동에 미친 영향을 분석할 것인데, 이에 관하여 ① '농촌자치'의 공간이 어떻게 상정되었는지, 그리고 ② 가케이의 '고신도' 담론에 근거한 농민판 '천황귀일'론, 즉 '황국의 농민'이라는 정신론이 이식되는 실태에 주목해보고

---

47 筧, 『古神道大義』, 8~9쪽.
48 綱沢, 『日本の農本主義』, 제7장을 참조.

자 한다. ① '농촌자치'의 공간을 고찰하기 위해서는 갱생지도부락을 지
도한다는 농촌진흥운동의 실시형태의 특징상, '촌락자치'에 대한 행정
력의 침투, 다시 말해 '촌락자치'의 재편[49] 과정에 초점을 맞출 필요가
있을 것이다.

이러한 문제의식하에 이 절에서는 우선 야마자키의 조선에서의 활동
을 개략적으로 설명하고, 자료소개를 통해 위의 ① 에 관한 대강의 인식
을 제공하고자 한다. 그리고 ② 에 관해서는 관제官製 '동제'를 분석할 다
음 절을 통해 정신론이 이식되는 실태가 어느 정도 파악될 것으로 본다.
'동제'는 '내지'의 무라마쓰리에 해당하며 제사나 시설을 지시하는 경
우가 많다. 이 책에서는 당시 일반적으로 사용되던 이 용어를 그대로 사
용하겠다(서장 참조).

조선총독부의 촉탁이 된 야마자키는 종종 조선을 방문해 각지에서 강
연 및 지도를 행했다.[50] 농촌진흥운동의 주관부서인 농림국 농정과가
편집하던 일간지 『자력갱생휘보』[51](전88호, 1936년 주관부서로서 농림국 농

---

49 1914년의 면・동리(면은 '내지'의 촌에, 동과 리는 아자(字)에 해당한다)의 통폐합 및
1917년에 시행된 면제에 의해 식민지기 이전의 촌락의 자치는 행정상 면 행정에 흡수되
게 되었다. 그 결과 종래의 도-군-면-동리라는 지방행정단위에 식민지 지배하의 행정
말단기관인 면이 다시 설치되었고, '촌락자치'를 부정당한 동리(이 책에서는 구동리로
호칭) 역시 통폐합과 재편성을 거쳐 새로운 동리가 되었다(이 새로운 동리를 이 책에서
는 신동리라 부른다).
여기서 통폐합 전후의 부・군・도(島)의 신구 각각의 면과 동리 수(부는 '내지'의 시에
해당하며, 면은 군・도의 하위에 해당한다. 동리 수에는 부에 속한 정(町)도 포함시켰
다)의 변화를 보면, 면은 전체 4,351곳에서 2,508곳으로 줄었고, 동리는 6만 2,532곳에
서 2만 8,271곳으로 감소했다(구(舊)는 1912년 1월 1일 당시의 숫자, 신(新)은 1918년
3월 31일 당시의 숫자). 더욱 상세한 내용은 졸저, 『朝鮮農村の民族宗教-植民地期の天
道教・金剛大道を中心に』(社会評論社, 2001) 제1장 제1절을 참고해주길 바란다.
50 야마자키의 조선에서의 활동에 대해서는 졸고, 「植民地朝鮮における農村振興運動期の「敬
神崇祖」-朝鮮総督府の神社政策に関連して」(『桃山学院大学総合研究所紀要』第33巻 第
3号, 2008.3)의 제1절을 참고하길 바란다.

촌진흥과가 신설된 이후로는 그 쪽으로 이관)에는 간단하나마 야마자키의 조선에서의 활동이 기록되어있어서 참고가 된다.

중일전쟁이 벌어지기 이전에 야마자키의 조선에서의 활동을 개관하는 것만으로는 그가 농촌진흥운동에 끼친 영향의 내용을 파악하기가 쉽지 않다. 그렇지만 병을 얻어 요양하는 바람에 한동안 건너가지 못하게 되기 이전인 1933년과 1934년에 걸쳐 야마자키는 가장 활발하게 활동했으며, 이 때 각지에서 농촌진흥운동을 견인하던 '지도자 계급, 지방 중견인물, 청년 등' 다수를 대상으로 '강습, 강연'을 행했다. 그러므로 1933년부터 1934년에 걸친 시기를 중심으로 '농촌자치'나 '농민도' 같은 개념이 일종의 슬로건으로서 전파되었을 가능성이 높다고 볼 수 있다.

2) 야마자키 노부요시의 '경신숭조' 관

야마자키가 농촌진흥운동에 끼친 영향을 분석하기 위해 여기서는 ① '농촌자치'의 공간이 어떻게 상정되었는가의 문제를 '촌락자치'에 대한 행정력 침투의 관점에서 간단히 정리해보겠다.

'촌락자치'를 재편할 필요는 아마 만주사변 후의 시국에 맞추어 농촌에 총동원체제를 구축하려는 거시적인 기초 작업의 일환으로 제시되었던 것 같다. 그렇지만 또한 한편으로 현지의 상황을 감안하여 농촌진흥

---

51 板垣竜太 監修・解説, 『自力更生彙報─朝鮮総督府農業政策史料』 제1~6권(ゆまに書房, 2006)은 『자력갱생휘보』를 복각 출판한 것이다. 본문 중에 인용하는 『자력갱생휘보』의 자료는 이 책에 의한 것이다.

운동을 수행하기 위한 대증요법의 의미도 가지고 있었던 것으로 보인다. 즉 선정된 갱생지도부락에서 5개년 계획의 실시를 관철하고 그 후에도 '갱생'의 상태를 유지해가기 위해서는, 행정 측의 지도에 따르는 관제 '자치'를 갱생지도부락에 만들어낼 필요가 있었던 것이다.

농촌진흥운동의 추이를 보면 1937년에 중일전쟁이 전면화하기에 앞서서 부문部門위원제도가 설치되었다.[52] 부문위원제도는 황해도에서 1935년부터 지역의 '자치공려共勵 방책'으로서 가장 먼저 기획된 제도이다. 이 제도는 행정 측의 지도와 '중견 인물'(제3장 제2절을 참조)이 담당해야할 역할을 보다 많은 마을 사람들에게 분담시키는 구조를 가지고 있었다. 즉 부문위원제도란 야마자키의 '농촌자치'론의 응용이라 할 수 있는 관제 자치를 확립하려는 의도, 구체적으로는 "농촌진흥운동을 부락자치에 옮기려는" 의도를 직접적으로 보여주는 방책이었던 것이다. 그리고 1937년 당시에도 총독부 당국에게 갱생지도부락의 '자치공려 방책'을 확립하는 작업은 여전히 중요한 과제였다(다만 이는 전시체제 이전 시기에만 해당한다).[53]

다음으로 야마자키와 농촌진흥운동의 관계를 고찰하는 데 있어서 두 번째 문제인 ② 가케이의 '고신도' 담론에 근거한 농민판 '천황귀일'론, 그러니까 '황국의 농민'이라는 정신론의 이식 문제와 그 실태를 검토해보자.

---

52 위의 책 제45호에 실린 野中伊平, 「農村振興運動を部落自治に移さんとする部門委員制度」(1937.5.20, 9~11쪽), 제46호에 실린 野中伊平, 「農村振興運動を部落自治に移さんとする部門委員制度(完)」(1937.6.20, 7~13쪽).

53 '존락자치'에 행정력이 침투하는 점에 관해서는 졸고, 「植民地朝鮮における農村振興運動期の「敬神崇祖」」의 제1절을 참고.

앞서 거론한『자력갱생휘보』를 보면 — 지면을 조정하여 여백을 채우기 위해서인지 — 메이지천황이 지은 단가短歌나 농민관계의 삽화, 표어 비슷한 어구 등이 논설이나 기사 등의 도중에 문맥과는 상관없이 상자가 씌워진 채 등장하는 경우가 종종 있다. 그 가운데 '농가훈農家訓'[54]이라는 것이 있는데, 첫 번째 항목은 "경친親숭조(경신숭조의 오자)는 사람의 길"이었다. 그리고 '독농가篤農家의 목표'[55] 여덟 번째 항목에는 "신과 부처佛에게 아침저녁으로 예배", 아홉 번째 항목에는 "조상숭배는 가정의 부富"라 적혀있다.

여기 보이는 '경신숭조'나 '조상숭배'에서 '경신'과 '숭조', '조상숭배' 양자의 의미와 관계는 어떤 것이었을까? 1935년의 국체명징성명 이전의 단계이기 때문에 아직 양자의 유사점과 차이점이 의식되었다고는 생각되지 않으나, 일단은 야마자키가 조선에 남긴 글들을 통해 이를 살펴보도록 하자.

야마자키는 1935년「제기齊家의 요도要道」라는 제목의 강연[56] 제1장「가계家系」에서 "집을 가지런하게 하기 위한 첫 번째 방도"로서 '영원한 생명의 흐름'인 '가계'를 설명한다. 특히 "가족이 반드시 매일 지켜야만 하는 규칙"인 '가헌家憲'에 관해 다음과 같이 논한다. '가지런한 집'에 있는 '가헌'이란 "매일 우리 황조 황종에게 예배하고, 다음으로 반드시 그

---

54 『自力更生彙報』第3號, 1933.6.30, 3쪽. 농가훈에는 10개 항목이 있는데, '2 근검저축은 우리 국시', '4 가업에 힘을 쏟고 투기는 금물', '6 유쾌하게 일하라 아침부터 밤까지'처럼 농본주의를 반영한 표어로 이루어져 있었다.

55 『自力更生彙報』第11號, 1934년 7월 20일, 9쪽. 독농가의 목표는 9개 항목이 있었으며 마찬가지로 농본주의를 반영한 표어로 이루어져있다.

56 「全鮮農産漁村振興關係官大會同」(1935.4.30~5.2)에서 행한 야마자키 노부요시의 강연. 그 속기록이「제가의 요도」로서 위의 책 제22・23・24・25・26호에 실려 있다. 참고로 야마자키의 '가(家)'에 대한 관점은 安達,『山崎延吉』의 제7장에 정리되어있다.

집의 조상에게 예배하고, 그리고 자손들은 반드시 부모에게 아침문안을 드리는 것"을 말한다.

야마자키의 '천황귀일'론에서 '가계'라는 '영원한 생명의 흐름'은 아이에서 부모로, 그리고 조상으로 거슬러 올라가면서 '천황'에게 '귀일'해간다. 여기서 '경신' 및 '숭조'의 의미와 관계는 '우리 황조 황종에게 예배'(='경신')하는 것과 '그 집의 조상에게 예배'(='숭조')하는 것의 조합으로 표현되며, '가계'는 '숭조'를 매개로 '천황'에게 '귀일'해가게 된다. 달리 말하면 여기에는 황실을 국민의 본가本家에 위치시키는 가족국가관을 '천황귀일'의 '개념'으로서 표현하는 '경신숭조'의 관념이 나타나고 있는 것이다.

이미 지적했듯이 야마자키의 '천황귀일' 사상의 바탕에는 가케이의 '고신도' 담론이 있었는데, 이는 '일본민족'은 관계의 절대성(이시카와)을 표현하는 존재인 '천황'에게 '귀일'한다는 내용을 가지고 있었다. 야마자키는 이와 같은 가케이의 '천황귀일'론에 근거하여 소위 농민판 '천황귀일'론을 전개했던 것이다. 일본의 국민은 자신에게 주어진 역할을 잘 깨닫고 이를 통해 '국가'에 '귀일'하며 나아가 '천황'에게 '귀일'해야 하는 바, 진정한 일본인의 모습이 바로 여기에 있다는 것이다.

이와 같이 '숭조'를 매개로 '천황'에게 '귀일'해간다는 '가계'의 중심 내용을 염두에 두면서, 농촌진흥운동을 통해 만들어지는 '농촌자치'의 공간에 드러나는 '경신숭조'란 어떠한 것이었는지 검토해보자.

전라북도 장수군은 진구 다이마神宮大麻(이세신궁이 반포한 오후다御札[22])를 모시는 '다이마전大麻殿'에 공을 들이고 있었다. 갱생지도부락의 지도에도 열심이었던 장수경찰서 구내에는 '다이마전'이 세워졌으며,[57] 장수군 농회가 경영하던 장수 농사훈련소('중견 인물'의 양성시설)에서도 "그 중심에 있던 다이마전은 대단히 깨끗하게 모셔지고" 있었다고 한다.[58]

관내 산서면에 있던 산서주재소의 마쓰모토 다케요시松本猛吉 부장과 가와카미川上 순사, 김 순사는 두 곳의 갱생지도부락의 지도를 담당하고 있었다. 산서청년단의 지도에도 열심이었던 마쓰모토는 청년단과 마을 사람들의 협력을 얻어 ─ 아마 두 곳의 갱생지도부락 가운데 한 곳에 ─ '다이마전'을 건립한다. 그 이유는 "마을 사람들의 경신숭조 정신[59] 함양을 간절히 바라기" 때문이었다. "사비를 털어 신역神域 약 1반보를 구입하여 사당을 조영하고, 청년들, 마을 사람들과 흙을 쌓고 호수를 팠으며, 나무를 심고 모래를 뿌리는" 봉사를 했다고 한다. 그 뒤로 "마을 사람들이 자주 참배했는데 특히 부인들의 참배가 많았"던 모양으로, "새전함賽錢箱에 동화銅貨 수백 개와 함께 흰 쌀 서 되가 있는 것을 보았는데, 이 쌀은 짐작컨대 부인들이 종이에 비틀어 싸서 봉헌한 것들"이라는 기록이 있다.[60]

---

57 위의 책, 제31호에 실린 八尋生男, 「全北に於ける農民訓練所その他(2)」(1936.3.20, 9쪽)을 참고.

58 위의 글, 8쪽.

59 여기서 말하는 '경신숭조'는 심전개발운동의 '목표'를 포함하고 있을 것이다. 이 '목표'에 관해서는 이 책 제3장 제1절에서 분석할 예정이기에 여기서는 세 개의 전 항목을 열거해두는 것에 그치겠다.
1 국체관념을 명징하게 할 것
2 경신숭조의 사상 및 신앙심을 함양할 것
3 보은, 감사, 자립의 정신을 양성할 것

60 위의 책, 제30호에 실린 八尋生男, 「全北に於ける農民訓練所その他(1)」(1936.2.20, 11쪽)을 참조. 이 '다이마전'은 법적인 신사(神祠)는 아니었다. 부언하자면 이 시기 장수군에 설립을 허가받은 신사는 없었으며, 1939년 4월 20일자로 장수면에 '신명신사'의 설립이 허가되었다. 『朝鮮總督府官報』第3678號(1939.4.27)에 의함.

위 구절은 과장된 면이 있지만, 신사와 유사한 '다이마전'이 촌민들로 부터 배제되기는커녕 오히려 신앙의 현상을 낳고 있었다는 점을 확인할 수 있다. 다만 황조신과 연결되기 위한 매개인 '숭조'의 요소는 발견되지 않는다. 그렇지만 이처럼 법령에 의거해 관리·통제되는 신사, 신사神祠 (서장의 「2. 연구방법」을 참조)의 형태에 포함되지 않는 작은 사당이 농촌진흥운동의 전개 과정에서 건설되었다는 점은 매우 중요한 의미를 가진다. 물론 이 사례만을 가지고 야마자키의 '경신숭조' 관념의 영향을 단정하기에는 아직 논거가 충분치 않다. 법령상의 신사, 신사神祠의 형태에서 벗어나있는 다른 사례들을 찾아보자.

3. '동제' 이용의 움직임

이 절에서는 야마자키가 끼친 영향에 따른 실태를 갱생지도부락에서 창출된 관제 '동제'를 통해 분석한다. 각 마을에는 그 수가 감소하긴 했지만 단이나 사당, 신목 등을 구비한 조선재래의 '동제'가 존재하고 있었다. 농촌진흥운동의 과정에서 지방행정측은 이러한 '동제'를 기준으로 각 촌락에 유사시설을 만들었는데, 이 책에서는 이를 관제 '동제'라 부르기로 한다. 참고로 총독부는 이를 가리키는 명칭을 따로 준비하지는 않았다. 다음 장에서 고찰할 심전개발운동이 개시되는 1935년부터는 이용대상으로 여겨지기 시작한 전통적인 '동제'를 '고유신앙'으로 불렀으며, 관제 '동제'에 관해서는 '고유신앙의 부활'로 표현한다. 명칭의 문제도 포함한 '동제'의 이용에 대해서는 제2장에서 검토한다.

저자가 조사한 바로는, 조선의 '동제'에 주목하는 담론은 1925년에 벌어진 조선신궁 제신논쟁 이후에 등장한다. '구니타마노 가미國魂神' 봉재론자는 조선신궁에 단군을 비롯한 조선의 신들을 모시자고 주장했으나, 총독부 당국은 신사 비종교론의 입장에서 조선신궁의 종교성을 억제하는 대응정책을 펼쳤다. 그렇다면 '구니타마노 가미' 봉재론자와 총독부 당국은 그 후 '동제'에 관해서는 어떤 의견을 보였을까?

조선신궁이 진좌되던 해 조선신궁 궁사로 다카마쓰 시로가 취임한다. 다카마쓰는 신사의 종교성을 강조하는 입장을 취하면서도 총독부 당국의 관료들과 함께 조선신궁 진좌제의 준비 및 시설확충을 협의하고 있었는데, 진좌를 전후하여 관료들의 교대가 일어난 것을 계기로 총독부와 대립관계를 형성하게 된다. 신사행정을 주관하는 내무국장에 취임한 이쿠타 세이자부로生田清三郎는 "신사를 통해서 사상을 선도한다는 것은 시대착오에 다름 아니다. 조선신궁의 창건도 이와 마찬가지 이유로 시대착오라고 할 수 있으며"[61]라고 말하기도 했다. 신사에 의해 '사상을 선도한다는 것'을 '시대착오'로 여기는 이러한 시각은 당시 내무국이 가진 신사 비종교론의 방침을 명확히 보여주고 있다.[62]

---

61 단군봉재를 주장한 오가사와라 쇼조가 인용한 「高松朝鮮神宮々司が某氏に寄せたる書翰」에 의함. 小笠原省三編, 『海外神社史・上卷』(海外神社史編纂会, 1953)에 수록되어 있다. 이 책은 小笠原省三著, 保坂正康解説, 嵯峨井建・菅浩二編集・解題, 『海外神社史』(ゆまに書房, 2004)라는 제목으로 복각 출판되었다.

62 山口, 「植民地期朝鮮における神社政策と朝鮮社会」는 이러한 방침의 배경에 내무국의 조선신궁 '공원'화 구상도 있었다고 지적한다(95~96쪽).

'구니타마노 가미' 봉재론자 가운데 한 명이었던 가모 모모키賀茂百樹(야
스쿠니 신사 궁사)가 1931년에 작성한 시찰 기록 중 조선의 '동제'를 다루고
있는 부분이 있다. 이 시찰 기록은 신직에 있는 사람들에게 "우리가 배워
야할 것, 또 신사가 취해야할 것"을 강조하는 '소감'으로 이루어져있다.

그리고 조선에는 동제가 있다. 이는 내지의 무라마쓰리로서 진수(鎭守)의
숲(杜)[23]에서 하는 제사이다. (…중략…) 동제를 여는 장소는 동네에 있는
오래되고 큰 나무 밑인데, 나무의 종류는 은행, 회화(槐), 솔, 팽(槐), 느티
등이며, 영이 머문다는 그 나무가 히모로기로 여겨지는 것은 우리 일본의
2000년 전과 완전히 같다. (…중략…) 이처럼 [제사 당일의 모습을 보면]
우리의 고신도에서 우지가미(氏神)와 우부스나가미(産土神)[24]가 교잡하
기 이전의 상고의 형태가 조선에서 그대로 나타나고 있음을 알 수 있다. (…
중략…) 나는 이 단조로운 고속미풍을 우리의 신들과 관련짓고, 씨(氏)의 사
당(廟) 및 영목의 소재를 조사하여 신사에 결부하거나 혹은 말사(末社)[25]
등과 함께 생각해보고 싶다.[63]

여기에는 조선재래의 '씨의 사당'＝씨족 선조의 사당과 신목(그림 1-
2)[64]에서 행해지는 '동제'를 신사에 '결부'할 것이 제안되어 있지만, 신사
행정 측에 구체적으로 의견을 제시한다기보다는 그저 신직에 있는 사람
들을 대상으로 '소감'을 전하는 형식을 취하고 있다. 그렇지만 제신논쟁

---

63 賀茂百樹, 「滿鮮の神社について所感を述ぶ」, 『皇国時報』, 1931.7.1.
64 이 사진은 『朝鮮の郷土神祀・部落祭』([朝鮮總督府]調査資料第44輯, 1937)의 뒷부분
    에 실려 있다(17쪽).

등 종래의 논의가 제신을 중심으로 한 관념적인 이해가 많았던 것에 비하면—"서둘러 귀경하는 도중이었기 때문에 경주에서 한 번 영목에 예배하고 관찰했을 뿐"에 불과하지만—'동제'의 이용에 착안한 점에는 주목할 필요가 있다. 참고로 씨족 선조의 사당을 신사로 다룰 것을 주장하는 점은 단지 '우지가미'와 유사한 존재로 여겼기 때문인 것으로 생각된다.

당시는 농업공황으로 인해 조선의 농촌이 대단히 피폐해진 상태였고, 조선총독부는 그 대책으로서 1933년부터 본격적으로 농촌진흥운동을 개시한다. 그리고 농촌진흥운동이 이루어지던 현장에서는 지방행정에 의한 관제 '동제'의 창출을 통해 '촌락공동체'의 공동성을 창출하려는 노력이 이루어지고 있었다. '천지신단' 역시 그러한 사례 가운데 하나였다.

충청북도 영동군[65] 영동면의 면장 홍명희洪明熹는 면내 '부락'에 '천지신단'이라는 작은 사당을 세우고 이를 '천지대신'을 모시는 '부락사部落社'라 이름 지었다. 『자력갱생휘보』에 실린 기사를 보자.[66] 홍명희는 "일찍이 농촌이 진흥

〈그림 1-2〉 **동신목**(洞神木)(경북 상주)

---

65 농촌진흥운동기의 영동군에 관해서는 『매일신보』에 몇 편의 기사가 실려 있는데, 이를 통해 영동군 지역에서의 농촌진흥운동의 전개를 분석할 수 있을 것이다.

66 이하 영동면의 '천지신단'에 관한 기술은 『자력갱생휘보』 제9호에 실린 增田收作, 「忠北, 永同の「天地神壇」を紹介す」(1934.5.20, 14쪽)의 내용을 요약, 인용한 것이다. 마스

하기 위해서는 농인도념農人道念의 진작, 촌민의 화충협동和衷協同이 필요함을 깨달았으며, 신앙을 통해 이를 달성할 수 있음에 착목"했다고 한다. '천지신단'의 효과로서는 "부락 내 화합, 내선인內鮮人의 융화협조, 농민정신의 작흥훈련, 생산의 개량증진 등에 기여"할 것이 기대된다.

이와 같은 '천지신단'의 하나로서 농촌진흥운동이 시작되기 직전인 1932년 8월 영동면 회동리에 '회동리 천지신단'(그림1-3)[67]이 건설되었다. 회동리는 '회동부락'을 중심으로 네 개의 구舊동리[68]로 이루어진 신新동리로서 101호가 거주하고 있었다(신동리와 구동리에 대해서는 주48을 참조). 신동리인 회동리에서 '자치'의 중심적 존재로 여겨졌던 것이 '회동리 천지신단'이었다. 회동리의 지도자는 구장 정철영鄭哲永과 일본인 스미야 가메조角谷亀蔵였는데, 두 사람은 "천지신단을 중심으로 매우 열심히 마을 사람들을 지도했다"고 한다.

'천지신단'이 세워진 1932년 8월 이후 회동리에서 사람들을 지도하던 두 사람의 모습을 묘사한 다음 구절을 보자.

경내에 벚나무를 심고 소나무를 키웠으며, 돌계단을 설치하고 마을의 소년들에게 매달 두 번씩 청소에 봉사하게 하여 신역의 신성에 힘쓰게 할 뿐만 아니라 참배하는 마음을 닦게 했다. 또한 부락의 회합 약속 등을 단 앞에서 행했으며, 예제(例祭)로서 매년 음력 3월 3일에 기년제를 올려서 마을 사람

다 슈사쿠[增田收作]는 총독부 농림국 농정과 촉탁이었다.

67 이 사진은 「忠北, 永同의「天地神壇」을 紹介す」에 게재되어있다(14쪽). '천지신단'은 목조기와로 지붕을 잇고 있으며, 이전부터 각 마을에 있었던 성황당(촌락의 수호신을 모신 사당)과 비슷한 조선식의 작은 사당으로 보인다.

68 재궁동, 장평동, 장내동, 그리고 회동의 일부로 이루어졌다. 회동의 남은 부분은 주곡리에 통합되었다. 越智唯七, 『新舊對照・朝鮮全道府郡面里洞名稱一覧』, 中央市場, 1917.

<그림 1-3> 회동리 천지신단

일동이 그 해의 풍년을 기도함과 동시에 영농에 정려(精勵)하여 천지의 가
호에 답할 것을 가르쳤으며, 근면역행(勤勉力行)을 고무, 격려했다. 10월 3
일에는 추성감사제를 열어 연중의 농작물, 농산가공품, 부인의 가정공작품
등을 신 앞에 바치고 천은지덕에 감사했다. 학동의 학예회를 열고 농악을 연
주하여 신의 뜻을 위무하고, 마을 사람들을 한 데 모아 하루의 행락을 함께
하고 공물을 모아서 부락 공조의 비황, 저축으로 삼게 하는 등, 신단을 중심
으로 물심양면에 걸친 계몽지도에 여념이 없다.

이와 같은 지도의 결과 회동리는 "늘 융화, 일치하여 모든 행사가 원
활히 진행되었으며, 미신이 타파되고(마을에 있던 무자巫子를 전부 퇴거시켰
다),[69] 악습이 교정되기에 이르렀다"고 한다. 위의 기술은 회동리에 만
들어진 관제 자치의 진척 상황을 알려주는 참고가 되지만, 과장이 있어
서 그대로 믿기는 힘들다. 그렇지만 아래의 사실 등을 보면 어느 정도는

---

69 무속의례를 담당하던 무격들이 '전부 퇴거'되었다면, 그 후 기복과 치병 등의 문제를 '천
지신단'이 어떻게 해결했는지 의문이 남는다.

관제 자치가 형성되었음을 인정해도 괜찮을 것 같다.

면장 홍명희에 따르면 영동면에서 1933년 갱생지도부락을 정할 때 구동리인 '회동부락'을 첫 번째로 지정했는데, '마을 사람들'이 "단지 회동부락만을 지정하는 것은 모처럼 101호에 이르는 사람들이 평화롭게 힘을 모아 협조하고 있는 지금 좋은 방안이 아니며, 부디 회동리의 101호 전체를 지도해주길 바란다"는 뜻을 전했다고 한다(결국 갱생지도부락은 다른 마을로 지정되었다).

한편 제사나 행사에 관해서는 자료를 통해 다음과 같은 사실을 확인할 수 있다. 작은 사당의 명칭을 비롯해서 농악(조선에 전해지는 전통예능. 타악기를 주로 사용한 연주나 춤)을 연주하거나 '풍년을 기도'하는 제사(명칭이 기년제였다는 점은 의심스럽다)를 올렸다는 등, 조선재래의 요소가 발견된다. 한편 가을 제사가 추가된 점, 농촌진흥운동과의 관련이 보이는 점등, '일본'적 혹은 행정적인 측면 역시 발견된다.

여기서 신이 '천지대신'이라는 점에 관해 생각해보자. 신사, 신사神祠가 아닌 이상 신사신도의 제신을 가져오는 것은 불가능하다(유사 신사시설로서 단속의 대상이 되고 만다). "천은지덕에 감사"한다는 표현을 보면, 아마 막연히 '천신지기天神地祇'를 연상시키는 이름이면서도 조선재래의 신으로 여겨지기도 하는 '천지대신'이라는 이름을 고른 것으로 추측된다. 마을 사람들이 별다른 저항 없이 '천지대신'을 받아들인 이유도 여기에 있을 것이다.

다음으로 '천지신단'이라는 명칭에 관해서인데, 한 마을에서 돌을 쌓아올려 만든 제사 시설을 '단'이나 '신단'으로 부르던 일은 흔했던 것으로 보인다.[70] '천지대신'을 모시는 '신단'이라는 의미에서 '천지신단'의

〈그림 1-4〉 천지신단의 제사[71]

명칭을 붙인 것으로 추정된다.

위에서 본 영동면의 '부락사'인 '천지신단'에 대해 기사를 쓴 총독부 촉탁 마스다 슈사쿠增田收作는 "영동의 '천지신단'은 농촌지도에 매우 적절하기에 참고가 될 만한 부분이 많다"며 농촌진흥운동의 지도자 입장에서 긍정적으로 평가한다.

그리고 이 '천지신단'은 도내의 다른 지역에도 퍼져나갔다. 신문보도

---

70 『朝鮮の鄕土神祀·部落祭』의 뒷부분에 게재된 사진에 의함. 이 조사자료의 본문에도 "신단은 대개 평지의 신역에 존재하며, 대부분 신목이 서있는데 특정한 신목 없이 주위의 숲을 신의 숲으로 여기는 경우도 많이 보인다"(168쪽)고 설명되어있다.

를 통해 충청북도 청주군의 1937년 7월의 상황을 살펴보도록 하자.

"청주군은 농민의 정신을 통제하고 미신을 퇴치할 필요를 느껴 갱생부락 및 그 외의 부락에서 이를 이해하는 자들을 선정하고, 천지신단을 세워서 물심양면으로 지도를 행하는 동시에 농촌진흥의 성과를 올리기 위해서 '천지신단'을 건설할 방침을 각 읍면에 통지"한다. 그리고 "건설장소로는 부락민들이 가장 모이기 쉬우면서도 존엄을 지킬 수 있는 지점을 선정하여 한 평 정도의 면적에 두세 척의 흙을 쌓고 사방 모서리에 상록수(소나무)를 심었으며, 중앙에는 그 부근의 세 척 정도 높이의 자연석 가운데 천지신으로 적당하다고 판단된 것을 골라 안치시켰다. 제전은 봄과 가을 두 번으로 정했는데, 춘제 때는 부락민 일동이 작물의 풍양을 기원했으며 추제 때는 각각의 새 곡물을 바치고 풍양의 봉고제奉告祭를 올렸다. 이 봄과 가을 두 번의 축제날은 부락민들이 흥겹게 노는 날이기도 해서 씨름, 풍년 춤 등을 열어 즐겁게 지내도록 했다"고 한다.[72]

설치장소를 선정한 후에 "사방 모서리에 상록수(소나무)"를 심고 "천지신으로 적당하다고 판단된 것을 안치"시켰으며, 거기서 '춘제'와 '추제'를 열었다는 내용에 주목해보자. 이를 통해 청주군의 '천지신단'이 '내지'의 고대에 보이는 히모로기神籬, 이와사카磐境[73]로 상정되었으며,

---

71 이 사진은 조선신궁 진좌 10주년 기념 사진집인 은뢰(恩賴)(朝鮮神宮奉賛会, 1937, 142쪽)에 실려 있다.

72 「農民の精神統一 "天地神壇" 建設策 物心兩方面から指導 農村振興の實を擧ぐ」, 『釜山日報』, 1935.7.31.

73 히모로기는 임시로 설치된 제사시설로서 고대부터 존재했다. 다만 이에 대한 해석은 에도시대[江戸時代] 이래 다양하게 이루어졌으며, 꼭 임시의 제사시설만을 가리키지는 않는다. 이와사카는 고대에 신을 마중하고 모시기 위해 암석 등을 사용한 제사장의 설비를 말한다. 히모로기 혹은 사카키(榊)[26] 등과 함께 사용하는 경우가 많았다고 한다. 國學院大學日本文化研究所編, 『神道事典』(縮刷版)(弘文堂, 1999)에 의함.

이를 본뜬 설비의 설치, 운영방법을 청주군 당국이 각 읍면에 통첩으로 지시했음을 알 수 있다. 청주군의 '천지신단'에서도 신명神名은 영동군과 마찬가지로 '천지신'이었다.

이와 같은 '천지신단' 외에도 『자력갱생휘보』의 기사에는—사당과 같은 건물을 짓지는 않았지만—새롭게 만들어진 제사로서 '농민제'의 사례가 보인다. 전라남도 보성군 득량면의 모 '부락'은 과거 '부유富裕'했던 '동성세습'의 '양반 부락'이었는데, '몰락'하고 매우 피폐해져서 '비참한 상황'에 놓여있었다. 기사를 쓴 기자는 농촌진흥운동의 진흥회와 같은 조직인 '농촌진흥실행조합'을 만들어 갱생지도부락으로 지정된 이 '부락'을 지도하고 있었다.[74]

새롭게 창출된 제사인 '농민제'는 "부락민에게 각각의 직업에 대한 어떤 신앙을 가지게 할 필요, 그리고 감사의 마음을 다하고 정신의 정화를 꾀하게" 하기 위해서 "매년 가을에 날을 골라서 전 부락민이 목욕재계하고 각 집마다 요리 하나씩을 내놓아 농민제를 거행"하는 형태를 띠고 있었다. '농민제'에서는 "매우 엄숙한 제사를 지낸 후에 여흥을" 가졌으며, "일 년 중의 근심을 크게 털어내고" "편한 마음으로 오는 해를 즐겼다"고 한다.

이 '부락'이 '양반 부락'이기 때문인지 전통적인 '동제'에 보이는 요소가 적혀있지 않기에 '제사'가 어떤 형태로 이루어졌는지는 불분명하다. 아마 경비부담의 문제도 있었을 터인데, 작은 사당을 짓지 않고 '제

---

74 『자력갱생휘보』 제53호에 실린 鄭台俊, 「農山漁村指導の體驗を語る」, 1938.2.20, 32~39쪽. 이 기사는 「농산어촌진흥에 관한 현상기사」에 3등으로 입선했다. 기사 중에 등장하는 모 '부락'은 갱생지도부락을 나타내며 전라북도 보성군 득량보통학교 훈도였던 정태준은 그 지도를 담당하고 있었다.

사'와 '여흥'을 행하는 가을 제사였으리라 생각된다.

다음으로 '농신단'의 사례를 검토해보자.[75] 평안북도 초산군 성서면 옹암동은 1933년 갱생지도부락으로 선정되었다. 옹암동은 병합후의 통폐합에 따른 변화를 겪지 않았다.[76] 『자력갱생휘보』 제56호 「성황당제의 폐지」라는 항목에는 다음과 같은 내용이 적혀있다(일반적으로 성황당에는 마을의 수호신이 모셔진다). "성황당제는 우리 마을의 연중행사 가운데 하나였다. 이를 위해 매년 한 집 당 일엔 오육십 전씩 돈을 냈기에 가난한 마을이 더 가난해졌는데, 지금은 농신단이 설치되어 이와 같은 폐해가 타파되었다."

옹암동의 '성황당'이 '폐지'되고 새로이 '농신단'이 '설치'되었다는 사실을 알 수 있다. 1933년에 시작된 5개년계획의 실시과정에서 근검, 절약에 더하여 결속력을 창출하기 위해 새로운 정신적 중심의 역할을 담당했던 것으로 보인다. '농신단'이라는 명칭의 유래는 확실치 않은데, '신단'이라는 재래의 명칭에 '농', '농신'이라는 농본주의를 가미한 것으로 생각된다. 그리고 '미신타파'를 위해 '격무覡巫의 기도'가 '폐지'된 점을 고려하면 옹암동에서 '농신단'이 수용되었던 방식이 매우 궁금해지는데, 현재로서는 알 방도가 없다.

지금까지의 내용을 정리해보자. 관제 '동제'의 여러 사례를 검토한 결과 '숭조'의 요소는 발견되지 않지만, 제사를 통해 마을 사람들을 통합

---

75 위의 책 제56호에 실린 李福仲, 「我ガ村の振興」, 1938.5.20, 32~39쪽. 이 기사도 「농산어촌진흥에 관한 현상기사」에 3등 입선한 것이다. 이복중은 평안북도 초산군 성서면 옹암주재소의 순사였으며 기사 중에 등장하는 옹암동은 그가 '우리 마을(我ガ村)'로 부르는 갱생지도부락이다. 이 지역은 북부 국경과 가까워서 무장투쟁세력에 의해 옹암주재소가 습격을 받기도 했다(『동아일보』, 1928.8.26・1937.6.11 기사).

76 『新舊對照・朝鮮全道府郡面里洞名稱一覽』에 의함.

하려는 시도가 모색되었음이 확인된다. 더욱이 법령으로 정한 신사, 신사神祠의 외형에서 벗어나있음에도 불구하고 — 가령 '천지신단'을 총독부 지도층이 절찬하는 등 — 농촌진흥운동을 통해 이를 창출하려는 움직임이 생겨나고 있었다. '천지신단'에 관해서 적어도 당시의 총독부 당국은 통제의 양상을 보이지는 않았다.

4. '동아민족'론

1) '동아민족'론의 등장

이처럼 농촌에서 관제 '동제'가 창출된 배경에는 — 조선의 '동제'에 주목한 신도 관계자들이 주장하던 것처럼 — 일본과 조선 공통의 '고신도' 세계를 강조하려던 담론이 있었다. 다만 이러한 논리가 일선동조론의 방향으로 흘러가는 일은 없었다. 그러니까 단일민족적 내셔널리즘을 전제로 하는 일선동조론과는 다른 논리에 입각하여 공통의 '고신도' 세계가 설명되었던 것인데, 그 논리란 바로 '동아민족'론이었다. 아래에서 '동아민족'론을 살펴보자.

농촌에서 관제 '동제'가 창출되는 상황을 지켜보던 총독부 내무국은 신사에 의한 '사상 선도'를 탐탁치 못하게 여기던 기존의 방침을 버리고 재빠르게 신사를 이용하려는 태도로 전환한다. 그 출발점으로 오야마

후미오小山文雄가 1934년에 쓴 『신사와 조선神社と朝鮮』(조선불교사)의 출판을 들 수 있다.

오야마는 1933년 총독부의 신사행정을 주관하는 내무국 지방과에 속屬(겸무兼務)으로 부임한다(체신국 보험감리과 서기, 다음해 보험운용과 서기). 1937년에 사임한 후로는 지방과의 촉탁이 될 정도로 신사행정을 속속들이 꿰뚫고 있었다.[77] 조선에 부임하기 전에는 1919년부터 25년까지 미야자키현宮崎縣 내무부의 속으로서 근무한 경력이 있으며,[78] 당시에도 신사행정을 담당했던 것으로 추측된다.

상세한 내용은 제2장에서 다루겠지만, 1936년 신사제도의 개편에 따라 열격된 국폐소사의 제신으로서 '구니타마노 가미國魂神'가 '구니타마노 오카미國魂大神'의 명칭으로 합사되게 된다. '구니타마國魂'란 대개 토지의 신을 가리키지만, 그 구체적인 해석은 당시 일정하지 않았다.

신도가인 오가사와라 쇼조小川原省三의 글을 보면 신도행정에 종사하던 오야마가 '구니타마노 오카미' 합사를 추진하고 있었음을 알 수 있다. 오가사와라는 국폐소사 열격의 조건 가운데 하나가 '구니타마노 오카미'를 모시는 것이었음에 대해 "감사한 일이었다"고 하며, "이는 총독부 오야마 후미오 군의 탁견과 노력의 결과였다"며 오야마를 높이 평가한다.[79] 오가사와라는 서장 「1 문제제기」에서 설명한 민간의 '구니타마노 가미' 봉재론을 앞장서서 이끌던 인물이었다.

---

77 오야마 후미오의 약력은 『朝鮮總督府及所屬官署職員錄』에 의한 것.
78 內閣印刷局編, 『職員錄』에 의함. 미야자키현에서는 그 뒤에 이동이 있어서 1926년과 1927년에는 학무부의 속으로 근무했다. 내무부에 근무할 당시 오야마는 미야자키현에 전하는 '전설'을 정리하여 『亡びゆく日向の伝説』(教育良書刊行会, 1922)과 그 증보재판(日高印刷所, 1924)을 출판했다.
79 『海外神社史·上卷』의 「国魂神を奉斎せる海外の神社」, 29쪽에 의함.

조선신궁 제신논쟁과 '구니타마노 가미' 봉재론, 그리고 '구니타마노 오카미'에 관해서는 다음 장에서 논하기로 하고, 여기서는 오야마와 오가사와라의 공통점을 검토해보자. 양자의 공통점으로서 우선 '구니타마노 가미' 봉재론자이며, 나아가 '동아민족'에 관한 논의를 전개하고 있었다는 점을 지적할 수 있다. 먼저 오가사와라의 '동아민족'론을 소개한다.

오가사와라는 1933년 12월에 동아민족문화협회[80]를 창립한다. 당시는 만주사변 이후 제국 내 국민통합을 위한 동질성이 강조되던 시기였다. 동아민족문화협회(이하 협회로 약칭)의 설립은 신사 관계자들에 의한 그 시도의 하나였다. 협회의 '창립취지'는 '만주국' 건국 후의 세계정세에 대해 "정치, 경제, 문화의 방면에서 강렬한 농도로 국가 및 민족을 결합하여 자신의 보전과 행경幸慶을 획득하려는 경향이 점점 치열해지고 있는 바, 지금 동아민족은 그 희생의 제단에 바쳐진 작은 양처럼 보인다"고 판단하고 있다.

창립의 본래 목적은 오가사와라의 말에 의하면 "조선, 만주, 지나를 시찰"하고, "신 그대로의 큰 길惟神の大道을 선포하고 실행하는" 것에 있었다. 그리고 "우리 동아민족은 그 습성 및 문화의 근원을 같이 하며 서로 화합하고 상통하는 바, 널리 인류의 복지증진에 힘써온 영광스러운 역사에 비추어보아"라는 구절에 보이는 것처럼, '동아민족'은 일본이 중심이 되는 동조론을 응용하여 다민족 사이의 서열을 동반한 내셔널리

---

80 저자가 조사한 바로는 아직 동아민족문화협회를 다룬 연구는 없다. 이에 관련된 자료 역시 위의 책, 『海外神社史 · 上卷』의 「東亜民族文化協会」 항목에 '설립취지'와 '강령'이 실려 있고, '사업의 개요' 및 논집의 간행, 시국간담회, 좌담회 등의 활동이 소개되어있는 정도에 불과하다(142~152쪽). 본문 중 동아민족문화협회에 관한 인용 및 요약은 이 자료에 의한 것이다.

즘(국민주의)을 상정하고 있었다. 여기에는 '일선'에서 출발하여 '동아'에까지 이르는 확대된 동조론 해석을 토대로, '신 그대로의 큰 길'에 따라 일본을 중심으로 한 '동아민족'의 동질성을 만들어내려는 의도가 있었다.

어느 정도 시간이 흘러 1943년이 되면 '구니타마노 가미'에 관한 협회의 견해도 정리된다. 즉 "대동아의 신사에 '구니타마노 가미'를 봉재하고 이를 통해 민족의 친선 제휴를 이룰 것, 또한 '제국의 신기神祇'라는 신사의 신에 대한 내무성 식의 새로운 해석을 적용할 것"이라고 한다. '구니타마노 가미'의 봉재를 통해 "민족의 친선 제휴를 이룰 것"이라는 표현에는 바로 앞서 논한 '동아민족'의 동질성을 창출하려는 의도가 명확히 드러나 있다. 그리고 '제국의 신기'라는 '새로운 해석'이란 각지의 '동아민족' 각각의 신들을 '구니타마노 가미'로서 신사에 모시는 것이 가능하다는 해석을 가리킨다. 참고로 이러한 견해는 '대동아의 문화와 신사' 제1회 회합(1943년 1월 17일)에서 합의되었다.[81]

이렇게 보면 조선에서 농촌진흥운동기에 '동제' 이용의 움직임이 생겨난 일, 그리고 '내지'의 신도 관계자들이 조선의 '동제'에 관심을 가지게 된 일이 그 논리적 귀결로서 다민족 제국주의적인 '동아민족'론으로 합류하여 전개되어갔음을 확인할 수 있다.

그런데 협회의 조직을 보면 이사장은 호리에 히데오堀江秀雄(국학원대학 교수)였으며 6명의 이사 중에는 마쓰나가 모토키松永材[82]와 사이다 모

---

81 『海外神社史·上卷』, 「東亜民族文化協会」 항목의 기술에 따른 것(151~152쪽). 이 회합에는 행정부 인사들인 내무성 교무관(마에다 가쓰야[前田勝也])과 내무성 제무관(祭務官)(고바야시 이와오[小林巌雄]), 도쿄부 제무관(미쓰이 고스케[三井孝助])이 출석했다.

리우지座田司氏(가마쿠라궁鎌倉宮 궁사. 1930년부터 1932년까지는 내무성 신사국의 고증관을 역임)도 있었다. 오가사와라는 상임이사였다. 회원에는 도리이 류조鳥居龍蔵나 시라토리 구라키치白鳥庫吉 같은 학자를 비롯해 미야지 나오카즈宮地直一(내무성 신사국 고증과장), 요시다 시게루吉田茂(내무관료, 귀족원 의원) 이외에 현직 궁사나 황전강구소皇典講究所[28] 관계자들의 이름도 보인다. 조선신궁 제신논쟁에 관여했던 '구니타마노 가미' 봉재론자인 이마이즈미 사다스케今泉定助(신궁봉재회 회원)와 가모 모모키賀茂百樹(야스쿠니신사 궁사)도 회원으로 참여하고 있었다. 가모는 이 장 제3절에서 논했듯이 「시찰기」를 통해 조선의 '동제'와 '내지'의 '고신도'의 유사성에 처음으로 주목했던 인물이기도 하다.

---

82 마쓰나가 모토키(1891~1968)는 고치현(高知縣) 출신으로서 와세다대학 고등사범부를 졸업하고 1919년에 도쿄제국대학 문학부를 졸업했다. 다음해 와세다대학 교수로 취임했으며 1926년부터는 국학원대학 교수도 겸임했다. 칸트 연구와 학내외의 일본주의 운동에 종사한 일로 일찍부터 알려졌으며, 청년과 학생들에게 커다란 영향을 끼쳤다. 1940년에는 대정익찬회(大政翼贊會)[27] 임시중앙협력회의 의원에 선정되었다. 朝日新聞社編, 『現代日本朝日人物事典』, 朝日新聞社, 1990.

동아민족문화협회의 좌담회(1941.8.4)에서 마쓰나가는 "경신숭조의 일체화를 계획해야한다"는 주장의 구체적 방안으로서 "사원을 변경하여 조령사(祖靈祠)를 설치"할 것을 제안한다. 그 며칠 전에도 대정익찬회 임시중앙협력회의 석상에서 '공장(公葬) 문제'를 통해 위와 같은 발언을 했는데, '신불항쟁' 등으로 평가될 만큼 커다란 파문을 불러일으켰다고 한다. 그리고 사이다 모리우지는 이와 관련하여 「영의 안주소로서 조령사를 설치할 것을 신기원에 요망하는 건(霊の安住所として祖霊者の設置を神祇院に要望すべき件)」을, 오가사와라 쇼조는 「전장의 제사는 당연히 국가의 관리인 신직의 손에 의해 집행해야 할 건(戦場に於ける祭祀は當然國家の官吏たる神職の手を以て執行すべき件)」을 발표했다. 『海外神社史・上巻』, 「下中, 松永両氏を囲み公葬問題の解決に邁進」, 150~151쪽.

마쓰나가가 말하는 "경신숭조의 일체화"의 의미는 그의 저서 『敬神崇祖一體論』(平凡社, 1941)에 자세히 적혀있다. 마쓰나가는 '숭조'를 신도고유의 것으로 보는 입장에서 "경신숭조의 분리"가 "국체관념을 착란, 혹은 약체화"(109쪽)하기 때문에 '경신'과 '숭조'를 '일체화'하여 국체관념을 강화시켜야한다고 주장한다.

2) '동아민족'론과 '조선의 신들의 부활'

오야마 후미오는 1934년 10월 『신사와 조선』을 조선불교사에서 출판한다. 여기에는 당시 총독부 경무국장이었던 이케다 기요시池田清의 '배려'가 있었다고 한다(같은 책 「지은이 서문」). 내무성 신사국에서 신사행정에 종사했던 경력이 있는 이케다(조선부임 직전까지 신사국장을 역임했다)는 조선신궁 궁사인 아치와 야스히코와 함께 책의 「서문」을 썼는데, 오야마에 대해 "다년간 신사행정에 관여하는 한편으로 우리나라의 역사와 표리일체를 이루는 신기사神祇史를 연구했으며, 오래전부터 신도정신에 기초한 동아민족의 결성에 골몰해왔다"고 소개한다. 그리고 "우연히 직장을 조선으로 옮긴 이후에는 신기사의 관점에서 내선 관계를 한층 명료하게" 밝히는 저서를 출판하게 됐다며 그 간의 경위를 설명한다. 이케다에 대한 상세한 설명, 그리고 그가 오야마의 저서출판에 관여한 점에 대해서는 후술하겠다.

우선 '우연히' 조선에 부임하게 됐는데도 불구하고 매우 이른 시기에 책을 낼 수 있었던 이유에 대해 생각해보자. 오야마의 역사관은 '고신도' 담론에 근거하고 있었다. 「지은이 서문」을 보면 조선은 '내선의 고대'에 해당하는 바 "적지 않은 신기가 공통되며, 제사와 종교가 공통된다"며, 일본 '내지'와 조선이 공유하는 '고신도' 세계를 설정하고 있다.

그렇지만 조선이 중국의 영향을 강하게 받고 있던 시대에는 "이들 고한古韓의 신들이 성현주의의 그림자 속으로 사라져버렸"는데, 이는 '조선 신들의 죽음'에 다름 아니었다고 비판한다. 그리고 "지금 내선 동포에 의해 반도의 땅에서 신기를 모시는 것은 실로 조선 신들의 부활로 이어져야만 한다"는 의견을 피력함과 동시에 '지도자 계급'을 독자로 상정하고 있음을 명기한다.

오야마가 이렇게 '조선의 신들의 부활'을 주장할 수 있었던 배경에는 조선의 '동제'와 '내지'의 '고신도' 사이의 유사성이 주목되고, 농촌진흥운동을 통해 관제 '동제'가 추진되었다는 사실이 있었다. 이를 배경으로 신사행정 측이 진지하게 대처하려는 자세를 보이기 시작한 것이다.

위의 내용을 통해 오야마가 — 신사 비종교론의 입장을 취하는 내무국에서는 직접적인 조사나 발표가 불가능했기 때문에 — 내무성 신사국장의 이력을 지닌 이케다와의 제휴를 꾀했음을 추측할 수 있다. 둘 사이에 제휴가 있었던 점은 "원고가 완성되면 곧장 이에 대한 비판이 있을 것이다"라는 내용이 적혀있는 이케다의 「서문」에서도 확인된다. 그리고 이케다는 "이 책이 반도에서의 신사행정의 진전, 또는 반도 대중의 정신생활에 미칠 영향은 적지 않을 것"이라 적고 있다. 여기서 다음해에 시작될 심전개발운동(제2장에서 논한다)의 '정신생활' 대책에 관해 오야마의 저작을 토대로 상층부에 진언할 의도, 그리고 그 진언이 신사행정에 대한 내용을 담게 될 것임을 알 수 있다.

그리고 이케다는 '동아민족'론 역시 염두에 두고 있었다. 「서문」에서 이케다는 "지금 세계의 위국에 직면해서 때마침 동아민족 대동단결이 제창되고 있다"고 현 상황을 진단하고, "이 책이 또한 이러한 방면에 기여할 부분이 대저 적지 않을 것이다"며 추천의 뜻을 밝힌다. "동아민족 대동단결이 제창되고 있다"는 것은 만주사변 이후 제국 내의 국민통합을 위한 '동아민족'의 논의가 활발한 상황, 아니면 동아민족문화협회를 구체적으로 지시하는 구절일 것이다.

이와 같은 오야마의 출판에 관한 경위와 '동아민족'론을 1925년의 조선신궁 진좌 및 제신논쟁 이후의 신사정책의 전개 속에서 부감하는 경우, 이것이 1930년대 후반의 황민화 정책이나 신사참배의 강요에 직선적으로 연결되지는 않는다는 점을 알 수 있다. '조선의 신들의 부활'이라는 신사의 종교성을 전면에 내건 채 신사를 이용하려는 담론은 오히려 농촌진흥운동을 계기로 급부상했던 것이다.

지금까지의 설명을 토대로 오야마의 책 『신사와 조선』을 분석해보자. 전부 일곱 개의 장으로 구성된 이 책은 우선 제1장 「내선 고대의 신기」와 제2장 「고한과 관계있는 내지의 신들」에서 '고신도' 담론에 근거한 역사관을 통해 '신사와 조선'의 관계를 논한다. 그리고 제3장 「한토韓土에 봉재된 내지의 신들」, 제4장 「일한병합 이후의 조선의 신사」에서도 동일한 역사관에 입각하여 병합을 전후로 설치된 신사들을 정리, 소개하고 있다.

제5장 「조선의 신과 제사와朝鮮の神と祭と」에서는 '조선의 신과 제사'와 신사의 '맑고 바른 결합'을 설파한다. '조선의 신과 제사'는 "이제 조금씩 그 구름을 걷어내야" 하는 바, "그 구름을 걷어냈을 때 청징淸澄한 신의 위용과 청명한 제사의 모습이 밝게 빛날 것"이고 "거기에서 신사로의 길이 하나로 이어진다"며 '신사로의 길'을 구상한다. '구름'은 '미술적인 부분'이라고도 표현된다(158쪽). 이는 '귀신신앙'(무속적 민간신앙)을 가리키는 표현인데, 이것들을 '정화'하는 '방도'에 대해서는 다음과 같은 견해를 나타낸다(160쪽).

조선의 신과 제사는 정화되어야만 한다. 따라서 이들을 정화하는 방도는 일반적으로 조선 대중의 문화 수준을 높이는 일이 되며, 한편으로 신직, 종교인 그 외 교화방면에 종사하는 사람들이 현재의 조선 대중의 정신생활을 조금이라도 향상시키려는 따뜻한 지도의 손길을 내밀어야할 것이다.

위의 서술은 다음해인 1935년에 공표될 심전개발운동과 중첩되는 내용으로서, 조선신궁의 제신논쟁 당시에는 신사에 의한 '사상 선도'를 '시대착오'적인 것으로 치부했던 내무국의 방침에서 일변하여 신사가 보다 적극적으로 '조선 대중의 정신생활'에 관여할 것을 제안하고 있다. 이를 통해 '조선의 신과 제사'의 무속적 요소('마술적인 부분')가 '정화'되고 신사와 '맑고 바른 결합'을 이루는 것이 가능해진다. 이와 같이 조선의 신을 신사의 제신으로 모시고 기존의 제사를 신사로 흡수하려던 것이 오야마의 '신사로의 길' 구상이었다. '정화'라는 표현에서 알 수 있듯이 ─ 신사행정에 관여하는 자신의 입장을 분별하여 신사 비종교론의 테두리 안에 머물면서도 ─ 신사의 종교성에 바탕을 둔 제안을 내놓은 것이다. 이를 적극적 신사 비종교론이라 할 수 있겠다.

이소마에 준이치에 의하면 원래 국민의 신사숭배를 의무화할 목적을 지니고 있던 신사 비종교론은 두 갈래 조류로 나누어진다. 하나는 신사와 종교를 배타적인 개념으로 보는 소극론으로서 신사 비종교론의 주류를 이루었다. 내무성으로 대표되는 정부의 공식적 견해와 국민도덕론자들은 이 입장을 지지했다. 다른 한편으로는 소수의견이거니와 적극론이 탄탄한 지지층을 확보하고 있었다. 적극적 신사 비종교론의 입장이 이것인데, 신사와 신도를 동일한 것으로 여기고 거기에 종교를 포섭하려던 논리였다. 따라서 종교와의 관계는 배타적이지 않았고, 신사는 종교

의 영역에만 머무르지 않는 상위의 개념이라는 의미에서 비종교적인 것으로 인식되었다.[83]

　오야마는 적극적 신사 비종교론의 입장에서 '신사로의 길'을 구상했던 것인데, 이러한 길로 나아갈 수 있는 '조선의 신과 제사'의 예로서 다음 두 가지를 들고 있다. 하나는 '경주지방의 신들과 제사'였고 다른 하나는 '제주도의 제사'였는데, 전자는 "오사카大阪 씨의 조사보고의 한 절"을 '적록摘錄'한 것이었고, 후자는 "조선총독부 조사서 중에서" '적록'한 것이라고 한다.

　아마 전자의 '적록'은 내용으로 보건대 오사카 긴타로大坂金太郎[84]의 보고서[85]에 따른 것으로 추측된다. 오야마는 '신', '신의 종류', '제사'에

---

83 이소마에 준이치, 제점숙 역『근대 일본의 종교담론과 계보』의 제3부 제2장「근대 신도학의 성립」을 참고했다.

84 오사카 긴타로는 1877년에 태어났으며, 1907년 "한국정부의 초빙을 받아" 함경북도 회령군의 회령보통학교(조선인이 다니는 초등학교) 교감으로 부임했다. 병합 후에도 같은 학교 훈도로서 1914년까지 근무했으며 다음해부터는 경상북도 경주군 경주보통학교의 훈도를 1919년까지 지냈다. "정년퇴직 후에는 경주고적보존회, 조선총독부 고적조사회, 부여사적현창회 등의 사무촉탁을 맡아 종전에 이르기까지 조선에서 40년"을 보냈다고 한다. 오사카 긴타로,「在鮮回顧十題」(『朝鮮学報』第45輯, 1967.10)의「追記二 大坂氏略歴」및『朝鮮総督府 及 所属官署 職員録』에 의함.「在鮮回顧十題」는 회령, 경주 등에서 알게 된 연구자 등 10명에 관한 회고록인데, 오사카는 안내를 맡는 등 그들의 조사, 연구에 협력하던 모습이 적혀있다.
　경주고적보존회는 총독부가 진행하던 고적의 발굴 등에 협력했는데, 그 핵심멤버였던 오사카가 중요한 역할을 행했다고 한다. 外村大,「朝鮮総督府の古蹟調査保存事業と朝鮮民衆」, 早稲田大学21世紀COEプログラム関連シンポジウム報告書,『コロニアリズムと「朝鮮文化」－朝鮮総督府「朝鮮古蹟調査事業」をめぐって』, 早稲田大学朝鮮文化研究所編・発行, 2006.
　다나카 사토시[田中聡],「「朝鮮古代史」の形成と大坂金太郎」(『岩波講座 近代日本の文化史』6, 岩波書店, 2002년 6월의「月報6」에 수록)는 "'조선고대사'의 원형의 창출에는 연구자뿐만이 아니라 조선에 거주하던 일반의 일본인 및 역사에 대한 조선인의 욕망과 공감이 있었다"는 관점에서, 오사카는 "그저 연구자의 편의를 봐주거나 지식을 제공하는 협력자의 위치에 머물기보다, 오히려 '조선고대사'의 공간을 만든 중심인물 가운데 한 명이었다는 생각이 든다"고 논한다.

대해 기술한 뒤에 흥미롭게도 '동제'에 관한 해설 부분을 게재하고 있다. 그리고 오사카의 조사를 기반으로 "제사에 있어서 내선일체를 엿볼 수가 있다. 생각건대 여기에도 신사와 조선의 융합이 있는 것으로 보인다"고 하여 이용의 대상으로서 '동제'에 주목할 필요성을 밝히고 있다.

제6장 「조선의 신들의 부활」에서는 신라가 "극단적으로 당의 제도를 추종"했고 고려가 "지나支那 성현주의의 그림자 속으로 사라져버렸"기 때문에 조선의 "고한의 신들이 죽음"에 내몰렸다고 한다. 그리고 병합 후에 신사, 신사神祠가 창립, 설립된 것은 "실로 조선 고한의 신들이 부활한 것, 내선일체가 머나먼 고대로 돌아간 것으로서 기쁨을 금할 수가 없다"고 평가한다(178쪽).

마지막 제7장 「신사의 특질과 그 포용성」에서는 장의 제목과 동일한 내용을 정리하고 있다. "종교란 일반적으로 특수하고 배타적인 성격을 지니지만 일본민족 고유의 종교적 신앙"은 "대단히 순수하고 관용적이며, 포용적이면서 어떠한 배타적 색채도 띠지 않는다. 단지 배타적이지 않은 것이 아니라 나아가 이를 포용하고 순화淨化하는 특색을 지닌다"(193~194쪽)고 논한다. "일본민족 고유의 종교적 신앙"이란 신사신앙을 가리키는 것으로서 적극적 신사 비종교론이 주장되고 있음을 알 수 있다. 이를 기반으로 신사는 '국민의 의무'(곧 '국민의례')이며 "국체는

---

85 조선총독부의 조사사업을 수행한 것으로 잘 알려진 무라야마 지준[村山智順](총독관방 문서과 촉탁)은 『朝鮮の鬼神』([朝鮮總督府]調査資料第25輯, 1929)을 집필하던 당시 오사카 긴타로에게 경주지방의 「민간신앙에 관한 조사(民間信仰に關する調査)」라는 보고서를 위탁한 적이 있다(같은 책, 205쪽). 유감스럽게도 현재 그 내용을 확인할 수는 없으나, 오사카는 같은 보고서를 경성제국대학 교수였던 아키바 다카시[秋葉隆](사회학강좌 담당)에게도 보냈다고 한다. 아키바에 의하면 오사카의 보고서는 크게 '신에 관한 신앙'과 '귀신에 관한 신앙'의 두 종류로 나뉘어있었다고 한다(「朝鮮民俗の研究に就て」, 『朝鮮』第155號, 1928.4).

바로 신황神皇신앙의 토대 위에 서 있다"고 설명한다. 그리고 "국민이 국가적 신도를 거부하는 것은 국체를 무시하는 일이며, 국민으로서의 의무를 거절한 것이라고 단언할 수 있다"고 한다(195~196쪽).

저자는 이러한 내용이 내무성 신사국 고증과장인 미야지 나오카즈(도쿄제국대학 문학부에서 신도강좌를 담당했다), 가토 겐치(도쿄제국대학 문학부에서 신도강좌를 담당했다), 가케이 가쓰히코(이 장 제2절을 참조)의 영향을 받았다고 보고 있다.

오야마는 미야지의 '신기사'[86]를 본 딴 신과 인간의 교섭사라는 관점에 입각하여 '조선의 신들'과 '내지'의 동조관계, '신들의 죽음'의 시대, 그리고 그 '부활'의 전망 등, 인간세계의 역사적 변천의 과정 속에서 조선의 '신들'을 서술하고 있다. 미야지는— 오야마의 책이 출판된 것과 같은 해인 1934년으로 추정되는데 — 동아민족문화협회의 '조선강좌'에서 '조선인을 모시는 신사'라는 제목으로 강연하고 조선과 '내지'의 신기 사이에 보이는 교류에 대해 논한다. 이 강연은 같은 해 3월 경성방송국의 라디오 방송에서 최남선이 행한 강연 '신 그대로의 옛날을 생각한다'와 함께 동아민족문화협회가 발행한 『팸플릿パンフレット』(제3편, 1934년 4월)에 수록되었다. 참고로 최남선은 강연에서 "일본과 조선의 고신도는 완전히 동일한 기구에 바탕을 두고 있음을 알 수 있습니다"고 논하고 있었다. 오야마의 책이 출판된 것이 1934년 10월이고 더욱이 오야마와 오가사와라 쇼조의 관계를 감안하면, 책을 집필하는 과정에서 오야마가 이 『팸플릿』을 읽었을 가능성을 배제할 수는 없다.

적극적 신사 비종교론을 전개하고 있는 부분에서는 가토의 영향이 보

---

86 미야지 나오카즈의 '신기사'에 대해서는 遠藤, 「宮地直一」의 내용을 참고했다.

인다. 앞서 거론한 '신황신앙'에 관한 기술이나 '국가적 신도' 혹은 '국체신도'(후술)라는 용어의 사용에서 이를 추측할 수 있다. 가토는 신사신도를 종교로 보는데, 신도는 사실상의 국교이며 각 종교는 국민적 종교로서의 신도를 받아들인 다음에 자유를 향유해야한다고 주장했다.[87]

가토는 천황을 신격화하고 있었는데, 천황을 '명진신明津神 현인신現人神'으로 여기는 것은 '신황으로서 모시는 것'에 다름 아니며 이러한 '신황배대拜戴를 근간'으로 삼는 것이 '국체신도'라고 해석한다.[88] 이 기술은 천황의 신격화를 바탕으로 '국체신도'의 범주가 태어났다는 점을 시사한다.

이 '국체신도'의 범주에 대해서 우선 가토는 신도를 두 부문으로 나누고, 공인단체로서 문부성 소관의 13파의 신도(소위 교파신도敎派神道【29】)를 '종교적 신도', 그리고 내무성 신사국 소관의 신도를 '국가적 신도'로 칭한다. 그리고 '국가적 신도'를 다시 둘로 나누어 '국가적 신도'가 "유형적, 구체적으로 드러난 것"인 '신사'를 '신사신도'로, "무형적이며 우리 국민의 정신적 자원으로서 드러난 것"을 '국체신도'로 구분한다.[89]

그리고 오야마가 제7장 「신사의 특질과 그 포용성」에서 신사는 '배타적'이지 않고 도리어 '포용성'을 가지므로 '국민의 의무'가 된다고 논한 구절은 가케이의 영향에 의한 것으로 보인다. 가케이는 자신의 저서에 「고신도의 관용성」이라는 항목을 두고 "고신도는 모든 종교를 관용적으로 받아들이고 거부하지 않는 바, 단지 그 정신에 있어서 이들을 동화,

---

87 島薗進, 「加藤玄智」, 島薗進・磯前順一編, 『東京帝国大学神道研究室旧蔵書』을 참고했다.

88 加藤玄智, 「惟神の大道としての神道と既成宗教」, 『神道學雜誌』, 1937.1(島薗進・高橋原・前川理子監修, 「論文集」, 『加藤玄智集』第9卷, クレス出版, 2004).

89 加藤玄智, 「世界宗教史上に於ける神道の位置」, 『神道講座(2)－神道篇』, 1929~1931.

통치하는 것을 본지로 삼는 가르침"으로 논하고 있다.[90]

그러면 '신기사'로서의 서술(미야지의 영향)과 '국가적 신도', '국체신도'를 강조하는 기술(가토의 영향) 사이의 관계를 어떻게 생각하면 좋을까? 저자는 '동아민족'론, 그리고 가케이의 신도론이 결정적인 단서를 제공한다고 본다.

천황을 신격화하는 오야마는 가토의 '국체신도'라는 용어를 받아들이고 적극적으로 사용하기는 하지만 그 내용에는 차이가 있었다. 오야마의 '국체신도'관은 다음과 같은 것이었다.

오야마는 "자연스럽게 우리 국체관념의 기조가 되며, 국민정신의 근간을 이루는"(197쪽) 신사를 '국체신도'라 부른다. 이 점에서 오야마는 가토의 논의를 계승하고 있다. 다만 "다른 종교와 신도는 결국 동일한 우주의 절대 진리를 믿는다는 점에서는 하나로 돌아간다고 믿는다"(196쪽)고도 논하는데, '종교'와 '신도'가 '하나로 돌아간다'는, 즉 귀일의 관계를 맺고 있다고 보는 점은 가토의 견해와는 다른 것이었다. 오야마가 이처럼 귀일의 관계를 주장하게 된 배경에는, '내지'에서 조선이라는 '외지'로 부임한 그가 가토의 '국체신도'론을 '외지'에도 적용하기 위해 조선의 '신기사'로서 새롭게 정리할 필요가 있었기 때문으로 추측된다. 이 경우 '동아' 각지의 '종교'에 주목하지 않을 수 없었고, "내·선·만·몽·지나 산동성의 주민은 고래로 종교를 같이해온 것"(197쪽)이라며 일선동조론을 확대, 응용한—서열을 동반하는—종교관을 수립하게 되었던 것이다.

따라서 오야마는 "다른 종교를 믿는다는 이유로 신사참배를 거부하

---

90 筧, 『古神道大義』, 292쪽. 같은 책 제3장 제2절 제1관(款)이 「고신도의 관용성」이다.

는" 행위를 비판하고, '국체신도'에 '보편적 성질'을 부여한다(198쪽). 그리고 "신사를 중심으로 정신적 결합을 이루게 될 날을 대망한다"(198쪽)며 '여러 민족'이 '국체신도'를 통해 '정신적 결합'을 이루는 '동아민족'(199쪽)의 동질성을 강조한다.

이러한 '국체신도'와 '귀일'에 관한 오야마의 발상, 즉 '동아민족'론을 가지고 조선의 '신기사'를 서술하려던 그의 발상은 가케이의 '천황귀일'의 논리에 뒷받침되고 있었다. 가케이의 '천황귀일'론은 천황이 소위 아마테라스 오미카미의 드러남('총람표현인')이기 때문에 각 개인이 '표현인'으로서 '천황'에게 '귀일'하는 것이 '일본민족'의 '이상적 규범'이 된다는 내용을 담고 있었다(이 장 제2절 (1)을 참조). 또한 다른 '종교'에 대한 신사의 '포용성' 역시 가케이의 주장에 따른 것이었다. 정리하자면 오야마는 가케이의 '천황귀일'론을 참조하여 '종교'가 '포용성'을 지닌 '신도'로 귀일한다고 설파하고, 이를 토대로 '여러 민족'이 '국체신도'로 '정신적 결합'을 이루는 관계를 '신기사'로서 구상했던 것이다. '동아민족'은 이러한 과정에서 상정되었다.

지금까지 확인된 바로는 오야마와 동아민족문화협회의 관계는 자료의 제약상 아직 밝혀진 바가 없다. 하지만 적어도 위의 분석을 통해 신사를 이용하여 다민족 제국주의적인 '동아민족'의 동질성을 만들어내려던 공통의 의도가 존재했음을 알 수 있다. 그리고 오야마의 '신사로의 길' 구상은 조선의 신을 신사의 제신으로 모시려는 내용을 담고 있었는데, 이는 '구니타마노 가미' 봉재론자들과도 공통되는 부분이었다. 덧붙이자면 『신사와 조선』을 집필하던 당시의 오야마는 동아민족문화협회의 『팸플릿』을 읽었을 가능성이 있는데, 우선 오야마가 동아민족문화협회의 회원이었는지 아닌지를 확인하는 과제가 남겨져 있다고 할 수 있겠다.

조선의 신을 신사의 제신으로 모시려 한 공통점의 구체적인 예로서 '동제'에 대한 관심을 들 수 있다. 예를 들면『신사와 조선』에서 오야마는 오청吳晴의『조선의 연중행사』(조선총독부, 1931년)에서 '동신제洞神祭'의 항목을 인용하거나(15~17쪽), 오사카 긴타로의 조사보고에서 경주의 '동제'에 관한 문장을 가져와서 이를 소개하고 있다(161~165쪽). 또한— 오야마의 책 제5장의 내용을 소개하는 부분에서 이미 논했듯이— '조선의 신과 제사'의 무속적 요소('마술적인 부분')가 '정화'되면 신사와 '맑고 바른 결합'을 이루는 것이 가능해진다는 등, 그의 제안은 신사의 종교성을 전제로 하고 있었다.

한편으로 앞서 소개한 것처럼 가모 역시 시찰기에서 경주의 '동제'에 주목하고 이를 신사에 '결부'시킬 것을 논하는데,[91] 이후로 '동제'에 대한 신사계의 관심은 점차 고조되고 있었다.

이러한 공통점은 '동아민족'론을 논리적 근거로 삼아 신사행정 측이 '구니타마노 가미' 봉재론을 포섭해갔을 가능성을 시사한다. 양자의 관계는 1925년 조선신궁 진좌 당시의 단군봉재를 둘러싼 논쟁에서 출발했으며, 이후 1931년 무렵부터 나타나기 시작하는 '동제'에 대한 관심이라는 중계점을 농촌진흥운동이 전개하는 와중에 함께 통과하게 된다. 오야마의 저서는 바로 이 중계점에서 신사행정 측이 출판한 것이었다. 그리고 1935년에 공표되는 심전개발운동을 거치면서 1936년 8월부터 국폐소사에 '구니타마노 오카미'를 합사하는 결과를 낳은 것으로 보인다.

이러한 도정은 신사신도의 도덕과 종교성을 구분하는 작업이 종교성

---

91 저자는 경주에서 가모 모모키를 안내한 인물이 오사카 긴타로일 것으로 추측하고 있다.

을 강화하는 방향으로 나아갔음을 보여준다. 이 구분이 이후 어떻게 변해 가는지에 대해서는 조선총독부 내의 적극적 신사 비종교론에 관한 담론을 분석하는 작업을 통해 추적할 수 있을 것이다. 다음 제2장과 제3장에서 이 점을 살펴보자.

2장

국체명징과 심전개발운동

국민통합을 기획하는 신사정책

제1장에서는 농촌진흥운동기의 신사정책을 논하고 신사신도의 도덕과 종교성 사이의 선긋기가 종교성을 강조하는 방향으로 이동해갔음을 확인했다. 다음으로 조선총독부의 적극적 신사 비종교론에 관한 담론을 분석하고, 이 선긋기가 그 후 어떻게 변해갔는지를 살펴보도록 하자.

이 장에서는 심전개발운동의 입안 및 정책결정과정을 정리하고, 제1장에서 서술한 '동제' 이용에 주목하는 움직임이 생겨난 것과 관련하여 심전개발운동을 필요로 했던 이유 및 그 목적의 핵심내용을 고찰한다. 다만 총독부의 내부자료가 거의 남아있지 않기 때문에 간접적인 자료를 거듭 제시하여 이를 입증하는 방법을 취할 것임을 알려둔다.

1. 심전개발운동의 개시

1) '조선인의 신앙심 향상' 문제

농촌진흥운동에 대해 농민들은 어떤 생각을 가지고 있었을까? 농촌
진흥운동이 경제 갱생의 측면에서 가시적인 성과를 올리지 못했기 때문
에 많은 농민들은 운동에 대해 비협조적이거나 무언의 저항을 하고 있
었다. 이러한 상황에 대해 총독부 당국은 행정 측의 지도가 교착상태에
빠진 점을 인정했으며, 우가키 가즈시게 총독 역시 1935년 1월 임시도
지사회의의 훈시를 통해 "모처럼 시설을 마련했음에도 민도民度나 민력
民力에, 혹은 각 호의 실정에 맞지 않는 결과를 맞이하고" 있는 바, "점차
사업의 수행이 곤란해질 염려가 있다"며 초조한 심정을 토로하고 있다.[1]

그렇다면 우가키는 조선인의 '신앙심'을 어떻게 파악하고 있었으며,
이에 대해 어떤 대책을 준비했을까? 1934년 4월 제15회 중추원회의에
서 우가키는 다음 제16회 회의 때 '조선인의 신앙심 향상'에 관해 답신
하라는 지시를 내린다. 중추원은 조선인 참의로 이루어진 총독의 자문
기관이기도 했다. 회의를 폐회하며 우가키가 내린 지시의 요지가 그의
일기에 적혀있다.[2]

일기의 내용에서 다음 세 가지 점이 주목된다. 우선 '미신타파'의 명

---

[1] 농촌진흥운동의 교착 상황에 대해서는 졸고, 「朝鮮総督府の農村振興運動期における神社
政策―「心田開発」政策に関連して」(『国際文化論集』(桃山学院大学) 第37号, 2007.12)의
제2절을 참고하길 바란다.

[2] 1934년 4월 28일자. 『宇垣一成日記』, 全3卷(みすず書房, 1968・1970・1971) 중 제2권 수록.

목으로 억압을 받고 있는 '무격'(무속신앙의 종교인)에 대해 우가키가 "미신을 정신正信, 진정한 신앙으로 교정하는 것은 불가능한가"라는 생각을 가지고 있었다는 점이다. 이는 물론 무속에 대한 교감이 아니라, 오히려 우가키가 실제로 억압정책을 담당하고 있던 현장의 지도자들과는 동떨어진 생각을 가지고 있었음을 보여주는 사례라 할 수 있다. 그렇지만 '무격'을 배제하지 않으려는 이러한 의도는 동시에 '동제'에 대해서도 유연한 태도를 보였을 가능성을 시사한다.

"조선 민중의 신앙심 결핍을 현저하게 느낀"다는 우가카의 감각은 '조선민중'의 실태와는 대단히 거리가 먼 인식이었다. 농촌진흥운동에 대한 농민들의 비협조적인 태도 또한 우가키의 눈에는 '신앙심 결핍'이 그 이유인 것처럼 보였다. 우가키는— 농촌진흥운동에서 야마자키 노부요시의 농본주의와 '농촌자치', '농민도'라는 정신론을 받아들일 토대가 될—"심전을 윤택하게 하는 것"의 필요성을 통감하고 있었다.

두 번째로 '심전'이라는 용어가 사용된 점이다. 저자가 찾아본 바로는 '심전'이라는 용어는 우가키의 일기에서 처음으로 등장한다. '심전'은 니노미야 손토쿠二宮尊德로부터 빌려온 개념으로 추측되는데,[3] 우가키는 당

---

3 이타가키 류타[板垣竜太], 「解説」(『自力更生彙報』 복각판, 제6권)의 주20에는 "'심전'은 불교용어이기도 한데『二宮翁夜話』(福住正兄編, 佐々井典此古譯註, 一円融合会 63話)에 '나의 바람은 사람들의 황무(荒蕪)한 마음의 밭을 개척하고'라는 표현이 나오는 걸로 보아 아마 니노미야 손토쿠의 용어를 빌려온 것으로 생각된다"고 적혀있다. 저자역시 이 의견에 동의한다. 총독부 상층부도 읽고 있었을『자력갱생휘보』에 「二官翁夜話」가 연재되고 있었기 때문이다. 그 중 「16」(1934.5.20, 16쪽)을 보면 "옹이 말하길 우리의 길은 황무의 개척에 힘쓰는 데 있다"고 하여 '황무'를 여러 번 언급하면서 "심전의 황무가 가져오는 손해는 국가에 있어 매우 심대하다"는 내용이 나온다. 그리고 우가키가 '심전'이라는 단어의 유래를 명확히 밝히지 않은 것은 불교 관계자들의 반응이 컸던 것에 대한 배려였을지 모른다.
위에 인용한 板垣竜太 監修・解説,『自力更生彙報—朝鮮総督府農業政策史料』제1~6권(ゆまに書房, 2006)은『자력갱생휘보』의 복각판이다.『자력갱생휘보』(전88호)는 농

시 이미 비유적으로 "심전을 윤택하게" 한다는 표현을 사용하고 있었다.

세 번째는 다음 제16회 중추원회의까지 "조선인의 신앙심 향상에 관한 의견"이 있으면 "수시로 내방하거나 서면으로 제출하라"며 이 문제에 대해 때를 가리지 않고 의견을 청취하려는 자세를 보였다는 점이다. 제16회 회의는 1935년 4월에 개최될 예정이었으며, 자문사항의 첫째는 "반도의 현상을 감안하여 민중에게 안심입명을 제공할 수 있는 가장 적당한 신앙심 부흥대책의 여하"였다.

제1장 제4절에서 분석한 오야마 후미오의 저서 『신사와 조선』은 제15회 중추원회의로부터 반년 뒤인 1934년 10월에 발행되었는데, 이 책은 독자로서 '지도자 계급'을 상정하고 있었으며 「저자 서문」에는 "지금 내선 동포에 의해 반도의 땅에서 신기를 모시는 것은 실로 조선 신들의 부활로 이어져야만 한다"는 기술이 등장한다. 그렇다면 비록 정책적인 경위는 여전히 불분명할 지라도 오야마 책의 출판은 우가키가 요청한 "조선인의 신앙심 향상에 관한 의견" 중 하나로서 신사의 이용을 제안한 것임에 틀림없다고 볼 수 있다.

2) '종교부흥' 방침의 공표

그로부터 2년 뒤인 1936년에 중추원 참의가 되는 최남선崔南善은[4] 당

촌진흥운동의 주관부서였던 농림국 농정과가 편집한(1936년에 신설된 농림국 농촌진흥과로 이관) 월간지이다.

[4] 최남선은 1919년 3・1운동의 중심인물로서 체포되었다. 당시의 이른바 '문화정치' 아래 1921년 총독부의 회유정책에 의해 가석방된 최남선은 이후 '민족개량주의' 선전에

시 총독부 조선사편수회의 촉탁으로서 위원을 맡고 있었다. 최남선 역

앞장서서 민족주의 우파를 끌어안는 역할을 담당하게 된다. 姜東鎭, 『日本の朝鮮支配政策史研究――一九二〇年代を中心として』(東京大学出版会, 1979)의 제4장 제1절을 참조. 최남선은 1928년부터 촉탁으로서 조선사편수회의 위원에 임명되었고, 1936년에는 중추원 참의를 겸하게 된다(『朝鮮總督府 及 所屬官署 職員錄』에 의함). 그리고 1939년 4월에는 만주국의 건국대학 교수로 취임한다.

최남선은 한국에서 '민족반역자', '친일파'로 불려왔지만 조금씩 관련연구가 심화되는 중이다. 가령 조선사편수회 위원을 지내면서도 최남선은 단군신화를 연구하는데, 이는 민족의 정신을 보전하기 위해 신도의 교의를 거꾸로 이용한 것이었다. 그렇지만 결국 정치적 투쟁을 소거했기 때문에 반민족주의적 역사학으로 전락하고 말았다는 평가가 그 중 가장 이른 시기에 등장한 것으로 보인다. 지명관, 「申采浩史学と崔南善史学」, 『紀要』 제48호, 東京女子大学比較文化研究所, 1987을 참조.

강해수는 「植民地朝鮮における「東方」という'境界'とナショナルな知の形成―崔南善の『不咸文化論』を中心に」(『일본연구』 제21호, 한국외대 일본연구소, 2003.12)에서 최남선의 '단군'론과 『불함문화론』을 분석하고 "'조선'을 중심으로 한 '동양학(동방문화론)'의 구축"을 논한다. '심전개발'에 관해서는 "'국가신도'와 평행선을 이루는 지적 '대항관계' 속에서 "조선 '고유신앙'의 '부흥'"을 주장했음을 밝히고 있다. 그리고 「「親日」と「帝国意識」の狭間で―崔南善の満蒙文化」論」(『일본문화연구』 제20집, 동아시아 일본학회, 2006.10)에서는 중일전쟁이 전면화한 후의 최남선의 '만몽문화'론을 통해 '제국의식'을 읽어내는 작업을 행한다. 전성곤, 『日帝下文化ナショナリズムの創出と崔南善』(J&C, 2005)은 "친일이라는 정치적 부분보다는 최남선이 일본의 식민지시대에 일본의 영향 아래 시도했던 '단군'이라는 문화 아이덴티티의 재구축 부분을 밝히는 것"(365쪽)을 특징으로 한다. 같은 책 제5장에는 '심전개발' 당시의 최남선의 담론이 분석되어있다.

심희찬은 「'방법'으로서의 최남선―보편성을 정초하는 식민지」(윤해동, 이소마에 준이치 편, 『종교와 식민지근대―한국 종교의 내면화, 정치화는 어떻게 진행되었나』, 책과함께, 2013)에서 일본의 조선식민지지배에 있어서 "신도는 정말 일본'만'의 것이었을까"라는 질문 아래, "신도를 하나의 '회색지대' 혹은 '공공성'으로 파악"한다는 흥미로운 시도를 보여준다. 최남선은 일선동조론에 대해 조선중심의 이른바 '선일동조론'을 설정하고 "일본의 신화가 가진 특수성은 보편원리로 돌려보낸 것"이라고 한다. 그리고 『고사기』, 『일본서기』는 최남선에 의해 조선을 중심으로 하는 "'불함문화'의 '분유(分有)'"를 보여주는 텍스트로서 번역-오염-변질되었다"고 분석한다.

심희찬은 이와 같은 독특한 최남선 평가에서 더욱 나아가― 최근의 탈식민지주의의 관점에 입각하여 ―일선동조론이 일본 근대역사학의 중핵을 이루는 하나의 계기였다는 주장을 펼친다(「明治期における近代歴史学の成立と「日鮮同祖論」―歴史家の左手を問う」, 『立命館史学』 제35호, 2014.11).

위의 선행연구들, 특히 최근의 최남선 연구로부터 민족주의 사학을 탈피하는 동시에 새로운 사상사의 구축이 시도되고 있다는 인상을 받았다. 그러나 한편으로 저자가 조금 부족함을 느끼는 부분은 조선총독부가 추진하던 심전개발운동과의 관계 및 거리를 검증하는 작업이 충분하지 못한 점이다. 사상사가 정책사에 조금 더 접근할 수 있다면 보다 입체적인 최남선 상을 그릴 수 있게 될 것이다.

시 우가키 총독에게 자신의 의견을 보고한 것이 확실해 보인다. 최남선은 1934년 3월에 경성방송국의 라디오 방송에서 '신 그대로의 옛날을 생각한다'라는 제목으로 강연한다. 그리고 "일본과 조선의 고신도는 완전히 동일한 기구에 바탕을 두고 있음을 알 수 있습니다"고 논한다.[5]

1935년 1월 우가키는 도참여관 타합회의 훈시에서 '심전'의 대책을 강구할 방침을 처음으로 공표한다(후술). 최남선은 이 도참여관 타합회에 초대되었고 18일에 강연을 행한다. 아래에 최남선의 강연내용의 일부를 소개한다.

일본고래의 신들과 그 계통을 달리하는 신이라도, 혹은 원래는 일본의 권력에 대항하던 반항적인 태도를 취하던 자라도, 일단 각오를 새롭게 다져서 일본 국가와 일체의 관계를 이루게 되면 그 인민도, 그들의 신도, 일본국의 그것으로써 아무런 거리도 가지지 않을뿐더러, 오히려 그 입장과 위세가 전보다 늘고 빛나게 됨은 역사상의 많은 실례가 말해주고 있습니다. (…중략…) 일본에 섭취되면 사람만이 아니라 신도 안식을 가지게 된다는 점에 신국 일본의 고마움이 있는 것입니다. (…중략…) 더욱이 그것은 과거에 묻혀버린 죽은 사실이 아니고, 다시 잘 보시면 현재에도 양 민족의 생활원리로서 깊이 새겨져 있을 뿐만 아니라 강하게 살아 움직이고 있음을 알게 됩니

---

5 이 강연의 요지는 동아민족문화협회가 발행한 『パンフレット』(第3篇, 1934.4)과, 총독부의 언론정책을 담당하던 『京城日報』에(1934년 3월 29일자 조간 3면과 30일자 조간 3면에 나누어) 게재되었다. 최남선은 훗날 단군봉재론을 제창했던 오가사와라 쇼조로부터 "내 오래된 친구이며 일본의 종교, 일본의 신도에 대해 자세히 연구하게 계신다"는 평가를 받았다. 小笠原省三編, 「はしがき」, 『海外神社史・上卷』(海外神社史編纂会, 1953, 4쪽)을 참조. 이 책의 복각판이 小笠原省三, 保坂正康 解説, 嵯峨井建・菅浩二編集・解題, 『海外神社史』(ゆまに書房, 2004)로서 출판되었다.

다. 가령 일본의 고신도와 현재 조선의 민속, 민간신앙의 내용을 비교, 검토해보면 양자의 유사관계가 얼마나 근본적인지가 분명해질 것입니다.[6]

위의 인용문은 사이타마현埼玉縣 고마신사高麗神社[1]의 예를 소개한 뒤에 이어지는 구절이다. 인용문의 모두에 '일본고래의 신들'과 '계통을 달리하는 신'이 "일본 국가와 일체의 관계를 이루게 되면 그 인민도, 그들의 신도, (…중략…) 오히려 그 입장과 위세가 전보다 늘고 빛나게" 된다고 적혀있다. 따라서 "일본에 섭취되면 사람만이 아니라 신도 안식을 가지게 된다는 점에 신국 일본의 고마움이" 있다고까지 궤변을 늘어놓는다.

앞서 소개한 것처럼 1934년 3월의 라디오 방송에서 최남선은 '신 그대로의 옛날을 생각한다'라는 제목 아래 "일본과 조선의 고신도는 완전히 동일한 기구에 바탕을 두고 있음을 알 수 있습니다"고 논했다. 두 강연을 합쳐보면 '고신도'가 핵심개념이 될 것이다. 당시 조선에서는 총독부 당국 관료들 사이에서 가케이 가쓰히코의 '고신도' 담론을 응용하려는 시도가 있었기 때문이다(아래 제3장 제1절에서 다룰 것이다).

가케이의 '고신도' 담론은 "아마테라스 오미카미가 확정하고, 나아가 진무천황神武天皇을 통해 이 세상에 실현된 길"을 설파하고 있는데, 그 골격을 이루던 것이 '천황귀일'론이다. 즉 천황이 아마테라스 오미카미의 이른바 드러남('총람표현인')이므로 개인이 '표현인'으로서 '천황'에게 '귀일'하는 것이 '일본민족'의 '이상규범'이라는 것이다(제1장 제2절 (1)을 참조).

---

6   강연속기가 최남선, 「日本の信仰文化と朝鮮」이라는 제목으로 『文教の朝鮮』 제115호 (1935.3)에 실렸다.

원래 최남선은 일선동조론에 의거한 도리이 류조鳥居龍藏의 설을 의도적으로 차용하여 그 중심을 조선반도로, 그리고 주변부를 일본과 중국으로 설정하고 있었다. 특히 「불함문화론」을 통해 이러한 주장을 펼치고 있었다.[7] 즉 최남선은 일본에서 유입된 '고신도' 담론을 전략적으로 원용하고, 일본과 공통된 민간신앙으로서 유교와 불교가 들어오기 이전의 '고신도' 세계가 조선에도 존재했음을 주장한 것이다.[8]

그리고 최남선은 조선을 중심으로 한 소위 '선일동조론鮮日同祖論'을 매개로 '고신도'의 중핵을 일본에서 조선으로 옮겨놓으려 한다.[9] 이러한 그의 주장에는 만주사변 후 제국 내에서 국민통합을 위한 '동아민족'의 동질성이 강조되는 상황에서 — 법적으로는 호적에 의해 구별되던 — 조선인의 지위를 향상시키려는 목적이 있었다고 추측된다. 그 후 최남선은 전통적인 '동제'의 '부흥'을 강조하는데, 이에 관해서는 '동제'

---

7 이소마에 준이치, 「식민지 조선과 종교개념에 관한 담론 편성―국가신도와 고유신앙의 틈새」, (윤해동 · 이소마에 준이치 편, 『종교와 식민지근대』), 218~223쪽을 참조. 이 논문에서 이소마에는 "최남선이나 이능화가 동일한 논리[일선동조론과 같은 논리―인용자]를 구사하면서도 문화의 중심을 옮기려는 저항과 전복의 가능성"을 포함하고 있었던 것은 사실이라고 지적한 후, "한반도의 종교 개념 연구는 이와 같은 저항과 동화를 둘러싼 정치학의 틈새에서 신중하게 고찰해야 하는 주제"라고 논한다(222쪽). 그리고 최남선이 신도를 샤머니즘의 일종으로 해석한 점을 소개하고(234~239쪽), "결과적으로 그가 제시한 논의는 신도의 공식적 이해를 전복할 수 있는 중요한 역할을 담당했다"고 평가한다(239쪽).

8 심희찬, 「'방법'으로서의 최남선」에서 제시된 '신도'를 '회색지대' 또는 '공공성'으로 파악하는 시점을 참고했다.

9 강해수, 「植民地朝鮮における「東方」という'境界'とナショナルな知の形成」은 본문에서 인용한 최남선의 강연(1935년 1월의 도참여관 타합회) 서두를 인용하여(첫 중략 앞까지의 부분) "현재의 일본과의 관계를 '국가양도 신화'[2]에 나오는 천손(天孫)과 오쿠니누시노 미코토[大國主命]의 관계를 본떠 설명한다"고 논한다. 그리고 "'고유신앙'으로서의 '조선신도'['고신도', '고도(古道)'―인용자]를 '부흥'시키고, '조선민족'이 '단군이라는 표상에 그 정신이 되돌아가는 모습을 밝히는' 것"에 목적이 있었다고 평가한다. 저자도 강해수의 견해에 찬성하지만, 조금 더 직접적으로 최남선은 '제국' 안에서 조선인의 지위를 높이기 위해서 일본인들의 '고신도' 담론을 전유한 것이라 본다.

와 신사, 신사神祠의 관련을 다루는 제2부 제5장에서 다시 논하겠다.

위에서 소개한 최남선의 강연(1935년 1월 18일)이 행해진 도참여관 타합회에 앞서 1월 11일과 12일에 열린 도지사회의에서의 훈시를 통해 우가키는 앞으로의 통치구상을 밝히고 있다. 우가키는 약 10년(대강의 기준)을 단위로 세 단계를 설정하는데, 첫 단계에서는 농촌진흥운동에 의한 '소위 물심양면의 생활 안정'을 도모한다. 두 번째 단계에서는 그 '진전과 충실'을 계획한다. 그리고 세 번째 단계에서 '의무와 권리의 관계'를 정비하여 "자치의 확립을 기약하고 (…중략…) 통치의 대업을 완수"한다는 구상이었다.[10]

즉 우가키는 조선을 일본의 한 지방으로 만들고 전시 총동원체제조차도 가능케 하는 '자치의 확립'을 위한 '농촌진흥'을 구상했던 것이다. 이른바 관제 자치의 창출을 철저하게 촌락에 침투시킴으로써 전인구의 약 8할을 점하는 농민을 장악하려던 시도였다.

그리고 1월 16일부터 3일간 도참여관 타합회가 열린다. 첫날의 회의 안건은 '도민의 신앙문제',[11] 둘째 날은 '의례준칙에 관한 건',[12] 셋째 날은 '농촌진흥운동'[13]이었다. 우가키는 이 회의의 첫날 훈시에서 '심전'의 대책을 강구할 방침을 처음으로 공표한다. 민중의 "심전을 윤택하게

10 宇垣一成, 「道知事會議に於ける總督訓示」, 1935.1.11. 水野直樹編集・解説, 『朝鮮総督諭告・訓示集成』全6卷・別冊一卷(緑蔭書房, 2001) 제4권에 수록.

11 「全鮮參與官會議 けふ本部で開催 總督の訓示に始まる 十七, 八兩日も續開」, 『京城日報』, 1935.1.17(16일 석간) 1면.

12 「道參與官會議第二日目 儀禮準則に關する件を上程」, 『京城日報』, 1935.1.18(17일 석간) 1면.

13 「多大の成果を收めて 道參與官會議終る 最終日は農村振興問題を上程」, 『京城日報』, 1935.1.19(18일 석간) 1면.

하고 기쁜 마음으로 업에 힘쓰며 삶을 즐기게 해서, 소위 물심 양방면을 안심입명의 경지에 도달시키기를 바란다"는 것이 주된 내용이었다. 최남선은 셋째 날 초대되어 "일본의 고신도와 현재 조선의 민속, 민간신앙의 내용" 사이의 '유사관계'를 주장했다. 참고로 이 도참여관 타합회의 첫날과 그에 앞서 열렸던 임시 도지사회의에는 농촌진흥운동에 영향을 주었던 야마자키 노부요시도 참석했었다.[14]

농촌진흥운동이 겪고 있던 곤란한 상황을 타개하기 위한 방책으로서 우가키가 앞선 해인 1934년의 단계에 '조선인의 신앙심 향상'을 중요한 과제로 내걸고 있었다는 점은 이미 살펴보았다. 하물며 첫 10년 동안 농촌진흥운동을 통해 '소위 물심양면의 생활 안정'을 꾀한다는 통치방침까지 표명한 우가키에게 위의 과제는 대단히 시급한 것이었다. 최남선의 주장에 거는 기대가 컸기 때문에 특별히 도참여관 타합회의 마지막 날에 불러서 강연을 허락했던 것으로 보인다.

그리고 후에 심전개발운동으로 일컬어졌기 때문에 '심전'이라는 용어에만 집중하기 쉬운데, 1935년 1월의 단계에서는 '종교부흥'으로 불렸던 점이 확인된다. 도참여관 타합회가 열리기 전날(1월 15일) 심전개발운동을 주관하던 와타나베 도요히코渡辺豊日子 학무국장은 "본부의 종교부흥 제창은 민간의 커다란 반향을 불러일으켰으며, 특히 불교관계자가 열심이다. 실행방법의 연구는 본부에서도 불교, 신도, 기독교 각 단체의 의견을 종합하여 구체안을 작성할 계획"이라며 '종교부흥'이라는 용어를 사용하고 있었다.[15]

---

14 「雜報」란, 『自力更生彙報』第17號, 1935.1.20, 15쪽.
15 「農家經濟更生計劃に 善処されたい 宇垣總督から注意を促す けふの本部局長會議」,

여기서 알 수 있는 것은 "심전을 윤택하게" 하기 위한 대책을 총독부는 당초 '종교부흥'으로서 구상하고 있었고, 우가키가 훈시를 통해 정식 발표하기 이전부터 '민간의 커다란 반향'이 있었다는 점이다. '불교관계자가 열심'이기도 했으므로 학무국은 '실행방법'에 관해 '불교, 신도, 기독교'의 각 단체로부터 '의견을 종합하여 구체안을 작성'한다는 절차를 염두에 두고 있었다. 또한 주관부서는 '종교' 행정을 담당하던 학무국 사회과가 맡았다.

참고로 '종교부흥'이라는 단어가 '내지'에서는 어떻게 사용되고 있었는지 살펴보자. 1934년 3월 도모마쓰 엔타이友松円諦의 '발구경강의發句經講義'가 JOKA(도쿄방송국, 현 NHK)에서 방송되어 커다란 인기를 얻었고, 4월에 간행된 강의록이 다음 달부터 화제를 불러일으켜 소위 불교가 붐을 이루는 사회현상이 일어난다. 당시 이를 나타내는 용어로서 '종교부흥'이 사용되었다고 한다.[16] 1934년 4월의 단계에서는 — 우가키 총독이 다음 해 제16회 중추원회의의 자문 사항으로 '조선인의 신앙심 형성'을 든 것처럼 — '신앙심'이 사용되기도 했었다. 그 후 1935년 1월이 되면 이미 '종교부흥'이라는 용어가 공식적으로 쓰이고 있던 점을 확인할 수 있다. 이처럼 우가키는 '내지'에서 '종교부흥'이 붐을 일으키고 있던 점에 착안하여 조선에서도 분위기를 띄우기 위해 용어를 '종교부흥'으로 변경했던 것은 아닌가 생각된다.

『京城日報』, 1935.1.16(15일 석간) 1면.

16 大谷栄一, 「昭和初期日本の仏教ブーム」(国際宗教研究所編, 『現代宗教 2005』, 「特集 宗教復興の潮流」, 東京堂出版, 2005)을 참조.

2. '종교부흥' 구상 중심의 단계

여기서 총독부가 처음에는 '종교부흥'을 구상하고 있었다는 점을 조금 더 자세히 살펴보도록 하자. 총독부 기관지 『조선』 4월호(1935년)에 '종교부흥'을 공표했던 1935년 초의 상황이 기록되어있다.

정신작흥에 입각한 전면적인 농촌진흥운동이 착착 진행되고 있으며 지금은 그 실적도 현저해져서 실로 격세지감을 느끼는 바이나, 민중에게 깊게 뿌리내린 정신의 쇠퇴는 그 근본부터 뜯어고치지 않는 한 간단히 소기의 목적을 이룰 수 없음을 통감하기도 한다. 우가키 총독은 이 점을 신중히 고려하여 쇼와 10년 벽두에 농촌진흥10개년계획과 심전개발, 그 중에서도 종교부흥에 의한 심지(心地)개발의 2대 방침을 지도정신으로 삼을 것을 표명하고, 관민이 하나가 되어 그 구현에 정진할 것을 주문했다.[17]

위 인용문을 통해 농촌진흥운동이 빠진 정체를 타개하는 방책의 하나로 '종교부흥'이 제시되었던 점, 그리고 『조선』 4월호가 발행된 당시에는 '종교부흥'에 더해 '심전개발'의 용어가 사용되기 시작했다는 점을

---

[17] 『朝鮮』 제239호, 1935년 4월의 '彙報'란에 실린 「本部の心田開發運動」에서 인용. 참고로 『朝鮮』 제239호는 「조선종교 특집호」로 꾸며졌다. 같은 해 7월 무렵 이를 다룬 조선총독부의 다른 자료에도 "올해 초 농촌진흥10개년계획에 더해 민중의 심전개발, 그 중에서도 종교부흥에 의한 정신개발을 지도의 정신으로 정하고, 관민이 하나가 되어 그 실현에 정진하게 되었다"는 본문의 인용문과 비슷한 내용이 나온다. 朝鮮總督府編, 『朝鮮の宗教及信仰』(1935.7)에 실려 있는 시오타 세이고[塩田正洪](총독관방 문서과장)의 서문을 보라.

알 수 있다. 또한 '농촌진흥10개년계획'과 '심전개발, 그 중에서도 종교부흥에 의한 심지개발'이 쌍을 이룬 '2대 방침'이 농촌진흥운동의 곤란을 극복하기 위한 '지도정신'으로 제시되었다는 점이 주목을 끈다. '2대 방침'에 한 쌍으로서의 정합성을 부여하기 위해 후자의 표현처럼 '심전개발'을 전면에 내세운 후, '종교부흥'을 후퇴시킨 것으로 보인다.

그러면 1935년 초에 우가키 총독은 '종교부흥'을 어떻게 생각하고 있었는지를 검토해보자. 도참여관 타합회 직후에 우가키는 '참여관 및 각 방면'의 의견을 참고하여 조선민중의 '신앙대책'을 '신神, 유儒, 불佛, 야耶'로, 즉 신사신도, 유교, 불교(소위 '일본불교'와 '조선불교'), 기독교로 삼는 방침을 생각하기에 이르렀다.[18] 그 중에서도 조선왕조 이래 억압받아 온 '조선불교'에 대해 "특히 정치적으로 억압되어온 불교를 정치적으로 살려내는 것은 중대하게 고려할 만한 요건"이라며 그 이용방법을 고민하고 있었다.[19]

총독부 주관부서인 학무국 사회과의 예정과 우가키 총독의 의중을 고려하여 곧장 각 종교단체와의 접촉이 시도되었다. 이 때 아래에서 소개할 여러 간담회가 열렸고 학무국장인 와타나베 도요히코와 학무국 사회과장 엄창섭嚴昌燮, 그 밖의 관계자들이 출석하여 '간담'을 나누었다.

1월 31일 경성부 내의 각 절 주지와 불교관계자들을 모아 '불교 간담회'를 열었다. 거기서 '민중의 신앙심 배양에 관한 의견'이 '청취'되었는데, "모두 우가키 총독의 심전개발에 매우 큰 기대와 환영을 보였"다고 한다.

---

18 신사신도가 '종교'가 아닌 국가의 종사(宗祀)로 여겨진 것은 '내지'와 마찬가지였다. 조선의 공인종교에 관해서는 포교규칙(총독부령 제83호, 1915) 제1조에 의해 종교가 신도(소위 교파신도), 불교(소위 '내지불교'와 '조선불교'), 기독교로서 명확히 정해졌다.
19 『宇垣一成日記』, 1935.1.30.

2월 2일에는 '신도 간담회'라는 이름으로 조선신궁 궁사와 경성신사 사장社掌들에게도 접촉을 시도하여 '간담을 가지게' 되었다. 흥미로운 것은 총독부 당국이 신사신도를 실질적인 '종교'로 취급하고 있는 점이다. 1925년의 조선신궁 진좌 당시에 내무국은 "신사를 통해서 사상을 선도한다는 것은 시대착오"[20](이쿠타 세이자부로 내무국장의 발언)라며 신사에 의한 '사상선도'에 부정적인 입장을 취하고 있었다(제1장 제3절을 참조). 그런데 10년이 지난 뒤의 심전개발운동에서는 '종교부흥' 대책의 하나로 여겨지게 된 것이다.

2월 6일에는 '고유신앙 간담회'를 열고 최남선 등 조선 '고유신앙'의 연구자들을 모아 '고유신앙에 관한 의견'을 '청취'했다. 특히 최남선의 주장이 '고유신앙'의 범주에 포함되어 '종교부흥'의 후보로 꼽혔다는 점이 주목된다. '고유신앙'이란 조선의 '동제' 같은 민간신앙을 가리키는데, '종교부흥'과 관련하여 조선인의 신앙 대상으로 상정된 '동제'를 '미신'으로 여겨지는 무속 등 민간신앙으로부터 분리하려는 필요에 의해 설치된 범주로 보인다.

2월 9일에는 '기독교 간담회'를 열어 '내지'와 조선의 기독교 관계자들과 접촉, '기독교에 관한 의견'을 '청취'했다. 당국이 간담회에 초대한 사람들은 '기독교 관계 유력자'로서 니와 세이지로丹羽清次郎, 가사야 야스타로笠谷保太郎, 윤치호尹致昊, 신흥우申興雨, 사메지마鮫島 목사(이름은 불명) 등이었다.

3월 6일에는 우가키가 일찍부터 이용하려고 마음먹고 있었던 '조선

---

20 단군봉재를 주장했던 오가사와라 쇼조의 글, 「高松朝鮮神宮々司が某氏に寄せたる書翰」에서 인용했다. 小笠原省三編, 『海外神社史・上巻』에 수록.

불교'와의 접촉이 이루어졌다. 이를 총독부 당국은 우가키가 행한 1월의 "훈시가 불러일으킨 하나의 반향"으로 인식하고 있었다.[21] 때마침 조선에서 조선불교 중앙교무원 평의회가 개최되었고, 조선 전국 서른한 곳의 본산 지주 및 '일본불교' 각파 가운데 경성에 머물던 대표자 8명이 총독부의 초대를 받아 "반도불교의 현상 및 장래의 부흥"에 관해 의견을 나누었다. 우가키는 '인사말'을 통해 각 본산의 지주들에게 "구태를 벗어던지고 (…중략…) 소사小事를 버리며, 대도에 의거한 대중상화협조를 통해 일억 전심 정신계의 개발과 반도불교 재흥을 위해 힘써줄 것을 간절히 바란다"는 뜻을 전했다.

3월 12일에는 경학원經學院 강사를 총독 관저에 초대했고, 우가키의 "과거 유교가 민중에 대해 가지고 있던 절대적인 지도, 지배의 힘을 추상追想해서 구습을 타파하고 전통을 탈피하여, 궐연히 일어서 덕화풍교의 커다란 사명에 매진함으로써 강내疆內 민중의 강복康福 증진에 기여하고 싶다"는 '인사말'과 함께 "이런저런 간담을 가졌다"고 한다.[22] 참고로 경학원은 조선왕조시대에 있었던 국립 유교교육기관인 성균관을 대신하여 병합 후에 조선총독부가 소속 관서로서 설치했던 기관이다.

그러면 이와 같은 각각의 간담회를 통해 총독부 당국이 노리던 것을 가능한 범위 안에서 고찰해보겠다. 불교관계 간담회는 두 번에 걸쳐 이루어졌는데 1월 31일의 첫 간담회 출석자를 구체적으로 보면 경성부 내의 "동서 양 본원사本願寺, 박문사博文寺, 조계종, 호국사護國寺, 고야산高野

---

21 『朝鮮地方行政』 제14권 제3호(1935.3)의 「社会時評」란에 실린 「佛徒の宗敎復興運動」을 참고.
22 각각의 간담회에 대해서는 「本部の心田開發運動」을 참고했다.

山 별원, 묘각사妙覺寺와 개교사開敎寺의 각 지주", 그리고 경성제국대학의 아카마쓰 지죠赤松智城, 오우라 간도大浦貫道, 중앙불교교무원 이사 김정해金晶海, 수원의 연주사連珠寺 주지 강대련姜大蓮 등 12명이었다.[23] 3월 6일의 두 번째 간담회는 조선 전체 서른 한 곳 본산의 주지를 중심으로 열렸다. 이처럼 '일본불교'에 대해서는 특정 종파보다는 경성을 중심으로 협력을 요청하는 형태였고, '조선불교'에 대해서는— 앞에서 확인한 우가키 총독의 이용 의도처럼 —'반도불교 재흥을' 위한다는 명목으로 협력요청이 이루어졌음을 알 수 있다.

'고유신앙 간담회'는 최남선을 중심으로 이루어졌다. 이후 중추원 신앙심사위원회가 조사를 목적으로 요청한 강연에서도[24] 최남선이 2회에 걸쳐 '조선의 고유신앙'을 논했다. 신앙심사위원회가 '고유신앙'에 관한 강연을 의뢰한 인물로는 최남선 외에 이능화李能和(조선사편수회위원), 무라야마 지준村山智順(조선총독부촉탁), 아키바 다카시秋葉隆(경성제국대학 교수)가 있었다. 제2부 제5장에서 상세히 논하겠으나 최남선은 '고유신앙의 부흥', 즉 조선재래 '동제'의 '부흥'을 주장했다. 그리고 이능화는 최남선의 논의를 보충하는 입장에서 '고유신앙' 가운데 중요한 '이시里社', '산제山祭', '단군'의 세 요소를 합친 '천신天神의 대상'을 신앙의 대상으로 삼아야한다는 주장을 펼쳤다.[25]

---

23 『朝鮮』제238호, 1935년 3월의 '彙報'란에 실린 「宗敎家懇談會」를 참고했다.

24 강연자는 전부 18명에 이르며, 조선총독부 중추원 편, 『心田開發に關する講演集』(조선총독부 중추원, 1936.2)에 정리되어있다. 최남선의 강연은 「朝鮮の固有信仰」上・下로 나뉘어 실려 있다.

25 이능화, 「朝鮮の固有信仰」. 덧붙이자면 "조선신궁을 먼저 숭배하고 그 뒤에 단군을 숭배하는 것이 옳다고 본다"는 주장도 나오는데, 본문에서 후술할 국폐소사의 '구니타마노 오카미' 합사를 연상시키는 내용이라는 점에서 주목된다.

다음으로 '기독교 간담회'의 경우 YMCA 관계자가 중심이 되었다는 점이 주목을 끈다. 당시 니와 세이지로 및 가사야 야스타로는 각각 경성기독교청년회(경성YMCA)의 간사와 총주사를 맡고 있었으며, 윤치호와 신흥우는 조선중앙기독교청년회의 회장과 총무를 지내고 있었다. 조선YMCA는 일본YMCA동맹에 합병되었으나 탈퇴했고 이후 1938년에 다시 가맹하는데, 총독부 당국의 의도가 흡수·합병에 있던 것은 아닌가 생각된다. 총독이 우가키 가즈시게에서 미나미 지로南次郎로 바뀐 뒤에도 니와 세이지로는 박문사 주지인 우에노 슌에이上野舜穎와 함께 심전개발운동의 후속 사업에 협력하고 있었으며, 학무국 사회교육과가 기획한 라디오 방송의 심전개발강연에서도 '심전개발이란 무엇인가'라는 제목의 강연을 행했다.[26] 한편 '사메지마 목사'가 누구였는지는 특정하기 힘든데, 일본감리교회의 사메지마 모리타카鮫島盛隆였을 가능성이 있다.

그리고 '신도 간담회'가 개최되었다는 것은, 총독부 당국의 의도에 따라 신사행정이 '종교부흥'의 일익을 실질적으로 담당하고 있었다는 점을 의미한다. 그렇다면 신사행정은 겉으로 보여준 태도와는 달리 실제로는 적극적 신사 비종교론의 입장에 서 있었다고 간주할 수 있다.

---

26 이 강연은 활자화되어 1937년 3월 조선총독부 학무국 사회교육과에 의해「社會敎化資料第一四輯」으로서 발행된다. 우에노 슌에이의 강연은「佛法僧の三宝に就て」라는 제목으로 실려 있다.

3. 국체명징성명 이후의 신사정책

1) '신사제도의 확립' 문제의 급부상

1935년을 전후하여 신사가 통치정책에 등장하기 시작하는 과정을 검토하기 위해서는 '내지'의 국체명징성명과 이에 대한 조선총독부의 대응을 확인해둘 필요가 있다.

1935년 3월 제국일본의 국회에서 국체명징결의안이 가결되었다. 이 가결에 따라 4월 16일자로 우가키 총독은 교육기관에 대해 "우리 존엄한 국체의 본의를 명징하고, 이를 바탕으로 교육의 쇄신과 진작을 도모하여 민심이 향할 방향을 분명히 하는 것은 문교의 중대한 직무다"라는 내용의 훈령을 내린다.[27]

그 후 본국정부는 8월 3일에 제1차 국체명징성명을 발표하는데, 총독부 또한 관보통첩을 통해 총독부의 각 부국과 소속 관서에 "본 성명의 취지에 부응하는 조치를 취하도록" 지시했다.[28] 나아가 10월 15일에 제2차 국체명징성명이 발표되었을 때에도 "그 취지를 명심하고 선처"하라는 관통첩을 거듭 보냈다.[29]

---

27 도지사, 경성제국대학 총장, 관립학교 교장, 공사립전문학교 교장에게 내려진 훈령(조선총독부 훈령 제14호, 1935.4.16). 『朝鮮總督府官報』第2475號(1935.4.16)에 게재.

28 조선총독부 각 국장, 관방과장, 소속관서의 장들에게 보낸 정무총감 관통첩, 「국체명징에 관한 건(國體明徵ニ關スル件)」(관통첩 제23호, 1935.8.10). 『朝鮮總督府官報』第2574號(1935.8.10)에 게재.

29 조선총독부 각 국장, 관방과장, 소속관서의 장들에게 보낸 정무총감 관통첩, 「국체명징에 관한 건(國體明徵ニ關スル件)」(관통첩 제34호, 1935.10.25). 『朝鮮總督府官報』第2636號(1935.10.25)에 게재.

그리고 우가키가 위의 훈령을 발표한 4월에 총독부는 제16회 중추원 회의를 열었고 다음 자문사항에 대한 답신이 이루어졌다.

　① 반도의 현상을 감안하여 민중에게 안심입명을 제공할 수 있는 가장 적당한 신앙심 부흥 대책의 여하.
　② 각지 민심의 추이 및 그 선도에 관한 의견 여하.[30]

이 자문사항(특히 ①)은 '종교부흥'에 관한 것으로서, 당시에는 아직 '종교부흥'의 방침이 유지되고 있었음을 확인할 수 있다. 참고로 앞서 논했듯이 1년 전인 4월에 열린 제15회 중추원회의에서 우가키는 다음 제16회 회의 때 '조선인의 신앙심 향상'에 관해 답신할 것을 지시했었다.

이 중추원 회의에서 우가키는 만족할만한 답신을 얻지 못한 모양으로 중추원 내에 17명의 위원으로 이루어진 신앙심사위원회를 설치하고 "그 방면의 전문가의 의견을 듣는 것", 즉 '심전개발'에 관한 강연을 바탕으로 '조사'를 시작한다.[31]

신앙심사위원회의 '조사'가 진행되는 한편으로, 1935년 3월 6일에 접촉했던 '조선불교'에 대해 이미 시책을 강구하고 있던 총독부 당국은

30　『心田開發に關する講演集』에 실린 중추원 서기관장, 우시지마 쇼조[牛島省三]의 「小引」(1쪽)에서 인용.

31　위의 책에 실린 아키바 다카시의 강연, 「朝鮮の固有信仰(天神の信仰)」에는 조선인에게 있어서 "금일 신앙의 대상으로서 무엇이 가장 좋을까라는 점이 중심적인 문제"라는 내용이 나온다. 이를 통해 자문사항에 있었던 "가장 적당한 신앙심의 부흥책"의 관점에서 강연이 의뢰되었음을 알 수 있다. 참고로 강연내용은 '고유신앙'이나 불교(특히 조선의 불교), 기독교(프로테스탄트, 가톨릭), 유교, 신사에 관한 것이었으며, 총 18명이 중추원에서 강연을 행했다. 특히 '오대산 상원사(五台山 上院寺)'('조선불교'), '경성부내 묘심사'('일본불교')를 직접 방문하여 주지의 강연을 듣기도 했다(「小引」, 위의 책, 2쪽).

7월에 접어들어 구체적인 실행안의 협의를 시작한다. 총독부의 언론정책을 담당하던 조선어 신문 『매일신보每日申報』(1938년 4월 『매일신보每日新報』로 개칭)의 기사에 의하면 총독부는 "사찰정화운동을 시작하고 각 도지사에게 사찰에서 주류를 판매하거나 여흥을 즐기는 행위를 일체 금지하도록 명령"했다고 한다.[32] 여기서 말하는 '사찰'은 법적인 '조선불교'의 시설을 가리키며 '일본불교'의 시설은 '사원'으로 불렸다.

그리고 이 기사는 '각 교별 권위자'를 '망라'했다는 '구체적 실행안 협의'를 소개하면서, 7월 상순에 개최될 제1회 간담회에서 우선 '구체적 실행안'을 협의하여 대강의 방침을 정하고, 다음 제2회 간담회에서 '실행세목'을 의논할 예정임을 보도하고 있다.

한편 조선신궁의 진좌 이후에도 총독부는 신사가 주도하는 '사상선도'를 부정해왔지만, 심전개발운동의 주관부서였던 학무국은 신사를 '종교부흥'의 대상 가운데 하나로 여겼으며 2월에는 간담회를 개최하기도 했다. 그리고 '구체적 실행안'을 협의할 7월 상순이 가까워진 당시에도 신사를 여전히 '종교부흥'의 대상으로 취급하는 태도를 유지하고 있었다.

그런데 앞서 설명했듯이 본국정부는 8월 3일 제1차 국체명징성명을 발표했으며, 이에 따라 총독부도 8월 10일자로 관통첩을 하달했다. 구체적인 경위는 불분명하지만 9월에는 본국정부의 신사조사회가 경성신사와 용두산신사의 '관국폐사' 열격을 협의했고, 다음해(1936년) 1월에 그 회답서가 척무성을 경유하여 조선총독부 내무국에 통지된 것으로 보인다.[33] 즉 제1차 국체명징성명 직후에 총독부는 이 두 신사의 '관국폐

---

32 「心田開發 各教別權威者網羅 具體的實行案協議 제一차회합은七月상순 政務總監歸任後」, 『每日申報』, 1935.6.18(조간), 9면.

사' 열격을 준비하기 시작했던 것이다. 이는 또한 동시에 다른 신사에도 열격제도를 도입하기 위한 준비를 시작했을 가능성을 시사한다(후술).[34]

나아가 10월에 접어들면 국체명징을 의식해서인지 신사관련 행사에서 '국민의례'가 전면에 등장하게 된다. 신사의 '국민의례'를 전개한 총독부 당국의 중심에는 정무총감 이마이다 기요노리今井田淸德가 있었다. 이마이다는 깊은 신앙심을 가지고 있었다. 이마이다는 "액을 쫓아내시고 맑게 하시는 신 앞에 무릎 꿇으니 기분이 상쾌하다"는 단가를 읊거나, '보은감사'라는 뜻에서 "신의 은혜를 갚으려는 기분이 들 때는 그저 감사함에 눈물이 흐른다"라는 발언을 행하기도 했다.[35] 이마이다는 다른 국장들과 마찬가지로 도쿄제국대학 법과대학 출신이었다. 이는 심전개발운동 과정에서 신사에 관한 시책의 전개를 좌우한 요소로 생각된다. 이 점에 대해서는 다음 제3장에서 고찰할 것이다.

10월 14일 '심전개발운동의 철저를 주안점'으로 삼는 '조선 전국 우지코氏子 총대연합회'가 각 대표 250명이 출석한 가운데 개최되었다. 이 자리에서 이마이다 정무총감은 고사告辭를 남기는데,[36] 국체명징성명을

---

33 菅浩二,『日本統治下の海外神社―朝鮮神宮・台湾神社と祭神』(弘文堂, 2004)의 제4장에는 1935년 9월 4일자로 탁무성 관리국장으로부터 내무성 신사국장에게 「경성신사 급 용두산신사를 관국폐사로 열격하는 것의 여부와 그 정도(京城神社及龍頭山神社ヲ官國幣社ニ列格ノ當否竝列格ノ程度)」에 관한 신사조사회의 '내의(內議)' 의뢰가 내려진 이후의 경과가 분석되어있다(178~180쪽). 이를 통해 "당시 정부 내에 국폐소사 제도를 조선에 도입한다는 방침이 이미 정해져 있던 것이 아니며, 우선 경성신사, 용두산신사의 관국폐사 열격을 결정한 뒤에 국폐소사가 타당하다는 의견이 나왔다는 사실"을 분명히 한다. 그리고 '일도 일국폐사'의 방침도 당시의 신사조사회 결정에 따른 것이라고 한다.

34 위의 책 제3장(127~128쪽)의 기술에 따르면 1925년 당시 "유일하게 사격(社格)을 지닌 조선신궁의 진좌를 계기로 경성신사에서도 우지코[氏子] 측의 승격운동이 시작되었고, 행정 측도 사격제도를 조선에 도입할 것을 고려하기 시작했다"고 한다.

35 今井田淸德傳記編纂會編,『今井田淸德』, 武田泰郎, 1943, 483·594쪽.

36 『朝鮮』제246호, 1935년 11월의 '彙報'에 「總監の告辭」가 게재되어있다.

바탕으로 심전개발운동에서 '신사, 신사神祠의 흥륭을 꾀할' 것이 결정되었다고 설명한다.

다시 말해 학무국이 주관하는 심전개발운동에 있어서 — '종교부흥'의 '구체적 실행안'과 '실행세목'의 협의와는 별개로 — 신사에 대한 시책의 검토가 국체명징성명에 부응하여 '종교부흥' 방책보다 더욱 격상된 형태로 등장하게 된 것이다. 이마이다는 고사를 통해 '신사제도의 확립'에 관해서도 '예의고구銳意考究 중'이라 설명하는데, 그 시책은 다음해 8월의 법적 정비와 함께 실시될 신사제도 개편으로 구체화된다.

이렇게 신사에 대한 시책의 검토가 격상되어 진행되자 — 신사에 관한 시책을 담당하던 신사행정의 관할 밖에서 — 가장 먼저 움직이기 시작한 것은 학무행정이었다. 학무국 학무과는 11월 중순에 평양의 기독교계열 학교에 신사참배를 '국민의례'로 강요했으며, 그 후로 이를 거부하는 학교에는 '교장경질, 폐교처분'이라는 강경한 태도를 취했다. 그리고 다음해인 1936년 4월에는 학무국장 통첩을 내려 모든 교육기관(학교 교직원, 학생, 생도, 아동)에 신사 비종교론에 입각한 신사참배의 의무화를 사실상 확정한다.[37]

학무행정이 강경한 방침을 택한 이유는 — 비록 표면적인 것에 불과했지만 — 신사 비종교론을 전면에 내세우면 학교 교육을 통해 신사참배를 강요하는 것이 비교적 용이해진다는 계산이 있기 때문이었다. 그

---

37 참배강요에 관한 당시의 경위는 야마구치 고이치[山口公一], 「植民地朝鮮における神社政策と朝鮮社会」(一橋大学博士学位論文, 2006.3)의 제3장 제1절(119~120쪽)에 자세하다. 특히 119쪽에 실린 표〈神社参拝をめぐる平安南道当局とキリスト教系学校の攻防(1935.10~1936.4)〉(야마구치 작성)도 좋은 참고가 된다. 이 표에 따르면 1935년 11월 12일에 총독부의 신사법규개정안 탈고보도(脱稿報道)가 이루어졌다.

리고 그 배경에는 학교에 대한 신직(혹은 신사)의 압력이 있었다. 조선신궁의 초대궁사였던 다카마쓰 시로는 — 조선신궁 준공(1925년)으로부터 반년이 지난 뒤에 — 초등학교 아동을 신사에 참배시키는 행사인 수신교과서 수여봉고제授與奉告祭(1934년부터 권학제勸學祭로 개칭)를 실시한다. 제2대 궁사인 아치와 야스히코阿知和安彦는 '게가레穢れ'[3]를 정화한다는 '습속'적 종교성을 지닌 오하라에시키大祓式를 열었다. 처음엔 청년층의 참여가 기대되었지만 계획은 차질을 빚었고, 1932년부터 개시된 학교의 아동 및 생도의 참여가 그 후 확대되어갔다.[38]

나아가 학무행정 측의 강경한 태도는 신사행정의 관할 밖에 있었던 신사참배시설을 학교에 설치하려는 방침에까지 이어진다. 식민지조선에서는 경성을 제외하면 대부분의 조선인 대상 초등학교에서 교원을 담당한 것도 조선인이었고, 이에 따라 '봉호奉護의 만전'을 기할 수 없다는 이유로 '어진영御眞影'을 두지 않은 곳이 많았다. 그래서 이를 대신하는 것으로서 가미다나神棚[4]가 이용되었는데, 강당의 정면중앙, 곧 '어진영'의 바른 위치에 가미다나를 설치할 것이 장려되었다. 그리고 관보官報를 통해 설립허가를 받은 신사神祠의 숫자가 적은 도를 파악하고, 여기에 신사를 대체하는 것으로서 다이마 봉제전大麻奉斎殿(봉사전奉祀殿)이라는 신사형神社型의 참배시설을 설치했다. 학교에 가미다나와 다이마 봉제전이 동시 병행적으로 도입되었다는 것은 — 학교 교육으로서의 천황·황조숭경에 더하여 — '사회교육의 첨병'이라는 역할을 기대할 수 있는 곳이 결국 학교 이외에는 없었던 상황을 알려준다.[39]

---

38 樋浦郷子, 『神社·学校·植民地─逆機能する朝鮮支配』(京都大学学術出版会, 2013)의 제1장 「神社参拝の同路を拓く」과 제2장 「信仰へと引き込む」를 참고.

여기에서 신사신도가 학교 교육의 장에서도 천황숭경 시스템과의 관련을 강화해가는 모습을 엿볼 수 있다. 국가신도의 논리가 확립을 맞이하는 시기가 가까워졌음을 예상할 수 있다. 이에 관해서는 다음 장에서 다룰 것이다.

2) 국체명징성명 직후의 신사

이제 1935년 이후의 상황을 살펴보자. 1935년 11월 7일 경성방송국은 총독부 경무국 보안과장 가미우치 히코사쿠上內彦策의 신사참배에 관한 강연을 방송한다.[40] 가미우치는 이케다 기요시池田清 경무국장보다 다섯 살 어린 직속 부하였으며, 도쿄제국대학 법과대학을 3년 뒤에 졸업한 후배이기도 했다.[41] 이케다는 자신의 직무 이외에 신사행정을 대행하기도 했었다(제3장 제1절에서 설명). 아마 이케다가 지시한 것이겠지만 가미우치 또한 이케다와 비슷한 직무 이외의 활동에 임하고 있었다.

강연을 통해 가미우치는 '신기神祇봉재'의 "세계 선포라는 성업에 매진하지 않으면 안 된다"고 할 만큼 '경신숭조의 길'을 열심히 설파한다. 가미우치는 신사신도를 종교의 상위개념으로 파악하기 때문인지 조선에도 '고신도' 세계가 존재했다는 견해를 인정하면서 다음과 같이 논한

---

39 위의 책 제5장 「学校内に神祇を創る」을 참조.

40 가미우치 히코사쿠 강연의 원고는 「神社参拜に就て」라는 제목으로 『文教の朝鮮』 제124호(1935.12)에 「의뢰 게재(請ふて揭載)」되었다.

41 『朝鮮人事興信録 昭和十年版』, 朝鮮人事興信録編纂部, 1935. 이 자료는 『戦前期 海外商工興信録集成』 第7巻(復刻版), [植民地編1](不二出版, 2010)에 실려 있다.

다. "학자의 연구에 따르면 내지도 조선도 이것[신사]에 관해서는 완전히 동근일체同根一體의 고속을 공유한다는 것이 증명되었으므로, 이 경신숭조의 길은 반도에서도 반드시 신 그대로의 아름다운 열매를 맺을 것에 틀림없다고 믿습니다."

인용문 중 '학자의 연구'라는 것은 최남선을 가리키는데, 1935년 1월의 도참여관 타합회의 강연에서 최남선이 주장한 내용(이 장 제1절 (2)를 참조), 곧 신사가 "완전히 동근일체의 고속을 공유한다"는 점이 '증명되었습니다'고 단언한다.

이처럼 가미우치가 인용하는 등, 최남선의 입장에서 보면 당시까지는 자신이 생각한대로 일이 흘러가고 있었을 것이다. 위의 강연에서 가미우치는 "최근 심전개발운동의 영향으로 여러 곳에서 잇달아 신사神祠의 승격이나 창립이 계획되는 경향이 있습니다"고 하는데, 총독부의 '신사제도 확립' 방침에 민간 역시 재빠른 반응을 보였음을 전하고 있다.

이제 가장 중요한 신사 측의 의견을 살펴보자. 조선신궁 궁사인 아치와 야스히코는 위에서 소개한 2월 2일의 '신도 간담회'에서 경성신사 사장 이치 아키히로市秋弘 등과 함께 학무국장 및 사회과장들과 이야기를 나누었다.[42] 또한 아치와는 7월 상순에 개최된 것으로 보이는 제1회 간담회에도 초청받았다. 이 간담회는 '구체적 실행안'을 '협의'하는 자리였다. 아치와가 어떤 의견을 피력했는지는 알 수 없지만, 11월 25일에 총독부 중추원에 초대되어 신앙심사위원회(전술)의 '조사'의 일환으로서 강연을 부탁받기도 했다.[43]

---

42 「本部の心田開發運動」.
43 『心田開發に關する講演集』에 「神社のお話」라는 제목으로 게재되었다. 11월 25일이라

이 시기에는 이미 '신사제도 확립'을 위한 법적 정비 작업이 추진되고 있었으므로 그와 관련된 내용이 기대되었을 터이지만, 실제 아치와의 강연 내용은 그렇지 않았다. 신사에 관한 일반적 지식을 소개하는 형태로서 자신의 '경험'이나 '견문'을 '강좌식', 그리고 '만담식'(아치와의 발언에 의함)으로 전할 뿐이었다. 다만 비록 조금이긴 하지만 정책적 요소가 엿보이는 부분도 있으므로 이를 중심으로 고찰을 진행해보자.

아치와는 강연 초두에 자신이 "조선의 고유신앙 방면에도 상당한 지식을 지니고 있다"고 소개된 것에 대해 '사실과 다른 칭찬의 말'이라며 부정한다. 신앙심사위원회는 그 성격상 적극적 신사 비종교론의 입장에 서있었을 터이며, 따라서 '고유신앙'과 신사의 관계라는 신사의 종교성에 관한 이야기를 기대하고 있었을 것이다. 위원회의 관심사는 신사와 '고유신앙'의 연계관계에 있었다.

평양의 "모 기독교계 학교에서 신사불참배 문제가 말썽을 일으키고 있는" 것에 대해 "가볍게 여겨서는 안 된다"라며 온건한 태도로 비판하는 아치와는, 참배를 장려하기 위해서는 "먼저 신사에 친근감을 가지는 것"이 중요하다고 주장한다. 아치와는 신사의 종교성을 내세우기보다는 "무엇보다 참배의 기회를 점점 늘려가는 것이 가장 좋다"[44]고 생각하고 있었다. 이처럼 아치와는 '고유신앙'에 관해서는 의견을 내놓지 않았

는 날짜는 "그저께 행해진 신상제(新嘗祭)"(297쪽), "그저께 신상제 당일"(299쪽) 등의 기술로부터 추정한 것이다.

44 아치와는 이렇게 말하면서도 다음해 신사참배가 성행하자 "신령의 존재를 인정하지도 않으면서 신사에 참배하는 것은 정말로 무의미하다", 혹은 "우리는 어디까지나 국민으로서 대종가(大宗家)인 황실과 동일한 신앙을 가져야만 한다"며 참배의 의례적 측면과 종교성 사이에서 갈등하며 그에 대한 불만을 토로하고 있다. 아치와 야스히코, 「神社と信仰」, 『朝鮮』 第250號, 1936.3. 참고로 『朝鮮』 제250호는 「심전개발 특집호」로 이루어졌다.

지만, 신사참배에 관해서는 적극적인 견해를 표명하고 있었다. 그의 견해가 실제 정책에 채택되었는지 어떤지는 알 도리가 없으나, 신앙심사위원회의 '조사'였던 점을 감안하면 참고자료로 이용되었을 것에는 의심의 여지가 없다.

3) 신사제도 개편과 법 정비

신사제도는 '내지'를 기준으로 선택적으로 각 식민지에 수정된 형태로 도입되었다. '내지'의 사격제도는 관사官社와 제사諸社로 나누어졌다. 관사는 관폐사官幣社와 국폐사國幣社의 총칭으로서 관국폐사라고도 불린다. 양자 모두 경비의 일부를 국고에서 지급받았는데, 예제例祭의 경우 관폐사는 황실로부터 폐백료幣帛料를 받고 국폐사는 국고에서 받는다는 차이가 있었다. 관폐사와 국폐사에는 각각 대사大社·중사中社·소사小社가 있었으며 이에 더해 별격別格관폐사도 있었다.

조선에는 해방 당시를 기준으로 관폐대사로서 조선신궁과 부여신궁(진좌되지는 않았었다), 국폐소사로서 경성신사, 용두산신사, 대구신사, 평양신사, 광주신사, 강원신사, 전주신사, 함흥신사의 여덟 신사가 있었다. 그리고 두 곳의 사단을 중심으로 경성호국신사護國神社와 나남羅南호국신사가 있었다. 이들은 '지정指定호국신사'로서 국폐소사와 동등한 대우를 받았다. 제사는 관국폐사 이외의 신사를 가리키는데 '내지'에는 부현사府縣社, 향사鄕社, 촌사村社, 그리고 사격을 지니지 못한 무격사無格社가 계층적으로 존재하고 있었다. 식민지에서는 칙령에 의해 관사가 창립되었고, 식민지 정부는 그 운영에 관한 여러 규칙을 정비하고 있었다. 제사의 경우에는 현지 식민지 정부가 관할하는 형태였기에 '내지'와의 차이가 문제시되었다.

대만의 신사 계층제도는 '내지'에 가까운 체재를 갖추고 있었지만 사격제도에 관한 명확한 법적 근거가 있던 것은 아니었다. 조선에서는 총진수였던 관폐대사 조선신궁을 정점으로 하면서도 그 이하의 제사(민사民社)에 사격이 부여되지는 않았다. 그렇지만 1936년의 신사제도 개편에 따라 도청소재지에 있던 유력한 신사가 국폐소사로 열격되었고, 그 외의 제사는 총독이 지정한 신사에 대해 지방단체(도, 부, 읍, 면)가 비용을 부담하는 제도가 신설되었다.[45] 제사는 조선의 법체계에 있어서 '관국폐사 이외의 신사'로 정의되었다.

참고로 신사제도 개편의 개요 및 '내지'와 식민지의 법역이라는 문제에 대해서는 서장에서 개략적으로 설명했으므로 참고하길 바란다. 여기에서는 서장에서 소개한 5칙령 이외의 법령에 관해 간단히 부기해둔다.

5칙령이 공포된 다음날인 8월 1일자로「국폐사 제식祭式」[46]을 비롯한

---

45 위의 신사제도에 관한 설명은 青井哲人, 『植民地神社と帝国日本』(吉川弘文館, 2005, 69~80쪽)을 참고했다.

46 조선총독부령 제67호「국폐사 제식(國幣社祭式)」과 동 제68호「국폐사 신직재계에 관한 건(國幣社神職齋戒ニ關スル件)」을 보면 조선총독의 권한이 강화된 것 같은 인상을 받지만, 관국폐사의 제식, 재계의 규정을 제정하는 것은 이전부터 조선총독과 대만총독에게 인정된 권한이었다.「관국폐사 이하 신사제사령(官國幣社以下神社祭祀令)」(칙령 제10호, 1914) 제7조에 의하면「제식 및 재계에 관한 규정(祭式及齋戒ニ關スル規程)」은 '대만에서는 대만총독'으로 정해져있었으며 다음해의 개정법령(칙령 제199호)에는 '조선에서는 조선총독'이라는 문장이 추가되었다. 그래서 조선신궁에도「관폐대사 조선신궁 제식(官幣大社朝鮮神宮祭式)」(총독부령 제110호, 1925)과「관폐대사 조선신궁 신직 재계에 관한 건(官幣大社朝鮮神宮神職齋戒ニ關スル件)」(총독부령 제1호, 1926)이 제정될 수 있었다.

일곱 개의 총독부령(제67∼73호)과 두 개의 총독부 훈령(제15, 16호), 그리고 총독부 고시 제434호가 내려진다. 모두 국폐사에 관한 것으로서, 각 도의 도청소재지에 있던 주요 신사(관국폐사 이외의 신사들)가 국폐사로 열격함에 따라 필요해질 여러 규정들을 정하고 있었다. 고시는 경성신사와 용두산신사를 국폐소사로 열격한다는 내용을 담고 있었다.

나아가 8월 11일자로 「신사의 제식 항례식 및 제계에 관한 건神社の祭式恒例式及斎戒ニ關スル件」을 비롯한 여섯 개의 총독부령(제75∼79, 81호)과 두 개의 총독부 훈령(제17, 18호), 그리고 총독부 고시 제440호가 내려진다. 이것들은 관국폐사 이외의 신사 및 신사神祠에 관한 개정 법규, 그리고 이들 신사를 계층제도 속으로 집어넣는데 필요한 규정들이었다.

여기서 신사제도 개편의 주요한 목적 두 가지를 돌이켜보자. 하나는 국폐사 열격에 대비하는 것, 또 하나는 관국폐사 이외의 신사 및 신사神祠를 계층제도 안으로 포섭하고 증설을 준비하는 것이었다. 첫 번째 목적에 관해서는 이 장 제4절과 제3장에서 고찰한다. 다음 제4절부터는 국폐소사의 제신으로서 '아마테라스 오미카미'와 합사되는 '구니타마노 오카미'를 분석하고 그 합사의 논리를 살펴볼 것이다.

심전개발운동의 전개과정에서 생겨난 '종교부흥'과 '신사제도 확립'이라는 이중성의 의미를 신사 비종교론에 초점을 맞추어 생각해보는 것으로 이 절을 매듭짓겠다. 잘 알려져 있듯이 표면적이나마 '국민의 례'로서의 신사참배가 추진되었는데, 그 배경에는 참배를 통해 신사신도가 지닌 종교적 측면, 즉 신앙의 힘을 이끌어내려는 총독부 당국의 의도가 있었다. 신사참배가 '조선인의 신앙심 향상'을 기도한 '종교부흥'의 연장선상에서 실시된 것에는 이처럼 위에서 지적한 이중성의 영향이 있었다. 총독부 당국 내 신사신도의 종교성에 관한 담론, 곧 적극적 신사 비종교론에 주목할 필요가 있음을 여기서 다시 한 번 확인할 수 있겠다.

4. '구니타마노 오카미'에 관한 논의

1) 국폐소사 열격에 이르기까지

총독부 내무국은 경성신사가 「경성신사 어유서기御由緖記」[47]를 1932년 6월 경성부에 제출하기 직전, 늦어도 1932년 5월 무렵까지는 비밀리에 경성신사(그림 2-1)[48]와 용두산신사(그림 2-2)의 관국폐사 승격을 시도했던 것으로 보인다.[49] 그 후 농촌진흥운동이 전개되는 와중에 우

---

47 地方課, 『昭和十六年度 國幣社關係綴』(한국 국가기록원 소장)에 제13호로 수록되어 있다. 참고로 조선총독부에서는 내무국 지방과가 1920년대부터 긴 시간에 걸쳐 신사행정을 관할하고 있었는데, 1941년에 내무국이 사정국(司政局)으로 바뀌자 신사행정 또한 사정국 지방과가 주관하게 되었다(「조선총독부 사무분장 규정(朝鮮總督府事務分掌規程)」의 개정에 따름. 조선총독부 훈령 제103호, 1941.11.19).

48 이 사진은 조선신궁 진좌 10주년 기념사진집 『恩賴』(조선신궁 봉찬회, 1937)에 실려 있다.

49 「경성신사 어유서기」에는 1932년 6월 29일자로 경성부의 수리인(受理印)이 찍혀있는데(경성부를 경유하여 내무국 지방과에 제출되었다), 이를 통해 앞선 5월 말 무렵까지 내무국이 비밀리에 경성신사와 용두산신사의 관국폐사 승격을 모색하고 있던 것을 알 수 있다. 더욱 상세한 내용은 졸고, 「朝鮮總督府の神社政策における国幣小社列格-「国魂大神」奉齋を中心に」(『桃山学院大学人間科学』 제35호, 2008.7)의 제2절 및 주46을 참조해주길 바란다.

〈그림 2-1〉 경성신사

〈그림 2-2〉 용두산신사(그림엽서)

가키 가즈시게 총독은 1935년 1월에 열린 도참여관 타합회에서 훈시를 통해 '심전'의 대책을 강구할 방침을 처음으로 공표한다. 이른바 심전개발운동이 개시되었던 것이다. 그리고 그 주관부서인 학무국은 '종교부흥'을 모색하기 위해 곧장 각 단체와의 접촉을 꾀했고 그 안에는 신직도 포함되어 있었다(이 장 제2절을 참조).

2월 2일 '신도 간담회'의 명목으로 조선신궁 궁사 및 경성신사 사장들과의 접촉이 이루어졌고 '간담을 나누게' 되었다. 당시 '간담'의 내용은 알려지지 않았지만 아마 이 때 혹은 그 후의 접촉에서 조선신궁 측이 권궁사와 명예주전의 설치를 요청했을 가능성이 있다.[50] 총독부 당국이 이와 관련하여 — 아마도 8월의 제1차 국체명징성명 직후로 보이는데 — 조선신궁 직원령의 개정에 나섰으며, 같은 해 10월 개정법령(칙령 제292호)을 공포했기 때문이다. 실제로 총독부가 제시한 안에 대해 본국정부는 주전 부분을 수정했는데, 별도로 명예주전을 마련하지 않고 주전의 정원 자체를 5명에서 7명으로 늘렸다.

경성신사에 관해서도 마찬가지로 이 당시 또는 그 후의 접촉인지는 불분명하지만, 이미 모색되고 있었던 관국폐사로의 승격문제가 거듭 부상했을 가능성이 있다. 제1차 국체명징성명 직후에 총독부는 9월 4일자로 경성신사와 용두산신사의 관국폐사 열격의 여부와 그 정도를 신사조사회에서 협의해주길 바란다는 뜻을 전하고 관계문서를 탁무성에 보낸 적이 있기 때문이다.[51]

---

50 「조선신궁 직원령 개정에 관한 설명자료(朝鮮神宮職員令改正ニ關スル說明資料)」에 입각해 그 가능성을 생각해본 것이다. 이 자료는 내각총리대신에게 보낸 탁무대신의 각의 품청서 「조선신궁 직원령 중 개정의 건(朝鮮神宮職員令中改正ノ件)」(管地 제411호, 1935.9.23)에 첨부되어있다. 「조선신궁 직원령 중을 개정한다(권궁사 및 주전 증치)(朝鮮神宮職員令中ヲ改正ス(權宮司及主典增直))」에 수록되어있다. JACAR(아시아 역사자료 센터) Ref.A01200690300, 공문유취, 제59편, 쇼와10년, 제12권, 관직10, 관제10(조선총독부4)(국립공문서관). 참고로 조선신궁 직원령 개정법령(칙령 제292호)은 1935년 10월 4일 공포되었다.

51 탁무성 관리국장에게 보낸 신사국장 통지서(1936.1.17. 사진)에 의함. 이 자료는 「경성신사(경기도 경성부 왜성대정 진좌) 및 용두산신사(경상남도 부산부 변천정 진좌)를 국폐소사로 열격함(京城神社(京畿道京城府倭城台町鎭座)及龍頭山神社(慶尚南道釜山府弁天町鎭座)ヲ國幣小社ニ列格ス)」에 실려 있다(이하 자료의 표제를 표기하는 경우 괄호 안의 진좌지역은 생략한다). JACAR—A01200731900, 공문유취, 제60편, 쇼와11년, 제58권, 사사(社寺), 신사, 위생, 인류위생, 수축(獸畜)위생(국립공문서관).

신사조사회의 협의는 12월 17일에 열렸는데 그 회답이 신사국에서 탁무성으로 통지된 후(1936년 1월 17일자),[52] 조선총독부 내무국으로 전해졌다(1월 23일자).[53] 회답 내용은 경성신사와 용두산신사가 '국폐소사로 적당하다고 인정'한다는 것이었다.[54] 이에 더해 "또한 장래 조선에 있어서 이러한 종류의 문제에 관해서는 대체로 한 도에 국폐사 하나를 넘지 않는 정도로 국한하는 것이 적당하다고 사료되므로 만일을 위해 여기에 부가해둔다"고 적혀있다. 이와 같은 결정내용에 따라 총독부는 일도―道 일국폐사―國幣社 설치의 방침을 세워간다.

신사조사회의 회답이 있기까지 총독부 당국은 '신사제도 확립', 곧 경성신사와 용두산신사를 관국폐사로 열격하고 그 외의 신사에도 사격제도(실제로는 신찬폐백료 공진지정 신사 제도)의 도입을 추진하기 위한 법적 정비에 착수하고 있었다.[55] 신사조사회의 회답을 받은 뒤로 총독부는 경성신사와 용두산신사의 국폐소사 열격에 관련된 서류를 정리하는 동시에, 일도 일국폐사 설치 실시를 위한 국폐사 관계 법령의 정비 작업을 진행한다.

---

52 위의 글.

53 조선총독부 내무국장에게 보낸 탁무성 조선부장 통지서(1936.1.23, 사진)에 의함. 이 자료는 주51의 「경성신사 및 용두산신사를 국폐소사로 열격함」에 수록되어있다.

54 주51의 신사국장 통지서 및 주53의 탁무성 조선부장 통지서에 첨부된 내협의결정(內協議決定) 「조선의 신사를 관국폐사로 승격시키는 건(朝鮮ノ神社ヲ官國幣社ニ昇格ノ件)」(사진)에 의함.

55 1935년 10월 14일 「전선(全鮮) 우지코(氏子) 총대연합회」가 각 대표 250명이 출석한 가운데 개최되었다. 이마이다 기요노리는 그 자리에서 정무총감으로서의 인사말을 전했다(주36의 '彙報'에 게재).
    인사말 중 이마이다는 '심전개발'에서 국체명징성명의 영향 아래 '신사, 신사(神祠)의 흥륭을 꾀하'게 되었음을 설명하고 있다. 나아가 "본부는 이를 감안하여 목하 신사제도의 확립, 사무의 정선 등에 관해 예의고구 중"이라고 말한다. 참고로 '사무의 정선 등'에 대해서는 이듬해 예산의 경비보조를 증가시키고 '신사비 보조'를 염출하는 것으로 대신했다.

1936년 5월 11일자로 조선총독은 국폐사 열격에 관한 상주품청을 내각총리대신에게 올린다(「경성신사 급 용두산신사 열격 참고자료」도 첨부되었다).[56] 그 내용은 신사조사회의 회답(경성신사와 용두산신사의 열격은 국폐소사가 적당, 장래에는 한 도에 하나의 국폐사를 넘지 않는 정도로 할 것)을 토대로 경성신사와 용두산신사의 국폐소사 열격을 '허락해주시는' 조처를 청원하는 것이었다. 그리고 앞으로 '상당한 사격을 지닌 신사'(즉 관국폐사)의 창립은 국폐소사로 하고 "한 도에 하나의 사를 창립하여 그 지역 주민의 숭경의 중심으로 삼는 것이 타당하다고 사료된다"는 구절이 보인

---

56 본문에서 논할 법령정비를 위한 작업의 경과는 주51에 게재한 「경성신사 및 용두산신사를 국폐소사로 열격함」에 실려 있는 여러 자료를 참고해서 정리한 것이다.

특히 탁무대신의 상주서 「경성신사 및 용두산신사를 국폐소사로 열격하는 건(京城神社及龍頭山神社ヲ國幣小社ニ列格ノ件)」(1936.7.25), 탁무성 관리국장에게 보낸 신사국장 통지서(1936.1.17, 사진), 조선총독부 내무국장에게 보낸 탁무성 조선부장 통지서(1936.1.23, 사진), 내각총리대신에게 보낸 조선총독의 상주품청서(地 제72호, 1936.5.11, 사진), 내각서기관에게 보낸 혼다 야스타로[本田保太郎](탁무성)의 송부통지서(1936.7.10, 국폐사 열격에 관한 전형내규(銓衡内規)의 송부통지) 등을 참고했다.

그리고 첫 번째로 든 탁무대신의 상주서에는 「경성신사 및 용두산신사 열격 참고자료(京城神社及龍頭山神社列格參考資料)」가 첨부되어있다. 거기에는 경성신사와 용두산신사 각각의 신사명세첩을 비롯하여 「쇼와10년도 경성신사 세입세출 예산(昭和十年度京城神社歳入歳出豫算)」, 「쇼와10년도 말 경성신사 각종 자금명세서(昭和十年度末京城神社各種資金明細書)」, 「자쇼와8년 지쇼와10년 3개년간 경성신사 세입세출 결산(自昭和八年至昭和十年三ヶ年間京城神社歳入歳出決算)」, 「자쇼와8년 지쇼와10년 3개년간 경성신사 세출 제2관 우지코비 결산내역서(自昭和八年至昭和十年三ヶ年間京城神社歳出第二款氏子費決算内譯書)」, 「경성신사 경내 및 건설물 개황(京城神社境内及建設物概況)」, 경성신사 사진 12매, 「경성신사 봉찬회 설립취의 및 희망(京城神社奉賛會設立趣意竝希望)」(1936.6.4), 「용두산신사 쇼와10년도 세입출 예산(龍頭山神社昭和十年度歳入出豫算)」, 「용두산신사 기본재산 조서(龍頭山神社基本財産調書)」(1936.3.31 당시), 「쇼와8, 9, 10년도 용두산신사 세입출 수지 결산비교표(소화팔, 九、十年度龍頭山神社歳入出收支決算比較表)」, 「쇼와10년도 용두산신사 세입출 수지 계산서(昭和十年度龍頭山神社歳入出收支計算書)」, 「쇼와9년도 용두산신사 세입출 수지 계산서(昭和九年度龍頭山神社歳入出收支計算書)」, 「쇼와8년도 용두산신사 세입출 수지 계산서(昭和八年度龍頭山神社歳入出收支計算書)」, 용두산신사 사진 7매, 「용두산신사 봉찬회 회칙 초안(龍頭山神社奉賛會會則草案)」, 용두산신사 봉찬회 본부직원 · 지부직원령을 위한 역직표(役職表), 두 신사의 「직원조(職員調)」 등이 포함되어있다.

다. 구체적으로는 "새로운 신사를 창립하는 것은 용이"하지 않으며 "기존에 설치한 신사와의 관계도 있기" 때문에, "현재의 신사 가운데 진좌지역, 여러 설비, 사초社礎 및 그 외를 고려하여 상당한 사격에 오를 법한 것"에서 "점차 일도 일사를 한정하여 열격의 전의詮議를 분부"하고 싶다는 구상을 세우고 있다.

또한 6월 4일자로 작성된 「경성신사 봉찬회설립 취의 및 희망京城神社奉贊會設立趣意竝希望」이 추가 자료로 제시되었다. 날짜가 적혀있지 않아서 단정하긴 어려우나 같은 시기에 「용두산신사 봉찬회 회칙 초안龍頭山神社奉贊會會則草案」도 제출된 것으로 생각된다. 이러한 자료들이 추가로 제출된 이유는 상주품청을 받은 탁무성이 상주서를 작성하는 동안에 세부적인 조정이 이루어졌기 때문으로 추측된다. 두 신사에서 봉찬회를 조직하는 것이 그러한 조정 가운데 하나였다고 보인다.

다른 조정으로서는 국폐소사 열격의 전형내규銓衡內規를 만드는 작업이 있었던 것 같다. 혼다 야스타로本田保太郎(탁무성)는 7월 10일자로 내각서기관에게 송부통지서(국폐사 열격에 관한 전형내규의 송부통지)를 보낸다. 여기서 전형내규란 조선총독부가 작성한 「조선에서 국폐사로 열격될 신사의 전형내규朝鮮ニ於テ國幣社ニ列セラルベキ神社ノ銓衡內規」를 가리키는데, 이 자료도 후에 추가로 송부되었음이 확인된다.

이러한 관계 자료가 갖추어진 다음에야 간신히 7월 25일자로 탁무대신의 상주서 「경성신사 급 용두산신사를 국폐사로 열격하는 건京城神社及龍頭山神社ヲ國幣社ニ列格ノ件」이 내각에 전달되었다. 그 후 상주를 거쳐 7월 28일자로 지령안이 기안되고, 31일자로 재가, 8월 1일자로 지령이 내려졌다.[57] 이를 통해 조선총독부는 두 신사를 "국폐소사로 열격할 뜻을

내려주셨다"는 내용의 총독부 고시 제434호(8월 1일)를 발표했으며, 경성신사와 용두산신사는 정식으로 국폐소사에 열격되었다.

위의 과정을 정리한 것이 '〈표 2-1〉 경성신사·용두산신사의 국폐소사 열격과정'이다. 내무성과의 관계를 중심으로 요약하자면, 신사조사

〈표 2-1〉 경성신사·용두산신사의 국폐소사 열격과정

	관련사항
1932년 5월	총독부 내무국이 비밀리에 경성신사와 용두산신사의 관국폐사 승격을 시도하기 시작함
1935년 1월	우가키 총독이 '심전개발'의 방침을 공표
2월 2일	'신도 간담회' 명목으로 조선신궁 궁사 및 경성신사 사장들과 '간담'
4월 16일자	우가키 총독이 교육기관에 대해 국체명징에 관한 훈령을 내린다
8월 10일자	8월 3일 제1차 국체명징성명에 대응하여 총독부가 「국체명징에 관한 건」(관통첩 제23호, 1935년 8월 10일자)을 지시
9월 4일자	경성신사와 용두산신사의 관국폐사 열격의 여부와 그 정도를 신사조사회에서 협의해주길 바란다는 내용을 총독부가 탁무성에 조회
10월 14일	이마이다 정무총감이 '조선 전국 우지코 총대연합회'에서의 고사를 통해 "본부는 이를 감안하여 목하 신사제도의 확립, 사무(社務)의 정선(整善) 등에 관해 예의고구 중"임을 알림
10월 25일자	10월 15일 제2차 국체명징성명에 대응하여 총독부가 「국체명징에 관한 건」(관통첩 제34호, 1935년 10월 25일자)을 지시
12월 17일	신사조사회가 협의
1936년 1월 17일자	신사조사회의 회답이 내무성 신사국에서 탁무성으로 통지됨
1월 23일자	신사조사회의 회답이 탁무성에서 조선총독부로 통지됨
5월 11일자	내각총리대신 앞으로 조선총독이 상주품청을 올림. 참고자료도 첨부
6월 4일자	「경성신사 봉찬회 설립 취의 및 희망」을 작성. 같은 시기에 「용두산신사 봉찬회 회칙 초안」도 작성된 것이 확실해보임. 참고자료에 추가됨
7월 10일자	조선총독부가 작성한 「조선에서 국폐사로 열격될 신사의 전형내규」가 탁무성을 경유하여 내각으로 송부됨
7월 25일자	상주서 「경성신사 급 용두산신사를 국폐사로 열격하는 건」을 탁무성이 내각에 올림 상주를 거쳐 7월 28일자로 지령안이 기안되고 31일자로 재가, 8월 1일자로 지령
8월 1일자	총독부 고시 제434호를 통해 경성신사와 용두산신사가 국폐소사로 열격됨

57 경성신사와 용두산신사의 열격 문제가 상주를 거쳤다는 뜻을 전하는 지령안 품청서(拓甲 제77호, 기안은 1936.7.28)에 의함. 주51의 「경성신사 및 용두산신사를 국폐소사로 열격함」에 수록되어있음.

회의 회답을 받은 총독부 당국은 경성신사와 용두산신사의 열격의 정도를 국폐소사로 하고, 일도 일국폐사의 설치 방침을 실시하는 방향으로 법적 정비 작업을 진행해갔다. 참고로 제신('아마테라스 오미카미'와 '구니타마노 오카미')에 관해서 신사조사회는 어떤 주문도 하지 않았고 총독부의 제안이 그대로 반영되었다.

2) 국폐소사 제신의 특이성

다음으로 국폐소사 제신의 특이성에 대해 선행연구의 제신론을 참조해가며 저자 나름의 견해를 논거와 함께 개진해보도록 하겠다.

국폐사 열격에 '구니타마노 오카미' 봉재를 조건으로 삼는 규정이 명문화된 적은 없지만, 신사제도 개편 이후 국폐소사로 승격한 신사는 '아마테라스 오미카미'와 '구니타마노 오카미'를 주신으로서 합사하여 한 자리에 모시고 있었다. 또는 종래의 제신을 합사하는 경우도 있었다. 이를 정리한 것이 '〈표 2-2〉 국폐소사의 제신(주신)'이다. 관국폐사로 승격한 뒤에 주신과 배사신配祀神의 구별이 이루어지기 때문에 표의 '열격 전의 제신'에는 본전에 자리가 마련된 제신을, 열격 후에는 주신이 된 신을 적어두었다(열격 후에는 모두 자리가 마련된다).

참고로 일반적으로 '구니타마國魂'란 "국토 그 자체를 영격화한 것. 고래로 각각의 구니國를 다스리는 것은 인간의 업과 함께, 토지와 지역에 진좌하며 눈에 보이지 않는 신령의 힘이라고 생각되었다."[58] 그렇지만

---

58 國學院大學日本文化研究所編, 『神道事典』(縮刷版), 弘文堂, 1999. 스가는 '구니타마'

	열격 날짜	열격 전의 제신	열격 후의 주신
경성신사	1936년 8월 1일	아마테라스 스메오카미(天照皇大神), 구니타마(國魂神), 오나무치(大己貴神), 스쿠나비코나(少彦名神)	아마테라스 오미카미(天照大神), 구니타마노 오카미, 오나무치, 스쿠나비코나
용두산신사	1936년 8월 1일	아마테라스 스메오카미, 오모노누시(大物主尊), 우와쓰쓰노오(表筒男尊), 나카쓰쓰노오(中筒男尊), 소코쓰쓰노오(底筒男尊), 스사노오(素盞鳴尊), 오진천황(応神天皇), 진구황후(神功皇后)	아마테라스 오미카미, 구니타마노 오카미, 오모누누시, 우와쓰쓰노오, 나카쓰쓰노오, 소코쓰쓰노오
대구신사	1937년 5월 15일	아마테라스 오미카미	아마테라스 오미카미, 구니타마노 오카미
평양신사	1937년 5월 15일	아마테라스 오미카미	아마테라스 오미카미, 구니타마노 오카미
광주신사	1941년 10월 1일	아마테라스 오미카미	아마테라스 오미카미, 구니타마노 오카미
강원신사	1941년 10월 1일	아마테라스 오미카미, 메이지천황(明治天皇), 구니타마노 오카미, 스사노오	아마테라스 오미카미, 메이지천황, 구니타마노 오카미, 스사노오노 오카미(素盞鳴大神)
전주신사	1944년 5월 2일	아마테라스 오미카미, 메이지천황, 구니타마노 오카미	아마테라스 오미카미, 메이지천황, 구니타마노 오카미
함흥신사	1944년 5월 2일	아마테라스 오미카미	아마테라스 오미카미, 구니타마노 오카미

비고 : 제신명의 표기에 있어서 '~노 가미(神)', '~노 미코토(尊)'는 모두 생략했다.

'구니타마노 가미國魂神'의 경우에는 '구니타마노 오카미國魂大神'로 명칭
이 변경되는 등, 입장에 따라 해석 자체가 달라졌다.

표를 보면 알 수 있듯이 국폐소사 열격에는 황조신인 '아마테라스 오
미카미' 이외에 '구니타마노 오카미' 봉재가 조건이 되었음을 알 수 있

신앙이 "어떤 일정한 토지에 뿌리내린 생활 공동체＝'구니(くに)'의 토착성에 대한 존
중과 관계있다"며, '구니타마' 신앙과 '토착성' 사이의 관련을 지적한다(菅, 『日本統治
下の海外神社』, 139쪽).

다. '구니타마노 오카미' 봉재론을 고찰하기 이전에 '아마테라스 오미카미'의 명칭 통제에 대해 간단히 설명해보자.

신명신사神明神社의 제신명은 이전부터 '아마테라스 스메오카미天照皇大神'와 '아마테라스 오미카미天照大神'를 사용하도록 허가받았었는데, 최초의 국폐소사 열격(1936년 8월)에서 조선신궁과 마찬가지로 '아마테라스 오미카미'의 명칭이 이용되었고 그 이후 관국폐사 이외의 신사나 신사神祠에서도 '아마테라스 오미카미'로 통제하려는 시도가 이루어졌다.[59] '구니타마노 오카미'도 마찬가지로 최초의 국폐소사 열격 이후에 명칭이 통제되었다. '구니타마노 오카미'가 이용되기 시작한 시기는 열격에 관한 본국정부와의 협의가 시작되었을 무렵이었다. 이에 대해서는 다음 제3장의 제4절 (2)에서 논할 예정이다.

참고로 '아마테라스 오미카미'라는 명칭에 대해서 부연해둔다. 창건이 예정된 조선신궁(당초에는 '조선신사')의 제신에 관해 1918년에 조선총독부가 내무성에 조회한 내용을 보자. 총독부는 일본인 거류민들이 조선에 세운 '다이진구'에 보이던 '아마테라스 스메오카미'의 명칭을 사용했는데, 신사조사위원회는 이를 '아마테라스 오미카미'로 수정한다. 이는— 아마 문헌에 의거하여 제신명을 정한다는 관점에서 — 일본서기日本書紀에 나오는 명칭인 '아마테라스 오미카미'를 가져온 결과로 추측된다. 신사조사위원회에 내무성 신사국 고증과장(직후에 도쿄제국대학 문과대학 강사)인 미야지 나오카즈가 참가하고 있던 사실이 이를 방증한다.[60]

---

59 각 도지사에게 보낸 내무국장 통첩, 「신명신사 제신에 관한 건(神明神祠祭神ニ關スル件)」(1936.12)에 의함. 이 자료는 朝鮮神職會編, 『朝鮮神社法令輯覽』(帝國地方行政學會朝鮮本部, 1937)에 수록되어있다.

60 遠藤潤, 「宮地直一」(島薗進・磯前順一編, 『東京帝国大学神道研究室旧蔵書―目録と解

이제 '구니타마노 오미카미' 봉재를 검토해보자. 신사제도 개편에 따른 법적 정비와 동시에 내무국장은 각 도지사에게 법령의 시행에 관한 통첩(「신사에 관한 법령 시행에 관한 건神社ニ關スル法令ノ施行ニ關スル件」을 보낸다.[61] 그 중 「1 신사의 제신에 대해」의 항목에 '구니타마노 오카미'에 관한 다음과 같은 지시가 있다.

제신에 대해서는 왕왕 조선 고래의 신격을 봉재할 것을 희망하는 의향이 있었기에 적당한 신격에 관해 연구하는 중이다. 이번에 국폐소사 경성신사 및 용두산신사의 제신으로서 구니타마노 오카미를 국폐에 두고자 하는 것은 이러한 실정을 감안하여 조선 국토 고성(固成)의 근본신격으로서 봉재하기 위함에 다름 아니다. 금후 조선인의 신앙 대상으로서 조선의 신격을 봉재하려는 희망이 있을 경우에는 구니타마노 가미를 제신으로 삼아야 한다. 단 그 경우에도 아마테라스 오미카미와 함께 이주(二柱)를 주신으로 삼아야만 한다.

위 인용문의 내용을 정리해보자. '조선 고래의 신격'을 모시자는 요청이 자주 있으므로 '적당한 신격'에 대해 '연구' 중인 바, 이번 열격에서 국폐소사에 '구니타마노 오카미'를 봉재하게 되었다. 이는 '조선 국토 고성의 근본신격'으로서 모신다는 것을 의미한다. 앞으로 '조선인의 신

說』, 東京堂出版, 1996)에 첨부되어있는 「宮地直一 年譜」를 참고했다.

61 각 도지사에게 보낸 내무국장 통첩, 「신사 관련 법렵 시행에 관한 건」(內秘 제89호, 1936.8). 『朝鮮神社法令輯覽』에 실려 있다. 제신 외에도 국폐소사를 한 도에 하나씩 열격하는 방침을 비롯하여, 국폐소사 열격 관계 법령 시행에 관한 지시나 신찬폐백료공진 지정 신사에 관한 지시가 적혀있다. 그리고 「신사규칙의 개정에 대해(神社規則ノ改正ニ付テ)」, 「신사에 관한 건의 개정에 대해(神祠ニ關スル件ノ改正ニ付テ)」라는 항목도 보인다.

앙 대상'으로서 '조선의 신격'을 모시는 경우에는 이를 '구니타마노 오카미'로 삼아야만 한다. 다만 '아마테라스 오미카미'와의 합사를 통해 이주를 '주신'으로 삼지 않으면 안 된다.

여기에는 두 가지 요점이 있다. 앞으로 '조선의 신격'을 봉재하는 경우는 '구니타마노 오카미'로 통제할 것, 그리고 '구니타마노 오카미'는 '아마테라스 오미카미'와 합사하여 이들 이주를 '주신'으로 삼으라는 것이다. 그러니까 조선 재래의 신들을 '조선의 신격'으로 인정된 경우에 '구니타마노 오카미'로서 봉재하며, 나아가 '아마테라스 오미카미'와 합사하라는 것이다.

다시 말해 이 통첩이 내려진 이후, 조선 재래의 신들은 '조선의 신격'으로 인정된 경우에만 '구니타마노 오카미'로서 모실 수 있게 되었으며, 더욱이 '아마테라스 오미카미'와의 합사를 강요당했다. 이러한 통제 아래 조선 재래의 신들은 그 '신격'이 인정된 경우에도 본래의 이름을 박탈당해야만 했다.

3) 선행연구로 보는 '구니타마노 오카미' 론

다음으로 '구니타마노 오카미'에 대해 고찰해보자. 1925년 조선신궁의 진좌에 즈음하여 오가사와라 쇼조를 비롯한 민간의 신도관계자들은 조선의 시조로서 단군을 봉재할 것, 즉 '구니타마노 가미' 봉재론을 주장하지만 총독부 당국은 이를 거부한다(조선신궁 제신논쟁). '구니타마노 가미' 봉재론자들은 '구니타마노 가미'를 '시조 및 건국유공자'로 해석한다. 이와 같은 해석은 조선신궁의 초대 궁사였던 다카마쓰 시로의 발안에 따른 것이었다. 10월의 진좌제가 열리기 직전인 9월, 기존의 단군봉재론자 사이에서 조선인의 "조상을 단군으로 여기는 점에 대해 다양한 이견이 생겨났고, 결론을 내릴 수 없는 지경에" 이르게 되었다. 이에 다카마쓰는 '시조' 외에 '건국유공자도 함께 제사지내는 것이 타당'하다고 생각되며 '사가史家 또한 의문을 지니고' 있던 점을 들어 단군이라고 단정하거나 '인명人名'을 제시하지 않고 '시조 및 건국유공자'를 합쳐서 '구니타마노 가미'로 여길 것을 제안했고, 이러한 해석을 바탕으로 '구니타마노 가미'를 봉재할 것이 합의되었다.[62]

스가 고지는 국폐사 열격문제를 다루면서 경성신사의 연혁과 그 제신 중 하나였던 '구니타마노 오카미'에 대해서도 논하고 있다.[63] 먼저 스가의 기술을 참고로 경성신사 승격운동의 요점을 설명해둔다. '구니타마노 가미' 봉재론은 총독부 당국에 거절당했지만, 일본인 거류민들의 숭경의 대상이 된 경성신사(제신은 '아마테라스 스메오카미')에서 부사府社로의 승격운동이 일어난다. 이 운동은 승격을 대비한 것으로 1928년에 사전社殿 신축, 경내 확장을 위한 조영공사가 시작되었고, 다음해에는 제신의 증사增祀가 이루어져 '구니타마노 가미, 오나무치大己貴神, 스쿠나비코나少彦名神'가 모셔졌다.[64] 이들은 소위 개척삼신(오쿠니타마, 오나무치, 스쿠나비코나)으로서, '식민지 총진수'인 삿포로신사, 대만신사, 가라후

---

62 高松忠淸編, 『松廼舍遺稿』(非売品), 1960, 301~302쪽 참조.

63 菅, 『日本統治下の海外神社』의 제4장을 참조.

64 여기에 채용된 제신명은 스가 고지의 기술이 아니라 오야마 후미오[小山文雄], 『神社と朝鮮』(朝鮮佛敎社, 1934)의 경성신사에 관한 설명을 참고했다(125쪽). 저자 오야마는 당시 총독부 내무국장 지방과장을 겸임하면서 신사행정을 담당하고 있었다.

토신사에서 각각 모셔지던 제신이었다.

경성신사의 이와 같은 증사는 조선에서 '구니타마노 가미'가 섬겨지는 효시가 된다. '구니타마노 가미'의 해석에 대해서는 내무성 신사국 고증과장이면서 총독부의 촉탁이었던 미야지 나오카즈가 조사를 통해 "유랴쿠천황雄略天皇[5] 시대에 백제로 하여금 제사지내게 한 건방신建邦神"[65]이라는 견해를 제시한다.

그런데 스가는 '구니타마노 가미' 봉재론자가 경성신사의 '구니타마노 가미'를 '조선 구니타마노 가미'로 인식하고 있었음을 지적하고, 다음과 같이 자신의 견해를 밝힌다. 즉 경성신사에 증사된 '구니타마노 가미'='조선 구니타마노 가미'가 국폐소사 열격을 통해 '구니타마노 오카미'가 된 것에 관해 "구니타마노 오카미는 토착성을 박탈당하고 '중앙'의 조선신궁에 대해 '지방'을 나타내는 것에 불과한 기호로 변했다"[66]고 한다. '구니타마노 가미'나 '국폐사'가 '지방'적인 성질을 지니고 있었다는 지적은 타당한 것으로 생각된다. 다만 봉재의 논리에 대한 설명으로서는 실증성이 부족하다. 스가의 논의는 '중앙', '지방'이라는 개념을 이용한 기술에서도 알 수 있듯이, '모더니즘'론 일반의 문제로 환원시켜 설명하는 방법을 취하고 있으며 총독부의 정책의도를 검증하는 작업을 동반하지 않고 있다.[67]

---

65 내무성 신사국 고증과장 미야지 나오카즈가 조선총독부 촉탁으로서 작성했던 「京城神
    社祭神增加二關スル件」(1928.8)이라는 조사서에 보이는 견해이다. 이 해석은 나중에
    변경된다. 심전개발운동이 전개하는 와중에 1936년이 되면 총독부 당국은 '구니타마노
    오카미'를 '시조(始祖)'로 여기고 '국토개발의 시조'라는 해석을 취하게 된다. 이에 대해
    서는 이 책 제3장에서 논하겠다.

66 菅, 『日本統治下の海外神社』의 종장(349~350쪽)을 참조.

67 '중앙', '지방' 개념에 관한 스가 고지의 논의는, "경성신사, 용두산신사에서는 아마테라
    스 오미카미와 구니타마노 오카미가 각각 한 주(柱)씩 별개로 모셔지고 있었다"(188쪽)

또한 이 시기(1931~1936년)의 신사정책을 신사 비종교론에 입각한 '국민의례'의 '부상'으로 파악하는 야마구치 고이치는, 신사제도 개편이란 "신사정책을 둘러싸고 생겨난 여러 세력의 다양한 대항관계가 '타협'을 보면서 간신히 이루어진 것"이었다고 해설한다. 그 증거로 "총독부 내무국과 조선신궁 신직의 대립이 해소되었으며, 양자 모두 신사를 이용하여 '국민통합'을 지향하는 방침에 '일치'를" 본 점을 든다. 마찬가지로 국폐소사 열격과 '구니타마노 가미'에 관해서도 "'구니타마노 가미'의 의미에 관한 해석을 두고 총독부와 신사 측이 '타협'을 보았다"[68]는 상황설명에 그치고 있다. 총독부의 정책의도를 분명히 밝히는 작업이 필요하다고 보인다. 다만 같은 구절에서 야마구치는 총독부와 신사 측의 '구니타마노 가미' 해석이 '공존'하고 있었음을 지적한다(스가의 경우는 '공존'이 아니라 일관된 대립으로 바라본다). 이 지적은 중요하다. 이와 관련해서 경성신사의 제신을 다룬 흥미로운 연구를 아래에 소개한다.

경성신사는 「경성신사 어유서기」를 1932년 6월에 경성부에 제출한다. 야마구치는 그 중 제신란에 적혀있는 '조선 구니타마노 가미'라는 글자에서 '조선' 부분에 줄이 그어져있는 것에 주목하고, "이는 아마도 경성신사가 경성부에 「어유서기」 등의 서류를 제출했을 당시에는 제신

는 초보적인 사실오인에서 설득력을 잃는다. 이러한 오인에 근거하기 때문에, 열격을 원하던 전주신사(1944년 5월 열격)가 1942년에 '아마테라스 오미카미', '메이지천황', '구니타마노 오카미'의 삼주(三柱)를 일좌(一座)에 모시려한 것에 대해서도 "전시체제 하에는 행정 측이 '구니타마노 오카미'에 황조신 및 천황과 같은 자리에서 모시는 것이 가능한 국가적 성격이 있음을 인정했다고 볼 수 있다"(188쪽)고 해석하기에 이른다. 그러나 사실은 1936년 8월의 첫 열격 이후 주신을 일좌에 모시는 방식이 이어지고 있었기 때문에, 스가의 표현을 빌리자면 행정 측은 최초의 열격부터 '구니타마노 가미'에 '국가적 성격이 있음을 인정'했던 것이 된다.

68 山口, 「植民地朝鮮における神社政策と朝鮮社会」, 130쪽.

명이 '조선 구니타마노 가미'로 적혀있던 것을 삭제하기 위해 그어진 선"이라고 추측한다.[69]

위의 야마구치의 추측에 근거하여 고찰을 진행해보자. 「경성신사 어유서기」에는 '조선 구니타마노 가미' 표기가 제신란 이외에도 두 군데 등장하는데, 마찬가지로 '조선'에 줄이 그어져있다.[70] 그 가운데 하나는 「경성신사 제신 증가에 관한 건京城神社祭神增加ニ關スル件」(1928년 8월)이라는 조사서를 인용한 문장 중에 등장한다. 이 조사서는 내무성 신사국 고증과장인 미야지 나오카즈가 총독부의 촉탁으로서 작성한 것이다. 실은 미야지의 조사서를 인용한 부분 자체에도 경성신사의 제신을 가리키는 부분이 두 군데 있는데, '구니타마노 가미'라 적힌 부분과 함께 줄이 그어진 '조선 구니타마노 가미'가 확인된다.[71]

이를 통해 다음 사실들을 추측할 수 있다. 1929년 경성신사에 증사된 '구니타마노 가미'를 '구니타마노 가미' 봉재론자나 경성신사 측은 '시조 및 건국유공자'라는 해석에 따라 '조선 구니타마노 가미'로 인식하고 있었다. 그래서 경성신사 측은 아마 「경성신사 어유서기」에 무심코 세

---

69 위의 글, 제3장의 주46(139쪽)을 참조. 다만 야마구치는 '구니타마노 가미'와 '구니타마노 오카미'의 차이를 묻지 않는다. 아오이 아키히토[靑非哲人], 『植民地神社と帝国日本』도 '조선'이라는 글자가 삭제된 점을 지적하고 있다. 그렇지만 "구니타마노 오카미가 중앙(내지)·지방(조선)이라는 관계의 미묘한 정치적 조작 위에 창출된 신격이었다는 점을 말해준다"는 설명에서 알 수 있듯이 스가의 주장을 답습하고 있다.

70 참고로 제신란의 '조선 구니타마노 가미'를 보면 '조선'에 삭제선이 그어져있을 뿐만 아니라 '카미(神)' 앞에 '오(大)'를 작게 적어 넣어 '구니타마노 오카미'로 정정하고 있음을 알 수 있다. 이 정정은 1936년의 열격과 관계된 것으로 생각된다. '구니타마노 오카미'라는 명칭은 열격의 시기에 사용되었기 때문이다.

71 官地直一, 「京城神社祭神增加ニ關スル件」을 인용한 책은 그 외에도 小山, 『神社と朝鮮』(103~104쪽)과, 岩下伝四郎編, 『大陸神社大観』(大陸神道連盟, 1941, 92~93쪽)이 있으며, 모두 '구니타마노 가미'로 표기하고 있다. 따라서 미야지의 원문에도 '구니타마노 가미'로 적혀있었다고 추측된다.

곳에 걸쳐 그런 표현을 사용한 것 같은데, 이를 내무국 지방과가 삭제하려 했던 것이다. 여기에서 '구니타마노 가미'의 해석 및 이를 둘러싼 입장이 두 가지로 나뉘어 있었을 뿐만 아니라, 서로 대립관계에 있었음을 알 수 있다.

결과적으로 1929년 경성신사의 증사에 있어서 총독부 당국이 '조선 구니타마노 가미'가 아니라 "유랴쿠천황 시대에 백제로 하여금 제사지내게 한 건방신"(위의 조사서 「경성신사 제신 증가에 관한 건」)이라는 미야지의 해석에 따라, 특정한 신을 명시하지 않고 '건방신'으로서 '구니타마노 가미'의 봉재를 허락했던 점은 확실하다. 이러한 총독부 당국의 입장을 뒷받침하는 자료로서 1934년에 내무국장이 각 도지사에게 발송한 통첩[72]이 있다. 이를 보면 "신사, 신사神祠의 제신 가운데 구니타마노 가미를 모시면서 특히 '조선'이란 글자를 써서 조선 구니타마노 가미라 칭하는 것은 용납되지 않으므로, 귀관들이 관할하는 신사, 신사 관계자들에게 이러한 취의를 전하도록"이라고 적혀있다. '조선 구니타마노 가미'라는 '칭호'(표제가 「제신의 칭호에 관한 건」인데서 알 수 있듯이 '칭호'의 문제를 다루고 있다)를 금지한다는 지시가 내려진 것이다.

총독부 내무국 지방과에서 신사행정을 담당했던 오야마 후미오가 저서 『신사와 조선』에서 경성신사의 제신명을 '구니타마노 가미'로 적었던 것도 이와 같은 맥락이라 볼 수 있다(이 책에 관해서는 제1장 제4절 (2)를 참조). 오야마의 저서는 조선불교사에서 1934년 10월에 발행되었으며,

---

72 각 도지사에게 보낸 내무국장 통첩, 「제신의 호칭에 관한 건(祭神ノ呼稱ニ關スル件)」, 『朝鮮神社法令輯覽』(1934.10)에 실려 있다. 이 자료로부터 경성신사 외에도 제신을 '조선 구니타마노 가미'로 해석했거나, 혹은 해석하려했던 신사나 신사(神祠)가 존재했음을 추측할 수 있다.

'참고'로서 미야지의 조사서를 게재하고 있다.

그러면 대립관계에 있던 두 가지 '구니타마노 가미' 해석, 즉 '구니타마노 가미' 봉재론자나 경성신사 측의 '시조 및 건국유공자'라는 해석과, "유랴쿠천황 시대에 백제로 하여금 제사지내게 한 건방신"이라는 해석을 취하는 총독부 당국은 어떻게 '공존'하고 있었으며, 또 어떻게 '타협'(야마구치)했을까? 이 문제는 다음 제3장 제4절에서 살펴볼 것이다.

3장

'경신숭조'와 국가신도 논리의 확립

황조신에게 '귀일'하는 시조신

1. '경신숭조'의 배경

1) 적극적 신사 비종교론의 침투–총독부 당국의 관료들

심전개발운동의 전개과정에서 생겨난 '종교부흥'과 '신사제도 확립'이라는 이중성의 영향 아래, '조선인의 신앙심 향상'을 위한 '종교부흥'의 연장선상에서 신사참배가 실시되었다. 여기서 총독부 당국 내 신사신도의 종교성에 관한 담론, 곧 적극적 신사 비종교론에 주목해볼 필요가 있다(제2장 제3절 (3)을 참조). 이 장에서는 심전개발운동을 추진하던 총독부 당국이 신사신도의 종교성을 이용하여 '경신숭조' 이데올로기를 전면에 내세우는 과정을 검토할 것인데, 우선 '내지'로부터 적극적 신사 비종교론이 유입되는 모습을 정리해보겠다.

우선 적극적 신사 비종교론의 내용을 다시 확인해두자. 신사숭배의 의무화를 지지하는 신사 비종교론은 두 가지 형태로 나누어 생각해볼 수 있는데, 하나는 신사와 종교를 배타적인 개념으로 보는 소극론으로서 신사 비종교론의 주류를 이루고 있었다. 한편 적극론, 그러니까 적극적 신사 비종교론은 종교와의 관계를 배타적으로 보지 않았으며, 신사를 종교에 한정되지 않는 상위개념의 의미에서 비종교로 간주했다(제1장 제4절 (2)를 참조).

먼저 심전개발운동에 참가한 총독부 당국 관료들의 경력에 관해, 특히 태어난 해와 졸업년도를 비교하는 것을 통해 고찰의 실마리를 찾아보자.

1884년(메이지 17)에 태어난 이마이다 기요노리今井田淸德 정무총감(총독 다음가는 지위)은 다른 국장들과 마찬가지로 도쿄제국대학 법과대학 출신이며 1909년에 졸업했다. 심전개발운동을 주관했던 학무국장 와타나베 도요히코渡辺豊日子는 1년 뒤인 1885년에 태어났으며 1912년 7월에 졸업했다. '유사종교' 탄압을 주도하고(부론을 참고) 신사행정을 대신하여 활동했던 경무국장 이케다 기요시池田淸(이 절 (3)을 참고)는 와타나베와 같은 해인 1885년생으로 1913년 2월에 졸업했다. 신사행정을 주관한 내무국장 우시지마 쇼조牛島省三는 1883년생으로 1910년 7월에 졸업했다.[1]

1　『朝鮮人事興信録 昭和十年版』, 朝鮮人事興信録編纂部, 1935, 32・46・60・545쪽. 이 자료는 「植民地編1」, 『戰前期 海外商工興信録集成』第7卷(復刻板)(不二出版, 2010)에 수록되어있다.

이들 네 명이 동년배이며 도쿄제국대학 법과대학을 거의 비슷한 시기에 졸업한 선후배 관계임을 알 수 있다. 신사 비종교론을 주장한 호즈미 노부시게穂積陳重가 도쿄제대 법과대학을 퇴진한 것이 1913년이므로, 이 네 명은 호즈미의 재직 종반기에 학교를 다녔던 것이 된다. 그리고 이 시기에는 적극적 신사 비종교론을 주장한 가케이 가쓰히코(제1장 제2절 (1)을 참조)도 도쿄제대 법과대학 교수로서 재직하고 있었다. 이들에게 보이는 호즈미와 가케이의 영향에 대해 가능한 범위 안에서 살펴보자.

총독부 관료는 그 입장 상 본국의 내무성 관료와 마찬가지로 기본적으로는 신사 비종교론을 취하고 있었다. 거기에 정무총감 및 심전개발 운동을 지휘했던 국장들이 도쿄제대 법과대학 출신의 선후배 관계인 점을 상기하면, 그들의 신사 비종교론에 도쿄제대의 스승이었던 호즈미의 영향이 있었다고 예상할 수 있다.[2] 호즈미는 조상제사의 보편성에 근거하여 신사의 제사 역시 조상제사의 일종으로 여기고 있었는데, 이를 도덕적 관습으로 보는 신사 비종교론의 입장을 취하고 있었다.

2 엔도 준[遠藤潤], 「二○世紀前半の神道研究と神社行政―宮地直一を焦点として」(오스트리아 과학 아카데미, 아시아 문화 사상사 연구소 심포지엄 'Shinto Studies and Nationalism'에서의 발제문, 2007.9)는 관료의 신도관에 대해 다음과 같이 문제를 제기한다. 즉 "'경신숭조' 관념이 일반화하는 장 가운데 중요한 것으로서 도쿄제국대학 법과대학의 교육을 들 수 있다"고 지적한다. 이는 "신사 신앙의 주된 내용을 '경신숭조'로 간주하고", "한편으로는 지방의 신사에서 종래에 행해지던 그 외의 다양한 신앙적 요소를 배제하는" 입장을 취하던 호즈미 노부시게와 호즈미 야쓰카[穂積八束]의 영향을 가리키는 것이다. 그리고 "당시의 많은 관료가 도쿄제국대학 법과대학, 법학부 출신이었다는 점을 감안하면, 관료들의 신도관은 대학이라는 장에서 호즈미 노부시게, 야쓰카의 영향을 강하게 받았다고 추측할 수 있을 것이다"라고 논한다. 이 발제문의 원제는 "Shinto Studies and Shrine Policy in the First Half of the 20th Century―The Case of Miyaji Naokazu"이다. 위의 문제제기는 좋은 참고가 된다. 다만 도쿄제국대학 법과대학, 법학부 출신 관료에게 영향을 준 것은 호즈미 형제만이 아니었다는 점을 지적해둔다. 관료들에게 적극적 신사 비종교론의 요소가 보이는 이상, 가케이 가쓰히코의 영향 또한 함께 생각해야만 할 것이다.

가령 호즈미는 '종교'에는 '미신적이라 표현해야할 다소의 의례'가 있으며 조상제사를 '종교'로 보는 경우 이는 '미신적 의식 또는 예배'에 불과할 것이라 한다. 하지만 "만약 그 조상제사를 먼 조상에 대한 경애의 표현으로 본다면 이를 도덕적 관습으로 여길 수 있다"며 조상제사가 도덕적 관습이 될 수도 있다는 점을 강조한다.[3]

한편 1920년대에 들어서면 조선에도 적극적 신사 비종교론이 침투되었다(후술). 여기에는 신도사상가이기도 한 가케이의 영향이 컸다. 가케이는 1900년에 도쿄제대 법과대학 조교수로 취임하고 1903년 교수로 승진한다. 이미 확인한 것처럼 네 명의 관료가 재학했던 기간과 가케이의 재직 기간은 겹쳐있으며, 그들은 호즈미보다 가케이와 접하는 경우가 더 많았을 것으로 추정된다.

물론 '표현인'이나 '독립 단순인' 등 '가케이식 법률용어'에 대해 "법학자나 법학부생 — 보수파를 포함해서 — 가운데 가케이의 헌법이론을 학문으로서 인정한 사람"은 일부를 제외하면 '전혀 없었다'고도 할 수 있다.[4] 그렇지만 조선총독부 관료가 되어 심전개발운동을 추진하는 와중에 위의 네 명이 가케이 신도론을 지식으로서 공유하고 있었다는 점에는 의심의 여지가 없다. 또한 그들이 가케이의 신도론을 응용하여 식민지 지배에 적용했을 가능성을 부정하기도 힘들다.

가케이의 '고신도' 담론의 골격을 이루던 것은 '천황귀일'론이었다.

3 　穗積陳重, 『祖先祭祀と日本法律』, 有斐閣, 1922(再版), 12쪽.

4 　呉豪人, 「植民地の法学者たち—「近代」パライソの落とし子」(酒井哲哉編, 『「帝国」編成の系譜』, 『岩波講座「帝国」日本の学知』第一巻, 岩波書店, 2006), 142쪽. 이 논문은 가케이 가쓰히코가 제자인 마스다 후쿠타로[増田福太郎]에게 끼친 영향을 다룬 것이다. 본문 중 '일부를 제외하면'이라는 표현은 마스다를 가리킨다.

'천황귀일'론은 천황은 아마테라스 오미카미의 소위 드러남('총람표현인')이고, 개인 역시 관계를 절대시하는 '표현인'으로서 천황에 따르면서 '귀일'해야만 한다는 내용을 담고 있었다(이 장 제3절 (1)에서 다시 논한다). 단지 학생이었다는 이유로 네 명의 관료들이 이러한 '천황귀일'론을 심전개발운동에 응용했을 가능성까지 부정하는 것은 옳지 못하다고 생각된다.

한편 농본주의자인 야마자키 노부요시가 촉탁으로서 총독부에 들어간 것은 1932년 가을이었으며 우가키 가즈시게 총독이 고용했던 것으로 추측된다. '농촌자치'론과 '농민도'를 중심으로 한 정신론에 그 특징이 있는 야마자키의 농본주의는, 농민의 자각에 의거한 '자력갱생'을 슬로건으로 내걸고 있던 농촌진흥운동에 큰 영향을 주었다.

야마자키는 가케이의 '고신도' 담론을 바탕으로 소위 농민판 '천황귀일'론을 전개했다. 가케이는 일본의 국민은 주어진 분담을 자각해서 '국가'에 '귀일'하며 나아가 '천황'에 '귀일'하는 바, 이를 통해 진정한 일본인이 된다는 주장을 펼쳤다. 이러한 '천황귀일'의 사상을 농민에게 적용한 것이 '농민도'였는데, 농업을 하나의 일본적 '행'으로 파악하고 농민은 농업이라는 분담을 통해 '천황'에 '귀일'함으로써 '황국의 농민'이 된다는 논리구조를 가지고 있었다(제1장 제2절 (1)을 참조).

그렇다면 적극적 신사 비종교론 유입의 한 가지 커다란 경로로서 가케이의 '고신도' 담론 및 '천황귀일'론이 야마자키를 경유하여 식민지조선으로, 그리고 조선총독부의 관료들에게 들어왔음을 상정할 수 있을 것이다. 심전개발운동에서 야마자키의 '천황귀일'론을 받아들이는데 중심적 역할을 한 관료로서 1933년에 학무국장에 취임한 와타나베 도요히코를 꼽을 수 있다. 학무국은 심전개발운동의 주관부서이기도 했다.

야마자키는 우가키가 조선총독에 취임(1931년 6월)한 직후인 1931년 10월, 경상남도가 주최한 '농촌진흥강연'을 동래, 마산, 진주에서 3일간 행했다.[5] 당시 경상남도지사로 근무하고 있던 인물이 학무국장으로 자리를 옮기기 이전의 와타나베였다. 와타나베는 이에 앞서 1918년 7월부터 조선에 부임하게 되는 1919년 12월까지 이사관으로서 아이치현愛知縣에서 근무한 경험이 있다.[6] 거기서 와타나베는 야마자키가 지도하던 농사개량 등을 정력적으로 연구하고 있었다.[7]

2) 적극적 신사 비종교론의 침투─천청회

다음으로 1930년대의 조선에 적극적 신사 비종교론이 침투했던 정도를 가능한 범위에서 살펴보도록 하자.

조선신궁을 모시는 '천청회天晴會'는 조선신궁이 진좌한 다음 해인 '1926년부터 활동을 시작한 교화단체'이다. "가케이 가쓰히코의 조선에서의 강연회를 계기로 당시 총독부 지방과장이었던 이시구로 히데히코石黑英彦의 제창에 의해 조직되었고, 사무국은 조선신궁에 설치되었다"고 한다. 그리고 "조선신궁 참배, '소년 노기乃木[1]의 모임'의 육성, 신직 강화講話, 가케이 가쓰히코의 '야마토바타라키皇國運動'의 실천 등을

---

5 「農村振興講演 慶南道主催로」, 『東亞日報』, 1931.10.4, 6면.
6 『朝鮮人事興信録 昭和十年版』, 545쪽.
7 高橋三七, 『事業と郷人』第一輯, 實業タイムス社・大陸研究社, 1939, 295쪽.

매달 행했다"고도 한다.[8]

천청회의 '앗파레天晴れ'란 '맑게 개인 마음'을 나타내는데, 가케이는 아마노 이와토天の岩戸[2]에서 생겨난 아마테라스 오미카미를 "받들어 모시는 야오요로즈노 가미八百万神 님의 마음씨"가 바로 이 '앗파레'라고 한다.[9] 천청회라는 이름은 가케이의 이와 같은 신화해석에 근거해서 지어진 것으로 보인다.

가케이가 고안한 체조인 '야마토바타라키日本體操'는 '황국운동'으로도 불리는데, 만몽개척 청소년 의용군 등 각지에서 실천되었다고 한다. 가케이의 설명에 따르면 1920년『황국운동』이라는 제목의 소책자를 만든 것을 시작으로, 작은 수정을 거쳐 1924년에『신의 놀이 야마토바타라키(神あそびやまとばたらき)』를 출판했다고 한다. 그리고 1929년에는 자신의 저술부분만을 뽑아 '간명한 책'으로서『야마토바타라키 보급판 日本體操 普及版』을 간행한다.[10]

이 책의「서序」를 펼치면 "황국정신의 실수實修를 목적으로 자기 신체의 건강을 증진하려는 체조다. 고사기古事記의 정신을 신체의 거동을 통해 체득하고, 매일매일 이를 반복하여 심오함을 얻으려는 매우 의미 깊은 운동이다"라는 구절이 보인다. 같은 책「총설」에 의하면 체조에는 정

---

8 樋浦郷子,『神社・学校・植民地―逆機能する朝鮮支配』, 京都大学学術出版会, 2013, 50쪽. 출전은「天晴會概況(朝鮮)」(『敬慎』[臺灣神職会] 第3卷 第2號, 1929).

9 筧克彦,『神ながらの道』[皇太后宮職御蔵版](皇學會, 1926). 본문에서는 1934년에 이와나미 서점(岩波書店)에서 나온 개정 제2판을 사용했다(372쪽).

10 이상은 筧克彦,『日本體操 普及版』(春陽堂書店, 1929)의「序」에서 인용. 덧붙이자면 같은 책 증보 보급판(1939) 제44판을 보면 1942년 12월 16일부터 다음해 1월 21일까지의 일자와 "농림성 농업보국연맹주최 제3회 농업보국추진대 중앙훈련 니가타(新潟) 제43중대 5소대"라는 내용이 소유자의 서명과 함께 펜으로 적혀있다. 이 자료를 알려준 이소마에 레이코[磯前礼子] 씨에게 감사를 표한다.

식과 약식이 있으며, 정식의 경우에는 10분 정도 걸리지만 약식의 경우에는 6분이면 충분하다고 한다. 정식 '동작'의 순서는 "1 서라ㅍて, 2 혼을 가라앉혀라ﾐﾀﾏしづめ, 3 합장해라をろがめ, 4 내던져라拋げ棄て, 5 불어라吹き棄て, 6 나아가라いざ進め, 7 저어라いざ漕げ, 8 올라라参ゐ上れ, 9 호흡하기気吹き, 10 신을 즐겁게 하기神楽び, 11 한바탕 웃기ひと笑ひ, 12 행차出まし, 13 앗파레해라天晴れ,おけ, 14 말씀みことのり, 15 강림あまくだり, 16 더욱 번창함いやさか"으로 이루어진다. 이와 같은 차례는 "고사기, 일본서기日本書紀, 고어습유古語拾遺, 및 축시祝詞의 순서에 따른 것"이라고 한다. 이 일련의 움직임이 제1장 「야마토바타라키의 동작」에 그림과 함께 설명되어있다.

같은 책 제2장 「야마토바타라키의 정신」에 의하면 「동작」의 순서가 의미하는 것은 다음과 같다. 아시하라葦原의 현실세계에서 육지를 나아가고 바다를 저어 다카마가하라高天原를 목표로 '올라간다参ゐ上'다. 거기서 아마테라스 오미카미와 함께 '이상의 실현'을 이루고 그 다카마가하라의 '이상'에 현실계를 '전화轉化'시키는 것이 15번째 순서인 '강림'이라는 것이다.

가케이 스스로도 밝히고 있듯이 '야마토바타라키'는 '미소기 하라에禊祓를 실천'하는 것으로서 "물에서 부정을 없앤 뒤, 정신을 맑게 하는 것에 주안을 둔 체조"였다(「총설」 말미의 「주의」를 보라). '야마토바타라키'는 '천황귀일'론의 근간이 되는 아마테라스 오미카미로의 '귀일'을 신체에 새기는 실천이었으며, 이 점에서 미소기를 신체화하는 실천과도 공통된 점이 있었다.

가케이는 아마테라스 오미카미로의 '귀일'에 응축되어있는 '신과 인간'의 '귀일' 관계를 다음과 같이 설명한다. "초월적 존재이신 신을 향해 현실계의 인간이 귀일하며, 신과는 다른 아라히토現人에게 신이 내려와 머무르는 것"이다.[11] 다시 말해 "다카마가하라의 '생명'"으로 이어지는 것, 구체적으로는 "아마테라스 오미카미 님의 '더욱 번창하는彌榮 귀한 생명' 그 자체"로 이어지는 것을 의미한다.[12] 이와 같은 아마테라스 오미카미로의 '귀일'을 신체화한 것이 '야마토바타라키' 및 미소기였다.

1930년대에 내무국 지방과에서 신사행정을 담당했던 오야마 후미오는 천청회의 간사도 맡고 있었던 것으로 보인다.[13] 가케이의 영향이 매달 이루어지는 '황국운동'의 실천으로 계승되고 있었으며, 앞서 본 와타나베 학무국장 이외에도 총독부 당국에 이미 가케이의 '천황귀일'론이 야마자키를 경유하여 수용될 수 있었던 배경이 존재했을 가능성이 높았다고 생각된다.

그리고 천청회의 실천 가운데 "'소년 노기의 모임'의 육성"이 있는 것은 노기 마레스케乃木希典를 '신인神人'으로서 숭배하는 가토 겐치加藤玄知(도쿄제국대학 문학부에서 신도강좌를 담당)의 영향으로 보인다. 가토는 적극적 신사 비종교론의 입장에서 더욱 나아가 천황을 신격화한 '국체신도'의 범주를 창출하기도 했다(제1장 제4절 (2)를 참조). 가토는 노기가 죽자 "장군의 죽음은 그저 평범한 자살, 순사가 아니라 실로 그리스도의 십자가 책형과도 같은 의롭고 충직한 죽음, 헌신적이고 희생적인 죽음으로 보아야한다"[14]며 십자가형을 예로 들어가며 종교적 의미를 부여한다.

---

11 筧, 『神ながらの道』, 520쪽.
12 위의 책, 651쪽.
13 樋浦, 『神社・学校・植民地』, 75쪽.
14 加藤玄智, 『神人乃木將軍』, 菊地屋書店, 1912, 205쪽; 島薗進・高橋原・前川理子監修,

마에카와 미치코前川理子는 가토의 신도론과 노기의 관계를 다음과 같이 설명한다. 가토가 지향하던 신도론의 두 가지 출발점, 곧 인격감화人格感化의 '신종교' 및 '천황교'를 "하나로 묶어주었다는 의미에서 노기 사건은 이후 가토의 사상형성을 결정하게 된 중대한 기로였다".[15]

그렇다면 1929년에 '구니타마노 가미'를 추가한 경성신사의 경내신사로서 1934년 9월에 진좌한 노기사乃木社는 경성신사가 종교성을 중시하는 성향을 갖게 되었음을 드러내는 징표로 읽을 수 있다. 경성신사는 1920년대 중반부터 1930년대에 걸쳐, 가령 안국동의 조선인 거주지에까지 미코시神興를 행차시켜서 조선인을 숭경자 조직에 끌어들이거나, 조선인도 숭경 가능한 '구니타마노 가미'를 제신에 추가하는 등, 조선인 사회와의 접점을 만들기 위한 시도에 열심이었다.[16]

전국신직회의 하부조직인 조선신직회의 회보였던 『도리이鳥居』는 편집부의 이관을 기준으로 다음과 같이 그 시기를 나누어볼 수 있다. 제1기는 창간호인 1931년 10월호부터 1933년 9월호까지로 조선신궁 사무소가 편집을 담당했으며, 제2기는 1933년 10월호부터 1937년(간행월 불명)까지로 경성신사 사무소가 편집을 담당했다. 마지막 제3기는 1938년 1월 이후로 조선신궁 사무소가 다시 편집을 맡았다. 조선신궁이 편집을 맡았던 시기에는 대부분의 집필자가 조선신궁 신직이었던 것에 비해, 경성신사 사무소가 편집을 맡았던 제2기의 특징으로서 "천청

「我建国思想の本義 神人乃木将軍」, 『加藤玄智集』第3卷(クレス出版, 2004)에 수록.

15 前川理子, 「加藤玄智の神道論—宗教学の理想と天皇教のあいだで(1)」, 『人文学研究所報』[神奈川大学] 第46号, 2011.10.

16 김대호, 「1910년대~1930년대 초 경성신사와 지역사회의 관계—경성신사의 운영과 한국인과의 관계를 중심으로」, 이승일·김대호·정병욱·문영주·정태헌·허영란·김민영, 『일본의 식민지 지배와 식민지적 근대』, 동북아역사재단, 2008.

회라는 교화단체 관계자의 집필이 늘어난 점"을 꼽을 수 있다.[17]

제2기의 회보를 보면 ― 시기가 겹친다는 점도 고려되어야 하지만 ― 1934년에 진좌한 노기사나 노기 장군에 관한 기사, 조선 노기회, 조선 소년 노기회에 관한 기사가 실려 있음이 확인된다. 또한 천청회의 활동에 관한 기사도 곳곳에 보인다. 이를 통해 경성신사를 중심으로 신사신도의 종교성을 중시하는 조선신직회 내부의 세력에게 적극적 신사 비종교론이 침투해있었음을 알 수 있다.[18]

이러한 세력에 보이는 가케이의 영향을 살펴보기 위해 '천황귀일'에 관한 담론 가운데 하나를 소개한다. 앞서 본 조선신직회의 회보『도리이』에 '우지가미氏神 정신'을 주장하는 논설이 게재된 적이 있다.[19] 이 논설은 우지가미와 우지코氏子를 부자관계에 비유하고 "자식이 부모에게 따르는 정신을 연장시키면 충군애국의 지성으로 나타나며, 천황귀일이라는 신 그대로惟神의 큰 길을 명확히 하는 일"이 된다는 내용을 담고 있다. '우지가미 정신'을 '충군애국의 정신'에 결부시키고, 가케이가 말하는 '천황귀일이라는 신 그대로의 대도'로 이끌겠다는 것이다.

지금까지 본 것처럼 천청회는 조선신직회 내부의 종교성을 중시하는 세력과 총독부 관료들이 접촉하는 하나의 장으로 기능했다. 도쿄제국대학 법과대학 출신의 관료들, 그리고 천청회와 조선신직회 회보를 단서로 생각해보면, 조선의 적극적 신사 비종교론에 영향을 준 인물로서 가

---

17 『鳥居』에 관한 설명은 樋浦,『神社・学校・植民地』의 부론,「神職会会報というメディア―朝鮮神職会会報『鳥居』について」를 참고했다(242쪽).

18 위의 책에 게재된 자료3의 표, 〈朝鮮神職会会報『鳥居』見出し一覧〉을 참조

19 「氏神精神―内鮮民族統一の完成・敬神崇祖の根本方策」,『鳥居』第6巻 第7号, 1936.7. 이하『鳥居』의 기사, 논설 등의 인용은 히우라 사토코[樋浦郷子] 씨가 제공해준 것이다. 감사를 전한다.

케이 가쓰히코와 가토 겐치를 상정할 수 있다.

그리고 신사와 종교의 관계는 배타적이지 않으며 신사를 종교로 한정할 수 없는 상위개념이라는 의미에서 비종교로 여기는 이러한 관점은, 관료들 개개인의 종교적 배경이 어떤 것이었든지 간에 그 배경과 신사신도의 종교성이 동거할 수 있는 논리를 제공했던 것으로 보인다. 저자가 보기에 적극적 신사 비종교론은 그들이 신사신도의 종교성을 내세우는 데 있어서 알맞은 논리로 기능했다. 다음으로 이케다 기요시 경무국장의 조직 아래 종교적 행사를 열고 있었던 조선 미소기회朝鮮禊會를 살펴보자.

3) 이케다 기요시 경무국장과 조선 미소기회

이케다 기요시는 오야마 후미오의 저서 출판에 관여하는 등, 신사행정을 대신하여 여러 활동을 펼치고 있었다(제1장 제4절 (2)를 참조).

1935년 4월 조선 미소기회가 주최한 '미소기' 행사가 '일본정신의 진수를 체현하는 좋은 방법'으로서 원산 송도원 해수욕장에서 일반참가로 열렸다. 조선 미소기회의 고문을 담당한 것이 내무국장 우시지마 쇼조(조선신직회 회장), 경무국장 이케다 기요시, 조선신궁 궁사 아치와 야스히코, 경성신사 사장 이치 아키히로市秋弘, 경기도회 의원 고에즈카 쇼타肥塚正太와 안도 시즈安藤靜(불명), 그리고 최남선이었다.[20]

직함 중에선 이색적이라 할 수 있는 경무국장 이케다에 주목해보자.

---

20 『文教の朝鮮』제117호(1935.5)에 실려 있는 '彙報' 「「みそぎ」行事案内」에 의함. 이 안내서는 조선 미소기회가 작성한 것으로 날짜는 1935년 4월로 찍혀있다.

본 업무 이외의 이케다의 활동을 보면 — 오야마의 책을 출판한 것에서 알 수 있듯이 — 신사 비종교론의 입장을 취하던 신사행정을 대신하여 신사신도의 종교성과 관련한 부분에서 활약했던 점이 눈에 띈다. 이케다는 '내지'에서는 서기관으로서 1924년부터 내무성 신사국 제1과장을 역임했고, 1925년부터 1927년까지는 신사국 총무과장을, 1929년부터 조선부임이 결정되는 1931년 6월까지는 신사국장으로 근무했다. 그 후 우가키 총독의 취임과 함께 조선총독부 경무국장에 임명되었다.[21]

이케다는 신사국장 시절 신사제도조사회(1929년 12월 제1회 총회)의 위원과 간사를, 그리고 동회의 특별위원회에서 간사를 맡고 있었다. 이케다의 임기 중에 특별위원회는 신사의 종교성에 관해 논의한 적이 있는데, 이케다는 신사국장이라는 입장 때문에 표면적으로는 신사 비종교론의 틀 안에 머무는 모습을 보여주면서도 신사의 종교성을 인정하는 듯한 발언을 남기기도 했다. 여기에 그의 적극적 신사 비종교론이 엿보이므로 아래에 소개한다.

특별위원회는 신도가와 연구자들의 관계문서를 자료로 이용하고 있었는데, 신사국장인 이케다가 신사행정을 대표하는 입장에서 이에 답하는 장면이 종종 확인된다. 가령 미야니시 고레스케宮西惟助(히에신사日枝神社 궁사로 추정됨)가 쓴 「신 그대로의 신앙」이라는 제목의 문서에 대해 '일본민족 고유의 신앙'인 '신도'를 '대종교大宗敎'로 여기는 점에 관해서는 "고려가 필요하다고 생각합니다"며 부정하지만, "국체 아래의 기성종교와 대열을 이루지는 못한다"는 의견에 대해서는 '동감입니다'고 답한다. 그리고 미야니시가 '신도'란 '원시종교가 아니'고 "일본민족의 진보에

---

21 內閣印刷局編, 『職員錄』(1924~1931)과 『朝鮮總督府官報』 第1345號(1931.7.1)에 의함.

따라 성장하는 것"이라 논한 것에 대해서는 '동의를 표한다'고 답하고 있다.[22] 여기서 이케다가 신사신도를 종교의 상위개념을 이루는 비종교로 여기는 적극적 신사 비종교론의 입장에 서있음을 알 수 있다.

또한 조선에서 경무국장을 역임하는 와중에 조선신직회의 고문으로서 "본회의 사업에 대해 공사 공히 원조를 계획"했던 내용이 회보에 실리기도 했다.[23]

그리고 이케다는 조선 미소기회를 조직하여 스스로 고문의 자리에 올랐고 여기에 경무관을 참가시켰으며, 나아가 경찰관 강습회에서는 "먼저 미소기의 행위에 힘쓴 후에 신 앞에 조아릴 것을 실행"했다고 한다.[24] 이를 종합해보면 이케다는 당시 신사가 '종교부흥'의 대상으로 간주되었던 사실을 이용하여(제2장 제2절을 참조), 신사신도의 종교성에 대한 자각을 강조하고 미소기 행위에 '힘썼다'고 볼 수 있다. 앞에서 논했듯이 천청회는 가케이가 고안한 '야마토바타라키'를 1926년 이래 매달 실천해오고 있었는데, 미소기의 신체규율화와 공통된 점이 많은 이 체조는 아마 조선 미소기회의 설립에 있어서도 선도적인 역할을 담당했을 것으로 여겨진다.

---

22 「神社制度調査會第六回特別委員會議事錄」에서 이케다 기요시 경무국장이 행한 발언. 神社本庁編, 『神社制度調査会議事録①』(近代神社行政史研究叢書 I, 神社本庁, 1999, 188~189쪽)에 실려 있다. 이 자료는 신사제도조사회의 총회, 특별위원회의 의사록을 편집한 것이다(전3권).

23 「池田前警務局長の榮轉」, 『鳥居』 第6巻 第5號, 1936.5.

24 위의 글.

4) 조선 미소기회의 미소기 행사

조선 미소기회의 조직에는 미소기를 통한 신도행법의 보급을 시도했던 가와쓰라 본지川面凡児의 영향이 있었다. 위에서 소개한 '미소기' 행사의 안내서에 "메이지 시대에 이 '미소기'는 선각자 가와쓰라 본지 선생에 의해 더욱 세련된 것이 되었고, 오늘날에는 전국적으로 확대, 성행하게 되었다"며 조선 미소기회의 미소기 행사가 가와쓰라의 방식을 따르고 있다는 점을 굳이 적어둔 구절을 통해 이를 알 수 있다.

조선 미소기회의 전신으로서 '경성 미소기회'가 있었다. 경성 미소기회는 1934년 여름 금강산기슭에서 '미소기 수양회'를 개최한다. 그 후 수양회의 수계자修禊者 24명이 '이 길의 발전을 기획'하여 조선 미소기회로 개칭하고 규약을 작성했다. 조선 미소기회의 이름을 단 첫 번째 수양회가 같은 해 10월 하순 일주일 동안 '인천 월미도 시오노 야오에潮の八百會'에서 개최되었고 마찬가지로 24명이 참가했다.[25]

이어서 제2회 계수양회가 위에서 소개했듯이 1935년 4월 원산의 송도원 해수욕장에서 일반참가의 형태로 열렸다. 제3회 계수양회는 1935년 8월 9일부터 7일간 금강산기슭의 온정리 소학교에서 개최되었다. 그리고 8월 24일에는 경성구락부에서 좌담회가 열렸는데, 조선 미소기회 고문 이케다 경무국장을 비롯하여 경무국 보안과장인 가미우치 히코사쿠上内彦策, 경성부윤 다테 요쓰오伊達四雄, 고문 아치와 조선신궁 궁사, 1934년 여름 이후의 '수계자' 등 총 48명이 모였다고 한다.[26]

---

25 「朝鮮禊會の活動」, 『鳥居』 第38號, 1934.11.
26 「朝鮮みそぎ會座談會」, 『鳥居』 第5卷 第9號, 1935.9.

제1회 계수양회가 열렸던 해인 1934년 10월은 신사행정을 담당하던 오야마가 자신의 저서 『신사와 조선』(조선불교사)을 출판한 해이기도 하다. 이에 '조선의 신들의 부활' 등, 그 종교성을 전면에 내세워서 신사를 이용하려는 논의가 급속히 퍼지기에 이른다(제1장 제4절 (2)를 참조). 오야마 책의 출판은 이케다 경무국장의 '배려' 속에 이루어진 것이었다(같은 책 「자서自序」를 참조). 이렇게 신사행정이 간접적으로 관계하는 형태의 '수계'와 출판을 통해 적극적 신사 비종교론을 조금씩 침투시킨 이후, 앞 장에서 소개한 것처럼 1935년 1월 우가키 총독이 도참여관 타합회의 훈시에서 '심전'의 대책을 강구하는 '종교부흥' 방침을 처음으로 공표했던 것이다.

이를 계기로 심전개발운동을 주관하던 학무국은 1월 말부터 3월 중순에 걸쳐 국장인 와타나베 도요히코의 솔선 아래 '불교간담회', '신도간담회', '고유신앙간담회', '기독교간담회'를 열었다(제2장 제2절을 참조). 다른 한편으로 이케다 경무국장은 신사 비종교론의 입장을 취하고 있던 신사행정을 대신하여 ─ 자신의 본업이 아닌 ─ 신사신도의 종교성과 관계하는 분야에서도 열심히 활동하고 있었다. 미소기의 행법을 '미소기' 행위라는 명칭으로 '종교부흥' 관련 행사에 집어넣고 신사의 종교성을 실천하는 장을 마련한 점 등을 그 예로 들 수 있다.

여기서 미소기를 신도의 신체론으로 여기는 가와쓰라 본지의 진혼행법이 적극적 신사 비종교론의 입장으로부터 지지를 받았다는 점에 주목해보자. 쓰시로 히로후미津城寬文에 의하면 가와쓰라의 진혼행법은 탈혼형脫魂型 샤머니즘의 범주에 속하는 소위 '탈혼의 신체론'으로 부를 수 있다.[27] 나아가 가와쓰라는 행법의 결과인 "하라에祓와 미소기禊, 진혼의 행사를 통해 더욱 신인합일의 경지에 이르게" 되었을 때 처음으로 제신과 감응할 수 있다고 보았다.[28]

가와쓰라의 글을 통해서 이 점을 자세히 살펴보자. 먼저 미소기에는 표表와 리裏의 행사가 있다고 한다. 미소기란 "밖으로는 물을 뒤집어쓰고 파도에 잠겨"서 "물을 붓는 것처럼 신의 영을 나의 영에 붓는" 것이며, "안으로는 강의 물, 바다의 파도를 통해 하늘의 진정眞井에 이르러서 그 물을 받는 것"이라고 한다. '하늘의 진정'이란 일종의 비유로서 '아메노미나카누시天御中主大神 영의 능위稜威'를 가리키며, 표의 미소기는 하라에를 행한 뒤에도 "여전히 머물고 있는 때와 게가레穢를 신의 능위와 영을 가지고 깎아내고 지우는 것을 의미"한다.[29]

이러한 미소기를 포함한 가와쓰라의 진혼행법은 최초의 하라에 및 다음 단계의 미소기를 통해 "정신과 육체의 융회합일"을 이루어가게 되는데, 이 '융회합일'을 위해 더욱 다음 단계인 '후루타마振魂'의 실천을 행한다. 그리고 몇 가지 단계를 거쳐 "진혼鎭魂에서 견신見神의 영경靈境으로 나아간다"고 한다.[30]

여기서 말하는 '견신의 영경'이란 무엇일까? 달리 표현하자면 "신의 영혼으로 나의 영혼이 깨끗해지고, 나의 영혼이 부활하여 신의 영혼과 합일, 합체하는 바 여기에 신이 된 자신이 새롭게 태어"남을 뜻한다.[31]

---

27 津城寬文, 『鎭魂行法論－近代神道世界の靈魂論と身体論'新装版'』(春秋社, 2000, 276
   ~286쪽)을 참조.

28 위의 책, 261쪽.

29 川面凡児先生十周年記念會編, 『川面凡児全集』第1卷(全10卷, 川面凡児先生十周年記念
   會, 1939~1941)에 수록된 『日本古典眞義 上卷』의 第6章, 「祖神垂示の鎭魂」, 569쪽.

30 「祖神垂示の靈魂観」, 위의 책 第5章, 547~548쪽.

31 「祖神垂示の鎭魂」, 위의 책 第6章, 717~718쪽.

'신이 된 자신'이라는 경지는 '나는 곧 신이다'라는 '신으로서의 자각'을
말하며 "신아神我일체의 신으로서의 태도를 표명"한다.[32] 즉 '견신의 영
경'이란 '신아일체'를 통해 '신'이 된 자신을 '자각'하는 경지를 의미한다.

이처럼 가와쓰라의 탈혼의 신체론은 샤머니즘의 요소를 포함하고 있
었는데, 최남선이 조선 미소기회의 고문을 맡았던 것도 이 점과 관련이
있을 것이다. 최남선은 일본에서 유입된 '고신도' 담론을 전략적으로 차
용하여, 조선에도 유교와 불교가 들어오기 이전에 일본과 공통된 민간
신앙으로서의 '고신도' 세계가 존재했다는 주장을 펼치고 있었다. 그리
고 앞서 논했듯이 조선을 중심으로 한 이른바 '선일동조론'을 매개로 일
본중심의 '고신도'를 전복시키려고 했다(제2장 제1절 (2)를 참조).

이와 같은 "신아일체의 신으로서의 태도를 표명"한다는 경지를 염두
에 두면서, 다음으로는 식민지조선에 들어온 가와쓰라의 진혼행법이 어
떤 신을 대상으로 하고 있었는지를 검토해보자. 자료가 많지 않으므로
─ 얼핏 관계없는 것처럼 보이긴 하지만 ─ 1934년 조선총독부가 발포
한 「의례준칙」을 예로 들겠다.[33] 조금 길지만 우선은 분석에 앞서서 그
전제에 대해 설명해둔다.

이 「의례준칙」은 법령이 아니다. 사회교화의 일환으로서 농촌진흥운
동을 통해 유교적 '혼례', '상례', '제례'라는 삼례를 간소화할 것을 주된
목적으로 삼고 있었으며, 구속력 없는 일정한 기준을 제시한 규범의 '발
포'였다. 동시에 같은 해 11월 우가키 총독의 「유고諭告」, 와타나베 학무

---

32 위의 책, 666~667쪽.
33 '의례준칙'에 관한 이하의 설명은 저자의 연구노트, 「朝鮮総督府の対祖先祭祀政策に関
   する基礎的研究」(『桃山学院大学人文科学』第25号, 2003.7)의 제1절, 「「儀礼準則」に見
   る祖先祭祀論」을 수정, 요약한 것이다.

국장의 「의례준칙의 발포에 대해서」, 그리고 「의례준칙」 본문과 그 해설인 「의례해설」을 실은 조선총독부 학무국 사회과 편 『의례준칙』(사회교화자료 제10집)이 각각의 조선어판과 함께 발행되었다.

실은 이 「의례준칙」에는 모델이 있었다. 1934년 3월 『경성일보』의 보도에 따르면 경상남도 지방과는 농촌진흥위원회와 '협조를 유지'하면서 '재삼 타합회를 개최'하고, "가까운 시일 내에 『삼례준칙』이라는 제목의 간행물을 도내 각지에 널리 배포할 것을 결정했다"고 한다.[34]

와타나베 학무국장은 국장 취임 전인 1930년 12월부터 1933년 8월까지 경상남도지사로 근무하고 있었다. 이때 와타나베가 농본주의자인 야마자키를 경삼남도로 불러 강연을 의뢰했던 일은 이미 위에서 소개했다. 그렇다면 — 경상남도의 『삼례준칙』 간행 결정이 비록 국장 취임 후의 일이긴 했어도 — 『삼례준칙』과 와타나베 사이에는 어떤 관계가 있었을 가능성이 높다.

와타나베 학무국장 책임 하에 간행된 학무국 사회과 편 『의례준칙』은 '혼례', '상례', '제례'의 삼례를 「의례준칙」으로서 제시한다. 「의례준칙」을 해설한 「의례해설」 중 '제례' 항목에 다음과 같은 구절이 있다.

대저 제사는 조상에 대한 반본보은(反本報恩)의 대의와 사모경앙(思慕景仰)의 정념에 기초하여 그 영을 받아들이고 봉사하는 것이다. 따라서 군자제(君子祭)에 임할 때는 목욕재계하여 몸을 깨끗이 하고 마음을 통일하는 바, 조상을 사모하는 마음이 지극하면 그 지성이 결국 신에 닿아 음성과 용

---

34 '南鮮版'「無駄を省いた 冠婚葬祭の標準 慶南地方課で苦心編成の『三礼準則』を刊行」, 『京城日報』, 1934.3.9(조간), 5면.

모가 눈앞에 선명히 드러나는데 실로 신의 강림을 보는 것 같은 심경이 되고, 신인(神人)상통하여(자손은 돌아가신 조상의 유체이며 그 정신이 자손에게 통함을 말한다) 접대, 진퇴가 자연스레 예에 들어맞게 된다. 이렇게 항상 조령(祖靈)의 가호를 잊지 않고 가명(家名)에 비추어 늘 도의를 닦는 사람의 신체는 저절로 수양될 것이며 품성은 고상해져서 자연스럽게 일가융성의 근본을 이루게 될 것이다.

이러한 조상숭배는 동양도덕의 극치이며 제사는 가정에 있어서 신앙의 중심이다. 바꾸어 말하면 제사는 가정생활에 신념을 부여하며 이를 장중한 것으로 만드는 힘의 원천인 것이다. 제사가 인간생활에서 대단히 중요한 이유가 여기에 있으며, 제례의식은 이 정신에 기초를 두어야만 한다.

위 인용문은 이른바 가족국가관에 입각한 '이에家'를 강조하고 있다. 그리고 '조령의 가호'나 '가명', '일가융성의 근본', '가정', '가정생활' 등의 표현을 통해 '제례'에 보이는 조선적 유교정신을 일본적 '이에'의 '조령'을 축으로 한 정신으로 치환시키고 있음을 알 수 있다. '이에'의 '조령'을 '제사'지낸다는 발상, 그리고 조상숭배를 '도덕'으로 여기는 입장은 호즈미 노부시게의 '가정의 조상제사'라는 논리를 응용한 것이었다.[35]

그리고 '조상'을 신격화하여 '신'으로 간주하는 인식은 가토 겐치의 신도론을 응용한 것으로 추정된다. 가토는 노기 마레스케를 통해 '신인'

---

[35] 穗積,『祖先祭祀と日本法律』은 일본에서 행해지고 있는 '세 종류의 조상제사'를 정리하고 이를 제2편, 「일본의 조상제사(日本に於ける祖先祭祀)」에서 상술한다. 구체적으로는 제1장 「조상제사의 세 종류(祖先祭祀の三種)」에 이어서 제2장 「황실조상님들의 제사(皇室御祖先の祭祀)」, 제3장 「씨족의 조상제사(氏族の祖先祭祀)」, 제4장 「가정의 조상제사(家の祖先祭祀)」와 같이 각 장별로 '세 종류의 조상제사'를 해설하고 있다. 같은 책의 조선총독부 도서관 소장본이 서울 국립중앙도서관에 보관되어있다.

및 '일본의 구세주'를 보았다. 신도는 죽은 사람은 신이 된다는 신인동 격교의 특징을 지니고 있는데, 이 특징은 문명교文明敎기에 이르러 더욱 현격해진다. 가토는 문명교기의 신도가 발달한 신인동격교로서 진화의 높은 단계에 위치함을 증명하는 일에 열심이었다. 뿐만 아니라 가토는 '생사生祠'(살아있는 인물을 제사지내는 것)의 연구도 행하고 있었다.[36]

그러므로 가토는 호즈미 등이 조상숭배를 '도덕'으로 인식했던 것과 달리 일본의 조상숭배에는 '도덕과 종교의 두 요소가 존재한다'고 주장 하고, '종교'의 요소에 대해서는 다음과 같이 설명한다. "원래 일본인의 종교적 신앙은 신인동격교神人同格敎(혹은 신인교)와 같은 종교에 속하는" 것으로서 고대로부터 '인간숭배'를 행해왔다. 가토는 이 "신인동격교 계열의 종교 가운데 죽은 조상의 영을 신으로서 예배하는 신앙도 출현" 했다며 '조상의 영'을 신으로 여기는 신앙이 등장했음을 지적한다.[37] 이 와 같이 가토는 '조상'을 신격화하여 '신'으로 간주하는 조상숭배을 가 지고 있었다.

여기서 다시 위의 「의례해설」의 인용문으로 돌아가 보자. 호즈미와 가토 각각을 응용하고 이를 결부시키는 요소로서 '실로 신의 강림을 보 는 것 같은 심경'과 '신인상통'이라는 실천적 묘사를 제시하고 있음에 유의하자. 이러한 묘사의 바탕에는 '견신의 영경'='신아일체의 신으로 서의 태도를 표명'하는 경지에 이르고자 하는 가와쓰라의 진혼행법이 있는 것으로 추정된다. 만약 그렇다면 앞서 말한 미소기 행위의 '신아일

---

36 島薗進, 「加藤玄智」(島薗進・磯前順一編, 『東京帝国大学神道研究室旧蔵書-目録と解 説』, 東京堂出版, 1996)을 참고했다.

37 加藤玄智, 「我か祖先崇拝の二方面」(『東亞之光』, 1921.8). 『加藤玄智集』 第9巻, 「論文 集、解説」에 수록되어있다.

체'에서 조선 미소기회가 상정하고 있었던 '일체'의 대상으로서의 신이
란 '이에'의 '조상'을 가리킨다고 추측할 수 있다.

몇 년 뒤인 1941년 전시체제기에 국민총력조선연맹이 불계祓禊를 장
려하기 위해 출판한 자료가 위의 추측을 보완해준다. 이 자료는 시국 하
'국민지도의 기초를 제사에 둔다'는 인식을 바탕으로 "불계를 통한 진혼
귀신, 신인합일의 경지는 제사와 분리할 수 없는 일체관계에 있다"고 강
조한다.[38] 권두언에는 "제사란 조상신에 다가가서 하나가 되는 것을 말
한다. 이를 위해서는 먼저 심신의 죄와 게가레를 남김없이 제거해야만
한다. 이 행위가 바로 불계인데, 우리 조상들은 생활의 모든 면에서 이
를 행함으로써 일상에 의의를 부여한 것은 물론, 순화와 발전을 가져온
것이다"라는 구절이 나온다.

즉 제사와 '분리할 수 없는 일체관계'에 있는 불계를 통해 '조상신'과
'하나'가 될 수 있다는 것이다. 이 '조상신'에 관한 기술은 앞서 본 「의례준
칙」에서 '조상'을 신격화하고 '신'으로 인식하는 점과 일치하고 있다. 가와
쓰라의 진혼행법이 제시하는 '신아일체의 신으로서의 태도를 표명'하는
경지가 조선에 들어온 이후, '가정의 조상제사'를 설파하는 호즈미, 그리
고 조상을 신격화하는 가토의 논리를 응용한 조상관념이 여기에 가미되었
고, '조상신'과 '하나'가 되는 실천행위로 변화되었음을 알 수 있다.

그런데 「조선 미소기회규약」[39]을 보면 본부가 조선신궁 사무소 내에
설치된 것, 그리고 매해 두 차례 이상 미소기 행사를 개최한다는 내용이
적혀있다. 나아가 규약은 그 '목적'으로서 "본회는 조선에서 미소기도禊

---

38 国民總力朝鮮聯盟編, 『祓禊の奬勵』(同連盟, 1941)의 「一、祓禊奬勵の大意」.
39 「「みそぎ」行事案内」의 뒷면에 「朝鮮禊會規約」이 게재되어있다.

道의 확립을 기획하고, 실제적 실천을 통해 고신도의 대의를 선양하는 것"을 제시하고 있다.

'고신도의 대의'라는 표현은 가케이 가쓰히코의 저작 『고신도 대의』(1912년)를 상기시키는데, 가케이와 가와쓰라를 연결하는 키워드로서 양자 사이에 접점이 있었음을 알려준다.[40] 이를 요약하자면 조선에 유입된 가케이의 '고신도' 담론을 토대로 — 신사 비종교론의 입장을 취하던 신사행정을 대신하여 — 이케다 경무국장이 신사의 종교성을 실천하는 장으로서, 즉 '조상신'과 '하나'가 되는 실천의 장으로서 가와쓰라의 미소기 행위를 도입했을 가능성이 예상된다.[41]

이제 총독부 관료 및 조선신직회의 적극적 신사 비종교론을 정리하는 의미에서, 호즈미의 조상숭배에 근거한 신도관, 가토의 신인동격교적인 신도관, 그리고 가케이의 '천황귀일'론이라는 세 가지 논의가 그들에게 미친 영향을 살펴보자. 조선 미소기회의 미소기 행사를 통해 호즈미와 가토의 논의가 합쳐지고, 그 결과 '이에'의 '조상'이 신으로 여겨지게 되었다. 여기에 가케이의 '천황귀일'론을 더해보면 — 천황 및 아마테라스 오미카미와의 관계를 절대시하는 논리구조에 따라(제1장 제2절 (1)을 참조) — '일본민족'이 천황, 그리고 아마테라스 오미카미에게 '귀일'하는

---

40 金谷真, 『川面凡児先生傳』(みそぎ會星座聯盟, 1941)의 「四、會葬の緒名士」를 보면 가와쓰라 본지의 장례식에 참석한 '수백 명 가운데 유명한 사람'으로서 '법학박사 가케이 가쓰히코'의 이름이 있다. 가와쓰라와 가케이 사이에는 일정한 접점이 있었다고 생각된다. 같은 책 제3판(1943)을 이소마에 준이치 씨로부터 빌려보았다. 감사를 전한다.

41 미소기에 관한 이야기는 아니지만 가케이 가쓰히코는 신사에서의 '진혼'을 '신인합일의 실수(實修)'로 표현한 적이 있다. 筧克彦, 『皇國精神講話 完』(春陽堂, 1930)의 제1장 「神社」・제2장 「神社の必要」의 「第一 神人合一の實修」. 그렇다면 이케다 기요시를 비롯한 총독부 관료들은 먼저 가케이에 따라 '신인합일의 실수'로 '진혼'을 이해했으며(본문에서 '고신도' 담론이라 칭하는 것), 이를 신사신앙의 신체론에 응용하기 위해 조선에 도입한 것이 가와쓰라 본지의 미소기 진혼행법이었다는 가설을 세울 수도 있을 것이다.

것과 마찬가지로, 신이 된 '조상'이 아마테라스 오미카미에게 '귀일'한
다는 조상숭배형 황조신숭배의 논리가 태어나게 된다. 즉 미소기를 통
한 탈혼에 의해 '조상신'과의 '합일'에 이르게 되고, 나아가 아마테라스
오미카미에게 '귀일'한다는 것이다. 여기에는 미소기 행위를 통해 아마
테라스 오미카미와의 '합일'을 실현하는 구조가 있다.

　위의 내용을 염두에 두면서 아래에서는 심전개발운동을 검토해보자.

5) 심전개발운동의 개관

　심전개발운동이 제창된 이듬해인 1936년 1월 15일, 우가키 가즈시
게 총독이 자리한 가운데 총독부가 주최한 심전개발위원회가 열린다.
"당국, 내선의 종교가, 학교, 사회사업가의 대표 등 권위 있는 40명이 한
자리에" 모였다는 기사가 『경성일보』에 실려 있다.[42] 여기서 논의된 내
용이 정무총감 통첩 「심전개발시설에 관한 건」[43](1936년 1월 30일자)에
정리되어있다. 그 자세한 내용은 뒤에 살펴보기로 하고 우선은 정책결
정의 관점에서 심전개발위원회에 대해 분석해보도록 하자. 위의 『경성
일보』의 기사에 따르면 지금까지 "몇 차례에 걸친 간담회를 통해 대체
로 의견을 정리하고 입안한 학무국의 원안"을 토대로 위원회의 논의가
이루어졌고, '이번 회합에서의 의견'을 '학무국 원안과 종합하여' 총독

42　「官民の關係權威 一堂に會し評議 總督臨場 本年初の懇談會」, 『京城日報』, 1936.1.16(15
　　일 석간), 1면.
43　'彙報'란의 「心田開發委員會」(『朝鮮』第249號, 1936.2)에 게재되어있음.

부 당국이 "가까운 시일 내에 구체적 대강을 공표"할 예정이었다고 한다. 그 후 곧 '구체적 대강'이 공표되는데, 이것이 위에서 소개한 정무총감 통첩 「심전개발시설에 관한 건」이었다. 또한 "종교 각 파와 사회사업 단체 및 교화단체 등"에 "각각 구체안을 가다듬어 적극적으로 민심개발의 전도에 노력"할 것을 요구하는 방책이 세워졌다.

여기서 주목할 점은 1935년 1월 31일의 '불교간담회'로부터 3월 12일의 경학원 강사와의 간담에 이르기까지 '몇 차례에 걸친 간담회'를 통해 의견을 정리하고 입안한 것이 '학무국 원안'이었다는 점이다. 위원회에서 나온 의견도 '학무국 원안'과 '종합'하여 공표할 예정이었다. 더욱이 이 기사에는 이마이다 정무총감이 감기로 결석한 가운데 학무국이 주도한 '학무국 원안'의 작성 및 '구체적 대강'의 공표까지 결정되었다는 내용이 나온다. 이러한 사실들로부터 학무국과 와타나베 도요히코 학무국장에게 대단히 큰 역할이 맡겨졌음을 알 수 있다. 앞서 논했듯이 와타나베는 야마자키 노부요시를 거친 가케이의 '천황귀일'론을 심전개발운동에 주입한 관료로 추정된다. 지금부터는 가케이가 끼친 영향에 초점을 맞추어보자.

참고로 위원회에 속해있던 '당국' 대표는 정무총감 이마이다 기요노리(결석), 주관부서였던 학무국의 국장 와타나베와 사회과장 엄창섭, 내무국장 우시지마 쇼조, 경무국장 이케다 기요시였다. 내무국이 포함된 이유는 신사행정의 주관부서였기 때문이고, 경무국의 경우는 '미신단체'의 '박멸' 방침과 '유사종교'의 탄압(제2부 부론에서 다룰 것이다) 문제 때문으로 보인다.

이제 '구체적 대강'으로서 공표된 「심전개발시설에 관한 건」의 내용을 살펴보자. 여기에 명시된 심전개발운동의 '목표'는 다음과 같다.

1 국체관념을 명징할 것

2 경신숭조의 사상 및 신앙심을 함양할 것

3 보은, 감사, 자립의 정신을 양성할 것

세 번째 목표는 농촌진흥운동의 농본주의적 표어를 가져온 것으로 볼 수 있다. 첫 번째 목표는 국체명징성명의 영향을 받은 것인데, 당시 총독부의 '국체'관이 잘 드러나 있다. 국체명징이란 "미노베 다쓰키치美濃部達吉로 대표되는 천황기관설天皇機關說[3]에 반대하여 통치권의 주체가 천황에게 있음을 명확히 한 주장"이었다. 오카다 게이스케岡田啓介 내각은 8월 3일 '국체명징에 관한 성명'을 발표하고 10월 15일에는 더욱 강한 어조의 제2차 성명을 발표하여 천황기관설을 부정한다.[44]

당시 조선총독부의 '국체'관에 대해서는 다음 자료를 참고할 수 있다. 총독부 당국은 『심전개발운동의 요지』[45]라는 해설서를 작성하고, 심전개발운동을 공표, 제시한 정무총감 통첩 「심전개발시설에 관한 건」에 첨부하여 반포한다. 이 해설서를 통해 위의 첫 번째 목표에 대해 고찰해보자.

첫 번째 목표에 관해 다섯 개로 나누어진 조목별 기술이 있다. 첫 조

---

44 永原慶二監修, 石上英一ほか編, 『岩波日本史辞典』(岩波書店, 1999)의 「国体明徴」을 참고했다.

45 岩下伝四郎編, 『大陸神社大観』(大陸神道連盟, 1941)의 「心田開發運動」이라는 작은 제목을 보면 「心田開發運動の要旨」(157~172쪽) 항목이 있는데, 이것이 아마 『心田開發運動の要旨』라는 해설서였던 것으로 판단된다. 판단의 근거에 대해서는 이 장 제3절 (1)에서 논할 것이므로 상세한 내용은 해당부분을 참조하길 바란다.

목은 '제국의 국체'에 대해 "일본제국은 신칙에 의해 창시되었으며, 만세일계의 천황을 원수로 모시도록 영구히 정해졌다"(159쪽)고 설명한다. 이는 1935년 8월 3일의 제1차 국체명징성명에 보이는 정부의 발표 내용을 답습한 것이었다.

조선의 특징적 내용으로서 네 번째 조목을 들 수 있다. 이를 보면 국가의 구성은 '군민동조同祖의 혈족적 결합'으로 이루어지지만 반드시 '단일민족 동계혈통의 결합'을 의미하지는 않으며, "여러 민족, 종족이 서로 혼효하면서도 언제나 중추민족을 중심으로 조화롭게 융화, 결합해 온 것"이라 한다(159쪽). 혼합민족론을 주장하고 있는 것인데,[46] 새삼스레 조선인과 '중추민족'인 일본인의 '융화, 결합'을 확인하는 배경에는 어떤 의도가 있었을까?

해설서는 첫 번째 목표를 설명하면서 조선에서 '국체관념'의 '명징'을 '철저하게 하는 것'은 "조선 동포를 정신적으로 향상시켜서 제국신민으로서의 지위의 확보와 향유를 부여하는 기초조건이며, 광명과 이상을 낳는 심적 원천"(158쪽)이 된다고 한다. 심전개발운동을 통해 '신앙심 향상'의 실천을 강조하고(앞 장을 참조) 조선인이 '제국신민으로서의 지위'를 '확보', '향유'할 수 있는 토대로 삼겠다는 총독부 당국의 의도가 보인다.

이러한 의도를 제1장 제4절에서 논한 '동아민족'론의 흐름에 비추어 생각해보면, 총독부 당국 역시 만주사변 이후 제국 내의 국민통합을 위

---

[46] 小熊英二, 『単一民族神話の起源―'日本人'の自画像の系譜』(新曜社, 1995) 제6장 「한 일병합」에 따르면 병합당시 '내지'의 여러 신문, 잡지에 등장한 대일본제국의 민족론은 다음과 같았다고 한다. 즉 일본과 조선의 역사나 인종론을 들어 병합을 찬미하던 글들 중 대부분은 일선동조론, 혹은 혼합민족론의 범주에 속하는 것이었으며, 순혈론을 주장하는 내용은 주요 신문이나 잡지에 실리지 않았다. 혼합민족론에 대해서는 같은 책, 제13장 「皇民化優生学」의 「皇民化政策を支える混合民族論」 부분을 참조하길 바란다.

해 조선인(법적으로는 호적에 의해 구분되었다)과의 동질성을 내세울 필요를 느끼고 있었음을 알 수 있다. 그러한 와중에 국체명징성명을 계기로 제국 안에서 조선인의 위치를 설정하는 작업, 곧 조선인의 '제국신민으로서의 지위'를 설정하는 것이 총독부 당국에게 가장 중요한 과제로 부상한 것이다.

다음으로 두 번째 목표를 통해 심전개발운동의 실질적 이데올로기를 확인할 수 있다. 신사 비종교론을 전제로 '경신숭조의 사상'은 신사신도를, 그리고 '신앙심'은 총독부가 '종교부흥'의 대상으로 삼았던 불교('조선불교'와 '일본불교')와 기독교, 그리고 유교단체 및 교화단체 등을 가리킨다고 볼 수 있다. 1935년 무렵에 보이는 총독부 당국과 각 단체와의 접촉에 관해서는 제2장 제2절을 참조하길 바란다.

두 번째 목표에 이러한 이중성이 나타나는 이유는 심전개발운동의 구체안을 '종교부흥'을 목표로 실행하던 와중에 국체명징성명에 의해 신사라는 문제가 갑자기 튀어나왔기 때문이다. 교육기관에서는 '국민의 례'로서의 신사참배가 강요되었고, 이와 동시에 '신사제도 확립'을 위한 준비(법적 정비)가 진행되었다. 또한 일 년 전에 심전개발운동이 공표되었을 당시 총독부 당국은 '종교부흥'을 내걸고 있었으나, 위의 목표를 보면 다시 '신앙심'으로 돌아가 있음을 알 수 있다. '종교부흥' 정책에서 '신사제도 확립'의 방침이 분리되어 격상된 경위가 있으므로, '경신숭조'와 '종교부흥'이 병행하지 않도록 총독부 당국은 '신앙심'으로 표현을 되돌렸다고 추측된다.

심전개발운동의 이데올로기는 두 번째 목표에 보이는 '경신숭조의 사상'에 있었는데, 이에 대해서는 다음 제2절과 제3절에서 논하도록 하겠다. 여기서는 「심전개발시설에 관한 건」에 대한 고찰을 이어가자. 앞서 소개한 목표의 '실행'에 관해서 다음과 같은 항목이 제시되어있다.

1 종교 각 파 및 교화 제 단체는 상호 연락 제휴하여 실효를 거둘 것
2 지도적 입장에 있는 자는 솔선하여 이에 노력하고 모범을 일반에 보일 것

첫 번째 항목을 통해 1936년 1월의 심전개발위원회에서 논의된 "종교 각 파와 사회사업단체 및 교화단체 등"이 "각각 구체안을 가다듬어 적극적으로 민심개발의 전도에 노력"한다는 내용에 각 단체들이 합의를 본 점을 알 수 있다.

그리고 실행세목에 관해서는 「심전개발시설요항」[47]을 통해 기준이 제시되었다. 각 사항의 제목은 '1 본부시설사항', '2 신사, 종교의 각 종파, 유도儒道관계단체 및 교화단체의 시설사항', '3 학교교육 시설사항', '4 사회적 시설사항'이었다. 그 중 두 번째 사항의 내용을 아래에 적어둔다.

신사, 종교의 각 종파, 단체 각자가 신앙심(신사의 경우에는 경신숭조의 사상) 계배(啓培)의 시설을 한층 강구하고 그 구체안을 수립하여 실시함에 있어서 상호 연락 제휴를 꾀할 것(고유신앙에 대해서는 중추원의 조사결과를 기다릴 것)

여기에는 앞서 설명한 각 단체의 합의사항이 명기되어있다. 그리고 '고유신앙'은 '중추원의 조사결과'가 나올 때까지 유보가 지시되었다.

---

[47] 『心田開發運動の要旨』에 수록되어있다.

다시 말해 '고유신앙'과 신사의 '상호 연락 제휴'는 중추원 신앙심사위원회가 '구체안을 수립'할 때까지 유보하라는 것이다. 이로 인해 최남선의 사유는 답보 상태에 빠지게 되었다.

이상의 내용을 종합하여 통치정책에서 심전개발운동이 짊어졌던 역할을 생각해보면 다음과 같이 정리할 수 있을 것이다. 농촌진흥운동이 전개하는 과정에서 국체명징성명의 영향을 받은 조선총독부는 국민통합을 위해 조선민중의 '신앙심'을 재편성하려했다. 이러한 구상은 두 가지 요소(이중성) 위에 성립한 것이었는데, 총독부는 '경신숭조'에 입각하여 대중을 신사에 동원하는 한편('신사제도 확립'), 공인종교(교파신도[48]를 포함), 그리고 이용 가능한 여러 '신앙' 및 교화단체에게 협력을 요구했다('종교부흥'). 그리고 이런 이중성의 이면에는 지배에 장애를 가져오는 '유사종교'나 '미신' 등을 배제하려는 의도가 있었다.

'유사종교'에 대한 탄압은 제2부 부론에서 다룰 것이다. 여기서는 공인종교에 대해 간단한 설명을 덧붙여둔다. 포교규칙(총독부령 제83호, 1915년) 제1조에 의해 소위 공인종교의 정의가 확정되었다. 제1조는 "본령에서 종교라 부르는 것은 신도, 불교 및 기독교를 말한다"는 조문으로 이루어져있다. 이를 통해 공인종교가 성문화되었고 '신도'(이른바 교파신도), '불교'('내지불교'와 '조선불교'), '기독교'가 여기에 포함되었다.

총독부 내에서 신사를 주관하던 부서는 — '내지'와 마찬가지로 신사

---

48 교파신도를 중심으로 한 정책사연구는 아직 없는 것으로 보인다. 심전개발운동기의 교파신도의 동향은 매우 중요한 연구과제가 될 것이다. 심전개발운동에 천리교가 적극적으로 관여한 사례로서 김태훈, 「1910년 전후 '종교' 개념의 행방―제국사적 관점에서」, (윤해동·이소마에 준이치 편, 『종교와 식민지근대―한국 종교의 내면화, 정치화는 어떻게 진행되었나』, 책과함께, 2013)를 참고.

비종교론의 관점에서— 1925년부터 학무국 종교과에서 내무국 지방과로 이관되었다. 이후 1941년에는 사정국司政局 지방과로, 1943년부터는 총독관방 지방과가 주관하게 되었다. 공인종교의 주관부서는 학무국 종교과(1932년부터 학무국 사회과, 1936년부터 학무국 사회교육과, 이하 생략)였다. 비공인종교단체('유사단체' 및 비밀결사)는 경무국이 주관부서를 담당했다.

2. '경신숭조' 논리의 형성 - '중견인물' 양성시설

저자가 조사한 바에 따르면 '경신숭조'를 중점적으로 논한 선행연구는 거의 없다고 해도 무방하며, 사카모토 고레마루의 『국가신도형성의 연구』[49]가 그나마 비교적 '경신숭조'에 대해 언급하고 있는 편이다. 다만 사카모토는 '경신숭조'의 관념을 자명한 것으로 여기고 신사 비종교론에 입각한 논리를 펼치고 있다. 사카모토는 『근세 · 근대 신사논고』에서 "국가신도를 지탱했던 가장 큰 이데올로기는 '신사 비종교론'에 의거한 제정일치, 경신숭조의 이념이었다"며, '경신숭조'를 신사 비종교론에 근거한 이념으로 여기는 인식을 분명히 드러내고 있다.[50]

---

49 阪本是丸, 『国家神道形成過程の研究』, 岩波書店, 1994.

50 阪本是丸, 『近世 · 近代神社論考』(弘文堂, 2007)의 제2장 「内務省の「神社非宗教論」に関する一考察」을 참조. 같은 장 주2에서 사카모토는 "이 내무성 식 '신사 비종교론'에 의한 '경신숭조'가 국가신도의 중핵 이데올로기로서 전시에 이르기까지 유지되었던 것"을 『神祇本義』(神祇院, 1944)의 '경신은 곧 숭조다'라는 구절을 인용하여 주장한다.

일반적으로 '경신숭조'에는 대략 두 가지 견해가 있다고 한다.[51] 하나는 "우리나라의 신화 이래의 신들에 대한 경신과 조상신에 대한 숭배를 의미하며, 일본 및 신도 본래의 고유한 신앙사상의 표현으로 보는" 견해이다. 다른 하나는 "경신과 숭조는 원래 서로 다른 것으로 경신은 신도의 본령이지만, 숭조는 유교나 불교가 우리나라에 건너온 것에 유래하며 그 가조家祖숭배 및 조령조제祖靈弔祭에 입각해있다고 보는" 견해이다.

신사 비종교론에서는 '경신'과 마찬가지로 '숭조' 역시 종교가 될 수 없으며 이러한 입장에서 보면 '경신숭조'의 전제는 전자의 견해가 된다고 생각할 수 있다. 그렇지만 저자는 비록 '숭조'가 종교가 아닌 것으로 여겨졌다 하더라도 그것이 발화되는 시기나 입장에 따라 내용에 변화가 있었을 것이라고 추측한다.[52] 가령 조선총독부 관료들의 대학시절 은사이기도 했던 호즈미 노부시게는(이 장 제1절 (1)을 참조), 신사 비종교론의 입장에서 조상에 대한 제사는 '도덕'에 속한다고 하여 신사신도의 종교성을 부정했다. 그렇지만 신인동격교적인 신도관에 입각하여 '생사'의

---

51 薗田稔·橋本政宣編,『神道史大辞典』(吉川弘文館, 2004)의 '경신숭조' 항목에 의함. 하시모토[橋本]에 따르면 "중근세의 신불습합(神仏習合), 신유일치(神儒一致), 신유불 삼교조화 등의 사상이 일반에 보급, 침투함에 따라 경신과 숭조 양자가 거리를 두지 않은 채 수용되기에 이르렀다"고 한다.

52 위의 책, '경신숭조' 항목을 보면 두 가지 견해에 대한 설명에 이어서 "전시에 일본정신을 고취하는 가운데 일부에서는 경신과 숭조의 이동(異同)을 새롭게 강조하고 양자의 일체성을 주장했다"는 언급이 나온다. '양자의 일체성'이란 적극적 신사 비종교론의 입장에 선 '숭조' 용법의 하나였다고 보인다.
   그 내용은 마쓰나가 모토키[松永材]의『敬神崇祖一體論』(平凡社, 1941)을 통해 알 수 있다. 마쓰나가는 "현재는 경신숭조가 여러 갈래로 분리되어 경신은 신에 대한 것, 숭조는 대부분의 경우 부처(다른 종교는 일단 생략한다)에 대한 것이 되었으므로 이를 일체화하자는 것"이라 설명한다(109쪽). '숭조'는 원래 신도고유의 것이라는 입장(본문에서 논한 두 가지 견해 중 전자)에서 '경신숭조의 분리'가 "국체관념을 착란하거나 약체화"(109쪽)시키므로 양자의 '일체화'가 필요하다는 주장이다.

연구를 행하기도 했던 가토 겐치는 적극적 신사 비종교론의 관점에서 조상을 신격화했다. 그렇다면 1930년대에 들어서 '경신숭조'를 강조하기 시작한 조선총독부 관료들의 적극적 신사 비종교론에 있어서 '숭조'의 요소야말로 신사신도의 종교성을 받아들이는 토대가 되었다고 볼 수도 있을 것이다.

이러한 가정을 바탕으로 이 절에서는 '중견인물' 양성시설에서 '경신숭조'의 논리가 형성되어가는 과정을 고찰하고, '숭조'의 부분이 신사신도의 종교성을 받아들이는 바탕이 되었음을 논할 것이다.

이 장 제1절 「(1) 적극적 신사 비종교론의 침투－총독부 당국의 관료들」에서는 가케이 가쓰히코의 '고신도' 담론과 '천황귀일'론이 야마자키 노부요시를 경유하여 식민지조선과 조선총독부의 관료들에게 유입되는 하나의 커다란 흐름을 상정해보았다. 그 검증을 위해 아래에서는 농촌진흥운동을 통한 '경신숭조 사상'의 실천내용을 분석해보겠다.

야마자키의 '경신숭조'관을 간략하게 돌이켜보자(제1장 제2절 (2)를 참조). 야마자키가 주장하는 '천황귀일'의 사상에서 '가계'라는 '영원한 생명의 흐름'은 아이에서 부모로, 그리고 조상으로 거슬러 올라가는 것을 통해 천황에게 귀일해간다. 여기서 '경신'과 '숭조'의 의미관계는 '우리 황조, 황종에게 예배하는 것(＝'경신')'과 '그 집의 조상에게 예배하는 것(＝'숭조')'의 조합으로 표현되며, '가계'는 '숭조'를 매개로 천황에게 귀일한다. 달리 말하면 천황을 국민의 본가에 위치지우는 가족국가관을 '천황귀일'의 관념으로 표현한 것이 야마자키의 '경신숭조'관이었다.

그렇다면 심전개발운동의 '목표'로 제시된 '경신숭조 사상'에서 '경신'과 '숭조'의 의미관계는 어떠한 것이었을까? 이를 생각하기 위해서는 우선 농촌진흥운동의 현장, 특히 야마자키 '경신숭조'관의 실천이 응축된 형태로 나타나는 장소인 '중견인물' 양성시설에 주목하고, 연습생들에게 행해진 '경신숭조' 실시의 구체적인 양상을 살펴볼 필요가 있다. 참고로 농촌진흥운동의 '중견인물'이란 촌락의 기존 '지방유지'를 대신하는 존재로서, 각 촌락에 행정력을 침투시키는 역할 또한 맡고 있었다. 특히 1935년 1월에 우가키 총독이 기존의 갱생지도부락을 전 '부락'으로 확대하는 방침을 공표하자, 동시에 '중견인물'의 양성이 시급한 과제로 떠오르게 되었다.

야마자키의 오랜 친구이기도 한 와타나베 도요히코 학무국장(그 전에는 경상남도지사)은 『자력갱생휘보』[53]에 도지사로서는 처음으로 글을 실은 인물이기도 했다(1933년). 이 잡지는 전부 88호까지 발간되었는데, 농촌진흥운동의 주관부서였던 농림국 농정과(1936년에 주관부서로서 농림국 농촌진흥과가 설치될 때까지 주관)가 편집을 담당한 월간지였다. 와타나베가 쓴 글을 보면[54] 도내 농업관계 학교의 '개선'을 위해 야마자키와—그 제자에 해당하며 마찬가지로 가케이의 '고신도' 담론을 수용한 농본주의자—가토 간치加藤寛治[55]의 힘을 빌리고 있다는 내용이 나온다. 실제로 와타나베는 경상남도 남해군의 농업실습학교(보충적 농업학교) 전임교장(원래는 보통학교 교장이 겸임)에 가토의 추천을 받아 도야마遠山라는 인물을 채용했고,

---

53 板垣竜太 監修・解説, 『自力更生彙報—朝鮮総督府農村政策史料』第1-6巻(ゆまに書房, 2006)은 『자력갱생휘보』의 복각판이다. 본문의 인용은 복각판을 이용했다.

54 渡辺豊日子, 「我が道の農村振興」, 위의 책 第3号, 1933.6.30, 4~7쪽.

55 가토 간치(1884~1967)는 농민교육(일본국민고등학교)과 만몽개척을 선도한 인물로 알려져 있다. 그의 신도농본주의는 가케이 가쓰히코의 '고신도'의 입장에서 농민도와 무사도를 융합시킨 것이라 한다. 武田共治, 『日本農本主義の構造』(創風社, 1999) 제5장을 참조. 참고로 가토와 가케이의 관계에 대해서는 嵯峨井建, 『満州の神社興亡史』(芙蓉書房出版, 1998)의 제4장 「昭和期の神社」를 참고하라.

밀양 농잠학교(도립 농업학교)의 교육주임에 야마자키가 추천한 구스노키 로쿠시로楠碌四郎(야마자키가 경영하던 신풍의숙神風義塾 숙장)를 채용했다.

구스노키는 후에 황해도 지방개량주사主事로서 1936년 6월에 설립된 황해도 농민훈련소(황해도립의 '중견인물' 양성시설)의 소장에 취임한다. 또한 가토가 주도했던 일본국민고등학교의 졸업생(김상린金尙麟, 1935년 1월 졸업)이 평양고등농민강습소(백세명白世明이 경영한 '중견인물' 양성시설, 1935년 12월 설립)에서 강사를 맡기도 했다. 이 강습소에서는 "일본국민고등학교와 같은 훈육을 시행했다"고 한다.[56]

위의 사실들로부터 농촌진흥운동의 농민교육 현장에 야마자키와 가토의 영향력이 침투해있었음을 엿볼 수 있다. 이것의 응축된 형태가 1935년 1월의 임시도지사회의의 결정에 따라 확대가 추진되었던 '중견인물' 양성시설이었다. 시설의 설치와 경영 등에 관한 지시는 3월에 각 도지사에게 보낸 정무총감의 통첩[57]에 의해 이루어졌다. 그리고 이듬해 2월에도 마찬가지로 각 도지사에게 보낸 정무총감의 통첩[58]을 통해 양성시설의 교육방침에 관한 보충지시가 내려졌다. 그에 따르면 "경영에 있어서 반드시 획일적인 방침을 취할 필요"는 없었다. "농민훈련소 등의 소장은 사정이 허락하는 한 전무자專務者를 배치"하고, "교육훈련에서는 상당한 자유와 재량을 주는 편이 효과적일 것으로 사료된다"고 한다.

---

56 朝鮮總督府編, 『農山漁村に於ける中堅人物養成施設の概要』, 1936.12.

57 각 도지사에게 보낸 정무총감 통첩 「농산어촌 진흥에 있어서 유의할 요항(農山漁村振興上留意すべき要項)」(1935.3.16)은 朝鮮總督府編, 『朝鮮施政に関する諭告、訓示竝に演述集』(1937)에 수록되어있다.

58 각 도지사에게 보낸 정무총감 통첩 「농산어촌 진흥에 관한 본부직원시찰의 결과에 비추어 개선, 쇄신을 요할 것을 인정하는 사항(農山漁村の振興に付本府職員視察の結果に微し改善刷新を要すると認むる事項)」(1936.2.14)은 『自力更生彙報』第30號(1936.2.20, 4~5쪽)에 수록되어있다.

1936년 11월에 조선총독부가 출판한『농산어촌 중견인물 양성시설의 개요農山漁村に於ける中堅人物養成施設の概要』(이하『개요』로 약칭)를 보아도 여기에 게재된 40개 시설에서 '획일적인 방침'이 취해진 흔적은 나타나지 않으며, '교육·훈련'의 세부에서도 — 소장 등이 배워온 농본주의에 입각한 — '자유와 재량'이 인정되었던 것 같다. 하지만 커다란 틀에서는 야마자키나 가토의 영향이 있었을 것으로 예상되는 바, 어느 정도 일정한 '획일적인 방침'이 존재했을 가능성이 있다. 다음으로 이 점을 살펴보자.

경기도에는 다섯 군데의 양성시설이 있었다. 각각의 '훈련방침'만 보면 "실습생으로서 농업노동과 실습체험을 통해 황국농민의 정신을 도야하고 신념의 배양에 힘쓰는 동시에 농업경영의 진수를 체득한다"는 문장으로 통일되어있음을 알 수 있다. 여기서 말하는 '황국농민'이란 야마자키의 '농민도'에 보이는 '천황에 귀일하려는 신념을 지닌 사람'으로서의 '황국의 농민'을 가리킨다. '황국농민'이라는 정신론적, 실천적 훈련의 내용은 '훈련실시상황'에 보다 자세히 설명되어있다. 예를 들어 훈련생 그룹을 가족에 빗대어 '자치협동의 정신'을 순치, 함양한다거나 '정신의 단련, 도야'에 중점을 둔다는 내용이 있는데, 이와 같은 내용 또한 다섯 군데의 시설에서 공통적으로 나타난다.

위의 내용은 다른 양성시설에서는 표현이 달라지거나 정도의 차이가 보이기도 하며, 아예 그러한 표현자체가 적혀있지 않은 경우도 있다. 다만 양성시설의 특징으로서는 이러한 정신론적인 내용이 최대공약수로서 기능하고 있었음을 지적할 수 있다. 따라서 더욱 노골적인 표현들로 대상을 좁혀가다 보면 야마자키 '경신숭조'관의 반영여부가 조금씩 드러나게 된다.

경기도의 양성시설 가운데 하나로서 여주군 농도農道강습소가 있었다. 이곳의 '훈련실시상황' 중 '정신의 단련, 도야'에 관한 부분에는 다음과 같은 기술이 있다.

정신의 단련, 도야와 경신(敬信)[경신(敬神)의 오자]숭조 관념의 함양에 무엇보다도 힘을 쏟고, 매달 1일과 15일에는 여주신사(神社)[신사(神祠)의 오자]에, 매일의 조회에서는 문묘에 참배시키고, 그 외 조상의 명일 및 봄과 가을 두 번의 '절사(節祀)' 때는 집에 돌아가 제사에 참석하게 한다.

여주군 농도강습소에서는 이처럼 '경신숭조의 관념'에 대한 기술이 추가되었다. '매일의 조회에서는 문묘에 참배'시킨다는 것은 문묘 건물을 이용하여 설립된 여주군 농도강습소 특유의 방침이었다.[59] "조상의 명일 및 봄과 가을 두 번의 '절사' 때는 집에 돌아가 제사에 참석하게 한다"는 것은 막연하게 기존의 조상숭배를 장려하는 구절로 생각된다. 이것만 가지고는 조상숭배를 매개로 천황에게 귀일한다는 요소는 발견되지 않는다.

그러면 다른 양성시설 가운데 조상숭배를 훈련 안에 포함시키고 있던 사례를 계속해서 위의 『개요』로부터 찾아보자. 황해도립의 양성시설인 황해도 농민훈련소는 1936년 6월에 설립되었다. 훈련소 소장은 야마자키가 운영하던 신풍의숙 숙장이었던 구스노키였으므로(당시 황해도 지방

---

[59] 졸고, 「朝鮮農村の「中堅人物」－京畿道驪州郡の場合」(『朝鮮学報』第141輯, 1991)에서 여주군의 '중견인물' 양성에 유림의 이미지를 부여하려는 의도가 있었던 점, 그리고 여주군 행정과 농도강습소의 관계 등을 다루었다.

개량주사), 신풍의숙의 영향을 받은 교육이 실시되었을 것으로 예상된다. 정원 30명, 현원 34명(하나의 군에서 두 명씩 뽑았다)으로 훈련기간은 3월부터 다음해 2월까지의 12개월간이었다.

'훈련방침'의 첫 번째로서 "신념을 가진 황국의 농민 또는 진정한 농촌지도자가 될 것"을 내걸고 있으며 '황국의 농민'이라는 표현을 사용한다. '특수훈련행사'란에는 이イ에서 헤ヘ까지의 6개 항목이 있는데, '로ロ, 황거 및 신궁(이세伊勢)의 요배'가 '경신'을 주된 내용으로 삼는 부분이다. '하ハ, 부조父祖에게 요례遙禮'는 '숭조'에 해당하는 부분으로, "저녁 요배 후에 부조(혹은 그 분묘지)가 계신 쪽을 각자 향하고 감사의 뜻을 올리는 경례"라는 내용이 보인다. '부조'가 죽은 사람일 경우에는 '분묘지'를 향하여 '경례'하도록 되어있다. 같은 내용이 '니ニ'에서는 '부조의 영에게 경례'로 적혀있다.

그 외에도 조상숭배를 훈련 안에 포함시키고 있는 경우가 몇 군데 발견되지만, 위 두 가지 사례와 마찬가지로 조상숭배를 거쳐서 천황에게 귀일한다는 요소는 보이지 않는다. 이를 통해 '중견인물' 양성시설의 지도자들, 나아가 총독부 당국은 조선사회에 뿌리내리고 있는 유교제사에 대해서는 어떤 대책도 마련하지 못하고 있었음을 알 수 있다. 총독부 당국은 행정적으로는 유교제사를 '구관'으로서 '온존'시키면서 변함없이 그 실시를 묵인하고 있었다.

지금까지 양성시설의 훈련에 야마자키의 '경신숭조'관이 어느 정도 침투해있었음을 확인했다. 한편 '훈련방침'이 심전개발운동의 '목표' (이 장 제1절 (5)를 참조)에 바탕을 두고 있는 양성시설도 발견된다. 『개요』에 게재된 40개 양성시설 가운데 '훈련방침'을 심전개발운동의 '목표'에 맞추어 작성, 혹은 수정한 곳은 전부 여섯 군데가 있다.[60] 이들 시설에 보이는 '훈련방침'의 변화는 이를 지탱하던 논리가 야마자키의 '경신숭조'관에서 심전개발운동을 통해 제시된 '경신숭조'로 이행했음을 의미한다.

거듭 설명하지만 야마자키의 '경신숭조'관은 '가계'라는 '영원한 생명의 흐름'이 아이에서 부모, 조상으로 거슬러 올라가 천황에게 귀일한다는 내용을 담고 있었다. 이것이 심전개발운동에서 제시된 '경신숭조'로 이행했고, 양성시설의 '훈련방침'에서는 여기에 '국체관념'에 '합치'하는 '경신숭조'로 나아가려는 의도가 더해져서 "일본건국의 신을 최고의 신으로 숭경하는 것"에 '통일'된다는 내용이 덧붙여진 것이다.

이렇게 심전개발운동의 '목표'에 부합하려는 표현은, 실은 '중견인물' 양성시설에만 보이는 것이 아니었으며 심전개발운동의 '목표'를 해설한 총독부 내부문서를 요약한 것이기도 했다. 이 점에 주의하면서 다음으로는 심전개발운동의 두 번째 '목표'에 초점을 맞추고 '경신숭조'의 논리를 고찰해보자.

---

60 여섯 군데 양성시설은 다음과 같다. 충청남도 농촌여자강습소, 무주군 농민훈련소(전라북도), 진안군 농촌청년훈련소(동), 황해도 농촌여자강습소, 함경남도 농민도장, 함경북도 농사수련장.

3. '경신숭조' 논리의 확립
─심전개발운동의 '목표'를 중심으로

1) 심전개발운동의 '목표'

앞에서 지적한 대로 '중견인물' 양성시설의 '훈련방침' 내용은 심전 개발운동의 '목표'에 부합하는 표현으로 변해갔다. 이렇게 변화된 '훈련 방침' 설명의 근거가 된 총독부 내부문서가 무엇이었는지를 먼저 밝힐 필요가 있다. 이를 통해 내부문서에 적혀있는 '경신숭조'의 논리를 분석 할 것이다.

중일전쟁의 전면화에 따라 조선에서도 국민정신총동원운동(1938년, 국민정신총동원 조선연맹이 주체)이 개시되었고, 심전개발운동은 그 안으로 흡수되었다. 그런데 총동원운동은 그 전개과정에서 ─ 비록 일시적이긴 하지만 ─ 심전개발운동의 요소를 채택하려는 시도를 보였다. 이를 야 나무라 기치조和梁村奇智城 편, 『국민정신총동원운동과 심전개발國民精神總動 員運動と心田開發』(朝鮮研究社, 1939년 4월)[61]에서 살펴볼 수 있다.

---

61 같은 책 「自序」에 "앞서 조선에서는 우가키 총독에 의해 심전개발이 제창되어서 인심의 추향(趨向)에 다대한 양적(良績)을 남긴 바, 이번 총동원운동과 관련하여 앞으로 그 효 과가 더욱 클 것으로 예상된다"고 적혀있다. 그리고 이 책은 총독 미나미 지로와 전(前) 조선군사령관 가와시마 요시유키[川島義之](국민정신총동원 조선연맹총재)의 제언 (각각 '경신숭조'와 '일본정신'), 학무국장 시오하라 도키사부로[塩原時三郎](동 이사 장)와 야나베 에이자부로[矢鍋永三郎](동 이사)의 서문을 싣고 있다. 미나미 총독이 제 언으로 '경신숭조'를 고른 점도 흥미롭다.
편저자인 야나무라 기치조는 조선연구사 사장이었는데 야나베는 서문에서 "일찍이 교 화사업에 관심을 가지고 전조선 각지를 순회하며 세세한 실정을 들여다보고 민심의 추 향을 파악하여 많은 가르침을 준다"고 소개한다.

책의 「범례」에는 "5, 편찬 자료는 총독부가 제시한 것 이외에도 참고한 것이 많았지만, 번잡을 피하기 위해 출처의 표기를 생략한다"고 적혀 있다. 그리고 "감분흥기感奮興起에 해당하는 것에 대해 자료를 수집하고, 선진 식자의 탁월한 인격수양에 관한 이야기를 여기에 배치"(야나베 에이자부로矢鍋永三郞 「서序」)했다는 설명도 보인다. 이처럼 이 책에는 인용문의 출전이 표기되어있지 않기 때문에, 집필자의 이름조차 없는 구절의 경우에는 편자의 문장인지 인용인지를 신중하게 판별할 필요가 있다. 판별만 가능하다면 이 책에 게재된 문서 가운데 총독부의 내부문서를 그대로 옮겨온 부분 등은 대단히 귀중한 자료가 될 것이다.

야나무라는 '심전개발운동의 3대 목표'라는 표제 아래 "총독부 당국은 그 내용에 있어서 다음 3대 목표를 더욱 강조하고 있다"며 상술한 세 가지 목표 각각을 상세히 설명한 구절을 게재하고 있다. 문면과 내용으로 보건대 1936년 당시 총독부의 내부문서로 추정할 수 있다. 구체적으로 살펴보자.

두 번째 목표는 '경신숭조의 사상 및 신앙심을 함양하는 것'이었는데, 이를 상세히 설명한 부분에는 앞서 소개한 여섯 군데 양성시설의 '훈련방침'과 동일한 표현이 나타난다. 가령 "일본건국 이후 이 관념['신의 관념'을 가리킨다]이 일대진전을 이루어 조상숭배와 합치하고, 그 조상이 신격화하여 신이 되고 더욱 통일되어서 일본건국의 신을 최고의 신으로 숭경하게 되기에 이르는 바, 경신숭조는 여기서 국체관념과 합치한다"(79쪽)는 문장이 있다. 이는 여섯 곳의 시설 가운데 하나인 함경남도 농민도장의 '훈련방침' 제2항목 '경신숭조의 사상 및 신앙심의 함양'에 보이는 설명과 동일한 표현이다.

한편 이와시타 덴시로岩下伝四郎 편, 『대륙신사 대관大陸神社大観』(大陸神道聯盟, 1941년)의 '심전개발운동'(156~172쪽) 항목에도 『국민정신총동원운동과 심전개발』의 '심전개발운동의 3대 목표'와 동일한 문장이 실려 있다. 『대륙신사 대관』에 게재된 부분의 모두에는 '각 도 관계자'에게 보냈다는 정무총감 통첩 「심전개발시설에 관한 건」(1936년 1월 30일자. 이 장 제1절 (5)에서 소개했다)이 인용되어있다. 그 직후에 '심전개발운동의 요지'라는 표제의 문서가 실려 있는데, 3대 목표를 설명한 '목표'와 시설세목을 열거한 '심전개발시설요항'으로 구성되어있다. 이 '목표'와 『국민정신총동원운동과 심전개발』의 '심전개발운동의 3대 목표'를 비교해보면 문장이 일치함을 알 수 있다.

그리고 『국민정신총동원운동과 심전개발』에는 "조선총독부가 제작, 반포한 『심전개발운동의 요지』를 보면 다음과 같다"는 구절이 나오는데, 그 첫 부분의 발췌(35~36쪽)와 함께 이 자료가 총독부가 작성하고 반포한 것임을 알려준다. 여기서 『대륙신사 대관』이 '심전개발운동의 요지'를 통첩 바로 뒤에 게재한 점을 함께 고려해보면, 심전개발운동을 공표, 지시한 정무총감 통첩 「심전개발시설에 관한 건」과 해설서 『심전개발운동의 요지』가 총독부 당국에 의해 동시에 작성되었고, 통첩에 첨부하는 형태로 '각 도 관계자'에게 반포되었다고 단정할 수 있을 것이다.

이상의 고찰을 통해 앞에서 언급한 여섯 군데 양성시설의 '훈련방침' 내용이 『심전개발운동의 요지』 '목표'에 적혀있는 문장과 일치함을 알 수 있다. 이 해설서야말로 심전개발운동의 이데올로기였던 '경신숭조'를 설명한 문서였던 것이다.

『대륙신사 대관』은 비교적 열람과 입수가 용이하다. 여기에 실린 『심전개발운동의 요지』를 참고로 두 번째 목표에 대한 해설에서 '경신숭조'가 어떻게 설명되는지 살펴보도록 하겠다.

여기서 주목할 점은 — 두 번째 목표에 관한 해설임에도 불구하고 — 국체론에 관한 언급이 등장한다는 것이다. '조상숭배를 근체根蔕'로 삼는 '국체관념'에서 천황은 '최고 도덕자'로 간주된다. 동시에 '신격화된 신'이기도 하므로 '명진신明津神 혹은 현인신'이 된다(161쪽). 여기에서 천황을 신격화하는 가토 겐치와 그 국체론의 흔적을 엿볼 수 있다.

가토는 "고래로 일본을 통치해온 천황을 명진신이나 현인신, 혹은 현신 등으로 부르는 바, 천황은 자신의 몸에 신을 모셔"왔다고 한다. 그리고 "일본에서 천황이라 할 때의 진의는 신이 되시는 군주라는 뜻 이외에는 없다"며, 위의 인용부분과 똑같은 표현을 가지고 노골적으로 천황을 신격화한다. 가토는 이러한 논리를 바탕으로, 일본은 원래 "제정일치의 신정정치를 행하던 국가"였으며 "이는 실로 고왕금래 신황이 통치한 신국일본만이 그러하다"며 자신의 국체론을 전개한다.[62]

'국체관념을 명징할 것'이라는 첫 번째 목표에 표명된 총독부 당국의 '국체'관은 — 이 장 제1절 (5)에서 위의 자료를 이용하여 논한 것처럼 — 심전개발운동을 통해 '신앙심 향상'을 실천하고 '중추민족'(=일본인)이 아닌 조선인에게 '제국신민으로서의 지위'를 부여하는 점에 있었다. 이를 위해 두 번째 목표의 해설에서 '신앙심 향상' 실천의 일환으로서 천황을 신격화하는 가토의 국체론이 채용된 것으로 보인다. 그러니까 총독부 당국은 조선인의 '지위'를 설정함에 있어서 신사신도가 지닌

---

62 加藤玄智, 「世界宗教史上に於ける神道の位置」, 『神道講座(2)—神道篇』, 四海書房, 1929 ~1931. 『加藤玄智集』 第9巻에 수록되었다.

이른바 신앙의 힘을 기대했던 것이다.

이와 같은 국체론에 이어서 본래 주제인 '경신숭조'에 관한 해설이 등장한다. 이를 보면 "물론 신앙은 경신숭조에만 해당하는 것이 아니다"라고 하면서도 다음과 같이 '경신숭조'의 논리를 설명한다. "진정 정신적으로 이천만민을 구하기 위해서는 이런 저런 잡다한 미신을 타파하고 음사잡신의 귀신관념을 청산하여 고유의 조상숭배관념이라는 기초 위에 경신관념을 배양함으로써 내지인과 동등한 정신생활에 진입시킬 필요가 있다."(163쪽) 여기에 보이는 '고유의 조상숭배관념'이란 유교제사의 영향을 받기 이전의 조선고유의 조상숭배를 말한다. 그러면 "고유의 조상숭배관념이라는 기초 위에 경신관념을 배양"한다는 것의 의미는 무엇일까?

일본 '내지'에서는 "숭조의 관념이 더욱 발전하여 경신의 관념과 결부되었다"는 설명이 보인다. 즉 '일본건국 후'에 '숭조관념'이 "일대진전을 이루어 조상숭배와 합치하고, 그 조상이 신격화하여 신이 되고 더욱 통일되어서 일본건국의 신을 최고의 신으로 숭경하게 되기에 이르는바, 경신숭조는 여기서 국체관념과 합치하게" 되었다는 것이다(161쪽).

이 부분이 '국체관념'과 '합치'하는 '경신숭조'에 대한 설명임은 분명하다. "숭조의 관념이 더욱 발전하여 경신의 관념과 결부되었다"는 설명은 호즈미의 조상제사론을 응용한 것이다. 천황을 신격화하는 가토 국체론의 영향에 대해서는 이미 논했다. '조상이 신격화하여 신이' 된다는 것 역시 가토의 논의를 빌린 것이다. 나아가 '숭조관념'이 "더욱 통일되어서 일본건국의 신을 최고의 신으로 숭경하게 되기에" 이른다는 구절은, 천황 및 아마테라스 오미카미와의 관계를 절대시하는 가케이 가쓰히코의 '천황귀일'론의 응용으로 생각된다.

이상의 분석을 통해 '경신숭조'의 논리가 앞에서 보았던 조선 미소기회의 미소기 행사와 완전히 같은 논리로 이루어져있음을 알 수 있다. 미소기 행사의 논리에서는 호즈미와 가토의 논의가 융합하여 '이에'의 '조상'이 신격화되었다. 여기에 천황 및 아마테라스 오미카미와의 관계를 절대시하는 가케이의 '천황귀일'론이 더해짐으로써 — '일본민족'이 천황에게, 그리고 아마테라스 오미카미에게 '귀일'하는 것과 마찬가지로 — 신이 된 '조상'이 아마테라스 오미카미에게 '귀일'한다는 조상숭배형 황조신 숭배의 논리가 태어났던 것이다.

그렇다면 위에서 본 조선 "고유의 조상숭배관념이라는 기초 위에 경신관념을 배양"한다는 서술은 '국체관념'과 '합치'하는 '경신숭조'를 의미하는 구절로 간주할 수 있다. '국체관념'과 '합치'하는 '경신숭조'란, '숭조관념'이 발전하여 신이 된 '조상'은 아마테라스 오미카미에 '통일'되므로 아마테라스 오미카미를 '최고의 신으로 숭경'한다는 도식을 가리킨다. 이것이 심전개발운동의 '경신숭조' 논리였다.

그런데 이러한 '경신숭조'의 논리, 곧 국체명징성명을 통해 천황 통치권의 정통성='만세일계의 천황을 원수로 모시는 것(『심전개발운동의 요지』에 보이는 첫 번째 목표에 대한 설명부분)'을 강조하는 논리가 식민지조선에서도 과연 가토의 국체론처럼 단지 천황의 신격화를 주장하는 방식만가지고 통용될 수 있었을까? 여기에는 명확한 한계가 존재하며, 이를 총독부 당국 또한 인정하고 있었다는 점을 천황 및 아마테라스 오미카미와의 관계에 역학을 부여하는 가케이의 '천황귀일'론이 응용되었다는 사실에서 확인할 수 있다. 신이 된 '조상'이 아마테라스 오미카미에게 '귀일'한다는 조상숭배형 황조신 숭배의 논리를 도입함으로써, 총독부 당국은 천황 통치권의 정통성을 조선인들에게 명시하는 것이 가능했다. 다시 말해 총독부 당국은 조선인을 아마테라스 오미카미에게 '귀일'시키는 역학을 만들어내기 위해 신사신도와 연결되는 조선인의 조상숭배를 허가했고 — 신사신도가 지닌 이른바 신앙의 힘에 의지하여 — 조선인에게 '제국신민으로서의 지위'를 부여하고자 했던 것이다.

다만 '중추민족(=일본인)'이 아닌 조선인의 경우, 그들의 '조상'이 직접적으로 아마테라스 오미카미에게 '귀일'하는 것은 불가능했기 때문에 논리를 조작할 필요가 있었다. 이 점에 관해서는 다음 절에서 살펴보겠다.

그리고 무속을 비롯한 민간신앙에 관해서는 '경신숭조' 논리를 설명한 부분에서 '경신관념을 배양'하기 위한 전제로서 "이런 저런 잡다한 미신을 타파하고 음사잡신의 귀신관념을 청산"할 것이 적혀있다. '미신타파'와 '귀신관념을 청산'해야 할 이유로서 조상숭배를 둘러싼 조선의 당시 상황이 지적되고 있는데, "조상숭배는 경신관념까지 발달하여 '신'의 관념을 통일, 완성하는 경지에 이르지 못했으며 그저 무당에게 의존하는 유치한 귀신관념의 원시신앙 상태를 방불케 하는 바, 하층민은 미신의 질곡에 신음하고 있는 것이 현실"이라는 것이다(163쪽). 무속으로 대표되는 민간신앙이 고유의 조상숭배를 담당하고 있으므로 '미신타파' 등을 통해 이를 순화시키고 '경신관념'으로 고양시키자는 것이다.

유교제사에 대해서는 "경신숭조는 신사참배와 함께 각 가정에서 조상의 분묘를 소중히 여겨서 수호를 게을리 하는 일이 없게 하고, 제사를 진중히 행해서 숭경의 마음을 돈독히 만드는 것이 중요하다"고 설명한다(163쪽). 그리고 '자기 집의 조상만을 존경'하는 것, '오로지 분묘제각

祭閣이나 문집족보만을 장식'하는 것, '혼상제연婚喪祭宴'에 '어울리지 않는 출비를 군이 써서 허세를 부리는' 것 등을 비판하면서, '자기 집의 조상숭배를 넓혀가서 전체에 이르게' 함으로써 "최고권위의 신에게 종합, 통일하여 국가본의에 봉사하는 것에 경신숭조의 진체眞諦가 있다"고 주장한다(164쪽).

이는 「의례준칙」과 마찬가지로 유교적 의례를 간소화하면서(이 장 제1절 (4)를 참조) 유교제사를 그저 막연하게 '경신숭조'에 결합시키는 것에 그치는 논의였다. 이처럼 — '중견인물' 양성시설을 논한 부분에서 설명했듯이(이 장 제2절을 참조) — 총독부 당국은 유교제사에 관해서는 구체적인 대책을 강구하지 못한 채 그저 실시를 묵인하는 정도에 머무르고 있었다.

2) 조상숭배의 세 가지 층위

모리 겐지의 『묘지와 장송의 사회사』[63]는 일본의 묘지, 장송을 연구한 책으로서, 특히 호즈미 시게노부와 야나기다 구니오를 중심으로 '이데올로기로서의 조상제사'라는 문제를 다루고 있다(186~198쪽). 호즈미, 그리고 도쿄제대 법과대학에서 호즈미의 지도를 받은 야나기다의 조상숭배에는 '국가제사', '공동체제사', '가정제사'라는 서로 다른 층위의 제사를 조령, 또는 조상숭배로 통합하여 일원적으로 파악하는 이론적 틀이 존재했다고 한다. 아래에서는 호즈미의 『조상제사와 일본법

---

63 森謙二, 『墓と葬送の社会史』, 講談社現代新書, 1993.

률』[64](제1~3편과 부록으로 이루어져있다. 조선총독부 도서관 장서로도 지정)을 통해 세 가지 층위의 제사를 구체적으로 살펴보겠다.

호즈미는 그 보편성에 근거하여 조상제사를 '도덕적 관습(같은 책, 「원서原序」)'으로 여기는 신사 비종교론의 입장을 취한다. 그리고 일본 가정의 가미다나神棚 제사를 조상제사로 간주하고 '황조'와 '우지가미('가정 소재지의 수호신')'를 모시는 제사로 표현한다. 또한 '신도 가정의 두 번째 가미다나' 및 불교신자가 불단에서 각 집안의 '역대 조상을 모시는' 것에 대해서도 언급하고 있다(제1장 「조상제사의 세 종류」).

이렇게 일본 가정의 '제단'을 바탕으로 호즈미는 일본에서 행해지는 '세 종류의 조상제사'를 다음과 같이 정리한다. '1, 황실 시조에 대한 전국민의 제사', '2, 토지의 수호신에 대한 지방인민의 제사', '3, 각 가정의 조상에 대한 제사'가 그것이다. 참고로 두 번째 종류에서는 '우지가미'를 '토지의 수호신'으로 이해하는데, 그 이유로 "우지가미의 의의가 씨족의 수호신에서 지역의 수호신으로 변화"한 점을 들고 있다. 즉 호즈미는 조상제사로서의 '우지가미'를 지역민 각각의 '씨족의 수호신'으로 상정하고 이를 두 번째 종류로 제시하는 것이다.

호즈미는 이 '세 종류의 조상제사'를 제2편 「일본의 조상제사」에서 상술하는데, 제1장 「조상제사의 세 종류」에 이어서 제2장 「황실 조상의 제사」, 제3장 「씨족의 조상제사」, 제4장 「가정의 조상제사」로 각기 장별로 나누어 설명한다.

이처럼 가토나 가케이의 논의와 함께 호즈미의 조상제사론을 응용하여 '경신숭조' 논리가 만들어졌다고 한다면, '국가제사', '공동체제사',

---

64 穂積, 『祖先祭祀と日本法律』.

'가정제사'라는 세 가지 층위의 제사를 조상제사로서 각각 '황조신 제사', '우지가미 제사', '가정의 조상제사'로 바꾸어 읽는 것도 가능할 것이다. 하지만 '가족의 조상제사'의 경우에는 조선인의 가족법에 관한 법률상의 문제가 되기 때문에 심전개발운동이나 신사정책과는 직접적 관련이 없고, 정확히는 법제사 분야에서 조선민사령의 개정문제로서 접근해야할 테마이다. 여기서는 '공동체제사'가 '가정제사'와 겹치는 부분에만 한정시켜서 조금 언급할 예정이다.

이러한 가설 아래 다음 제4절 이후 및 제2부 제4장과 제5장에서는 세 가지 층위 가운데 '국가제사'와 '공동체제사'를 각각 '황조신 제사', '우지가미 제사'로 바꾸어 읽을 수 있는지의 여부를 검토할 것이다. '국가제사'는 이 장 제4절 이후에서 다룰 것이며 '공동체제사'는 제2부 제4장과 제5장에서 살펴볼 것이다.

덧붙이자면 조선의 '국가제사'는 구체적으로는 관사의 제사에 해당하므로, 1930년대 후반의 조선신궁 및 경성신사 등의 국폐소사를 검토할 것이다. '공동체제사'는 제사諸社의 제사에 해당하는데, 심전개발운동 이후의 일면 일신사一面一神社 · 신사神祠증설 방침을 통해 촌락에의 조영造營이 계획되던 신사, 신사神祠를 직접적인 분석대상으로 삼겠다.

4. 국폐소사의 '구니타마노 오카미' 합사

1) '경신숭조' 논리에 따른 '구니타마노 오카미' 합사

앞서 제1부 제2장에서 1936년의 국폐소사 열격에 있어서 당시 내무성은 제신에 관한 총독부안을 그대로 인정했음을 검증했다. 이를 바탕으로 지금까지 밝혀진 적이 없는 국폐소사 제신의 정책적 의도, 즉 '아마테라스 오미카미'와 '구니타마노 오카미'를 합사시킨 총독부의 정책적 의도가 무엇이었는지 살펴보도록 하자.[65]

조선신궁 제신논쟁에 즈음하여 단군봉재론자들은 조선신궁의 초대 궁사였던 다카마쓰 시로의 의견을 받아들여 '구니타마노 가미' 봉재론을 주장하고 있었다. 이때 '구니타마노 가미'는 '시조 및 건국유공자'로 해석되었다(제2장 제4절 (3)을 참조). 대표적인 '구니타마노 가미' 봉재론자였던 오가사와라 쇼조는 — 장래 중국 등에서의 봉재를 염두에 두고 — '구니타마노 가미'를 더 넓게 해석하여 '국토의 신령'으로 제시하기도 했다.[66]

오가사와라는 또한 같은 글에서 '구니타마노 오카미' 봉재가 국폐소사 열격의 조건 가운데 하나가 된 것은 "총독부 오야마 후미오 군의 탁

---

65 스가 고지[菅浩二]는 『日本統治下の海外神社―朝鮮神宮・台湾神社と祭神』(弘文堂, 2004)에서 국폐소사에 합사된 '구니타마노 오카미'에 대해 "토착성을 박탈당하고 '중앙'의 조선신궁에 대해 '지방'을 나타내는 것에 불과한 기호로 변했다"(350쪽)는 견해를 제시한다. 그러나 스가의 견해는 총독부 정책의 분석을 통해 합사의 의미를 추출한 것은 아니다.

66 小笠原省三編, 「国魂神を奉斎せる海外の神社」, 『海外神社史・上巻』, 海外神社史編纂会, 1953, 28쪽.

견과 노력의 결과"라며 신사행정을 담당하던 오야마를 높게 평가한다.[67] 아래에서는 '구니타마노 오카미' 봉재와 국폐소사 열격의 관계를 오야마의 '동아민족'론을 바탕으로 상세히 검토해보도록 하자.

오야마의 '동아민족'론 자체는 총독부의 신사행정에 한정해서 보면 그다지 현실적이지 못한 주장이었다. 도리어 그 조선판이라 할 수 있는 '조선의 신들의 부활'에 주목할 필요가 있다. 1934년에 간행된 『신사와 조선』을 통해 오야마는 신사의 종교성을 강조하는 한편, 이를 위한 '동제'의 신사화神社化 구상과 그 관련조사에 착수한다. 오야마는 '조선의 신들의 부활'(『신사와 조선』 제6장의 표제) 같은 구절을 통해 자신의 구상에 역사적 근거를 부여하고자 했다(제1장 제4절 (2)를 참조).

따라서 오야마는 총독부의 '구니타마노 가미'에 대한 기존의 해석을 답습하지 않았다. 총독부는 '구니타마노 가미'를—1928년 8월 내무성 신사국 고증과장 미야지 나오카즈가 총독부 촉탁을 지내며 저술한 조사서 「경성신사 제신증가에 관한 건」의 내용에 따라(제2장 제4절 (3)을 참조)—"유랴쿠천황 시대에 백제로 하여금 제사지내게 한 건방신建邦神"으로 해석하고 있었다.

오야마는 '외지 신사의 제신문제'에 관해 "대체로 아마테라스 오미카미 및 그 외 각 지방의 국토경영에 관계하는 신들을 중심으로 여기에 주민들과 연고가 있는 우부스나가미産土神를 배사配祀・봉재하는 편이 좋다는 소설所說"을 지지하고 있었다(『신사와 조선』, 141~142쪽). 당시 조선총독부가 '구니타마노 가미'를 백제가 모시던 '건방신'으로 해석했던 것과는 달리, 오야마는 이를 '각 지방의 국토경영에 관계하는 신들'로

---

67 위의 책, 29쪽.

간주하고 있는 것이다. 그리고 '구니타마노 가미'를 모시는 경우에는 '아마테라스 오미카미'와 합사하여 주신으로 삼아야한다는 생각을 가지고 있었다.

오야마의 '탁견과 노력의 결과'(오가사와라)로 심전개발운동을 담당했던 관료들이 국폐소사 열격에 있어서 '구니타마노 가미' 봉재를 받아들인 것은 사실로 보이는데, 그렇다면 그들은 '구니타마노 가미'를 어떻게 이해했던 것일까?

1936년 7월 경성신사와 용두산신사의 국폐소사 열격에 관한 총독부의 상주품청(같은 해 5월)과 관계서류를 바탕으로 탁무성은 상주서[68]를 작성하여 내각에 전한다(제2장 제4절 (1)을 참조). 상주서는 경성신사에 증사된 '구니타마노 가미'를 기존의 '건방신'이 아니라 '국토개발의 시조'로 적고 있다.

위에서 논했듯이 '구니타마노 가미' 봉재론자는 이를 '시조 및 건국유공자'로 해석했지만, 1929년 '구니타마노 가미'가 경성신사에 증사되었을 당시 총독부 당국은 '시조'가 아닌 '건방신'(미야지 나오카즈의 조사결과)이라는 해석을 채택했다. 오가사와라는 이 '건방신' 해석에 반대했으며, 훗날의 회고에서는 '나는 아직도 받아들일 수 없다'는 견해를 표명하기도 했다.[69]

---

68 탁무대신 상주서, 「경성신사 및 용두산신사를 국폐사로 열격하는 건(京城神社及龍頭山神社ヲ國幣社ニ列格ノ件)」, 1936.7.25. 「경성신사(경기도 경성부 왜성대정 진좌) 및 용두산신사(경상남도 부산부 변천정 진좌)를 국폐소사로 열격함(京城神社(京畿道京城府倭城臺町鎮坐)及龍頭山神社(慶尚南道釜山府弁天町鎮坐)ヲ國幣小社ニ列格ス)」에 수록되어있다(이하 자료의 표제를 기재할 때는 괄호 안의 진좌 지역은 생략). JACAR(아시아역사자료센터)Ref.A01200731900, 공문유취・제60편・쇼와11년・제58권・사사(社寺)・신사, 위생・인류위생・수축(獸畜)위생(국립공문서관).

69 小笠原編著, 「国魂神を奉斎せる海外の神社」, 『海外神社史・上巻』.

그러나 심전개발운동이 시작하고 1936년에 접어들면, 총독부 당국은 '구니타마노 오카미'에 '시조'의 의미를 부여하고 이를 '국토개발의 시조'로 해석하는 방향으로 입장을 변경한다. 이 점은 매우 중요하다. 단군을 부정해온 총독부 당국이 '시조'에 관한 제사를 '구니타마노 오카미' 봉재로 제한하는 방침을 취한 것으로 볼 수 있기 때문이다.

이를 조금 더 자세히 살펴보자. '국토개발의 시조'라는 구절은 앞서 소개한 상주품청(1936년 5월)에서 총독부가 본국정부에 참고자료로 제출한 경성신사 명세첩[70]의 기술에 근거한 표현이다. 이 신사 명세첩에 따르면 1926년 3월 우지코 회의의 결의에 입각하여 경내와 사전社殿의 대대적인 확장과 조영을 기획하는 동시에 "국토개발의 시조 구니타마노 가미 일좌一座와 오나무치노 미코토, 스쿠나비코나노 미코토 일좌를 증사하여 모실 것을 결정"했다고 한다.

경성신사 측은 '구니타마노 가미'를 — '구니타마노 가미' 봉재론자와 같은 관점에서 — '조선 구니타마노 가미'로 인식하고 있었다. 앞서 살펴보았듯이 단군봉재가 부정된 이후 '구니타마노 가미' 봉재론자는 총독부와 마찬가지로 '시조'를 단군으로 단정하지 않는 인식을 가지게 되었고, '구니타마노 가미'에 '시조' 이외에 '건국유공자'도 더하는 해석을 취하고 있었다. 그렇지만 위에서 본 것처럼 경성신사가 신사 명세첩을 작성하는 단계에서 '건국유공자'는 삭제되어 '시조'만 남게 되었고, 여기에 '국토개발'의 표현이 더해져 '국토개발의 시조'로 낙착을 본 것이다.

경성신사에서 이런 식으로 해석이 수정된 점을(1936년) 어떻게 이해

---

70 경성신사와 용두산신사의 신사명세첩은 주68의 상주서에 첨부된 「경성신사 및 용두산신사 열격참고자료(京城神社及龍頭山神社列格參考資料)」에 실려 있다.

하면 좋을까? 총독부 당국의 압력일까? 아니면 총독부 당국과 경성신사 쌍방의 합의에 따른 것일까?

실제로는 이러한 해석의 수정에 관해 총독부 당국은 '국토개발의 시조'라는 표현에 조금의 수정도 가하지 않은 채 제출용 신사 명세첩을 정서했고, 탁무성은 이 표현에 근거하여 상주서를 작성했다. 경성신사 신사 명세첩의 기재가 압력에 의한 것인지 합의에 의한 것인지는 알 수 없지만, 총독부 당국의 해석이 경성신사 증사 당시의 '건방신'(미야지)에서 '국토개발의 시조'로 변경된 것은 확실하다. 이 변경은 무엇을 의미할까?

거듭 강조하지만 심전개발운동을 담당한 총독부 당국의 관료들은 아마테라스 오미카미에게 '귀일'하는 조선인이라는 역학을 만들어내기 위해, 신사신도와 연결되는 조선인의 조상숭배를 인정하고 이른바 그 신앙의 힘을 빌려 조선인에게 '제국신민으로서의 지위'를 부여하고자 했다. 이를 위해 고안된 '경신숭조' 논리는 '국체관념'과 '합치'하는 것으로서, '숭조관념'의 발전에 따라 신이 된 '조상'이 아마테라스 오미카미에 '통일'되고 나아가 아마테라스 오미카미를 '최고의 신으로 숭경'하게 된다는 내용으로 이루어져있었다(이 장 제3절 (1)을 참조).

이 논리에서 아마테라스 오미카미에게 '귀일'하는 방식이 직선적인 일본인과는 달리 '중추민족'(=일본인)이 아닌 조선인은 그들의 '조상'을 경유할 필요가 있었다. 게다가 그 '조상'은 단순한 조상숭배의 대상이 아니라 아마테라스 오미카미에게 '귀일'하는 '시조'여야만 했다.

이러한 내용은 기기記紀의 국토양도 신화國讓リ神話를 떠올리게 한다. 이소마에 준이치는 가케이 가쓰히코의 국토양도 신화 해석이 "황실의 지상 지배가 그 덕에 힘입어 얼마나 원만하게 이루어졌던가를, 예컨대 저항이

있었을지언정 관대함으로 가득했다고 하는 식민지 및 국민 지배의 이상을 읽어내고자 하는 것"이었다고 설명한다. 그리고 이러한 해석으로부터 "한반도의 국폐사에 아마테라스 오미카미와 구니타마노 가미를 함께 봉재한 의도를 쉽게 이해할 수 있다"는 새로운 관점을 제시한다.[71]

가케이는 천손강림天孫降臨과 국토양도의 의의가—'다카마가하라高天原'와 '도요아시하라豊葦原'의 관계에 나타나듯이—"현실계를 바쳐서 다카마가하라에 합일시키는 작용"에 있었다고 설명한다. '합일'의 목적은 "다카마가하라를 다카마가하라로서 충분히 빛나게 하고, 자기 자신 역시 이윽고 분명히 빛나게 하려는" 점에 있었다. 이를 위해서는 "현실의 도요아시하라를 가능한 한 다카마가하라 안에 포섭시켜야만" 하며, 나아가 '다카마가하라'가 '이윽고 영화로워질' 필요가 있다고 보았다. 이렇게 '다카마가하라 안에 포섭'됨으로써 '현실계'는 '열려나가고 더욱 번성하게 될 것'이라고 한다.[72]

이러한 가케이의 국토양도신화로부터 이소마에가 지적하듯이 "식민지 및 국민 지배의 이상을 읽어"낼 수 있겠다. 덧붙이자면 '다카마가하라'와 '도요아시하라'가 맺는 '합일' 관계의 바탕에는, 천황이나 아마테라스 오미카미와의 관계를 절대시하는 가케이의 '천황귀일'론이 있었다.

---

71 이소마에 준이치, 「식민지 조선과 종교 개념에 관한 담론 편성—국가신도와 고유신앙의 틈새」, 윤해동·이소마에 준이치 편, 『종교와 식민지근대』, 229쪽. 일찍이 저자는 '아마테라스 오미카미'와 '구니타마노 오카미'의 합사가 "국토양도 신화에 근거하여 황조 아마테라스 오미카미와 황손에게 '나라를 양도'한 조선 구니타마노 가미의 관계를 의미한다"고 분석한 적이 있다. 다만 저자의 분석이 타당성을 지니며, 게다가 그 합사가 가케이 가쓰히코의 기기(記紀)해석으로부터 영향을 받았다는 점은 오히려 이소마에에 의해 실증되었다고 할 수 있다. 저자의 분석에 대해서는 「朝鮮総督府の神社政策—一九三〇年代を中心に」(『朝鮮学報』 第160輯, 1996.7, 107쪽)을 참조.

72 筧, 『神ながらの道』, 573~574쪽을 참조.

이와 같은 가케이의 국토양도신화 해석과 지금까지 논해온 '경신숭조'의 논리는, 총독부 당국에게 아마테라스 오미카미로 '귀일'하는 조선의 '시조'를 만들어낼 필요를 강요하는 촉매제 역할을 했다. 그리고 이 '시조'의 창출에 있어서 경성신사에 증사되어있던 '구니타마노 가미'가 적당한 후보로 떠올랐음은 추측하기에 어렵지 않다. 1935년 8월 3일에 발표된 제1차 국체명징성명으로부터 한 달여가 지난 9월에 총독부 당국이 움직임을 취하기 시작했다는 점도 이를 뒷받침한다. 총독부 당국이 경성신사와 용두산신사의 '관국폐사' 열격을 신사조사회에서 협의해줄 것을 본국정부에 요청한 것이다(제2장 제4절 (1)을 참조).

총독부 당국은 경성신사에 증사된 '구니타마노 가미'를 단순한 조선인의 '시조'가 아닌 황손에게 영토를 양보한 '영토개척'[73]의 신으로 간주하기 시작했고, 더욱이 그러한 영토양보에 아마테라스 오미카미로의 '귀일'이라는 해석을 부가했다. 이것이 앞서 말한 '국토개발의 시조'라는 총독부 당국의 새로운 '구니타마노 가미'(그 후 '구니타마노 오카미') 해석이었다.

지금까지의 내용을 국가신도의 논리로서 정리해보자. 앞 절에서 논했듯이 '국체관념'과 '합치'하는 '경신숭조'는, '숭조관념'이 발전하여 신

---

73 다카기 히로시[高木博志]는 「官幣大社札幌神社と「領土開拓」の神学」(岡田精司編, 『祭祀と国家の歴史学』, 塙書房, 2001)에서 삿포로신사 이래 '영토개척' 신학의 행방을 추적하고 "관폐대사 조선신궁의 제신논쟁이 아마테라스 오미카미를 제사지내는 것으로 결론나자, 삿포로신사 이후로 개척한 국토를 천손에게 양도하는 '영토개척의 신'인 오쿠니타마노 가미를 관폐대사에서 모셨던 신학(대만신사, 가라후토신사)은 종언을 맞게 되었다"고 논한다. 전체적인 논지에는 동의하지만 '영토개척의 신'을 모시는 신학은 '종언'을 맞았던 것이 아니라, 변칙적이긴 하나 조선신궁의 '메이지천황' 합사로 계승되었고(이 책 제1장 제1절 (1)에서 논증했다), 나아가 1936년 이후에 열격이 시작되는 국폐소사에 합사된 '구니타마노 오카미'로도 계승되었음을 본문에서 검증했다.

이 된 '조상'은 아마테라스 오미카미에 '통일'되므로 그 아마테라스 오미카미를 '최고의 신으로 숭경'한다는 내용을 담고 있었다. 이와 같은 '경신숭조'의 내용은 조선인들에게는 자신들의 '조상'이 '구니타마노 오카미'가 되고, 나아가 조선토착의 신들이 '구니타마노 오카미'로 여겨지게 됨을 의미했으며, 최종적으로는 '아마테라스 오미카미'에게 '귀일'하게 된다는 것을 의미했다.

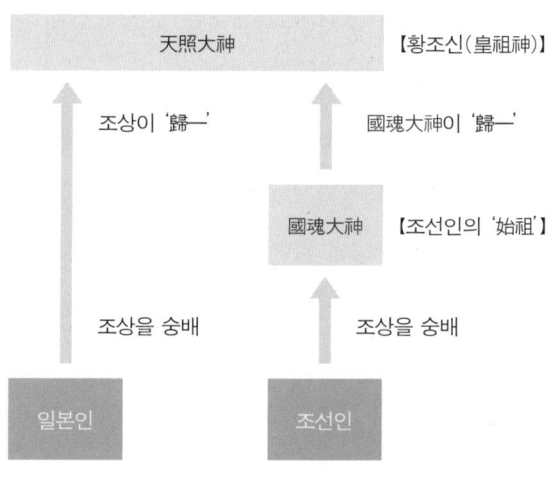

〈그림 3-1〉 아마테라스 오미카미에게 '귀일'하는 과정

'아마테라스 오미카미'에게 직선적으로 '귀일'하는 일본인과는 달리 ─ '중추민족'(=일본인)이 아닌 ─ 조선인은 '구니타마노 오카미'를 거칠 필요가 있었다. 조선의 신들이 '구니타마노 오카미'가 되어 '아마테라스 오미카미'에게 '귀일'한다는 논리가 성립했던 것이다. 이것이야말로 식민지조선에서 확립한 국가신도의 논리, 즉 '경신숭조'의 논리였다. 이 논리를 이번에는 내셔널리즘의 관점에서 다시 정리해보자. 제1장

제4절에서 논한 '동아민족'론은 일본을 중심으로 설정된 동조론을 응용한 것으로서, 다민족 사이의 서열을 전제하는 내셔널리즘(국민주의)을 상정하고 있었다. 여기에는 '일선'에서 '동아'로까지 확대된 동조론적 해석을 통해 '신 그대로의 큰 길'을 따르는 '동아민족'의 동질성을 창출해내려는 의도가 있었다. 위에서 밝힌 '경신숭조'의 논리는 서열에 따른 아마테라스 오미카미로의 '귀일' 방법에 있어서 '동아민족'론의 결정체라고도 할 수 있을만한 내용을 가지고 있었다. 전통적인 '동제'에 대한 관심이 높아졌던 1930년대 당시만 하더라도 조선토착의 신들에 관한 대응은 여전히 동조론적, 단일민족주의적인 인식에 근거하고 있었으나, 심전개발운동기에 보이는 아마테라스 오미카미의 성격에서는 다민족 제국주의적 내셔널리즘의 발상을 발견할 수 있다.

참고로 조선인은 병합에 의해 일본국적을 보유하는 '일본인'이 되었지만, 호적이 구별됨으로써 '내지인(이 책에서는 일본인으로 표기한다)'과는 법적으로 식별되었음을 다시 한 번 부기해둔다.

이와 같은 '경신숭조'의 논리는 '아마테라스 오미카미'와 '구니타마노 오카미'의 합사를 설명한 조선총독부 내부자료를 통해서도 뒷받침되므로 이를 살펴보자. 1936년 8월 신사제도 개편에 따른 법적 정비와 동시에 내무국장은 법령 시행에 관한 통첩을 각 도지사에게 발송한다.[74] 통첩의 내용 중 「1. 신사의 제신에 대해」에 '구니타마노 오카미'에 관한 설명이 나온다. 요점을 간추리면 조선재래의 신들은 '조선의 신격'으로

---

74 각 도지사에게 보낸 내무국장 통첩 「신사에 관한 법령 시행에 관한 건(神社ニ關スル法令ノ施行ニ關スル件)」(內秘 제89호, 1936.8). 朝鮮神職会編, 『朝鮮神社法令輯覧』(帝國地方行政學會朝鮮本部, 1937)에 수록.

인정된 경우에 제신을 '구니타마노 오카미'로 하여 봉재하고, 나아가 '아마테라스 오미카미'와 합사한다는 것이었다(더 상세한 내용은 제2장 제4절 (2)를 참조).

이를 통해 심전개발운동의 '경신숭조' 논리가 국폐소사에 '아마테라스 오미카미'와 '구니타마노 오카미'를 합사하는 형태로 실체화되었음을 확인할 수 있다.

그리고 이를 다른 각도에서도 바라보기 위해 조선신궁의 제신에 관해 제1장 제1절 (1)에서 제기한 가설을 상기해보자. 제신의 핵심개념으로서 적절했을 것으로 보이는 '동조'와 '영토개척'의 조합은 조선신궁에서는 오히려 제신결정 과정까지만 적용된 과도기적인 개념에 불과했다. 이들을 조합하는 논리는 심전개발운동의 이데올로기였던 '경신숭조' 논리에 편입되었고, 1936년 8월 이후에 열격이 시작된 국폐소사 제신을 통해 실체화되었다는 것이 저자의 가설이었다.

이 '동조'와 '영토개척'의 조합은 '황조'와 '영토개척'의 조합으로 이행해간다. 이를 '경신숭조'의 논리에 적용해서 생각해보면 '구니타마노 오카미'를 '국토개발의 시조'로 여기는 총독부 당국의 해석은 '황조'와 '영토개척'에 대응하는 표현으로 볼 수 있는데, '국토개발'은 '영토개척'에 해당하며 '시조'는 '황조'로 '귀일'하는 통로를 거치게 된다.[75] 심전개발운동에서 '아마테라스 오미카미'가 양 민족의 '황조'로서 일본인의

---

[75] '동조'와 '영토개척'의 조합은 오야마 후미오의 저서, 『神社と朝鮮』(朝鮮佛教社, 1934)에서도 발견할 수 있다는 점을 확인해두자. 이 책 제1장 제4절 (2)에서 논했듯이 오야마는 '동아'의 '종교'에 착목하고 '종교'가 '신사'에 귀일한다는 논리에 근거하여 '여러 민족'이 '국체신도'에 '정신적 결합'을 하는 '동아민족'을 상정하고 있었다. 그리고 오야마는 같은 책에서 '외지' 신사에서 '아마테라스 스메오카미'와 합사된 신은 '국토경영의 신들'이 대부분이었다는 분석결과를 제시한다(146~147쪽).

조상이나 조선인의 '시조'를 '귀일'시키는 대상으로서 존재했던 것은 분명한 사실이다. 이처럼 '아마테라스 오미카미'가 지니고 있었던 '동조'의 성격은 일본인과 조선인이 서열에 따라 '귀일'해야 할 대상＝황조신으로 변화한 것이다.

이상으로 심전개발운동에서의 '경신숭조' 논리가 신사행정에 반영되고 국폐소사의 제신을 통해 실체화된 점을 검증해보았다. 이제 국폐소사의 제신 과정에서 나타나는 합사의 실태를 보다 구체적으로 살펴볼 차례이다. 아래 (2)와 (3)에서는 각각 '구니타마노 오카미'라는 명칭이 사용되기 시작한 시기, 그리고 주신이 일좌로 수정된 점을 중심으로 고찰을 진행할 것이다.

2) '구니타마노 오카미'가 사용되기 시작한 시기

먼저 제신에 관해서는 총독부가 독자성을 확보하고 있었다는 점을 확인해두자. 1936년 5월 11일자로 조선총독이 내각총리대신에게 보낸 상주품청서[76]를 보면 경성신사와 용두산신사의 제신명으로 '구니타마노 오카미'가 사용되고 있으며, 두 신사 모두 모든 주신을 일좌에서 모시고 있다는 설명이 있다. 이는 내각의 심사를 거치기 이전에 이미 총독부가 두 신사의 제신을 결정하고 있었으며, 그에 대한 수정도 없었음을 의미한다(제2장 제4절 (1), (2)를 참조). 참고로 경성신사에서는 열격에 따

---

76 내각총리대신에게 보낸 조선총독의 상주품청서(地 제72호, 1936.5.11, 사진). 이 자료는 「경성신사 및 용두산신사를 국폐소사로 열격함」에 수록되어있다.

라 '구니타마노 가미'가 '구니타마노 오카미'라는 명칭으로 변경되었지만, 용두산신사의 경우에는 이때 처음으로 '구니타마노 가미'가 봉재되었다는 점을 염두에 둘 필요가 있다.

그러면 '구니타마노 오카미'가 사용되기 시작한 시기를 검토해보자. 전술한 것처럼 1934년 내무국장은 각 도지사에게 보낸 통첩을 통해 '조선 구니타마노 가미'처럼 '조선'을 덧씌운 '칭호'를 금지할 것을 지시했다(제2장 제4절 (3)을 참조). 하지만 이때는 아직 명칭을 특정한 것으로 통일하는 단계에는 이르지 않았었다. '구니타마노 오카미'의 명칭은 언제부터 사용되었던 것일까?

남아있는 자료에 한계가 있는 가운데 위의 상주품청서, 그리고 총독부가 제출한 것으로 보이는 「경성신사 및 용두산신사 열격 참고자료京城神社及龍頭山神社列格參考資料」(탁무대신 상주서에 첨부된 참고자료)에 실려 있는 경성신사와 용두산신사의 명세첩이 실마리를 제공해준다. 두 신사의 명세첩은 무지 용지를 사용하고 있는데, 다른 사용례가 보이는 탁무성 전용 타자기 용지가 아닐 뿐더러 양식도 통일되어 있는 점으로 미루어보아 총독부가 제출을 위해 타자기로 정서한 것으로 생각된다.

제신란을 보면 각각 '구니타마노 오카미'라는 명칭으로 표기되어있는데, 실제 열격 시와는 달리 모든 주신이 일좌에 적혀있지는 않았다. 가령 경성신사의 주신 '아마테라스 오미카미'와 '구니타마노 오카미'는 각각의 일좌를 가지고 있었으며, 그 하위에 위치하는 '오나무치노 미코토'와 '스쿠나비코나노 미코토'는 함께 별개의 일좌에 자리 잡고 있었다. 관국폐사에서는 주신과 배사신을 구별하기 때문에[77] 후자는 아마

---

77 國學院大學日本文化研究所編, 『神道事典』(縮刷版)(弘文堂, 1999)의 「주신」과 「배사」

배사를 가리킬 것이다. 용두산신사의 주신[78]에 관해서도 마찬가지로 '아마테라스 오미카미'와 '구니타마노 오카미'가 각각 일좌를 차지하고 있었으며, '오모노누시노 가미大物主神' 이하의 칠주七柱는 단을 낮추어 그대로 하위에 열거되었다. 이 칠주 또한 경성신사와 같은 배사였다고 생각된다. 칠주는 '오모노누시노 가미, 우와즈쓰노오노 미코토表筒男尊, 나카즈쓰노오노 미코토中筒男尊, 소코즈쓰노오노 미코토底筒男尊, 스사노오노 미코토素盞嗚尊, 오진천황応神天皇, 진구황후神功皇后'였다.

제신란의 위와 같은 서식은 이전 양 신사가 총독부에 제출한 자료(유서기由緒記였던 것으로 생각된다)에 적혀있던 내용, 즉 열격 이전의 표기와는 다른 것이었다. 아마 총독부 당국이 정서의 과정에서 열격 후의 양 신사의 제신을 상정하여 편집한 것으로 추정된다. 그렇다면 '구니타마노 오카미'의 명칭을 사용하고 있는 두 신사의 명세첩은 언제 어떻게 작성되었던 것일까? 이 점을 살펴보기 위해 신사 명세첩의 내용을 조금 더 꼼꼼하게 분석해보자.

무엇보다 신사 명세첩은 당시에는 아직 법적인 의미를 가지고 있지 못했다. 1936년 8월 「신사사원규칙神社寺院規則」(총독부령 제82호, 1915년)의 개정과 함께 「신사규칙」(총독부령 제76호)이 분리 제정되었는데(동시에 총독부령 제80호 「사원규칙」도 제정되었다), 이 새로운 법은 예전 법에 의해 창립이 허가되었던 신사들에 명세첩의 제출을 의무화했을 뿐만 아니라(「부칙附則」) 그 양식까지 통일시켰다. 즉 이때 처음으로 해당 신사들

항목을 참조했다.

78 명세첩 제신란의 위쪽에 '아마테라스 오미카미'와 '구니타마노 오카미'를 가리켜 '제신'이라고 적혀있는데, 경성신사의 명세첩과 대조해보면 '주신'의 오자임을 알 수 있다.

에 같은 양식의 명세첩을 작성하고 제출할 의무가 부과된 것이며, 열격 이전의 경성신사와 용두산신사에 통일된 양식의 명세첩은 당연히 존재하지 않았다.

경성신사 명세첩에 기술된 내용을 「경성신사어유서기」[79](1932년에 경성부를 거쳐서 내무국 지방과에 제출)와 대조해보면, 「경성신사어유서기」가 명세첩 작성의 바탕이 되었음을 알 수 있다.[80] 명세첩의 「경내신사」란에는 덴만궁天滿宮, 우사하치만사宇佐八幡社, 후시미이나리사伏見稲荷社는 적혀있지만, 노기사乃木社에 관한 기술은 보이지 않는다. 노기사는 1934년 9월에 진좌되었기 때문이다. 그리고 명세첩에 기재된 마지막 날짜는 1931년 8월이다. 따라서 총독부 당국은 1932년에 제출된 「경성신사어유서기」에 입각하여 제신란을 편집했고,[81] 그 후 명세첩이 작성되었을 것이다. 마찬가지로 타자기로 정서한 것이었다.

또한 용두산신사의 명세첩도 「용두산신사어유서 그 외龍頭山神社御由緒其他[82]」를 바탕으로 작성되었다. 명세첩의 「1, 유서」 후반부는 「용두산

---

79 「경성신사어유서기」는 조선총독부 사정국 지방과, 『쇼와16년도 국폐사 관계철(昭和十六年度 國幣社關係綴)』(한국 국가기록원 소장)에 제13호로 실려 있다. 참고로 이 서류 바로 뒤에 「용두산신사어유서 그 외(龍頭山神社御由緒 其他)」(제14호)와 평양신사 및 대구신사의 명세첩(제15호, 제16호)이 한데 묶여있다. 이 네 서류는 모두 열격 이전의 내용을 담고 있으며, 열격 후에는 각각 해당 연도의 『국폐사 관계철』에 수록되었을 것으로 보인다.

80 경성신사 명세첩 「1, 유서」의 전반부와 후반부는 각각 「경성신사어유서기」의 「1, 창립 및 사호」로부터, 그리고 「제신」란 뒤의 설명부분과 「1, 숭경사항」로부터의 발췌와 요약으로 구성되어있다.

81 이 책 제2장 제4절 (3), 그리고 제2장 주70에서 이미 논했듯이, 「경성신사어유서기」의 제신란을 보면 '조선 구니타마노 가미[朝鮮國魂神]'의 '조선'에 선을 긋고 '神' 앞에 작게 '大'를 적어 넣어 '구니타마노 오카미[國魂大神]'로 수정했음을 알 수 있다. 총독부 당국이 신사명세첩의 제신란을 작성하면서 동시에 수정을 가한 것으로 추측된다.

82 제14호로서 「경성신사어유서기」 다음에 철해져있다. 총독부 내무국이 부산부(釜山府)를 통해 관계서류의 제출을 요구했고, 이에 용두산신사가 1932년 6월 8일자로 부산부

신사어유서 그 외」의 「(가) 용두산신사어유서 및 연혁イ 龍頭山神社御由緒及 沿革」 말미에 적혀있는 전국신직회의 결의(「메이지41년 9월」), 그리고 관국폐사로의 승격을 이토 히로부미伊藤博文 통감과 데라우치 마사타케寺内正毅 총독에게 '품신' 및 '간청'한 내용을 발췌, 요약하고 있다. 더욱이 용두산신사 명세첩 「1, 유서」의 결론부에는 "아직 사격을 부여받지 못한 채 오늘에 이르고 있다"며 간접적으로 사격의 부여를 요청하는 내용이 추가되어있다.[83]

용두산신사의 명세첩도— 경성신사 명세첩과 같은 시기에 — 「용두산신사어유서 그 외」를 바탕으로 총독부 당국에 의해 제신란이 편집된 이후 타자기로 정서한 것으로 생각된다.

두 신사의 명세첩이 작성된 시기를 추측하는 것은 가능할까? 먼저 두 신사가 국폐소사 열격에 이르는 과정을 한 번 더 정리해보자(제2장 제4절 (1)을 참조).

1935년 8월 제1차 국체명징성명이 발표된 직후, 이전부터 논의되어 왔던 경성신사의 관국폐사로의 승격문제가 다시 부상했을 가능성이 있다. 이는 조선총독부가 9월 4일자로 경성신사와 용두산신사의 관국폐사 열격에 대해 그 여부와 정도를 신사조사회에서 협의해줄 것을 요청

에 제출, 그 후 총독부 내무국에 보내진 관계서류의 하나가 「용두산신사어유서 그 외」였다고 보인다.

83 설명을 보태자면 용두산신사 명세첩의 「1, 유서」의 전반부는 「진좌의 유래」에 관한 내용으로 이루어져있다. 「용두산신사어유서 그 외」의 「(가) 용두산신사어유서 및 연혁 ((イ)龍頭山神社御由緒及沿革)」에서 제신과 연혁이 길게 설명되어있는 것을 신사명세첩은 「진좌의 유래」로서 간단히 정리하고 있음을 알 수 있다. '이전 기록이 상세하지 않으나 사의 창건은(舊記詳ナラザルモ社ノ創建ハ)'(명세첩)이라는 구절 역시 '이전 기록이 상세지는 않지만 신사의 창립(舊記詳ナラズト雖モ神社ノ創立)'(「어유서」)의 수정임이 분명하다.

하는 관계문서를 탁무성에 보낸 점에서 알 수 있다. 신사조사회의 협의는 12월 17일에 열렸는데, 회답내용이 신사국에서 탁무성으로 통지된 후(1936년 1월 17일자) 조선총독부 내무국으로 전해졌다(1월 23일자). 그 내용은 경성신사와 용두산신사 모두 "국폐소사로 삼는 것이 적당하다는 회답을 받았다"는 것이었다.

그렇다면 1935년 9월 4일자로 작성된 신사조사회의 협의를 부탁하는 조선총독부의 관계문서에 참고자료로서 양 신사의 명세첩이 첨부되었다고 보는 게 타당할 것이다. 이 점은 나중에 작성된 신사조사회 내협의결정[84]을 통해서도 알 수 있다.

조선총독부의 조회요청에 대해 신사조사회는 12월 17일에 협의를 개최한다. 그 내협의결정의 기록 가운데 신사의 진좌 장소가 신사명세첩과 같은 방식으로 적혀있는 점도 위의 주장을 뒷받침하는 근거로 볼 수 있다. 가령 경성신사의 경우에는 '경성부 왜성대 남산공원지 진좌(다만 신사명세첩에는 '부'의 글자가 없다)', 용두산신사는 '부산부 변천정 2정목'(다만 신사명세첩에는 이어서 '용두산 진좌'라고 적혀있다)으로 베껴 적은 흔적이 보이기 때문이다.

위의 내용을 바탕으로 '구니타마노 오카미'가 총독부 내에서 사용되기 시작한 시기를 추측해보면 두 신사의 명세첩이 작성되었을 무렵임을 알 수 있다. 더 정확히는 신사조사회 협의에 관한 조선총독부 관계문서가 작성된 1935년 9월 4일 무렵으로 추정할 수 있다. 이렇게 제1차 국

---

[84] 탁무성 관리국장에게 보낸 신사국장 통지서(1936.1.17, 사진) 및 조선총독부 내무국장에게 보낸 탁무성 조선부장 통지서(1936.1.23, 사진)에 첨부된 내협의결정, 「조선의 신사를 관국폐사로 승격시키는 건(朝鮮ノ神社ヲ官國幣社ニ昇格ノ件)」(사진). 두 통지서와 함께 「경성신사 및 용두산신사를 국폐소사로 열격함」에 수록되어있다.

체명징성명 직후에 총독부가 경성신사와 용두산신사의 '관국폐사' 열격을 위해 움직였으며, 또한 '아마테라스 오미카미'와 '구니타마노 오카미'를 각각의 일좌에 합사할 것을 계획했다는 사실은 '구니타마노 오카미' 합사의 실태를 고찰하는 데 있어서 대단히 중요하다.

참고로 1936년 8월 두 신사가 열격되었을 당시가 '구니타마노 오카미'라는 명칭의 공식적인 사용의 효시가 된다는 점을 지적해둔다. 경성신사와 용두산신사의 명세첩에 기재된 것처럼 주신으로서 '아마테라스 오미카미'와 합사하는 경우, 그 때까지 사용을 통제했던 '구니타마노 가미'로는 격이 맞지 않게 된다. 그래서 총독부 당국은 '아마테라스 오미카미'에 맞추어 '구니타마노 오카미'라는 명칭을 사용한 것으로 생각된다.

여러 번 강조한 점이지만 비슷한 시기에 발송된 내무국장 통첩(「신사에 관한 법령의 시행에 관한 건」, 1936년 8월)은 각 도지사에게 위의 명칭을 사용할 것을 지시하고 있으며, '아마테라스 오미카미'와의 합사 또한 의무화하고 있었다.

3) 주신을 일좌에 합치는 것으로 수정

앞에서 논했듯이 당초의 총독부 안에는 경성신사와 용두산신사가 주신인 '아마테라스 오미카미'와 '구니타마노 오카미'를 각각의 일좌에서 합사한다는 내용이 담겨있었다. 이것이 나중에 주신을 일좌에 합치는 것으로 수정되는데, 여기서는 이 수정에 주목해보자.

내각총리대신에게 보낸 조선총독의 상주품청서(5월 11일자)를 보면 총독부 당국은 경성신사 및 용두산신사의 주신을 일좌에 둔다는 기술이 있다. 그 전에 작성된 것으로 생각되는 신사명세첩 제신란에 기재된 내용, 곧 주신 각각이 일좌를 차지한다는 것과는 다른 내용이 적혀있는 것이다.

지금까지 보아온 것처럼 신사명세첩 작성단계에서 총독부 당국이 주신으로서 '아마테라스 오미카미'와 '구니타마노 오카미'의 두 신을 합사할 방침을 세우고 있었다는 점에는 의심의 여지가 없다. 용두산신사의 진정陳情을 단서로 이러한 합사의 문제를 신사 측 입장에서 살펴보는 것이 가능하다.

용두산신사는 우가키 총독에게 진정서[85](1936년 6월 1일자)를 제출한 적이 있다. 그 서두를 보자.

이번에 조선 지방에서 경신숭조의 미풍을 함양하고 국민정신의 귀일을 이루려는 취지에 입각하여 용두산신사를 국폐사로 열격해서 아마테라스 오미카미, 구니타마노 오카미를 제사지내고, 종래 봉재했던 고토히라노 오카미(金刀比羅大神), 스미요시 오카미(住吉大神) 그 밖의 오카미는 상전(相殿)으로서 좌우에 배사하거나 혹은 별전에 모셔서 섭사(攝社)로 제사지내라는 말씀을 받았습니다.

여기서 다음 두 가지 점을 알 수 있다. 먼저 총독부 당국은 용두산신사의 국폐소사 열격에서 주신을 '아마테라스 오미카미'와 '구니타마노 오

---

85 우가키 가즈시게 총독에게 보낸 용두산신사의 진정서 「국폐사 열격 신사 제신에 관한 건 진정(國幣社列格神社御祭神に關する件陳情)」(1936.6.1, 숭경자 총대 17명, 총대장, 사장 연명). 山川鵜市編, 『龍頭山神社史料』(龍頭山神社務所, 1936.10)에 수록.

카미'로 삼고 다른 제신은 상전이나 섭사로서 봉재할 방침을 세우고 있었다는 점이다. 두 번째로는 주신을 '아마테라스 오미카미'와 '구니타마노 오카미'로 삼는 방침에 대해 신사 측이 "경신숭조의 미풍을 함양하고 국민정신의 귀일을 이루려는 취지에 입각"한 것으로 판단했다는 점이다.

앞서 본 용두산신사 명세첩의 제신란에는 주신인 '아마테라스 오미카미'와 '구니타마노 오카미'가 각각 별개의 일좌에 위치하고 있었으며, '오모노누시노 오카미' 이하 칠주가 그대로 하위에 열거되어있었다. 칠주를 하위에 열거한 점은, 진술서에도 나타나있듯이 다른 제신들을 상전이나 섭사의 배사신으로 봉재하기 위함으로 보인다.

숭경자들의 입장에서 보았을 때 '구니타마노 오카미'와의 합사는 문제가 되지 않겠지만, 신사의 유서와 관련되며 신앙의 대상으로서도 소중히 모셔왔던 신들이 주신이 되지 못한다는 조건은 승복하기 쉽지 않았을 것이다. 숭경자총대회崇敬者總代會가 '고토히라노 오카미'(오모노누시노 가미)와 '스미요시노 오카미'(우와즈쓰노오노 미코토, 나카즈쓰노오노 미코토, 소코즈쓰노오노 미코토)를 주신에 추가할 것을 진정하고 있는 점에서도 이를 알 수 있다.

주신을 '아마테라스 오미카미'와 '구니타마노 오카미' 이좌二座로 삼는 신사명세첩의 봉재방침은 다음해인 1936년 1월에 심전개발운동의 「심전개발시설에 관한 건」(이 장 제3절 (1)을 참조)이 발표되면서 '경신숭조' 실시의 일환으로서 용두산신사에 전해진 것으로 추정된다. 진술서의 기술은 '아마테라스 오미카미'와 '구니타마노 오카미'의 합사가 '경신숭조'와 관계하고 있음을 방증한다.

하지만 총독부는 용두산신사의 전정보다 더 빠른 시기에 내각총리대신에게 상주품청서를 보냈던 것이고—거기에서 두 주신은 각각의 일좌를 차지하는 것이 아니라—경성신사에서는 다른 두 신과 함께, 그리고 용두산신사에서는 진정서의 내용에 보이는 신들과 함께 일좌에서 모실 것으로 내용이 바뀌었다. 즉 경성신사에서는 '아마테라스 오미카미, 구니타마노 오카미, 오나무치노 미코토, 스쿠나비코나노 미코토'를 일좌에서, 그리고 용두산신사에서는 '아마테라스 오미카미, 구니타마노 오카미, 오모노누시노 미코토, 우와즈쓰노오노 미코토, 나카즈쓰노오노 미코토, 소코즈쓰노오노 미코토'를 일좌에서 봉재하라는 것이다. 제신에 관한 이러한 수정을 어떻게 이해할 수 있을까?

5. '구니타마노 오카미' 봉재가 지닌 문제

1) 국폐소사의 경비문제

1936년 1월 23일자로 신사조사회의 회답을 받은 이후 총독부 당국은 경성신사와 용두산신사의 국폐소사 열격을 위한 서류를 준비하는 동시에 일도 일국폐사—道—國幣社 설치를 위해 국폐사의 관계법령을 정비하는 작업을 진행한다.

하지만 식민지에서 하나의 도에 하나의 국폐사를 설치하는 일은 경비문제라는 장벽에 부딪칠 수밖에 없었다. 가령 5월 11일자로 조선총독이 내각총리대신에게 보낸 상주품청서에는 '새로 신사를 창립하는 일은 용이'하지 않을뿐더러 '기존 신사와의 관계도 있기' 때문에, "현존 신사 가운데 그 진좌지역, 여러 설비, 사초社礎 그 외의 적당한 사격을 부여받기에 충분한 것"들을 "점차 일도 일사一道一社로 한정하여 열격할 것을 고려해주시길 바란다"는 내용이 적혀있다(제2장 제4절 (1)을 참조).

신사의 경비문제를 보자. 관국폐사(관폐사와 국폐사)는 매년 국고로부터 공진금을 지급받았다. 특히 국폐사의 경우에는 매년 국고에서 예제例祭의 신찬폐백료까지 받았었다.

신사조사회 회답의 결과 경성신사와 용두산신사가 국폐소사로 열격됨이 확실해졌으므로, 조선총독부의 1936년도 예산에 국폐소사 운영을 위한 경비를 포함시킬 필요가 생겨났다. 이 경비의 증가를 설명한 자료[86]를 보면 예산과목에 '국폐사비'로서 2,120엔이 계산되어있다. 산출내역은 양 신사의 '유지비'가 각각 1,000엔, 그리고 예제의 신찬폐백료가 각각 60엔[87]이었다.

이 서류를 보면 신사경비의 이행과 관련하여 국폐사에는 법적인 숭경자 조직이 없기 때문에 우지코 각출금을 '일거에 폐하고' 국고에 의한 공진금 제도로의 이행이 상정되었다는 점을 알 수 있다. 예제의 신찬폐백료 60엔과 '유지비' 1,000엔의 공진금[88]을 국고에서 지출한다는 것

---

86 朝鮮總督府編, 「국폐소사 신설에 필요한 경비의 증가(國幣小社新設ニ要スル経費ノ増加)」, 『歳入出計劃書類』, 1936(한국 국가기록원 소장).

87 국폐소사의 예제에 공진된 신찬폐백료 60엔의 내역은 신찬료 20엔, 폐료료 40엔이었다. 「국폐사에 대한 국고 공진금 지불 위임 건(國幣社ニ對スル國庫供進金支払委任ノ件)」, 『쇼와16년도 국폐사 관계철』 제7호에 의함.

88 덧붙이자면 1941년도 예산에서 금액이 늘어났는데 국폐소사 하나에 1,500엔씩의 공진금이 지급되었다. 예산과목의 「국폐사비」에는 9,420엔이 예정금액으로 계산되어있다. 내역을 보면 1941년 10월에 열격한 광주신사와 강원신사가 추가되어 여섯 개 신사의

이다. 우지코 각출금이 없어지더라도 그 대신에 봉찬회를 조직해서 '관례에 따른 경비'를 받으면 양 신사가 '장래 국고의 부담을 격증시킬 걱정이 없다'는 것이 속내였다.

경성신사와 용두산신사의 우지코 각출금은 각각 1만 1,238엔과 4,300엔이었는데 그 내역을 조금 살펴보자. 경성신사의 경우 「쇼와 10년도 경성신사 세입세출 예산昭和十年度京城神社歲入歲出豫算」[89]이라는 표의 '세입부'를 보면 우지코 각출금이 1만 1,190엔으로 기재되어있다. 금액의 차이에 대해서는 '부기'에 "우지코 각출금은 항례에 준하여 9월 우지코총대회의 대제大祭 세목예산 확정에 따라 변경할 수 있다"고 적혀있으므로, 9월 우지코총대회에서 우지코 각출금이 1만 1,238엔으로 변경된 것으로 생각된다. 여기서 중요한 것은 1935년도 예산의 세입 합계액이 3만 3,968엔이고 그 중 우지코 각출금이 점하는 비율이 전체 세입의 3분의 1에 이른다는 점이다.

용두산신사의 경우 「쇼와 10년도 용두산신사 세입출 수지계산서昭和十年度龍頭山神社歲入出收支計算書」,[90] '세입부'의 '경상부'를 보면 우지코 각출금이 4,300엔으로 기재되어있으며, 인용자료의 금액과 일치함을 알 수 있다. 1935년도 예산의 세입('경상부') 합계액이 1만 3,860엔이므로 전체 세입 가운데 우지코 각출금이 차지하는 비율은 경성신사에 뒤지지 않는 3분의 1에 가깝다.

공진금의 합계가 9,000엔이 되었고, 예제의 신찬폐백료가 모두 360엔, 천좌제(遷座祭)[4]의 신찬폐백료가 60엔(신사명은 기재되어있지 않다)이었다. 「국폐사에 대한 국고 공진금 지불 위임 건」, 위의 책 제32호에 의함.

89 주68의 상주서 「경성신사 및 용두산신사를 국폐사로 열격하는 건」에 첨부된 「경성신사 및 용두산신사 열격참고자료」에 들어있다.

90 위의 글.

이와 같은 두 신사의 우지코 조직의 자금력을 총독부 당국이 그냥 지나칠 리가 없었다. 자료에 보이는 '우지코 숭경자'에게 '봉찬회'를 조직하도록 한 것도 그 때문이었다. 참고로 조선신궁에서도 진좌 10년제를 준비한다는 의미에서 1933년에 봉찬회가 설립되었다.

위에서 본 신사경비의 이행방법은 경성신사와 용두산신사의 열격 직후에 실시되었다. 즉 '숭경자의 각출에 의한 공진금'을 더욱 적극적으로 이용하는 방향으로 수정을 가하는 와중에 실시가 이루어졌던 것이다. 전술한 내무국장 통첩(「신사에 관한 법령의 시행에 관한 건」, 1936년 8월)에는 국폐소사의 경비문제에 대처하기 위한 내용이 적혀있는데, 이를 통해 이행방법의 상세를 확인하는 것이 가능하다.

통첩의 「4, 국폐사의 재정에 대해」는 '국고 공진금'에서 '다액을 지출하는 것'은 '곤란'하다는 상황을 지적하고 있다. 그리고 '숭경자의 각출에 의한 공진금'과 '지역 공공단체의 공진금 등'을 통해 '사비社費의 대부분을 지변'할 수 있도록 '준비'하라는 지시가 내려져있다. 하지만 국폐사의 숭경자 조직은 법적으로 부정되고 있었다.

이에 관해 위 통첩은 「5, 국폐사의 우지코회 또는 숭경자회에 대해」에서 비록 국폐사에 '우지코회 또는 숭경자회'의 제도는 없지만 "신사와 우지코 숭경자는 서로 떨어질 수 없는 관계"를 유지할 필요성이 있음을 강조한다. 그러한 관계를 유지하기 위한 구체적인 방법으로서 "궁사는 항상 우지코 또는 숭경자총대와 밀접한 접촉을 계속"할 것, "신사비의 예산편성에 관해서는 내부협의를 거쳐 도리어 적극적으로 원조를 요청"할 것, 그리고 "신사의 조영과 그 외의 중요사항에 대해서도 항상 연락을 계속하고 소원해지지 않을 것"이 지시되었다.

덧붙이자면 1936년도 예산에서는 관국폐사 이외의 신사에 지출하기 위한 경비보조의 증가가 도모되었다. 해당하는 49개 신사(열격이 예정된 2개 신사 제외)에 대해 사장社掌의 평균봉급(연봉)인 1,200엔의 절반에 이르는 600엔을 각각 보조한다는 내용이었다. 이렇게 '신사비 보조'라는 예산과목으로서 49개 신사에 지급될 금액을 모두 더하면 2만 9,400엔에 달했다. 이러한 경비의 보조 역시 심전개발운동과 '경신숭조' 실시의 일환이었다.

경비보조의 이유는 "신사직원의 소질개선과 지위향상을 도모할 필요" 때문이었다. 구체적인 배경으로는 "지역의 숭경자가 부담하는 유지비가 많지 않으며" "적당한 인물을 초빙하기에 충분한 봉급을 지급할 수 없기 때문"이라는 기술에서 알 수 있듯이 신직에 대한 열악한 대우가 있었다. 그로 인해 "특히 조선에서는 봉사자를 우습게 보는 실정"이며 "나아가 제사에 대한 경건한 마음이 약해져서 경신사상의 계배啓培에 저해를 가져온다"는 지적이 보인다.[91]

2) 동좌同座에 위치하는 주신의 서열화

위에서 본 경비문제는 국폐소사의 주신을 일좌에 봉재하게 된 것과 어떤 관계가 있을까? 그 이전의 봉재방침은 '아마테라스 오미카미'와 '구니타마노 오카미'를 합사하여 주신을 이좌로 하고, 다른 제신은 배사

---

[91] 『歲入出計劃書類』에 실린 「경신사상 계배에 필요한 경비보조의 증가(敬神思想啓培ニ要スル経費補助ノ増加)」에 의함.

신으로 봉재하는 것이었다. 이에 대해 용두산신사는 6월 1일자로 진정서를 제출했던 것인데, 그러한 동향을 빠르게 눈치 챈 총독부 당국이 봉재방침에 수정을 가한 것은 아닌가 생각된다.

특히 경비문제라는 현안을 떠안게 된 총독부 당국으로서는 숭경자 집단을 무시하는 정책을 취하기 어려웠을 것이다. 그로 인해 총독부는 국폐소사의 주신에 다른 제신도 추가함으로써 신사 측의 반발을 최소화하려했던 것으로 보인다.

다만 총독부 당국이 많은 주신(경성신사 4주, 용두산신사 6주)을 모두 일좌에 모시는 방법을 선택했던 이유에 대해서도 확인해둘 필요가 있다. 아직 추측의 단계에 불과하지만 다음 두 가지 이유를 생각할 수 있다. 하나는 총독부 당국이 이를 기회로 '경신숭조'의 철저를 기한다는 의미에서 '아마테라스 오미카미'와 '구니타마노 오카미'의 일좌에서의 봉재를 우선했을 가능성이다. 다른 하나는 주신을 각각의 일좌에 두는 경우 제사 등이 번잡해지기 때문이다. 실제로 예제에서는 각 좌의 숫자에 따라 봉폐奉幣가 이루어지고 있었다.[92]

어느 경우든지 간에 모든 주신을 일좌에 봉재하게 되면, '아마테라스 오미카미'와 '구니타마노 오카미' 이외의 제신 또한 같은 좌에 모셔지게 된다는 난점이 생겨난다. 이 점은—제신명에 순서가 있는 것처럼—실제의 봉재 자체를 서열에 따라 행함으로써 해결했던 것으로 생각된다.

대만의 예를 보자. 가의신사嘉義神社가 국폐소사로 열격(1944년 2월)하기에 앞서서 본국정부(당시의 관할부서는 신기원)는 대만총독부의 조회에 대한 회답에서 다음과 같은 의견을 표명한다. "제신의 좌수座數는 일좌

---

92 『神道事典』(縮刷版)의 「주신」 항목을 참조.

로 삼고 아마테라스 오미카미는 본전 정중正中의 신좌神座에, 오쿠니타마노 미코토大國魂命, 오나무치노 미코토, 스쿠나비코나노 미코토는 그 좌좌左座에, 요시히사 친왕能久親王[5]은 그 우좌右座에 봉사하는 것이 지당하다고 생각된다."[93] 이를 통해 일좌에 모시는 경우에도 배사와 같은 서열이 존재했음을 알 수 있다. 조선의 경우도 마찬가지로 서열에 따른 봉재였을 가능성이 높다.

가령 전주신사는 이주二柱 이외의 주신을 배사한 국폐소사로서(1944년 5월 열격), 열격 당시의 주신은 '아마테라스 오미카미', '메이지천황', '구니타마노 오카미'였다. 전주신사의 제신은 원래 '아마테라스 스메오카미天照皇大神'(후에 '아마테라스 오미카미')였는데, 1935년 11월에 '메이지천황'과 '오쿠니타마노 가미大國魂神'(후에 '구니타마노 오카미')가 배사되었다. 이때 '아마테라스 오미카미'가 정좌에, '메이지천황'과 '오쿠니타마노 가미'가 각각 좌좌와 우좌에 '배사'되었다. 다음해인 1936년 8월에는 도의 공진사供進社로 지정되어 국폐소사 열격을 계획하게 되었는데, 1942년 12월에 '배사신'을 주신으로 여기는 것이 '허가'되었고 3주가 일좌에 봉재되었다.[94] 일좌에 봉재되긴 했지만 대만 가의신사처럼 종전

---

93 내무성 관리국장에게 보낸 신기원 총무국장의 회답서「현사 가의신사를 국폐사로 승격시키는 건 회답(縣社嘉義神社國幣社二昇格ノ件回答)」(신기원 18내총 제11호, 1943.7.9). 제45부책,「본방신사 관련 잡건 가의신사 관계(本邦神社關聯雜件 嘉義神社關係)」(1943~1944년)에 수록. 이 자료는 広瀬順皓監修『戰中期植民地行政史料 教育・文化・宗教篇』[外務省茗荷谷研修所旧蔵記録, マイクロフィルム版](ゆまに書房, 2003)에 실려 있다.

94 전주신사 명세첩(「1, 유서」중 본문 및 연표)에 의함. 이 자료는「전주신사(전라북도 전주부 화산정 산노일번지 진좌) 및 함흥신사(함경남도 함흥부 동운정 진좌)를 국폐소사로 승격시킨다(全州神社(全羅北道全州府華山町山ノ一番地鎮坐)竝ニ咸興神社(咸鏡南道咸興府東雲町鎮坐)ヲ國幣小社ニ昇格セラル)」에 수록되어 있다(이하 자료의 표제를 기재할 때 괄호 안의 진좌 지역은 생략한다). JACAR: A03010213400, 공문유취・제68편・쇼와19년・제82권・사사・신사・육묘(국립공문서관).

의 서열이 유지되었을 가능성이 높다.

그러나 원칙적으로는 앞에서 본 내무국장 통첩에 나와 있듯이 '구니타마노 오카미'를 '아마테라스 오미카미'와 합사하고 이들 두 신을 주신으로 삼는 방침이 존재하고 있었다. 그 후의 국폐소사 열격에서도—강원신사[95]나 전주신사처럼 이주 이외에 제신이 존재하는 경우를 포함해서—이 두 신을 반드시 주신으로서 합사한다는 대강은 지켜지고 있었다. 주신을 일좌에 모신다는 이러한 원칙은 대만에서도 유지되었다.[96]

3) '구니타마노 오카미' 인식의 그 후

1936년 8월에 최초의 국폐소사 열격(경성신사, 용두산신사)이 있은 뒤로, 1937년(대구신사, 평양신사), 1941년(광주신사, 강원신사), 1944년(전주신사, 함흥신사)에 걸쳐 전부 네 차례의 열격이 이루어졌다. 이 기간 동안에 보이는 총독부 당국의 '구니타마노 오카미' 인식의 변화는 그 자체로

---

95 열격 후의 주신은 '아마테라스 오미카미', '메이지천황', '구니타마노 오카미', '스사노오노 미코토'였다. 강원신사(구 춘천신사)에 증사된 '스사노오노 미코토'가 '소시모리[曾尸茂梨]'(일본서기에 스사노오노 미코토가 신라의 '소시모리'에 건너갔다는 기술이 있다)와 관련을 지닌다는 점, 그리고 사전이 조선식으로 개조된 점에 대해서는 졸고, 「植民地期朝鮮での「內鮮一体」と江原神社」(大濱徹也編, 『近代日本の歴史的位相―国家・民族・文化』, 刀水書房, 1999)에서 고찰한 적이 있으므로 참조하길 바란다. 다만 후속 연구의 성과를 반영하여 수정해야 할 부분도 있다.

96 대만에서 국폐소사로 열격된 세 신사의 제신 역시 일좌에 봉재되었다. 본문에서 언급한 가의신사 이외에 신죽신사(新竹神社)(1942.11 열격)와 대중신사(台中神社)(1942.11 열격)는 각각 '오쿠니타마노 사미', '오나무치노 미코토', '스쿠나비코나노 미코토', '요시히사 친왕'을 일좌에 봉재했다. 신죽신사 및 대중신사의 명세첩에 위의 내용이 적혀 있다. 명세첩은 「전주신사 및 함흥신사를 국폐소사로 승격시킨다」에 첨부된 臺灣總督府編, 「대만의 관국폐사 명세첩(臺灣ニ於ケル官國幣社明細帳)」에 수록되어있다.

하나의 연구주제가 될 것이다. 다만 지금으로서는 1944년의 열격과 관련하여 아래와 같은 점을 지적할 수 있는 정도이다.

당시의 총독부 당국에는 '경신숭조'의 흔적이 보이지 않는데, 이에 비해 함흥신사에서는 예전의 경성신사에서 보이던 '조선 구니타마노 가미' 관념이 유지되고 있었던 것 같다. 함흥신사가 국폐소사 열격을 신청하며 제출한 신사명세첩[97]에는 "국토의 신령이며 태고의 유구한 옛날부터 우리 함흥남도를 개발했으며, 만물에 무종무한無終無限의 생성화육의 영력을 주시는 국토개발의 조신인 지기地祇 구니타마노 오카미의 신령"이라는 내용이 보인다.[98] 곧 '구니타마노 오카미'를 '국토개발의 조신인 지기'로 인식하고 있는 것이다. 이런 인식은 경성신사 열격 당시에 보이던 '국토개발의 시조'라는 '구니타마노 오카미' 해석, 다시 말해 이를 '조선 구니타마노 가미'로 간주했던 경성신사, 그리고 '구니타마노 오카미'를 통제에 이용하려던 총독부 당국 양 측 모두의 해석과 공통성을 지니고 있었다.

그런데 1944년에 총독부 당국이 본국정부에 제출한 「함흥신사 열격 이유서」[99]를 보면 '구니타마노 오카미'에서 '숭조'의 대상이라는 성격이 삭제되었고, "국토의 근본신격이시며 신덕을 현저하게 전하신다"는 인식으로 변해있다. 이와 같은 인식은 전주신사의 「전주신사 열격 이유서」[100]에도 나타나는 바 마찬가지로 "국토의 근본신격으로서 신덕을 현

---

97 「전주신사 및 함흥신사를 국폐소사로 승격시킨다」에 첨부되었다.
98 전주신사의 경우 신사명세첩이 전라북도의 원고용지에 타자기로 정서되어있으며, 함흥신사의 명세첩도 마찬가지로 접수창구인 함경남도에서 타자기로 정서되었을 것으로 여겨진다(무지 용지). 그리고 본문에서 인용한 부분에는 '우리 함경남도를 개발'했다는 표현이 있다. 이를 통해 신사 측의 '구니타마노 오카미' 인식을 엿보는 것이 가능하다.
99 「전주신사 및 함흥신사를 국폐소사로 승격시킨다」에 첨부되었다. 총독부 원고용지에 타자기로 정서되어있다.

저하게 전하신다"고 적혀있다.

그런데 같은 시기인 1944년 4월 본국정부는 조선총독부에 전보[101]를 보내 "신사조영공사의 휴지와 연장 등에 관해 조선에서도 내지(요강은 6일자로 통보했다)와 같은 방침에 따라 실시하고 있는지 어떤지를 조회"하고 있다. 이에 대해 조선총독부는 "4월 8일에 실시요강을 결정해서 신사의 조영, 수리는 다른 토목공사와 마찬가지로 유지, 보존상 필요한 최소한의 수리 이외에는 모두 정지시키는 방침을 취하고 있다"[102]는 답장을 보냈다.

즉 총독부의 신사행정은 4월 8일에 결정한 「신사요강」을 근거로 신사나 신사神祠 조영 등의 공사에 관해 '모두 정지시키는 방침을 취하고' 있었던 것이다. 더 이상 새로운 열격 등이 이루어질 수 없는 상태였음을 알 수 있다.

그리고 심전개발운동이 국민정신총동원운동으로 흡수된 이후에 후자의 정책 가운데 일시적이긴 하지만 '조상제사'가 검토항목에 오른 적이 있었다고 한다.

1938년 6월 20일과 21일, 조선각지 신사의 신직은 조선신궁에 모여서 조선신직회 총회를 개최한다. 총독부는 '국체관념' 함양에 유효하다는 이유로 조선신직회에 '조상제사'의 '흥륭방법'을 자문했다고 한다.[103] 다만 그 상세한 내용은 알려져 있지 않다.

---

100 위의 글.
101 조선총독부 관방지방과로 내무성 관리국장이 보낸 전보(1944.4.24). 위의 글에 첨부되었다.
102 내무성 관리국장에게 조선총독부 관방지방과장이 보낸 전보(1944.4.27). 위의 글에 첨부되었다.
103 「祖上祭祀의 尊重은 敬神生活의 大根幹 國體觀念에 対한 精神涵養上有効 興隆方法을 神職會에 諮問」, 『每日新報』, 938.6.16(조간), 3면.

4장

아마테라스 오미카미와
신사 · 신사神祠의 통제

조선판 신사정리

1. 촌락 제사의 장

　'경신숭조'라는 국가신도의 논리가 심전개발운동에서 실체화하는 모습을 찾을 경우(제3장 제3절 (2)를 참조) ─ '경신숭조'의 논리에 따라 '아마테라스 오미카미'와 '구니타마노 오카미'를 합사했던 ─ 국폐소사의 '국가제사'를 하나의 중요한 장면으로 꼽을 수 있다(제3장 제4절과 제5절을 참조). 또한 심전개발운동 이후 신사 · 신사神祠가 증설되는데, 이러한 '공동체제사' 역시 '경신숭조'의 논리가 실체화하는 장면으로 간주할 수 있을 것이다. 이 장과 다음 장에서는 '공동체제사'를 통해 '경신숭조'의 논리가 실체화하는 양상을 살펴보도록 하겠다.

식민지조선에는 일본 '내지'의 무라마쓰리와 비슷한 것으로서 '동제'가 있었다. '동제'는 당시에 제사나 제장을 가리키는 용어로서 일반적으로 사용되고 있었다.

1930년대 조선총독부는 '동제'의 별칭으로서 '부락제'라는 행정용어를 사용하고 있었다. 당시의 '동제'나 '부락제'에 관해서 최남선은 다음과 같이 설명한다. "조선에는 오늘날에도 지방의 모든 부락에 신목이 있으며, 비록 형식적일지라도 단이나 신석이 설치되어있어서 매년 1회, 또는 수차례에 걸쳐 부락제가 열립니다."[1] 조금 보충하자면 사당이 설치된 지역도 있었다.

이와 같은 '동제'와는 별개로 식민지지배 이전부터 이주해있던 일본인 거류민들에 의해 설치된 크고 작은 신사들이 있었다. 이들 신사는 소위 사전社殿, 제신, 운영방법 등에 있어서 무질서하게 난립하고 있었으며, 조선총독부는 병합 후 개시된 신사행정과 그 법령에 따라 관리와 통제를 시작했다. 법령에 근거한 신사의 규정에 관해서는 후술하도록 하겠다.

애당초 전통적인 조선의 '동제'와 일본인이 세운 신사는 서로 전혀 다른 존재였는데, 1930년대에 농촌진흥운동이 개시되고 그 와중에 촌민 통합의 역할이 신사에 맡겨지면서 양자 사이에 정책적 접근이 시도되기에 이른다. 제1장 제3절 「'동제' 이용의 움직임」에서 예로 든 '천지신단'처럼, 행정측이 만들어낸 이른바 관제 '동제'가 직접적 계기가 되어—

1　최남선, 「朝鮮の固有信仰 下」. 2회에 걸친 강연은 상, 하로 나뉘어 朝鮮總督府中樞院編, 『心田開發に關する講演集』(朝鮮總督府中樞院, 1936.2)에 수록되었다. 『朝鮮』 제250호(「心田開發特輯號」, 1936.3)에 상, 하를 합쳐서 「朝鮮の固有信仰」으로 재록되었다.

신사 및 신사神祠(신사의 하위 개념)를 조선의 촌락에 증설하려는 의도 아래 — '동제' 이용에 관한 담론이 등장한 것이다. 이는 다시 최남선처럼 전통적인 '동제'를 '부활'시키자는 주장과, 총독부 당국의 관제 '동제' 이용안의 두 가지로 나뉜다. 이 점에 관해서는 다음 제5장에서 고찰할 것이다.

참고로 저자는 '천지신단'에서 모시던 신인 '천지대신' 및 '천지신'의 이름이 신사신도의 '천신지기'에서 따온 것이리라 막연히 추측하고 있다. 그리고 돌을 쌓아올려 만든 촌락 내의 제단 시설을 '단'이나 '신단'으로 부르는 경우도 많았는데, '천지대신'에게 제사를 올리는 '신단'이라는 의미에서 '천지신단'이라 칭했던 것으로 보인다(제1장 제3절을 참조).

여기서 신사와 함께 신사神祠라는 용어가 등장한다. 이 장에서는 이 두 개념을 다룰 것인데 먼저 그 개략을 설명해둔다. 조선총독부는 법령에 의거해 '신사'와 '신사神祠'를 규정하고 있었다. 상세한 내용은 다음 절에서 설명하겠으나, 기존의 신사시설이나 새롭게 지어지는 신사를 공인할 필요가 있었고, 이를 위해 신사행정측은 일정한 기준을 확립해야만 했다. 그리고 이러한 기준을 채우지 못하는 경우에 대비해 '특례'로서 더욱 낮은 기준의 신사神祠 제도를 만들었는데, 이에 부합하는 기존의 신사는 신사神祠로 공인하고 새롭게 지어지는 신사도 신사神祠로서 그 설립을 허가하도록 했다. 대만에서도 법령에 의해 '신사'와 그 하위에 위치하는 '사社'가 규정되었다. 따라서 법령과 관계없이 식민지조선에 있던 신사신도의 참배시설을 통틀어 가리킬 경우, 이 책에서는 법령상의 신사와 구별하기 위해 편의상 '신사시설'로 표기하도록 하겠다.

여기서 신사에 일정한 기준이 부여되었다는 점에 주목해보자. 패전 당시 조선에 존재하던 신사시설(신사행정이 소관)을 법령에 따라 정리해보면, 관폐대사로서 조선신궁과 부여신궁(진좌하지 않았음)이 있었으며, 국폐소사 8사,[2] 호국신사 2사,[3] 일정한 기준에 따라 허가된 신사(무격사)가 70사, 마찬가지로 허가된 신사神祠가 862사[4] 있었다. 이상은 모두 공인된 신사 및 신사神祠로서, 그 밖에 허가를 받지 못한 비공인 신사시설인 무원신사無願神祠[5]가 존재했다. 그 숫자는 알 수 없으나 총독부 당국이 집요하게 통제했던 점으로 미루어 보아 결코 적지 않았을 것이라 추측된다. 무원신사라 하면 북해도의 개척지를 떠올릴 것이다. 조선에서도 일본인 이주자가 세운 신사시설과 관련하여 신사창립허가, 신사神祠설립허가 등 통제의 문제가 생겨난 점을 상기하면 무원신사의 존재에 더욱 주목해볼 필요가 있다.

이러한 무원신사의 존재는 신사신도의 참배시설이 지닌 이중성을 부각시키기도 한다. 여기서 말하는 이중성이란 공인과 비공인의 구별이 발생함에 따라 일정한 기준을 충족한 법적 신사·신사神祠와, 허가는 받지 못했지만 현지에 있던 일본인들의 신앙대상이 되었던 참배시설(무원신사)로 신사시설이 구분되었다는 사실을 가리킨다. 그런데 '내지'에는 신사에 관한 일정한 기준이 있었을까? 아니 그것보다도 대체 무엇을 가

---

2   경성신사, 용두산신사, 대구신사, 평양신사, 광주신사, 강원신사, 전주신사, 함흥신사.

3   조선에는 두 개 사단의 각 중심에 경성호국신사와 나남호국신사가 창건되었다.

4   이상의 신사 및 신사(神祠)의 숫자는 青井哲人, 『植民地神社と帝国日本』(吉川弘文館, 2005) 74쪽에 게재된 표〈内地·台湾·朝鮮における神社行政と神社階層制度〉를 참고했다. 정확한 신사(神祠)수의 파악은 곤란하다는 점을 덧붙여둔다.

5   부윤, 군수, 도사(島司)에게 보낸 전라남도 내무·경찰부장 통첩, 「무원신사 건립에 관한 건(無願神祠ノ建立ニ關スル件)」(1934.9.1)의 제목을 보아도 알 수 있듯이 조선에서도 신사행정측은 '무원신사'라는 단어를 사용하고 있었다. 이 통첩은 전라남도 편, 『現行全羅南道例規集·内務』(1937, 한국 국가기록원 소장)에 수록되었다.

지고 신사라 일컫는 것일까? 이 장과 다음 제5장에서는 식민지조선의 예를 통해 이와 같은 신사에 대한 근본적인 물음을 던져볼 것이다.

우선 서장 제2절 「연구의 방법」에서 소개했던 신사제도 개편을 되짚어보자. 조선총독부는 1935년 1월에 조선민중의 '신앙심' 대책으로서 공표한 심전개발운동을 입안, 결정하는 과정에서 — 일본 '내지'의 국체명징성명의 영향 아래 — 1936년 8월 신사제도 개편을 실시한다. 당시 '신사제도 확립', 혹은 '신사제도 개정'으로 불렸던 신사제도 개편의 주요 목적은 국폐사 열격을 준비하는 것, 그리고 관국폐사 이외의 신사 및 신사神祠를 계층제도 안에 포섭하고 그 증설에 대비하는 것에 있었다. 특히 두 번째 목적을 이 장과 다음 장에서 주로 다루게 될 것이다. 이 장에서는 우선 신사 · 신사神祠 증설 정책의 입안, 결정과정과 통제에 관한 문제를 일면 일신사 및 신사神祠 설치방침의 변천을 통해 가능한 범위 안에서 밝혀보도록 하겠다. 제5장에서는 그와 같은 정책과 '동제' 이용 담론의 관계를 구체적으로 살펴볼 것이다.

먼저 선행연구를 검토할 필요가 있지만 그 전에 여기서 사용할 용어에 대해 설명해둔다. 일면 일신사 및 신사神祠 설치방침이란, 정확히 말하자면 하나의 부읍면府邑面에 하나의 신사, 혹은 신사神祠를 설치하려는 방침을 의미한다. 부읍면은 '내지'의 시정촌市町村에 해당하는데, 읍은 1930년에 법제화된 것이므로 그 이전의 경우에는 '하나의 부면'이 된다. 나아가 이 방침은 신사 혹은 신사神祠가 없었던 다수의 면을 주된 대상으로 삼고 있었으므로 아래에서는 '하나의 부읍면'을 줄여서 '일면'으로 통칭한다. 그리고 그러한 면들에 설치되는 시설이 실제로는 신사神祠에 한정되어갔으며, 자료를 보아도 신사神祠에만 제한된 표현이 등장하기에 본문 도중에서도 자료의 용어를 따라 '일면 일신사神祠'로 적는 경우가 있음을 일러둔다.

다음으로 신사神祠 및 일면 일신사·신사神祠 설치방침에 관한 선행연구를 살펴보자. 먼저 신사神祠 자체에 대한 선행연구로서는 구리타 에이지栗田英二의 연구를 가장 이른 시기의 것으로 들 수 있다.[6] 조선총독부는 대다수의 '신명신사神明神祠'('아마테라스 오미카미'를 모시던 신사神祠를 가리키던 행정용어)에 설립을 허가하고 있었는데, 1940년부터 돌연히 나타나는 '그냥 신사神祠'(구리타), 즉 행정상 '신사神祠'로 지칭된 신사神祠들이 설립을 허가받기 시작한다. 이러한 사실은 현지 일본인들이 건립한 '신불습합神佛習合적 속성[1] 또는 비국가신도적 속성'을 지닌 무허가의 사적 신사가 곳곳에 존재했음을 알려준다. 무허가의 사적 신사란 앞서 설명한 무원신사를 가리킨다.

최근 나카지마 미치오中島三千男 등 가나가와 대학神奈川大学 연구팀은 전라남도의 신사·신사神祠의 옛터를 조사한 적이 있다. 신사神祠에 관해서는 화순군에 남아있는 전부 13곳의 신명신사 및 신사神祠의 유적을 조사하고 각각의 관계 자료와 현재 상태를 상세히 정리, 고찰하고 있다.[7]

야마구치 고이치는 일면 일신사·신사神祠 설치방침에 관해 다음과 같은 사실을 지적한다. 1937년 7월 노구교사건으로 중일전쟁이 전면화하자 약 1년 뒤인 1938년 9월에 시국대책조사회가 개최되었으며, 산업,

---

6   栗田英二, 「植民地下朝鮮における神明神祠と「ただの神祠」」, 崔吉城編著, 『日本植民地と
    文化変容―韓国・巨文島』, 御茶の水書房, 1994.

7   津田良樹・中島三千男・金花子・川村武史, '年報'「旧朝鮮の神社跡地調査とその検討―
    全羅南道, 和順郡を中心に」, 『人類文化研究のための非文字資料の体系化』第3号, 2006.3.
    이 논문은 가나가와 대학 21세기COE프로그램의 제3팀 '환경과 경관의 자료화와 체계화'
    해외신사 유적지 그룹의 조사보고를 정리한 것이다.

경제 등의 모든 분야에서 시국의 변화에 대처하기 위한 조선통치의 방침이 협의되었다. 그리고 신사에 관한 논의를 통해 일면 일신사・신사神祠 설치방침의 정책이 표면화되었다. 하지만 1945년 6월 당시 일면 당평균 신사・신사神祠의 수는 약 0.49개에 지나지 않았으며, 이 방침은 결과적으로 목표를 이루는 데 실패했다.[8] 다카타니 미호高谷美穂의 연구에 의하면 일면 일신사神祠 설치방침의 실시는 지방에 따라 큰 차를 보였다고 한다. 그렇다면 그러한 방침을 주도한 것이 도道였다는 점을 추측할 수 있으며, 실제로 몇몇 도에서 일면 일신사神祠 설치방침이 결정되었음을 확인할 수 있다.[9]

한편 히우라 사토코樋浦郷子는 신사神祠 설립의 문제를 다루고 있다. 1932년부터 1939년까지 신사神祠 설립을 신청한 대표자 가운데, 일본인의 경우에는 회사 경영자 다음으로 지역의 유력자이기도 했던 우편국장이 많았다고 한다. 조선인 신청자의 경우에는 군수나 읍면장의 비율이 높았으며, 실질적인 신사神祠의 관리자로서 소학교장(조선인 대상 학교)을 훈련시켰던 사례도 보인다. 학교와 관련된 예를 들어보자. 심전개발운동이 공표된 1935년 당시 평안남도에서는—신사神祠를 학교소재지에 세우려는 방침에 따라—소학교장에게 제사를 담당시키고 학교 직원숙사에 사무소社務所를 지으라는 지시가 내려졌다고 한다. 이처럼 신사神祠 설립의 역할을 학교에 기대했던 경우도 있었다.[10]

---

8 야마구치 고이치[山口公一], 「植民地朝鮮における神社政策と朝鮮社会」(一橋大学博士学位論文, 2006.3)의 제4장 제1절을 참조. 일면 일신사・신사(神祠) 설치방침에 대해서는 야마구치의 논문이 선행연구 가운데 가장 자세하다.

9 高谷美穂, 「植民地朝鮮における神社政策の展開と実態」, 姜徳相先生古希・退職記念論文集刊行委員会編, 『姜徳相先生古希・退職記念 日朝関係史論集』, 新幹社, 2003.

10 樋浦郷子, 『神社・学校・植民地—逆機能する朝鮮支配』(京都大学学術出版会, 2013)의

이와 같이 일면 일신사·신사神祠 설치방침의 연구는 조금씩 개시되고 있지만, 아직 그 외양을 개략적으로 파악하는 수준에 머물고 있다. 여전히 불분명한 점이 많은 신사·신사神祠 증설정책을 밝히기 위해서는, 특히 통제라는 관점에서 일면 일신사·신사神祠 설치방침의 변천을 추적하는 작업이 필요하다고 생각된다.

2. 신사·신사神祠의 통제라는 문제

1) 신사정리와의 차이

신사행정을 통해 신사를 관리, 통제하려던 정책은, 러일전쟁 후 '내지'에서 실시된 신사정리(신사합사)를 연상시킨다. 게다가 제1장 제3절에서 고찰한 '천지신단' 등의 사례에 보이듯이, 지방행정은 관이 주도하는 형태의 '동제'에 관여하고 있었다. 이와 같은 관제 '동제'의 사례만 추려보는 경우, 여러 신사의 제신을 한 곳에 합사하여 신사의 수를 줄이려했던 '내지'의 신사정리와 어떤 차이가 있는지 파악하기 쉽지 않다. 따라서 아래에서는 우선 조선의 '동제'에 관여하던 지방행정의 정책과 '내지'의 신사정리 사이에 드러나는 차이점을 확인해둘 것이다.

신사의 폐지, 병합, 이전을 의미했던 메이지 후기의 신사정리에 대해

제4장 제3절 및 제4절을 참조.

요네지 미노루米地実는 "신사의 설비, 열격, 지방단체의 지위 등을 포함하여 신사를 그 본래의 형태로 만들려는 의도"가 있었다고 설명한다.[11] '신사를 그 본래의 형태로' 만든다는 표현은 국가에 의한 통제의 측면을 가리키는 구절로 볼 수 있겠다.

여기에 신사정리의 또 한 가지 특징으로서 신사중심주의를 들 수 있다. 모리오카 기요미森岡清美는 지방자치의 중심에 신사를 자리매김하고 민심의 통합을 꾀했던 '신사중심설'이 "내무성 신사행정 담당자에 의해 형성된 하나의 행정 이데올로기"였음을 밝히고 있다.[12]

사쿠라이 하루오櫻井治男는 위의 내용들을 정리하고 있는데, 신사정리를 통해 정부가 노리던 것은 '신사에 걸맞은 형태'에 입각하여 '신사의 숫자를 줄이는 것'과 '신사의 병합에 따른 정신적 통합의 획책'에 있었다고 설명한다.[13]

식민지에서 전자의 기획은 반대로 이루어져 도리어 신사의 숫자를 늘려가는 방침이 취해지지만, 이것이 처음부터 의도되었던 것은 아니다. 조선에서는 일본인들이 무질서하게 신사시설을 세우고는 허가를 받지 않는 경우가 많아서 병합 당초부터 문제가 되고 있었으며, 1930년대에 들어서면 관제 '동제'가 신사시설과 유사하다는 문제까지 등장한다. 그렇다면 신사행정을 통해 통제한다는 점에서 '내지'와 조선은 별반 다르지 않았다고 볼 수 있다. 더욱이 1936년부터 심전개발운동의 일환으로 일면 일신사·신사神祠 증설방침이 명확한 형태를 띠게 된 이후로는 관

---

11 米地実, 『村落祭祀と国家統制』, 御茶の水書房, 1982, 341쪽.

12 森岡清美, 『近代の集落神社と国家統制―明治末期の神社整理』(吉川弘文館, 1987)의 제4장 「神社中心説」, 91쪽을 참조.

13 櫻井治男, 『蘇るムラの神々』, 大明堂, 1992, 16~17쪽.

리 및 통제 아래 신사·신사神祠의 증설정책이 시도되었다. 잘 알려져 있듯이 신사정리 또한 일정촌 일사一町村一社를 목표 내지 이상으로 삼고 있었다. 이처럼 신사행정측이 신사시설을 '신사에 걸맞은 형태'로 통제했다는 점에서 조선의 경우 역시 신사정리와 유사한 경향을 보였다고 간주할 수 있다. 이 장에서는 이러한 통제의 문제를 다룰 것이다.

그리고 후자의 기획, 즉 '신사의 병합에 따른 정신적 통합의 획책' 또한—농촌진흥운동이 전개하는 와중에 신사중심주의가 등장한 점으로 미루어 보아—조선에서도 공통된 목적이었을 것이라 여겨진다. 신사중심주의란 신사를 지방자치의 중심에 두려는 의도로 이해할 수 있으나, 대다수의 마을에 신사시설이 존재하지 않았던 조선에서는 1930년대 전반의 농촌진흥운동의 과정에서 등장하게 되는—'동제'를 모방해서 지방행정이 창출한—소위 관제 '동제'가 이를 대신했다. 이와 같은 '동제' 이용에 관한 담론은 조선총독부가 국민통합을 목표로 조선민중의 '신앙심' 재편성을 구상했던 심전개발운동과 보조를 맞추어 급부상했으며, 이후 최남선이 강조한 전통적인 '동제'와 총독부 당국이 강조한 관제 '동제'로 분화, 전개되기에 이른다. '동제' 이용에 관한 담론 등장의 배후에는 증설된 신사·신사神祠와 촌민 사이에 필연적으로 발생하는 중대한 갈등이 자리 잡고 있었다. 이 점에 대해서는 제5장에서 논할 것이다.

2) '신사神祠'라는 명칭의 유래

조선총독부는 법령에 근거하여 신사 및 신사神祠(신사의 하위)를 규정하고 있었다. 병합 후 신사 및 일본 불교의 '사원'에 관해 주로 창립의 수속 등을 규정한 법령은 『신사사원규칙』(총독부령 제82호, 1915년)이었다. '신사'에 관해서는 기준을 명시하는 것이 중요하다고 판단, 제1조에서 창립허가를 신청할 때 창립의 사유와 신사의 칭호, 창립지명, 제신, 경내지의 넓이와 상황, 창립비용 및 지불과 유지의 방법, 숭경자의 수를 보고할 것을 의무화했다. 그리고 숭경자 30명 이상의 연서가 필요했으며(제1조), '사전 및 배전社殿及拜殿'을 설치해야한다는 규정도 있었다(제2조). 신사의 운영과 설치에 관한 기준이 제시된 것이다.

상세하게 살필 여유는 없으나, 시기적으로도 위의 기준은 '내지'의 신사정리에서 제시된 이른바 '신사의 기준'을 참고한 것으로 보인다. 신사정리는 일정촌 일사를 실시의 목표 및 이상으로 내걸고 있었다. 사쿠라이는 신사정리에 보이는 신사의 존치와 폐합의 관계, 몇몇 지역에서 제시된 신사의 기준에 관한 항목을 정리하고 있다.[14] 이를 간단히 열거하면 '기본 재산', '한 해 동안의 수입 혹은 우지코, 숭경자의 연간 거출금', '경내지', '건조물', '제신', '우지코, 신도 수'로서, 앞서 소개한 신사사원규칙의 신사의 기준이 대체로 이들 항목을 반영한 내용임을 알 수 있다.

참고로 이러한 기준은 이후 1936년 8월의 신사제도 개편을 통해 『신사규칙』(총독부령 제76호)과 『사원규칙』(총독부령 제80호)으로 각각 분리, 제정되었다.

---

14 위의 책, 29쪽.

그런데 식민지라는 특수한 상황을 고려하면 신사의 운영 및 설비의 면, 가령 숭경자의 수, 신직, 사전의 설치 등에서 신사의 기준을 충족시키기 곤란한 경우가 현실적으로 등장할 수 있었다. 여기서 '특례'로 인정된 시설이 신사神祠였고, 이를 위해 신사보다 낮은 설립기준을 정한 법령이 「신사에 관한 건神祠ニ關スル件」(총독부령 제21호, 1917년)이었다. 그 제1조를 보면 "본령에서 칭하는 신사神祠란, 신사는 아니지만 공중을 참배시키기 위해 신기神祇를 모시고 제사지내는 곳을 가리킨다"고 정의되었다. 이 「신사神祠에 관한 건」도 이후 신사제도 개편에 따라 분리, 제정된 신사규칙의 내용에 맞추어 개정된다(총독부령 제79호, 1936년). 대만에는 조선의 신사神祠에 해당하는 것으로서 '사社'가 있었다. 조선보다 6년 뒤늦은 1923년에 제정된 대만총독부령 「사, 요배소에 관한 건社,遙拜所ニ關スル件」은 조선의 신사神祠 규정을 참고하여 '사'를 "신사는 아니지만 공중을 참배시키기 위해 신기를 모시고 제사지내는 곳"으로 정의하고 있다.[15]

여기에 보이는 '공중'이란 불특정다수의 사람을 가리킨다고 볼 수 있다. 신사행정측이 공인신사의 기준을 채우지 못한 기존의 신사시설 가운데 신사神祠에 해당되지 않는 사례로서, '공중'의 '참배' 대상이 될 수 없는 '개인제사'를 들고 있는 점에서 이를 추측할 수 있다.[16] 즉 특정한 '개인'의 반의어로서 불특정다수의 '공중'이 사용되고 있는 것이다.

1917년에 각 도지사에게 발송한 정무총감 통첩[17]에는 「신사神祠에 관

---

15 蔡錦堂, 『日本帝国主義下台湾の宗教政策』, 同成社, 1994, 78쪽.
16 각 도지사(평안남도 제외)에게 보낸 내무국장 통첩 「신사(神祠) 창립에 관한 건」(1933.8), 朝鮮神職會編, 『朝鮮神社法令輯覽』(帝國地方行政學會朝鮮本部, 1937)에 수록.
17 각 도지사에게 보낸 정무총감 통첩 「신사(神祠)에 관한 규정을 정하는 건」(內秘 제71호, 1917.3.22), 『朝鮮神社法令輯覽』 및 주5의 『現行全羅南道例規集·內務』에 수록.

한 건」을 제정한 취지가 설명되어있다. 이를 보면 "지방주민의 사정에 의해 일반신사의 체재를 구비한 신사를 창립하기 어려운 곳에 한해, 그곳 주민에게 경신敬神상의 만족을 주기 위해 특례를 설치할 뜻에"라며 '특례'가 명기되어있다. 신사사원규칙 제정으로부터 2년이 지난 뒤에 총독부가 급하게 '특례' 신사를 위한 법령을 만들었다는 것은 예상치 못한 상황이 나타났음을 스스로 고백하는 것에 다름 아니었다.

조선총독부가 파악한 내용에 따르면 1912년에는 60개의 신사시설이 존재했으나, 신사사원규칙 제정에서 1년이 흐른 1916년 시점에서 창립 허가를 받은 곳은 겨우 17개에 불과했다.[18] 위에서 말한 예상치 못한 상황이란 이렇게 공인을 받지 않은 채 유지되던 신사시설이 다수 존재한 다는 점이었는데, 여기서 홋카이도의 무원신사無願神祠 문제를 떠올릴 수 있을 것이다. 보다 정확히는 비공인 신사의 존재와 그 문제를 인식하게 된 신사행정측이 이를 홋카이도의 문제와 결부시켜 바라보게 되었고, 그 결과 비공인 신사를 무원신사로 부르기 시작했다고 이해하는 편이 적절하다.

홋카이도의 개척지에는 많은 신사시설이 건립되었지만 그 중에는 공인을 받지 못한 시설도 상당수 존재했다. 홋카이도청은 이를 '무원신사'로 칭하고 있었다. 그 예로 1936년의 도청 통첩에 "무원신사란 공인신사를 제외한 그 외의 모든 것을 가리킨다"(비고란)는 내용이 있다.[19]

---

18 山口公一, 「植民地朝鮮における神社政策と朝鮮社会」에 실린 〈표 1-4〉에 의함. 출전은 朝鮮總督府編, 『朝鮮總督府統計年報(大正元年)』, 1914; 朝鮮總督府, 『朝鮮總督府統計年報(大正五年)』, 1918.

19 홋카이도청의 통첩 「무원신사 조사에 관한 건」(1936.12.2). 이 자료는 「天鹽町役場文書」에 수록되어있다. 여기서는 村田文江, 「北海道開拓地における無願神祠に関する覚書」, 『歷史人類』 第10号(筑波大学, 1982.3)로부터 참고했다.

현시점에서 조선의 법령에 보이는 '신사神祠'라는 용어가 어디서 유래하는지는 자료의 제약 때문에 추적하기 힘들다. 다만 홋카이도청의 용례를 참고로 추측해보면, 조선총독부는 홋카이도의 예에 따라 '무원신사'라는 용어를 사용하면서도 그 중 공인한 곳에 대해서는 '무원'을 빼고 '신사神祠'로 지칭했다고 보인다.

비록 '특례'로 인정된 신사神祠였지만 장래에는 신사로의 승격이 계획되고 있었다. 1917년의 정무총감 통첩을 보면 유의사항 중 하나로서 "신사神祠는 (…중략…) 또한 장래 신사창립에 있어서 지장이 없도록 주의할 것"이라는 내용이 나온다. 신사神祠를 장래에 신사로 승격시킬 계획이 있었다는 점은 심전개발운동이 공표된 1935년에 각 도지사에게 발송한 내무국장 통첩[20]에서 "신사神祠의 경우에도 신사가 될 것을 전제로 건립하라는 취지이므로, 점차 신사로 승격하도록 독촉할 것"이라는 지시가 내려진 사실에서도 확인된다.

이에 따라 신사제도 개편을 통해 분리, 제정된 신사규칙과의 정합성을 유지하기 위해서 「신사神祠에 관한 건」의 규정도 개정할 필요가 생겨났다. 총독부 당국이 이 법령의 개정에 대해 기술한 '설명'[21]을 보면, 개정 법령 제2조 중 제5호, 제5조, 제9조, 제10조가 정합성의 부여와 관계된 규정이었음을 알 수 있다. 각각의 내용을 정리하자면 제2조 중 제5호

---

20 각 도지사에게 보낸 내무국장 통첩 「신사의 시설 개선에 관한 건」(內 제411호, 1935.10.18), 『朝鮮神社法令輯覽』·『現行全羅南道例規集·內務』에 수록.

21 岩下伝四郎編, 『大陸神社大観』(大陸神道連盟, 1941)에 수록되어있다(145·146쪽). 책을 편수하는 과정에서 "조선총독부를 비롯하여 재만 일본대사관, 만철, 만주척식공사, 만주국 제사부, 만주국 협화회, 그리고 선, 만, 지의 각 신사로부터 많은 귀중한 참고자료를 제공받았다"(「序詞」)고 한다. 여기에는 「신사(神祠)에 관한 건」 개정법령이 게재되어 있고, 개정조문에 대한 조선총독부 당국의 「설명」도 실려 있다(신사규칙 등도 마찬가지).

〈그림 4-1〉 설립허가를 받아 법적인 신사(神祠)가 되기 직전의 구룡포신사(사진 좌측)

는 건물 이외의 공작물에 대해서도 '구조, 도면, 배치도'를 제출할 것,
제5조는 '숭경자 총대회總代會'를 둘 것, 제9조는 '신사의 예에 의거해서
매년도 수지예산을 정할' 것, 제10조는 신사규칙의 제12, 13, 26, 29,
30조의 규정을 신사神祠에 준용할 것과 관련된 항목이었다.

　참고로 근대의 '신직'은 법령에 의해 정해졌으며 국가에 임명된 관리
의 대우를 받았지만, 신사神祠에는 그와 같은 신직이 설치되지 않았다.
따라서 신사神祠의 제사는 근처 신사의 신직이 대신하고 있었다.[22] 다만

---

[22] 「신사(神祠)에 관한 건」(총독부령 제21호, 1917) 제7조에는 "숭경자 총대는 신사(神
祠)의 제사를 신직에게 위탁하고 그 주소 및 씨명을 도장관에게 제출해야한다"는 이른
바 신사(神祠)의 수지신직제(受持神職制)가 규정되어있다. 1936년에 법령이 개정되면
서 이 내용은 제8조가 되었고, '숭경자 총대'가 '총대장'으로, '도장관'이 '도지사'로 바
뀌었으나 수지 제도 자체는 유지되었다.
참고로 식민지조선의 신직에 관한 연구로서 졸고, 「植民地期朝鮮の神職に関する基礎的
研究－戰時體制下の神職任用を中心に」(松田利彦・やまだあつし編, 『日本の朝鮮・台

이것이 곤란한 경우에 대비하여 별도의 규정이 있었다. '구룡포신사'[23]
의 사진을 신사神祠의 예로 실어둔다.

3) 하나의 부읍면에 하나의 신사 · 신사神祠를 설치한 이유

다음으로 신사 및 신사神祠의 '구역'(1936년 제정된 신사규칙에는 '숭경구
역'으로 기술)에 대해 고찰해보자. 1915년 신사사원규칙이 제정되었을
당시 신사(그리고 사원)에는 '창립지명'을 알릴 의무가 부과되었지만, 숭
경구역의 범위에 관해서는 어떠한 규정도 없었다.

이는 신사사원규칙, 그리고 이와 동시에 발포된 「포교규칙」(총독부령
제83호, 1915년)에 의해 '종교 및 신사, 사원'의 주관이 '경찰관서'에서 총
독부 내무국과 '신사행정청'으로 이관된 점[24]과 관련이 있다고 추측된
다. 이관 후에는 내무행정을 통해 신사, 사원의 창립에 관한 세칙을 정
하는 것이 자연스럽게 다음 과제가 되었다. 「신사사원 창립허가 표준」[25]
이 그것으로서 각 도에 하달된 것으로 보인다.

이 자료는 '신사', '사원', '공통'의 항목에 대하여 '구역', '경내지',

湾支配と植民地官僚』, 思文閣出版, 2009)가 있다. 이 글에서 저자는 전시체제하 관국폐
사 이외의 신사(제사(諸社)에 해당)에 보이는 신직임용의 문제를 주로 다루었다.

23 이 사진은 趙重義 · 權善熙著 · 中嶋一訳,『韓国内の日本人村－浦項九龍浦で暮した』(ア
ルコ[浦項], 2009(初版), 2012(改訂版)) 98쪽에 실려 있다.

24 부윤, 군수, 도사에게 보낸 내무국장 통첩 「신사, 사원 및 포교에 관한 건」(學 제998호,
1915.9.28), 『現行全羅南道例規集 · 内務』에 수록.

25 「신사사원 창립허가 표준」(1916.8.12 결재), 『現行全羅南道例規集 · 内務』에 수록. 이
자료는 내규로서 총독부 내무국의 '결재'를 받고 그 후 각 도에 하달된 것으로 보인다.

'건물', '유지방법', '숭경자 혹은 단신도檀信徒'의 사항을 두고, 각각에 관해 행정 측이 정한 「창립허가 표준」을 기술하고 있다. '신사'란의 '구역'에 대해서는 "하나의 부면府面에 2개소를 두는 것은 허가할 수 없다"고 적혀있다. 여기서 1915년에 제정된 신사사원규칙을 통해 하나의 부면(시촌市村에 해당)에 하나의 신사를 설치한다는 원칙이 정해졌음을 알 수 있다. 1930년에는 읍(정町에 해당)이 법제화되면서 하나의 부읍면에 하나의 신사를 설치한다는 원칙으로 변경된다.

그리고 '신사'란의 다른 항목을 순서대로 보면 '경내지'는 "평수 150평 이상으로 할 것", '건물'은 "신전, 배전 각 3평 이상으로 하고, 신전과 배전을 겸용하는 건물일 경우는 5평 이상으로 해도 좋다", '유지방법'으로는 "기본재산을 통해 발생하는 수입 및 그 외의 확실한 수입을 300엔 이상 확보할 것", '숭경자 혹은 단신도'는 "150호 이상이어야 한다"고 적혀있다.

위의 내용을 통해 하나의 부면에 하나의 신사를 설치한다는 원칙을 비롯한 「창립허가 표준」이 '내지'의 신사정리와 큰 틀에서 유사한 구조를 지니고 있음을 알 수 있다. 그렇다면 이 역시 조선총독부의 신사정책이 신사정리의 각종 사례를 참고했다는 증거가 될 수 있다.

그러면 신사神祠의 경우는 어떨까? 1917년에 제정된 「신사神祠에 관한 건」을 보면 신사사원규칙과 마찬가지로 '설립지명'을 알려야한다는 의무는 있지만, 그 범위에 관한 규정은 없다. 신사神祠가 장래 신사로 승격될 계획 아래 '특례'로 존재했음을 고려하면, 설립의 '구역'에 관해서는 신사의 「창립허가 표준」에 준하여 "하나의 부면에 2개소를 두는 것은 허가할 수 없다"는 내용이 적용되었을 것으로 보인다. 따라서 신사와 신사神祠를 함께 고려할 경우 하나의 부(읍)면에 하나의 신사, 또는 하나의 신사神祠를 설치하는 것이 원칙이 됨을 알 수 있다.

『조선총독부관보』의 휘보란에 게재된 '신사창립 허가' 및 '신사神祠 설립 허가'를 보면 각 신사·신사神祠의 지명이 소재지 부읍면의 명칭을 따고 있다. 그리고 창건에 관해 신사·사원은 '창립', 신사神祠의 경우에는 '설립'으로 각각의 용어가 법적으로 구별되었다.

한편 1917년 3월에 「신사神祠에 관한 건」과 동시에 각 도지사에게 발송된 정무총감 통첩[26]에는 네 가지 유의사항 중 첫 번째로 "신사神祠는 신사와 비교하면 제반 설비가 간소하기 때문에 자칫 설립의 남발이라는 폐해를 낳을 수 있다"는 점이 지적되어있다. 이러한 사실은 앞서 소개한 원칙에 위반되는 '설립의 남발'을 총독부 당국이 애초부터 예상하고 있었음을 알려준다. 실제로도 '설립의 남발'이 있었던듯한데, 1932년에 각 도지사에게 정무총감이 보낸 것으로 여겨지는 통첩[27]을 통해 이를 확인할 수 있다. 여기에는 금후의 '방침'에 관해 "원칙으로서 하나의 부읍면 내에 하나의 신사 또는 신사神祠에 한해 설립을 허가한다"는 점이 명기되어있다. 그리고 하나의 부읍면에 신사나 신사神祠가 설치되어 있는 경우에도 신사神祠를 추가로 설립할 수 있다는 '예외'가 더해져있다(다음 절에서 살펴볼 것이다).

그렇지만 이 통첩이 마치 못을 박듯이 앞서 본 원칙을 거듭 명기하고

---

26 주17의 통첩 「신사(神祠)에 관한 규정을 정하는 건」.

27 부윤, 군수, 도사에게 보낸 전라남도 내무부장 통첩 「신사 및 신사(神祠)의 설립허가 방침에 관한 건」(地 제67호, 1932.10.21). 『現行全羅南道例規集·內務』에 수록. 자료를 보면 '그 방면'이라며 총독부 내무국을 가리키는 표현이 있는 바, 내무국의 '통첩이 있었'고 이를 그대로 하달한 통첩으로 판단된다.

있다는 점이 무엇보다 중요하다. 왜냐하면 위에서 설명한 「창립허가 표준」의 원칙 자체가 금후의 '방침'으로서 계속 견지되고 있었다는 사실을 보여주기 때문이다.

3. 제신의 이중성

1) 허가받은 신사神祠와 그렇지 못한 신사神祠

조선에 이주한 일본인 거류민들은 크고 작은 다양한 신사시설을 세웠다. 병합 후 조선총독부가 신사행정을 개시할 당시 이러한 신사시설은 소위 사전, 제신, 운영방법 등에 있어서 무질서하게 난립한 상태에 있었기에 법령을 만들어 관리, 통제할 필요가 있었다. 특히 비교적 건립이 용이했던 작은 규모의 신사시설이 많았기 때문에 대부분의 관리, 통제는 신사가 아닌 신사神祠를 대상으로 하는 법령인 「신사神祠에 관한 건」에 따르는 경우가 많았다. 한편으로 하나의 부(읍)면에 하나의 신사 혹은 하나의 신사神祠를 설치한다는 원칙은, 하나의 부(읍)면에 복수의 신사 및 신사神祠가 존재하는 지역에서는 '내지'의 신사정리를 떠올리게 하는 통제의 문제를 발생시켰다.

여기서는 1936년의 신사제도 개편에 이르기까지 나타나는 이와 같은 신사神祠의 통제 문제를, 신사神祠의 변천 및 관계법령, 통첩 등을 통해 정리해보겠다.

1915년에 신사, 그리고 1917년에 신사神祠에 관한 법령이 정해지고 허가제도가 설치되던 시기에 기존의 신사시설은 어떤 상황에 놓이게 되었을까? 1915년의 신사사원규칙은 '부칙附則'을 통해 본령 시행일로부터 5개월 이내에 조선총독에게 설립허가에 관한 수속(제1조의 규정)을 제출하도록 지시하고 있다. 설립허가만 받는다면 법적으로 인정된 '신사'가 될 수 있었다.

한편 기존의 신사시설이 가령 신사사원규칙에 보이는 신전, 배전을 2년 이내에 건설할 조건, 또는 숭경자 30명 이상의 연서를 요구하는 규정을 충족시키지 못했다는 등의 이유로 창립을 신청하지 못할 경우에는 어떻게 될까? 이 점에 관해서는 신사사원규칙의 2년 뒤에 제정되는「신사神祠에 관한 건」을 살펴볼 필요가 있다. 이 법령에는 신사사원규칙처럼 기존의 설비에 관한 조치가 명문화되어있지 않다. 오히려 — 신사神祠는 장래 신사로의 승격을 전제로 한 '특례'였던 점에서 알 수 있듯이 — 창립 신청이 불가능한, 아니면 신청을 일부러 거부하는 기존의 신사시설에 대해 이들을 신사神祠로서 관리하려는 의도를 가지고 있었다.

이렇게 기존의 신사시설 가운데 신사사원규칙에 따른 허가를 받지 못하고, 나아가 신사神祠로서도 설립 신청을 하지 않은 곳은 무원신사로 여겨지게 되었다. 이와 같은 무원신사는 상당수 존재했는데 총독부 당국도 그 정확한 숫자를 파악하지 못할 정도였다. 무원신사의 존재는 통제문제의 핵심이 되는 바, 이를 고찰하기 위해 우선 설립허가를 받은 신사神祠수의 변천을 살펴보자. 조선총독부편『조선총독부 통계연보』를 참고로 〈표 4-1〉을 만들어보았다(1917~1942년). 아직 추측의 단계에 불

과하나, 표의 내용을 단서로 신사神祠수의 변천과정에 대한 저자 나름의

견해를 제시해보겠다. 덧붙이자면 여기에 제시한 신사神祠수는 신사神祠

로서의 설립을 허가받은 숫자를 나타내는 바, 이를 통해 그 대강의 변천

<표 4-1> 신사(神祠)수의 변천

년	1917	1918	1919	1920	1921	1922	1923
증가분	11	21	9	5	8	5	18
누계	11	32	41	46	54	59	77
년	1924	1925	1926	1927	1928	1929	1930
증가분	26	5	-1	22	23	25	5
누계	103	108	107	129	152	177	182
년	1931	1932	1933	1934	1935	1936	1937
증가분	4	13	16	25	32	21	14
누계	186	199	215	240	272	293	307
년	1938	1939	1940	1941	1942		
증가분	18	172	144	135	52		
누계	325	497	641	776	828		

출전 : 조선총독부편, 『조선총독부 통계연보』(1917~1942년의 매해)

을 추측할 수 있다.[28] 설립을 허가받은 이후 실제로 건립된 신사神祠수를

파악하는 것도 중요하지만, 그 수를 알 수 없는 무원신사의 존재를 드러

내기 위해서는 신사神祠수의 대강의 변천을 살펴보는 방법이 유리하다

고 판단했다. 또한 무원신사의 존재를 시야에 넣지 않은 채 신사와 신사

神祠의 숫자만을 다루는 기왕의 연구들에 대해 주의를 환기하려는 의도

도 있음을 밝혀둔다.

　신사神祠의 허가제도가 시작된 첫 1, 2년에는 기존의 신사시설 중에서

28　설립허가가 실제의 설치(진좌)를 동반하지 않는 사례 등이 존재하기에 신사(神祠)수의
　　변천과 그 정확한 숫자를 파악하기란 쉽지 않다. 이 책에서는 매해 증가분의 정도와 증
　　감경향에 주목할 생각이며, 장기간의 변화를 하나의 자료에서 간단히 파악할 수 있다는
　　이점을 취하기 위해 『조선총독부 통계연감』을 이용할 것이다.

도 장래 신사로의 승격을 염두에 두고 있던 곳에 설립허가를 내렸던 것은 아닌가 생각된다. 그 후에는 일단 적은 수의 증가를 보였으며, 1923년 무렵부터 신설 및 허가의 숫자가 점증하는 추세를 나타낸다.

조선신궁(제신은 '아마테라스 오미카미'와 '메이지천황')이 진좌한 해인 1925년과 다음해인 26년에는 메이지천황의 봉재에 관한 규칙 때문에 증가량이 적었을 걸로 추정된다. 조선신궁이 진좌한 1925년 경상남도 고성군 회화면의 '西保壵 외 22명'이 아마테라스 오미카미와 메이지천황을 합사할 신사神祠의 설립 신청서를 제출한 것을 계기로 메이지천황 봉재에 따른 규칙이 정해지게 되었고, 그 결과 다음 다섯 항목을 구비할 것이 설립허가의 조건이 되었다. 각각의 요점을 정리하면, '신명신사'의 형식을 따를 것, 경내를 청정하게 유지할 방법, 신직을 정하고 제사를 엄숙하게 집행할 것, 경영비 확보의 구체적 방법, 기본재산 조성방법을 정하고 이를 신청서에 명기할 것이었다.[29]

1930년과 이듬해인 1931년에도 증가량은 그리 많지 않았다. 아마 하나의 부읍면에 하나의 신사 혹은 하나의 신사神祠라는 원칙(후술함)으로 인해, 신사시설을 건립하고도 설립 신청서를 제출하지 않는 경우(무원신사가 됨)가 늘어났기 때문일 것이다. 그 이유를 내무국장 통첩을 통해 살펴보자.

먼저 1932년 10월 각 도지사에게 내무국장이 보낸 통첩으로 판단되는 자료[30]를 보면 '경제, 교통, 취락의 상황 등'에 비추어 "하나의 신사

---

29 각 도지사(경상남도 제외)에게 보낸 내무국장 통첩「신사(神祠)의 제신에 메이지천황을 권청하는 바람을 허가하는 건」(1925.6), 『朝鮮神社法令輯覽』에 수록. 그리고 『現行全羅南道例規集・內務』에도 이 통첩을 부윤, 군수, 도사에게 하달하는 동명의 전라남도 내무부장 통첩(地 제148호, 1925.6.30)이 실려 있다.

또는 하나의 신사神祠를 숭경하는 구역을 정하기 어려운 특별한 사정"이
있고, 나아가 "다수의 숭경자 집단을 유지, 경영하는 방법이 확실"하다
고 인정될 경우에 한해 두 가지 '예외'를 용인하도록 허락되었다. 그 '예
외'란 "(1) 하나의 부읍면에 하나의 신사가 있더라도 신사神祠를 설립할
수 있도록 허가한다" 및 "(2) 하나의 부읍면에 하나의 신사神祠가 있더
라도 신사神祠를 설립할 수 있도록 허가한다"는 것이었다. 즉 전자는 하
나의 부읍면에 하나의 신사가 존재하는 경우에도 신사神祠의 설립이라
면 허가하겠다는 '예외'이며, 후자는 하나의 부읍면에 하나의 신사神祠
가 존재하더라도 여기에 신사神祠를 추가 설립하는 것을 허가하겠다는
'예외'인 것이다.

이 두 가지 '예외'를 통해 내무국이 의도한 것은 "특수한 사정이 있는
곳이야말로 도리어 신기존숭神祇尊崇 사상의 함양에 모자람이 없도록"
하겠다는 것이었다. 이를 위해 '예외'에서 말한 '전의詮議의 방침'을 조
만간 '결정할 뜻'을 담아 내무국장 통첩을 발송한 것이다.[31] 여기에 적
혀있는 '특수한 사정'이란 하나의 부읍면에 복수의 신사시설이 존재하
는 경우를 의미하는데, 곧 하나의 부읍면에 하나의 신사 혹은 하나의 신
사神祠라는 원칙으로 인해 설립 신청서를 제출하지 못한 무원신사가 존
재했음을 알 수 있다. 이러한 경우에 설립을 신청하면 어떤 결과로 이어

---

30 주27의 통첩「신사 및 신사(神祠)의 설립허가 방침에 관한 건」.
31 읍의 각 면장에게 보낸 전라북도 남원군수 통첩「신사 및 신사(神祠) 설립허가 방침에
    관한 건」(南庶 제3552호, 1932.10.18). 이 자료는 한국 국가기록원 소장 전라북도 남원
    시 금지면『庶務例規綴』(1917~1949)에 실려 있다. 남원군수 통첩의 내용은 주27 전라
    남도 내무부장 통첩과 동일하다. 그러므로 각 도지사에게 발송된 총독부 내무국장 통첩
    이 전라북도 내무부장 통첩으로서 남원군수에게 하달되었고, 이것이 다시 남원군수 통
    첩으로서 주천면(현 금지면)장에게 전해졌던 것으로 생각된다.

질까? 오직 두 가지 길만이 기다릴 뿐이다. ① 우선 무원신사는 폐사廢祠가 되고, 아마테라스 오미카미를 봉재하는 기존의 다른 신사나 신사神祠(행정상의 명칭은 '신명신사')에 그 제신이 합사될 것이다. ② 만약 '예외'가 인정된다면 주된 제신을 아마테라스 오미카미로 삼는 동시에 종래의 제신을 거기에 합사해야하며, '신명신사'의 이름을 받게 될 것이다.

1930년과 1931년에 증가량이 많지 않았던 것이 무원신사의 존재 때문이었다는 점은 1933년의 내무국장 통첩[32]을 통해서도 증명된다. 이 통첩은 평안남도지사의 조회에 대한 회답을 각 도에 전달한 것이었다. 조회 내용은 '신사神祠로 칭하는 범위'에 의문이 있는 바, 다음 세 가지 사례에 대해서 판단해주길 바란다는 것이었다. 내무국의 회답은 아래와 같았다.

먼저 '공중을 참배시키기 위해 신기를 모시고 제사지내는 곳(「신사神祠에 관한 건」 제1조)'을 기준으로 조회에 보이는 세 가지 사례가 더욱 상세히 분류되었다. 그리고 각각의 분류된 사례에 대해 '공중'의 '참배' 대상이 될 수 없는 '개인제사'로 보아야하는가 아닌가를 판단한다. '개인제사'로 간주되지 않는 경우는 '신사神祠'에 해당되기 때문에, 도 당국은 그러한 사례에 들어맞는 당사자가 있으면 설립을 신청하도록 조처할 필요가 있었다.

조회에 제시된 세 가지 사례는 평안남도의 '실례'를 가져온 것이었는데, 무원신사의 실태에 관해 중요한 단서를 제공해준다. 각각을 열거하면 '광산, 탄갱 등에 설립된 것', '상점 등의 옥상정원에 설립된 것(예를 들면 경성 미쓰코시三越의 옥상에 있는 이나리신사稻荷神祠 같은 것)'[미쓰코시 백화점 경성지점 건물은 현재 신세계 백화점으로 남아있다], '유곽 내에

---

32 주16의 통첩 「신사(神祠) 창립에 관한 건」.

설립된 것'이었다. 각각의 사례는 일본인 이주자들이 신앙을 위해 설립한 신사시설로 볼 수 있다. 이들은 앞서 설명한대로 각각의 상태가 '공중'의 '참배' 대상이 되는지 아닌지의 기준에 따라, 법적인 '신사神祠'가 되거나 아니면 통제를 벗어나는 '개인제사'로 간주되었다.

그 외 무원신사로서 경찰서나 학교 내에 신사神祠가 설립된 경우가 있었다고 한다. 저자가 조사한 사례 가운데는 농촌진흥운동기에 보이는 경찰서의 구내신사構內神祠[33]나 '중견인물' 양성시설에 설치된 신사神祠[34]가 여기에 해당한다. 이러한 신사神祠들은 농촌진흥운동정책의 일익을 담당하고 있었다. 일반적으로 경찰서나 학교에는 진구 다이마神宮大麻의 봉재전이 세워졌을 것으로 추측된다. 이들은 — 농촌진흥운동 관계의 신사神祠를 포함하여 — 공적, 준공적 시설에 무허가로 설립된 것들이었고 무원신사 중에서도 '개인제사'로 간주되었을 가능성이 높다.

그 밖에 연안, 도서지역의 어항에서 번성한 일본인 이주자 마을에 고토히라金刀比羅를 모시던 신사가 있었다는 이야기를 자주 듣는다. 이와 같은 신사 또한 무원신사로 여겨졌을 터이다. 이 절 (2)항에서는 — 다른 무원신사의 사례에 대한 검토도 포함해서 — 무원신사의 제신을 단서로 그 실태를 조금이나마 규명해볼 것이다.

이제 신사神祠수의 변화로 다시 돌아가 보자. 1930년과 1931년 이후, 1933년을 전후하여 1936년 무렵까지 많은 수는 아니지만 증가의 경향

---

[33] 전라북도 장수군 장수경찰서는 경내에 '다이마전[大麻殿]'을 봉재했다고 한다. 아마 진구 다이마(이세진구가 반포한 오후다)를 봉재한 신사(神祠)였을 것이다. 八尋生男, 「全北に於ける農民訓練所その他(2)」, 『自力更生彙報』第31號, 1936.3.20, 9쪽.

[34] 조선총독부 편, 『農山漁村に於ける中堅人物養成施設の槪要』(1936년)에 게재되어있는 양성시설 중에는 '신사(神祠)'를 설치한 곳도 적지 않았다.

이 확인된다. 당시는 농촌진흥운동의 전개와 함께 '천지신단'이나 '농신단' 같은 관제 '동제'를 창출하려는 움직임이 조성되던 때였다(제1장 제3절을 참조). 그리고 1935년에 공표된 심전개발운동을 통해 '경신숭조'가 하나의 목표로 등장하고, 신사참배가 급증하는 동시에 신사제도가 개편되던 시기이기도 했다(제2장 제3절의 (2)를 참조). 이러한 배경 아래 신설을 허가받은 신사神祠도 조금씩 늘어간 것으로 추정된다.

1934년 9월 전라남도의 부윤, 군수, 도사島司에게 내무·경찰부장이 통첩[35]을 발송한다. 여기에는 「신사神祠에 관한 건」에 의거해서 설립 허가를 받고난 후에 사전 등을 지어야함에도 불구하고, "종래의 예를 보면 건설 후에 공인을 신청하는 경향이 적지 않다"며 신사神祠를 먼저 지은 후에 허가를 신청하는 사례가 많았던 당시의 실태가 적혀있다. 이에 더해 "혹은 제멋대로 건립하고 함부로 중서衆庶를 참배시키는 곳도 있다"며 허가를 받지 않고 지은 후에 '중서', 즉 '공중'을 '참배'시키고 있는 사례도 지적되었다. 이는 허가를 받을 의도가 없으면서도 마치 법령이 정한 '신사神祠'처럼 '공중'을 '참배'시키고 있는 경우였으므로, 당국으로서는 도저히 방치할 수 없는 존재였을 것이다.

그렇지만 벌칙규정을 가진 신사사원규칙과는 달리 「신사神祠에 관한 건」에는 벌칙규정이 없었다. 신사사원규칙의 벌칙규정은 "허가를 받지 않고 신사사원 또는 이와 유사한 건조물을 짓는 자는 일 년 이하의 금고 혹은 이백 엔 이하의 벌금에 처한다"(제20조)였다. 위에서 본 신사神祠의 위반 사례 두 가지는 본래대로라면 이 신사사원규칙 제20조의 벌칙을 적용받아야했다.

---

35 주5의 통첩 「무원신사 건립에 관한 건」.

다만 신사사원규칙은 2년 후에 법제화될 '신사神祠'까지 상정하고 있지는 않았다. 따라서 「신사神祠에 관한 건」의 적용을 받게 된 신사神祠에 대해 그 위법행위를 신사사원규칙의 벌칙규정에 의거해 단속하기는 힘들었고, 신사神祠를 둘러싼 벌칙 또한 애매해진 상황이었다.

신사사원규칙 제20조의 규정을 꼼꼼히 뜯어보자. "허가를 받지 않고 신사사원 또는 이와 유사한 건조물을 짓는 자"라는 부분은, '신사' 또는 '이와 유사한 건조물'을 짓기 위해서는 반드시 먼저 '허가를' 받아야한다는 점을 나타내고 있다. 여기서 말하는 '신사'란 — 훗날의 '신사神祠'를 참고해보면 — '공중'의 '참배' 대상이 될 수 없는 '개인제사'를 제외한 신사시설을 가리킬 터인 바(이 장 제2절 (2)를 참조), 이와 같은 신사시설은 빠짐없이 허가를 받아서 법적인 '신사'가 될 필요가 있었다는 점을 알 수 있다. 그런데 나중에 '신사神祠'를 법적으로 인정하게 됨에 따라 '이와 유사한 건조물', 곧 신사시설과 '유사한 건조물'의 정의가 애매모호해지고 말았다. 그러니까 법적인 '신사神祠'조차 신사시설과 '유사한 건조물'로 해석되어버릴 여지가 생겨난 것이다. 이는 신사神祠를 둘러싼 대부분의 위반행위가 방치되는 결과로 이어졌으며, 1930년대에 들어서 위에서 본 바와 같은 무원신사의 문제가 발생하는 계기를 낳았다고도 볼 수 있다.

앞서 소개한 내무·경찰부장 통첩을 보아도 제20조의 벌칙을 적용하기보다, 비유적으로 말하자면 당근과 채찍을 가지고 대처하라는 지시가 내려져있다. 채찍의 내용은 행정기관이 "특히 관계자에게 경고를 할 것"이었다. "특히 이와 관련하여 수속을 이행하는 자는 불문에 부쳐줄 것"과 "시말서에 비추어 신속히 정규 수속을 완료시켜주도록 요망"한다는 것이 당근의 내용이었다.

그리고 무원신사에 관한 그 외의 단속법으로서 신사의 영대 수여靈代
授與를 규제하는 것이 있었다. 구체적으로는 신사神祠가 영대의 배대拜戴
를 신청했을 경우 해당 신사는 설립허가서 사본의 제출을 조건으로 공
인된 신사神祠에 한해서만 수여를 허락해야한다는 것으로서, 내무국장
이 각 도지사에게 보낸 통첩을 통해 지시되었다.[36]

신사시설을 건립하려던 현지 일본인들의 입장에서 보면 위의 내용들
은 허가가 필요한 '신사神祠'와 그렇지 않은 '개인제사'를 나누는 기준이
불분명할 뿐만 아니라, 벌칙규정 또한 적용되지 않는 불완전한 제도에
불과했다. 이 점을 이용하여 신사시설을 세우더라도 명칭을 '신사神祠'
로 짓지 않거나 제신을 속여서 설립 신청을 하지 않으면 귀찮은 규제를
받을 필요가 없었고, 자신들의 입맛에 맞는 것은 물론 신앙까지 반영할
수 있는 신사시설을 건립 혹은 유지하는 일이 가능했다.

2) 제신의 이중성

여기서는 신사·신사神祠의 제신에 대해 아마테라스 오미카미와 '내
지'의 다른 신들 사이에 보이는 이중성, 그리고 아마테라스 오미카미와
조선재래의 신들 사이에 보이는 이중성을 중심으로 논해보겠다.

신사행정측은 신사·신사神祠의 제신에 관해 신사사원규칙 제정(1915

---

36 각 도지사에게 보낸 내무국장 통첩 「신사와 신사(神祠)의 영대 수여에 관한 건」
(1935.2),『朝鮮神社法令輯覽』에 수록. 『現行全羅南道例規集・內務』에도 이 통첩을 각
신사 소재지의 수장에게 하달한 전라남도 내무부장 통첩이 실려 있다. 이를 보면 신사가
신사(神祠)에 영대를 수여할 때는 그 때마다 보고하라는 지시가 더해져있다.

년) 이후에야 비로소 명확한 방침을 내렸다. 「신사神祠에 관한 건」(1917
년) 제1조를 통해 신사神祠를 정의하는 과정에서(이 장 제2절 (2)를 참조)
'신기'를 제신으로서 봉재하라는 점이 규정되었다. 여기 보이는 '신기'
란 '천신지기天神地祇'를 비롯한 신사신도의 제신을 가리킨다고 생각된
다. 신사의 제신을 대략적으로 구분하고 이를 '천신지기', '황조', '역대
천황', '국가공로자들'로 간주하고 있던 당시 내무성 신사국의 인식이
위의 추론을 뒷받침해준다.[37] '천신지기'는 천지 신들의 총칭으로 이해
할 수 있다.[38]

　신사神祠를 정의하는 과정에서 굳이 제신을 함께 규정한 것은 장차 제
신을 통제하기 위한 포석이었다. 분리 제정된 신사규칙(1936년) 제1조
또한 창립허가 신청 시의 보고사항 중 첫 번째로서 '제신 및 신사명'을
들고 있는데, 여기에도 제신에 대한 통제강화의 의도가 엿보인다.

　제신 통제의 실제 내용을 보자. 신사의 창립허가 및 신사神祠의 설립
허가 과정에서 주된 제신의 위치를 차지한 것은 황조 아마테라스 오미
카미(당초에는 '아마테라스 스메오카미')였다. 처음 일본인 거류민들이 아마
테라스 오미카미를 봉재하는 '다이진주大神宮'를 세울 적에 덴만궁天満宮
이나 고토히라신사 등이 경내·경외신사가 되는 경향이 있었던 점을 그

37　신사제도조사회 제3회 특별위원회(1930.10.27)에서 신사의 제신에 관한 질문에 대해서
　신사국장 이케다 기요시[池田清]가 내놓은 대답. 제3회 동위원회 회의록에서 인용. 神社本
　庁編, 「神社制度調査会議事録①」, 『近代神社行政史研究叢書』 I, 神社本庁, 1999, 105쪽.

38　國學院大學日本文化研究所編, 『神道事典』(縮刷版)(弘文堂, 1999)에 의하면 천신지기
　는 일본의 경우 대부분 아마쓰가미[天つ神]와 구니쓰가미[国つ神]를 가리킨다고 한다.
　일반적으로 아마쓰가미는 "다카마가하라[高天原]에 존재하는 신, 혹은 다카아마하라에
　서 태어나 이 나라에 강림한 신들"을 말한다. 구니쓰가미는 크게 나누어 "이 나라에서
　태어난 신을 가리키는 경우와 천손강림 이전에 이 나라에 존재했던 정령이나 호족을 가
　리키는 경우가 있으며, 때로는 지기와 동일시된다"고 한다. "양자의 의미는 사료나 시대
　에 따라 달라지는 바, 통일적인 의미에 대해서는 아직 논의 중"이다.

배경으로 지적할 수 있다. 이에 대해서는 제1장 제1절 (1)에서 이미 논했으므로 그 요점만을 간단히 정리해둔다.

조선에 이주한 일본인들의 근대적 국민의식의 형성에는 아마테라스 오미카미가 커다란 영향을 끼치고 있었다. 식민지조선에 이주한 일본인들은 다양한 출신과 배경을 가지고 있었으며 각기 다른 여러 신을 믿고 있었는데, 이들은 서로 협력하여 사회를 만드는 과정에서 공통의 거점으로서 아마테라스 오미카미를 모시는 '다이진주'를 짓고 이에 입각한 아이덴티티를 바탕으로 국민의식을 형성해갔다. '내지'의 다른 신들은 이와 같은 '다이진주'의 경내 · 경외신사로 밀려나는 경향이 있었다. 아마테라스 오미카미가 현지 일본인의 통합에 기여하는 바가 있음을 본 신사행정 측은 이를 경신의 대상으로서 교화에 이용하려는 계획을 세웠는데, 공인신사와 신사神祠에서는 기본적으로 아마테라스 오미카미를 모시고 '내지'의 다른 신들은 거기에 합사, 추사하도록 하는 방침을 확립했다. 이처럼 아마테라스 오미카미는 일본인의 국민의식에 관한 점에 있어서는 신사사원규칙에 준한 신사행정 측의 통제가 개시되기 이전과 이후를 관통하는 연속성을 지니고 있었다.

그렇다면 식민지조선에서 신사가 보여준 행보는, 적어도 조선신궁이 창건되기까지는 아마테라스 오미카미 봉재를 매개로 현지 일본인의 국민의식 형성과 발걸음을 함께 하고 있었다고 보아도 좋을 것이다. 조선신궁에서 아마테라스 오미카미를 봉재한 점에 대해서도 신사신앙으로부터의 '일탈'이 아니라 오히려 일본인의 국민의식 형성에 따른 '변용'으로 간주하는 편이 바람직하다.

그러면 여기서 일단 지금까지 통제의 관점에서 검토해온 공인신사 ·

신사神祠와 무원신사의 제신 문제를 정리해보자. 신사행정 측이 신사시설의 제신을 통제하는 과정에서 아마테라스 오미카미와 다른 신들이라는 제신의 이중성이 나타남을 확인할 수 있었다. 신사행정 측은 신사시설의 제신을 통제했는데, 공인신사·신사神祠에서는 황조로서의 아마테라스 오미카미를 주된 제신으로 삼도록 하고 다른 신들은 여기에 합사, 추사하도록 했다. 그리고 다른 신들을 합사, 추사하는 것이 불가능한 경우에는 그러한 신들을 모신 신사시설을 무원신사로 다루려는 태도를 취했다.

이와 같은 제신의 이중성을 염두에 두면서 무원신사의 사례를 살펴보자. 이 절 (1)에서 소개한 평안남도지사의 조회에 제시된 세 가지 사례 외에도 민간의 무원신사는 더욱 다양한 형태로 존재했을 것이다. 이들은 '사제신사私祭神祠'로 규정되었고 신사행정은 이들을 '이나리사稲荷祠', '스이텐진사水天神祠',[2] '야마가미사山神祠', '아타고사愛宕祠',[3] '고토히라사', '에비스사惠比壽祠' 등으로 지칭했다.[39] 이러한 시설들이 허가를 받지 못한 이유는 아마 다음과 같을 것이다. 1915년에 제정된 신사사원규칙에 따라 공인을 받은 신사는 주로 아마테라스 오미카미를 봉재하는 곳이 많았고, 그 이후로도 다른 제신들은 아마테라스 오미카미에게 합사, 추사되는 경향을 보였다. 이렇게 아마테라스 오미카미와 관계가 있는 신사시설은 신사神祠의 설립을 허가받고 공인된 '신명신사'가 될 수 있었다. 반대로 아마테라스 오미카미와 관계가 없는 신사시설은 무허가로 남게 되었다.

허가받지 못한 신사시설들은 예를 들면 '곤피라궁金比羅宮'이라는 정

---

39 오야마 후미오[小山文雄], 『神社と朝鮮』(朝鮮佛教社, 1934, 141쪽)에 '사제신사'의 예가 실려 있다.

식명칭 혹은 '곤피라상金比羅さん'이라는 별칭으로 불렸을 터이지만,[40] 신사행정 측은 이들을 무원신사 중에서도 '사제신사'로 규정하고 ○○사祠라는 호칭을 사용했다. 신사행정측은 이러한 '사제신사'와 법적인 신사神祠의 상관관계를 어떻게 이해하고 있었을까? 「신사에 관한 건」 제1조는 신사神祠의 정의를 명문화하고 있었고, '신기'를 봉재할 것 또한 규정하고 있었다. 여기서 '신기'는 '천신지기'를 비롯한 신사신도의 제신을 가리키므로, '사제신사'의 경우에는 제신 그 자체가 충돌할 일이 없었다. 신사행정측은 무원신사를 각각의 상황에 따라 아래 설명할 세 가지 형태 가운데 하나에 해당하는 것으로 간주했다. 신사神祠의 법적 정의, 즉 "본령에서 칭하는 신사神祠란, 신사는 아니지만 공중을 참배시키기 위해 신기를 모시고 제사지내는 곳을 가리킨다"는 조문을 다시 한 번 상기하면서 세 가지 형태란 어떤 것이었는지를 살펴보자.

첫 번째 형태는 '공중'의 '참배' 대상이 될 수 없는 개인적 제사시설('개인제사')로서 이것들은 법적 '신사神祠'에 포함되지 않는다.

두 번째는 법적 '신사神祠'에 해당됨에도 불구하고 신사神祠라는 명칭을 사용하지 않는 등의 이유로 허가를 받지 못한 시설을 말한다.

세 번째 형태는 '신사神祠와 유사한 시설'로서 다시 두 가지로 분류할 수 있다. ① 사실상 법적 '신사神祠'처럼 기능하면서도 제신을 속여서 설립 신청을 하지 않는 등의 형태, ② '공중'을 상대하지 않기에 '신사神祠'가 될 필요가 없음에도 불구하고 마치 '신사神祠'인양 '사전'을 건설한 형태가 그것이다.[41]

---

40 栗田, 「植民地下朝鮮における神明神祠と「ただの神祠」」에 소개된 거문도의 사례를 참조.
41 岩下編, 『大陸神社大観』에 실린 「설명」에 따른 것(145·146쪽). 본문에서 소개한 무원

앞에서 소개한 경찰서, 학교, 농촌진흥운동 관계 신사神祠는 '개인제사'로서 첫 번째 형태에 속한다. 다만 무원신사를 고찰하기 위해서는 민간의 무원신사를 살피는 편이 적절하다. 게다가 두 번째와 세 번째 형태가 설립허가의 문제와도 관련되기 때문에 더 중요하다고 볼 수 있다.

위에서 설명한 ○○사祠로 불리는 '사제신사'는 두 번째 형태나 세 번째 형태의 ①에 해당된다. 만약 두 번째 형태의 경우였다면 '사제신사'는 '공중'의 '참배' 대상이 되며, '사전'을 구비할 뿐만 아니라 제신도 '신기'였기 때문에 「신사神祠에 관한 건」 제1조 신사神祠의 정의에 저촉되지 않는다. 다만 원칙적으로는 아마테라스 오미카미를 주된 제신으로 모시는 '신명신사' 이외에는 신사神祠로서 공인받지 못했기 때문에, 설립자는 신사神祠와는 다른 명칭을 이용함으로써 법의 적용을 피하고자 했던 것으로 추정된다. 세 번째 형태의 ①의 경우였다면 '사제신사'는 여기서도 '공중'의 '참배' 대상이 되며 '사전'도 구비하고 있지만, 설립자가 제신이 '신기'임에도 불구하고 이를 감추고 있었기 때문에 신사행정측은 '신사와 유사한 시설'로 인식했던 것으로 보인다.

현지의 일본인이 신사시설을 세우고자 하는 경우, 또는 현재 존재하는 신사시설을 유지하려는 경우에 허가를 거쳐 관리 받는 상태에서 제신 및 제사 등에 관한 규칙에 구속되는 것보다, 현실적인 여러 상황을 고려하여 자신들의 신앙이 반영될 수 있는 방법을 택하는 것이 자연스러운 수순이었다. 게다가 앞서 지적한대로 '공중'의 '참배' 대상인지 아닌지에 관한 기준이 매우 모호했으며, 이때까지는 아직 벌칙규정도 적용되지 않았었다(후술). 그런데도 굳이 설립허가를 신청하는 사람이 있었을까?

신사의 세 가지 형태는 이 「설명」에서 제시된 세 가지 경우를 참고로 정리한 것이다.

이상의 내용에 근거하여 잠정적으로 식민지조선에 존재한 신사시설(신사행정 소관)을 — 관사官社를 제외하고 — 정리해보면, 허가받은 신사(무사격無社格 취급), 허가받은 신사神祠, 그리고 다수 존재했을 것으로 추측되는 무허가 무원신사로 나눌 수 있다.

지금까지 공인신사·신사神祠와 무원신사를 실마리삼아 아마테라스 오미카미와 '내지'의 다른 신들 사이에 보이는 제신의 이중성을 검토해보았다. 공인신사·신사神祠 및 무원신사의 제신은 아마테라스 오미카미와 그 외의 신들로 이루어진다는 이중성을 지니고 있었는데, 이들은 모두 현지 일본인들의 신앙을 반영하고 있었다. 즉 이러한 이중성은 실제로 현지 일본인들의 신앙 대상이었던 제신을 신사행정 측이 신사시설을 공인과 비공인으로 구별하는 와중에 할당한 결과로 생겨난 이중성이었던 것이다. 따라서 현지 일본인들에게 이와 같은 이중성은 단순히 이분법적인 것으로 여겨지지 않았고, 상황에 따라 공존하거나 대립하고 있었다. 이 공존과 대립의 양가적 양태라는 복잡한 문제를 이해할 필요가 있겠다.

그러면 다음으로 아마테라스 오미카미와 조선의 전통적인 신들 사이에 보이는 이중성을 생각해보자. 단군의 봉재가 쟁점이 된 1925년의 조선신궁 제신논쟁을 통해 조선총독부는 조선재래의 신들과 그 봉재라는 문제와 마주하게 되었다. 단군봉재를 주장한 신도가들의 의견은 제신명을 바꾸어 '구니타마노 가미' 봉재론으로 지칭되었는데, 신사행정을 통해 — 1936년부터 국폐소사 열격 과정에서 시작한 — '구니타마노 오카미'를 봉재하는 정책으로 흡수되었다.

이 책 제1부에서 논했듯이 심전개발운동에서 신사제도를 개편하는 법이 정비(1936년 8월)되었는데, 이와 동시에 내무국장은 각 도지사에게

법령의 시행에 관한 통첩(「신사에 관한 법령시행에 관한 건神社ニ關スル法令ノ施行ニ關スル件」)을 발송한다.[42] 그리고 「1 신사의 제신에 대해」라는 항목을 통해 금후 '조선의 신격'을 봉재할 경우에는 제신을 '구니타마노 오카미'로 할 것, 그리고 '구니타마노 오카미'는 '아마테라스 오미카미'와 합사하여 이들 이주를 '주신'으로 봉재하라는 지시를 명확히 내린다. 그러니까 조선재래의 신들은 '조선의 신격'으로 인정된 경우에 제신을 '구니타마노 오카미'로 하여 봉재하고, 또한 '아마테라스 오미카미'와 합사하도록 지시한 것이다(제2장 제4절 (2)를 참조).

이렇게 두 신을 조합하는 방침은—심전개발운동의 와중에 열격이 시작되었던—국폐소사에서 제신을 '아마테라스 오미카미'와 '구니타마노 오카미'로 합사하는 과정을 통해 실시되었다. 그 바탕에는 '경신숭조'의 논리가 있었다. '국체관념'과 '합치'하는 '경신숭조'는, '숭조관념'이 발달하여 신이 된 '조상'은 아마테라스 오미카미에 '통일'되는 바 그 아마테라스 오미카미를 '최고의 신으로 숭경한다'는 내용으로 이루어져있었다. 조선인들에게 있어서 이러한 '경신숭조'는 '시조'인 조선의 신들이 '구니타마노 오카미'가 되는 과정을 통해 '아마테라스 오미카미'에게 '귀일'한다는 의미를 담고 있었다. 이것이 바로 식민지조선에서 확립한 국가신도의 논리였다(제3장 제3절, 제4절을 참조).

그렇다면 아마테라스 오미카미와의 관계에서 보이는 이중성은, 조선

---

42 각 도지사에게 보낸 내무국장 통첩 「신사에 관한 법령시행에 관한 건」(內秘 제89호, 1936.8), 『朝鮮神社法令輯覽』에 수록. 제신 외에도 국폐소사를 하나의 도에 하나씩 열격하는 방침을 비롯하여, 국폐소사 열격에 관한 법령시행의 지시나 신찬폐백료 공진 지정신사에 관한 지시가 기술되어있다. 「신사규칙의 개정에 대해(神社規則ノ改正ニ付テ)」, 「신사(神祠)에 관한 건의 개정에 대해(神祠ニ關スル件ノ改正ニ付テ)」라는 항목도 보인다.

민중의 '신앙심' 재편성을 구상한 심전개발운동이라는 통치정책에 의해 만들어진 것으로 보아야 한다. 이를 통해 조선의 전통적인 신들에 대한 접근이 정책적으로 기도되었고, 제신이 '구니타마노 오카미'로 통제되었다. 신사에서 '동제'를 이용하려던 담론은 이와 같은 제신의 통제를 염두에 두고 바라볼 필요가 있다. 이 점에 대해서는 제5장에서 다룰 것이다.

4. 심전개발운동기의 일면 일신사 · 신사神祠 설치방침

1) 일면 일신사 · 신사神祠 설치방침이 내려지기까지

신사제도 개편이 이루어진 1936년 8월 총독이 우가키 가즈시게宇垣一成에서 미나미 지로南次郎로 바뀌고 다음해 7월에 중일전쟁이 전면화하자 심전개발운동은 국민정신총동원운동으로 해소되어간다. 이른바 황민화 정책의 시기가 도래한 것이다. 그러나 개별적 정책, 즉 신사로의 대중동원, 공인종교, 여러 '신앙' · 교화단체의 협력을 유도하기, '유사종교' 및 '미신' 등에 대한 탄압은 '내선일체'라는 새로운 슬로건 아래에서도 여전히 계속되었다. 이들 다양한 정책은 황민화 정책의 일부로서 입안, 실시된 것으로 오해되는 경우가 많지만, 실은 심전개발운동을 통해 입안, 실시되었다는 것에 유의할 필요가 있다.

이제 일면 일신사·신사神祠 설치방침에 대해 검토해보자. 이와 같은 방침이 정책적으로 표면화되는 것은 중일전쟁이 전면화하고 1년 정도가 지난 1938년 9월(시국대책조사회 개최)이었는데, 그 후 하나의 면에 하나의 신사神祠를 설치한다는 결정이 가닥을 잡게 된다(이 장 제1절을 참조).

그런데 1938년 3월 『경성일보』에 흥미로운 기사가 있다.[43] "황국무한의 발전을 기하여 황국신민의 자각을 증진시키려는 견지에서 총독부 내무국은 이 심전개발운동의 중심계획인 일면 일사祠의 방침에 입각하여, 하나의 면에 반드시 한 개 신사神祠 건립을 허가하고"라는 내용이 보인다. 여기에서 '일면 일사의 방침'이 전임 총독이 추진한 심전개발운동의 '중심계획'이었음을 알 수 있다.[44] 이 점을 검증해보자.

우선 1935년 1월 심전개발운동이 공표되고 신사제도 개편에 이르는 시기의 신문보도를 대상으로 일면 일신사·신사神祠 설치에 관한 담론이 언제부터 등장하는지 살펴보자.

1935년 7월 4일자 『매일신보』에 신사참배에 관한 함경북도지사의 복안이 보도되었다.[45] 기사를 보면 심전개발운동에서 '경신숭조'가 적극적으로 제창되는 상황에 힘입어, 함경북도지사가 '선두에 서서' 매달 1일 오전 6시 반을 기해 도청직원 일동이 나남신사에 참배할 것을 정했다고 한다.

그 후 본국정부가 8월 3일에 제1차 국체명징성명을 발표하자 총독부도 관 통첩[46]을 각 부국과 소속관서에 보내 "본 성명의 취지에 부응하는

---

43 「近く半島人の神官が生れる 一面一祠の實現近し」, 『京城日報』, 1938.3.17(조간), 2면.
44 高谷, 「植民地朝鮮における神社政策の展開と実態」.
45 「崇祖敬神을 鼓吹 民心作興을 圖謀 竹内咸北知事의 腹案」, 『毎日申報』, 1935.7.4(조간), 4면(북부판).

조치를 취하도록" 지시했다. 그리고 2개월 후인 1935년 10월 2일자로 『매일신보』에 청주신사(충청북도)에 관한 기사가 실렸다.[47] 그에 따르면 '시정 25주년 기념사업'으로서 '우지코 사이'에 '청주신사'의 '봉천奉遷'이 논의되었다고 한다. 새로운 토지에 관해서는 '민영은閔泳殷'이 개인소유의 '와우산臥牛山'(우암산의 별칭)을 '기진奇進'한다는 의사를 나타냈다.

그 직후 10월 15일에 제2차 국체명징성명이 발표되었을 때에도 "그 취지를 명심하고 선처하라"는 내용의 관통첩[48]이 다시 발송되었다. 이를 계기로 심전개발운동의 '종교부흥'에 관한 논의 중에서 신사의 문제가 주목받게 되었고 '신사제도 확립'이라는 새로운 요소가 등장하기에 이르렀다. 그 결과 '신사제도 확립'을 위한 신사관계의 법 정비가 진행되었고, 이에 발맞추어 10월 18일에 내무국장은 각 도지사에게 통첩을 보낸다.[49] 여기에는 신사에 전임신직을 둘 것을 철저히 하라는 지시(제1항목)를 비롯하여, 신사의 '시설개선'에 관련된 10가지 항목이 지시되었다.

『경성일보』 1935년 11월 9일자 기사는[50] 심전개발운동 과정 속의 '일면 일사' 동향을 전하고 있다. 심전개발운동을 추진하던 총독부 당국은 신사제도 개편을 위한 법 정비 작업(기사에는 '조선신사령의 제정'으로 표기되어있다)이 '착착 진척'되는 가운데, 신사행정에서 "신사, 사사社祠의

---

46 조선총독부 각 국장, 관방과장, 소속관서의 장들에게 보낸 정무총감 관통첩 「국체명징에 관한 건」(관 통첩 제23호, 1935.8.10), 『朝鮮總督府官報』 제2574호(1935.8.10)에 수록.

47 「神社參拜의 激增은 敬神觀念의 顯現 閔氏의 特志에는 感激不已 金忠北道知事談」, 『每日申報』, 1935.10.2(석간), 4면(지방판).

48 조선총독부 각 국장, 관방과장, 소속관서의 장들에게 보낸 정무총감 관통첩 「국체명징에 관한 건」(관통첩 제34호, 1935.10.25), 『朝鮮總督府官報』 제2636호(1935.10.25)에 수록.

49 주20의 통첩 「신사의 시설 개선에 관한 건」.

50 「面每にお社 朝鮮僧を街頭へ 心田開發さらに努力」, 『京城日報』, 1935.11.9(석간), 2면.

경제적 근거를 마련하기 위해 폐백을 적극적으로 신청하고 지방비를 이용할 것"에 관한 방법을 강구했다고 한다.

그리고 '두 번째 단계의 방책'으로서 소관부서인 내무국 지방과가 '신사, 사사 건립운동'의 '구체안을 강구 중'이었다고 한다. 이와 관련한 사례로서 평안남도에서는 지사의 주도 아래 이미 '일면 일사를 목표로 신사 건립운동이 이루어지고 있다'는 소개가 보인다. 이를 통해 내무국이 추진한 '신사, 사사 건립운동'의 '구체안'이란 '일면 일사'와 관계된 것이었음을 추측할 수 있다.

2) 신사제도 개편에 따른 일면 일신사 · 신사神祠 설치방침

① 신사제도 개편 당시의 일면 일신사·신사神祠 설치방침

일면 일신사 · 신사神祠 설치방침이 심전개발운동의 '중심계획'이었을 가능성을 법령을 통해 확인하기 위해, 먼저 1936년 8월의 신사제도 개편에 따라 제정된 신사규칙(총독부령 제76호, 1936년 8월. 신사사원규칙에서 분리 제정)을 살펴보자.

당초 신사제도 개편은 두 가지 주요한 목적을 지니고 있었다. 하나는 국폐소사 열격을 준비하는 것이었고, 다른 하나는 관국폐사 이외의 신사 및 신사神祠를 계층제도 안에 포섭하여 증설에 대비하는 것이었다. 후자의 목적과 그 실시방책의 입안, 결정과정을 고찰하는 데 있어서 신사규칙은 매우 좋은 자료가 된다.

앞에서 "원칙으로서 하나의 부읍면 내에 하나의 신사 또는 신사神祠에 한해 설립을 허가한다"는 규정이 1915년 신사의 허가제도가 설치될 당시에 정해졌으며, 이후 1932년의 단계에서도 계속하여 유지되고 있었음을 확인했다. 1936년에 제정된 신사규칙 역시 이 원칙을 계승하고 있었고, 제1조에 "신사를 창립할 때는 다음과 같은 사항을 갖추고 숭경구역이 될 부읍면에 주소를 가져야" 한다며 '숭경구역'과 '부읍면'이 합치한다는 점을 명기했다. '숭경구역'과 '숭경자 호수'('숭경구역' 내의 총호수를 말함)를 보고할 것도 의무화되었다.

신사의 '숭경구역'은 신사제도 개편과 관련하여 발송된 내무국장 통첩(1936년 8월)을 통해서도 확인할 수 있다.[51] 이 통첩은 「신사에 관한 법령시행에 관한 건」이라는 표제에서도 알 수 있듯이 제정, 개정된 신사 관계의 각종 법령의 시행을 둘러싼 방침과 지시내용을 담고 있었다.

제16항목 '신사규칙의 개정에 대해서'에는 "원칙적으로 숭경구역은 부읍면의 구역과 일치시킬 방침"이 적혀있다.[52] 이는 장래의 증설에 대비하여 종래의 원칙, 즉 하나의 부읍면에 하나의 신사를 설치한다는 원칙을 답습한 '방침'이었는데, 이러한 '방침'에 따른 증설체제가 법적으로는 신사규칙을 통해 준비되었음을 알 수 있다.

---

51 주42의 통첩 「신사에 관한 법령시행에 관한 건」, 『現行全羅南道例規集・內務』에도 같은 통첩을 부윤, 군수, 도사에게 하달한 동명의 전라남도 내무부장 통첩(1936.9.14)이 수록되어있다. 다만 국폐소사는 이에 해당하지 않았으며 당연히 내무부장 통첩에도 국폐소사에 관한 부분은 삭제되었다.

52 위의 기술에 이어서 다음과 같은 예외가 적혀있다. "특히 지세로 보아 두 곳 이상의 부읍면에 걸쳐있거나 취락이 전혀 달라서 부읍면의 일부에 의거하는 경우에는 개별적 사정에 따라 전의(詮議)한다"는 내용에서 알 수 있듯이 지리적 이유에 따라 예외를 인정하고 있었다. 참고로 이 장 제3절 (1)에서 다른 '예외'의 예로서 하나의 부읍면에 신사나 신사(神祠)가 설치되어있는 경우에도 신사(神祠)를 추가적으로 지을 수 있던 점을 소개했다. 여기에 관해서는 해당 내무국장 통첩(1936.8)에 아무런 기재사항이 없는 바, 이 '예외'의 지시는 아마 그 후에도 유효했던 것 같다. 단 증설문제와 직접적 관계는 없었을 것이다.

한편 신사神祠의 경우를 보면, 신사규칙의 제정과 동시에 개정된 「신사神祠에 관한 건」에는 개정 전과 마찬가지로 구역을 표기하는 구절은 삽입되지 않았다. 그렇지만 신사규칙과 정합성을 가질 필요가 있었고 종래대로 신사神祠는 신사로의 승격을 전제로 설립을 허가받았던 점을 고려하면, 개정판 「신사神祠에 관한 건」의 '숭경구역'에도 신사와 같은 범위가 적용되었으리라 생각할 수 있다.

참고로 개정판 「신사神祠에 관한 건」(총독부령 제79호, 1936년 8월)에는 구舊신사사원규칙 및 분리 제정된 신사규칙과 마찬가지로 벌칙규정이 새롭게 추가되었다. 동 법령 제11조가 그것이었다. 이 벌칙규정은— "지금부터는 허가 전에 제멋대로 착수하는 일이 없도록 주지시킬 것"[53]이라는 내무국장의 지시에서 엿볼 수 있는 것처럼 — 허가를 받지 않고 신사神祠를 '제멋대로' 짓던 행위를 주된 위반의 대상으로 삼고 있었다. 여기서 제3절 (2)에서 설명했듯이 단속의 대상이었던 무원신사가 존재하고 있었음을 예상할 수 있는데, 이전에는 신사사원규칙의 제20조 벌칙규정이 이들 무원신사에는 적용되지 않았었다.

그러면 개정판 「신사神祠에 관한 건」의 벌칙규정을 검토해보자. 개정을 통해 조문이 변경됨과 동시에 7개조였던 내용이 11개조까지 늘어났다.

새롭게 추가된 제11조는 "허가를 받지 않고 신사神祠를 설립하는 자는 일 년 이하의 금고 혹은 이백 엔 이하의 벌금에 처한다"는 벌칙의 내용을 명기하고 있다. 거듭 강조하지만 개정 전에는 신사神祠에 적용되는 벌칙규정이 없었기 때문에 수많은 비공인 무원신사가 존재했을 것으로

---

53 주42의 통첩 「신사에 관한 법령시행에 관한 건」 제17항목 「신사(神祠)에 관한 건의 개정에 대해」에 벌칙규정과 관련한 내용이 보인다.

추정된다. 무원신사 중에는 '사제신사'(이 장 제3절 (2)를 참조)가 많았는데, '공중'의 '참배' 대상이 되며 사전을 구비했을 뿐만 아니라 '신기'를 제신으로 모시고 있었기 때문에 「신사神祠에 관한 건」 제1조에 규정된 신사神祠의 정의에 저촉하지 않았다. 하지만 원칙적으로는 아마테라스 오미카미를 주된 제신으로 모시는 '신명신사'가 되어야만 신사神祠로 공인될 수 있었다. 신사행정 측이 '사제신사'에 신사神祠 설립신청을 제출하도록 독촉하는 동시에, '사제신사' 자체의 신설을 막기 위해서 벌칙을 규정한 것으로 생각된다. 이 벌칙은 신사사원규칙(1915년) 및 신사규칙(1936년 8월)의 벌칙(분리 제정된 뒤에도 변경은 없었다)과 동일한 수준의 내용을 담고 있었다.

이처럼 개정판 「신사神祠에 관한 건」에는 기설 및 신설된 무원신사를 대상으로 하는 벌칙이 추가되었다. 신사행정의 입장에서 보면 무원신사를 단속할 수 있는 체제가 비로소 확립되었다고도 할 수 있겠다. 하지만 관점을 달리 하면, 단속이 강화되었다는 것은 그만큼 상당한 수의 무원신사가 존재하고 있었음을 뒷받침해주는 증거가 되기도 한다. 실제로도 단속의 강화는 신사神祠의 설립신청을 독촉하는 효과를 낳지 못했으며, 〈표 4-1〉(267쪽)을 보아도 1937, 1938년의 증가량은 오히려 조금 줄어 있는 것을 알 수 있다.

이는 신사를 설립한 현지 일본인이 규칙에 따르길 원하지 않았고, 설립신청 역시 꺼리고 있었다는 점을 반영한 결과로 볼 수 있다. 「신사神祠에 관한 건」이 신사규칙의 내용을 본 따 개정되었고, 이로 인해 설립허가에 관한 여러 조건들이 이전보다도 더욱 엄격해졌기 때문이다. 신사규칙의 내용에서 본 딴 부분은 크게 네 가지로 나눌 수 있는데, 건물 이외에 공작물에 대해서도 '구조, 도면, 배치도'를 제출할 것, 숭경자 총대회를 둘 것, '신사의 예에 따라 매년도의 수지예산을 정할' 것, 그리고 신사규칙의 제12, 13, 26, 29, 30조의 규정을 신사神祠에 준용할 것이었다.

이상의 내용을 바탕으로 일면 일신사 · 신사神祠 설치방침이 지향했던 목표를 정리해보자. 우선 신사에 관해서는 신사규칙을 통해 증설체제를 법적으로 준비하는 것에 있었다. 신사神祠에 관해서는 공인의 기준을 엄격하게 함으로써 신설된 신사神祠의 신사로의 승격을 촉진하고 벌칙규정을 정해서 무원신사의 신설을 막는 것, 그리고 기존의 신사神祠에 대해서는 설립신청을 제출하도록 독촉하는 것에 있었다.

1936년 8월에 신사제도가 개편된 뒤 우가키 가즈시게에서 미나미 지로로 총독이 바뀐다. 그로 인해 일면 일신사 · 신사神祠 설치방침은 법령의 제정과 개정에 따라 발송된 내무국장 통첩(앞서서 소개)을 통한 설명 정도에 그쳤고, 구체적인 실시의 지시는 내려지지 않았다. 우가키가 제창한 심전개발운동은 공중에 뜬 상태가 되었고, 법적 정비를 통해 제도로서 확립한 신사제도 또한 그 추진력을 잃고 말았다.

그 후 일면 일신사 · 신사神祠 설치방침이 정책적으로 표면화된 것은 중일전쟁이 전면화한 뒤인 1938년 9월이었다(시국대책조사회 개최). 물론 그 사이에 신사행정측이 어떤 움직임도 취하지 않았다고는 생각하기 어렵다. 다음으로는 일면 일신사 · 신사神祠 설치방침을 구현하는 과정에서 ─ 즉 신사 및 신사神祠를 '숭경구역'별로 하나씩 증설해가는 작업과 관련하여 ─ 어떤 시책이 시도되었던가를 살펴보도록 하자.

② 신사·신사神祠 증설에 대비한 시책

이미 논했듯이 1936년 8월에 행해진 신사제도 개편에는 두 가지 주요목적이 있었다. 하나는 국폐소사 열격으로서, 이와 관련한 법적 정비가 이루어졌던 8월에 경성신사와 용두산신사가 국폐소사에 열격되었다. 다른 하나는 관국폐사 이외의 신사 및 신사神祠를 계층제도 안으로 포섭하여 증설에 대비하는 것이었는데, 법령에 따라 지방행정 측이 지정된 신사에 신찬폐백료를 공진供進할 것이 제도화되었다.

충청남도의 대전신사는 위의 제도가 설치됨에 따라 도공진사道供進社로 지정되었다. 그로부터 2개월이 지난 후의 모습을 『매일신보』 10월 8일자 기사를 통해 확인할 수 있는데,[54] '조선인 선조의 혼', '조선의 중요한 신'이라는 표현으로부터 국폐소사에 '구니타마노 오카미'가 합사되었다는 사실을 알 수 있다. 기사에서 더욱 주목되는 것은 '일반 조선인에게 경신숭조의 사상을 보급'하기 위해 총독부 당국이 '여기에 많은 힘을 쏟고 있다'는 구절이다. 총독이 미나미로 바뀐 직후에도 신사행정 측은 심전개발운동의 목표 중 하나였던 '경신숭조 사상 및 신앙심을 함양할 것'을 계승하고 있었다.

이제 신사·신사神祠 증설에 대비해 신사행정이 취했던 시책을 확인해보자. 전라남도의 신사행정은 1936년 8월에 이루어진 각종 관계법령의 제정 및 개정에 매우 민첩한 대응을 보이고 있었다. 다만 다른 도의 경우가 어떠했는지에 대해서는 아직 알려진 바가 없다.

전라남도에서는 우선 「신사神祠에 관한 건」의 개정에 발맞추어 9월 2

---

54 「敬神崇祖思想普及 道民의 精神作興 '各青年團의 陣容을 더욱 擴張' 李忠南知事 歸任談」, 『每日申報』, 1936.10.8(조간), 4면(남부판).

일에 군수, 도사에게 내무국장 통첩[55]을 발송한다. 그 내용은 '총대, 총대장 및 총대회에 대해', 그리고 '신직의 위탁에 대해'라는 두 가지 항목에 관한 지시로 이루어져있었다. 앞으로의 신사神祠 증설에 대비하여 숭경자 조직을 파악하고 신직의 부담을 줄이라는 지시로 볼 수 있다. 신사神祠의 제사는 가까운 신사의 신직이 대신하고 있었다.

9월 28일에는 신사소재지의 수장에게 내무국장 통첩[56]이 내려진다. 신사·신사神祠 증설에 대비하여 신직의 출장에 관한 규정을 명확히 하려는 내용이었다. 특히 제사를 위탁받은 신사神祠로의 출장을 상정한 '도내출장'이 명기되었고, 신사의 숭경구역 내 출장에 관해서도 편의가 제공되었다.

그리고 9월 30일에도 신사소재지의 수장에게 재차 내무국장 통첩[57]이 내려진다. "조선인 사이에 경신사상을 침윤, 보급시키는 것이 현하의 급무"라는 인식 아래, 조선인에게도 "점진적으로 신사비神社費를 부담지울 방책을 세우"고 '올해부터 실시'하라는 지시가 적혀있다. 그리고 '방책 수립' 이후에는 '그 상세를 도에 보고'하도록 요구했다.

다음은 각 도에 공통적으로 보이는 내용이다. 12월 22일에 내무국장 통첩[58]이 각 도지사에게 보내진다. 경상북도지사의 조회에 대한 회답을

---

55 군수, 도사에게 보낸 전라남도 내무부장 통첩 「부령『신사(神祠)에 관한 건』의 개정에 관한 건(府令『神祠ニ關スル件』ノ改正ニ關スル件)」(1936.9.21), 『現行全羅南道例規集·内務』에 수록.

56 부윤, 나주, 고흥, 장성군수에게 보낸 전라남도 내무부장 통첩 「신직 감액 여비규정의 건(神職減額旅費規程ノ件)」(1936.9.28), 위의 책에 수록.

57 부윤, 나주, 고흥, 장성군수에게 보낸 전라남도 내무부장 통첩 「신사 숭경자 갹출금에 관한 건(神社崇敬者醵出金ニ關スル件)」(1936.9.30), 위의 책에 수록.

58 각 도지사에게 보낸 내무국장 통첩 「신명신사 제신에 관한 건(神明神祠祭神ニ關スル件)」(1936.12.22), 『朝鮮神社法令輯覽』·위의 책에 수록.

각 도에 전하는 통첩이었다. 과거에는 '신명신사'의 제신으로서 '아마테라스 스메오카미天照皇大神'와 '아마테라스 오미카미天照大神' 양자 모두를 허용했으나, 조선신궁과 마찬가지로 국폐소사에서도 '아마테라스 오미카미'를 제신으로 삼도록 정했으니 그 외의 다른 신사(신사神祠도 포함) 또한 앞으로는 '아마테라스 오미카미'를 제신으로 삼아야한다는 내용이었다.

참고로 제신에 '아마테라스 오미카미'라는 명칭이 사용된 것은 조선신궁부터였는데, 이에 대해서는 이미 제1장 제1절 (1)에서 언급한 바 있다. 간단히 요약하자면 조선총독부는 처음에 '조선신사'(진좌 직전에 '조선신궁'으로 개칭된다)의 제신을 결정하는 과정에서 — 일본인 거류민들이 조선에 세웠던 '다이진주'에서 사용되던 — '아마테라스 스메오카미'라는 명칭을 염두에 두고 있었다. 그렇지만 내무성에 '아마테라스 스메오카미'와 '메이지천황'의 제신을 조회하고 신사조사위원회에서 이를 심의한 결과, 두 신의 합사는 허락되었지만 명칭이 '아마테라스 오미카미'로 수정되었다.

1937년 1월에는 「전라남도 신사처무규정」[59]이 제정되었다. 아마 내무국장이 각 도지사에게 제시한 신사처무에 관한 공통의 규정을 각 도에서 법령화할 것을 지시하는 내용이었으리라 추정된다. 처무규정은 상세한 부분까지 규격화한 신사의 사무社務를 각 신사에 강요했고, 이로 인해 각 신사는 대단히 번잡한 사무작업을 부담하게 되었다. 법령시행의 현실적 의미를 보여주는 사례가 될 것이다.

---

59 「전라남도 신사처무규정」(전라남도 훈령 제2호, 1937.1.15), 『現行全羅南道例規集・內務』에 수록. 참고로 「전라남도 신사처무 규정에 관한 건」(전라남도 훈령 제4호, 1937.1.15)에는 '주의할 점'으로서 처무규정의 '개요'가 적혀있다.

위에서 본 각종 시책을 통해 신사행정 측은 일면 일신사·신사神祠 설치를 강압적으로 추진하는 방향을 취하기보다, 그저 관계법령의 시행에만 집중했음을 알 수 있다. 당시는 총독이 교대된 직후였고, 전임 총독이 제창했던 심전개발운동도 흐지부지된 상태였다. 그리고 각 도의 통치현장에서도 농촌진흥운동을 통한 갱생지도부락의 확충이 여전히 중요한 과제로 인식되고 있었다.[60] 이러한 배경이 있었기 때문에 신사행정측은 사무적인 법령시행에만 집중했던 것으로 생각된다.

5. 황민화 정책기의 일면 일신사·신사神祠 설치방침

황민화 정책기(미나미 지로 총독)의 일면 일신사·신사神祠 설치방침을 살펴보는 경우 자료의 제약이 커다란 문제로 다가온다. 따라서 이 절에서는 이러한 방침과 관련된 신문기사를 검토하고 기사내용의 추이를 통해 방침의 행방을 추적해볼 것이다. 앞 절에 이어서 중일전쟁이 전면화하는 1937년 7월 직전부터를 대상 시기로 삼는다.

---

60 1935년 1월에 열린 임시 도지사회의에서 갱생지도부락 10개년 확충계획(약 10년간 갱생지도계획을 조선의 전 '부락'에 '확충, 실시'할 계획)이 결정되었고, 그 수행을 위한 '지도망의 확대, 강화'를 꾀하는 동시에 '중견인물'의 양성에도 '특별한 노력을 쏟아야' 한다는 결론이 내려졌다. 『自力更生彙報』 제17호에 실린 「도지사 회의 상황」(1935.1.20, 4쪽)에서 인용.

1) 중일전쟁 전면화의 전후

노구교사건으로 중일전쟁이 전면화하기 직전인 1937년 4월, 그 해의 도지사회의가 총독부 내에서 20일부터 23일까지 4일 간의 일정으로 열렸다.[61] 회의에서는 2년차를 맞은 미나미 총독과 총독부 당국이 통치정책 입안의 자료로 삼기 위해 미리 예시해두었던 다섯 가지 자문사항에 대한 각 도지사의 답신이 제출되었다.[62] 그 중 흥미로운 것이 세 번째 자문사항인데, "민중의 신앙을 뿌리내리게 하고 종교적 정조를 도야하는 데 가장 적절한 구체적 방책"인 심전개발운동의 총괄을 도지사들에게 요구하는 항목이었다.

『매일신보』에 실린 관련기사[63](4월 26일자)를 보자. 기사를 통해 각 도지사가 제출한 답신의 '대부분이 신사의 숭경, 불교와 유교의 진흥'에 관한 내용이었음이 확인된다. 심전개발운동을 긍정적으로 받아들이고 그 지속을 주장했던 것이다. 다른 유력한 의견이었던 "조선재래의 신앙을 선도할 것, 즉 지방의 이동사里洞祠를 확충, 선도할 것" 또한 심전개발운동에서 검토되던 사항이었다. 심전개발운동에서는 이를 '고유신앙'으로 간주하고 그 이용여부를 '부락제' 조사를 통해 가늠하고 있었다.[64] 탄압을 시작했던 '유사종교'에 관해서는 '선도 등'이라는 표현을 사용

---

61 「道知事會議日程」, 『京城日報』, 1937.4.21(석간), 1면.

62 「道知事會議【第四日】」, 『京城日報』, 1937.4.24(석간), 1면.

63 「文廟祭典參拜勸獎 一面一社神祠建設 類似宗教善導의 意見도 有力 本府, 民衆信仰対策 講究」, 『每日申報』, 1937.4.26(석간), 1면.

64 이에 관한 보고는 무라야마 지준[村山智順]이 지은 『朝鮮の郷土神祠・部落祭』(朝鮮總督府, 調査資料第44輯)로 정리되어 1937년 5월(추정)에 발행되었다. 이 조사서의 정책 의도 등에 대해서는 제5장에서 다룰 예정이다.

해가며 '유력'한 의견을 전하고 있다.

참고로 당시 강원도에서 '이동사의 복고 개신'책이 시행되었던 점으로 미루어보아, '이동사'의 '확충, 선도'를 주장한 의견은 강원도지사의 답신이었을 것으로 생각된다. 이 정책에 대해서는 다음 제5장에서 고찰할 계획이며 여기에서는 그 개략만 간단히 설명한다. 처음에는 일반적으로 '동제'라는 명칭이 사용되었는데, 총독부는 조사를 거쳐 '부락제'라는 용어를 고안한다. '이동'은 부락에 해당하는데, '이동사'라는 용어는 아마 답신에 고심하던 강원도행정이 만들어낸 조어로 보인다. '사祠'의 글자를 쓴 것은 장래 신사神祠가 될 것을 상정하고 있었기 때문으로 추측된다.

'신사의 숭경'에 관한 '구체적 방책'으로서는 "일군 일사一郡一社 혹은 일면 일사一面一社에 입각하여 신사를 건설하고 일반 민중을 참배시킨다"는 의견이 대부분이었다고 한다. 마찬가지로 전임 총독시기의 신사제도 개편에 관한 내무국의 방침을 답습한 내용으로 볼 수 있다.

이상의 내용을 통해 당시 도지사의 답신은 심전개발운동을 긍정적으로 바라보고 이를 계속할 것을 주장하는 의견이 많았음을 알 수 있다. 총독부 당국은 이러한 '답신안을 충분히 참작하여 구체안을 작성'하고 '본격적으로 신앙대책을 강구할 것'이라는 의사를 내놓았다.

그 후 1937년 7월 노구교사건을 계기로 중일전쟁이 전면화하자 총독부의 내무국장이었던 오타케 주로大竹十郎는 11월의 라디오방송을 통해 '경신의 생활'에 대해 강연한다.[65] 시국을 반영하듯이 '총후의 적성銃後の赤誠'이 '신사에 모이고 있습니다'라며 신사참배는 물론 가정에서도 가미

---

65 大竹十郎, 「敬神の生活」. 인용은 『自力更生彙報』第51號, 1937.12. 글 말미에 "11월 7일 오후 6시 45분부터 15분간 방송"이라 적혀있다.

다나神棚에 공손히 절을 올릴 것을 강조하는 내용으로 이루어져있었다.

오타케는 "가정에서 아침, 저녁으로 가미다나에 절을 올리는 일이야 말로 가정을 뭉치게 만드는 경신생활의 실천입니다"라고 설파한다. 다만 가미다나에 봉재할 진구 다이마(이세신궁에서 반포하는 오후다御札)의 반포수가 대만과 비교하면 훨씬 모자란데, 오타케에게 이것은 '간과할 수 없는 현상'이었다. 오타케가 가미다나 봉재에 착목한 배경에는 조선이 "내지와 동종동근의 공통적 특질에 근거한 고유의 신앙 및 제사를 이어 왔다"는, 총독부 관료와 신사계에 널리 퍼져있던 '고신도' 담론이 있었다. 따라서 "반포의 취지를 한층 보급하고 두루 미치게 함과 동시에 적당한 조치를 강구할 필요를 통감한다"고 오타케는 역설한다.

이와 같이 중일전쟁이 전면화한 뒤, 신사행정을 담당하던 내무국은 가미다나 봉재에 힘을 쏟는 방침을 취했지만 신사·신사神祠의 증설에 대해서는 아무런 구체적 방책을 가지고 있지 않았다. 이 점을 뒷받침하는 자료로서 1938년 2월 9일자 『매일신보』에 실린 당시 신사행정의 상황을 전하는 기사[66]를 들 수 있다.

기사에 따르면 1938년도부터 황전강구소皇典講究所 조선분소[67]에 양성기간 1년의 신직양성부가 설치되었다고 한다. 신사행정 측은 그 이유로서 '금후 조선각지에 신사가 다수 건립될 추세를 감안'할 필요를 든다. 전면전쟁의 개시를 계기로 심전개발운동에 공통된 '경신관념의 진

---

66 「全朝鮮各地에 神社多数를 建立 國體明徵強化코저」, 『每日申報』, 1938.2.9(석간), 1면.
67 황전강구소(1882.9~1946.1)는 신직양성사업 등을 담당한 신도교육기관이다. 『朝鮮神社法令輯覧』에 실린 「皇典講究所朝鮮分所規則」에 의하면 조선분소는 조선신궁 궁성 안에 사무소를 두고 조선 내 학계(學階)소유자를 감독하면서 신직의 양성과 강습 등의 사업을 행했다고 한다. 분소장은 조선신궁 궁사가 역임했던 것 같다. 참고로 황전강구소는 학정(學正)과 사업(司業)으로 분리된 학계 제도를 취하고 있었다.

작 앙양과 국체명징 철저'가 곳곳에서 강조되던 상황이 그 토대가 되었다고 한다.

다만 1937년 4월의 도지사회의의 답신안에 의거해 '강구'할 예정이었던 '신앙대책'은 전쟁개시에 따른 시국 변화의 영향으로 인해 유보되었던 것 같다. 1938년의 도지사회의로부터 5개월이 지난 9월에 —시국의 변화에 대응하기 위한— 시국대책조사회가 개최되었고, 거기서 비로소 일면 일신사·신사神祠 설치에 관한 논의가 시작되었기 때문이다.

신사행정의 입장에서 보면 당시는 전시체제에 따른 신직부족의 문제가 심각해진 시기였으며,[68] 신직의 질을 향상시켜야한다는 과제도 등장하고 있었다(제3장 제5절 (1)을 참조). 실제로도 증설의 문제는 그와 같은 과제들을 포함하고 있었을 터이다. '신앙대책'을 유보한 총독부 당국은 신사행정에 관한 부분에서도 단지 —위에서 본 오타케 내무국장의 라디오 강연에서처럼— 가미다나 봉재를 강조하거나, 아니면 —『매일신보』 기사에 나와 있는— 황전강구소 조선분소에 '경비로서 상당액을 보조한다'는 정도의 시책을 궁리하는 것에 그치고 있었다.

2) 부여신궁의 창립

부여신궁(관폐대사, 진좌하지는 않았다)은 1939년 6월에 창립되었고(척무성 고시 제2호, 조선총독부 고시 제503호), 1939년도 이후 5개년 계속 사업으로서 조영이 진행되었다. 부여는 고대 일본과 깊은 관계를 맺고 있었

---

68 졸고, 「植民地期朝鮮の神職に関する基礎的研究」를 참조.

던 백제의 수도로서, 부여신궁의 제신도 백제와 연고가 있다고 여겨지는 오진천황應神天皇, 사이메이천황齊明天皇, 덴치천황天智天皇, 진구황후神功皇后가 선정되었다.

당시 기원 2600년(서력 1940년)을 기념하여 식전과 각종 행사가 열리고, 올림픽과 만국박람회의 동시개최가 계획되었던 점은 잘 알려져 있다. 기원 2600년은 소비와 관광의 관점에서 다루어지는 테마이기도 하다.[69]

주목할 사실은 기원 2600년을 맞이하여 이세진구가 있는 우지야마다시宇治山田市(현재 이세시伊勢市)를 대상으로 한 이세신도伊勢神都 계획, 그리고 기념사업의 하나로서 가시하라성지橿原聖地 계획이 추진된 점이다. 나아가 조선에서도 부여시가지 계획으로서 '부여신도扶餘神都'의 건설이 입안되었다.[70] 이는 기원 2600년 기념사업으로서 개시될 부여신궁 조영계획과 일체를 이루고 있었다. 부여시가지 계획은 부여신궁 조영을 중심으로 한 '신도神都' 계획으로서, 산업기반의 조성 및 인구 집중이라는 도시문제에 대처하는 것이 목적이었던 다른 시가지 계획과는 구별되는 특이한 사례였다.[71]

이 '기념'의 해인 1940년을 전후한 시기에 — 내지·외지를 불문하

---

69 케네스 루오프, 기무라 고큐[木村剛久] 역, 『紀元二千六百年―消費と観光のナショナリズム』(朝日選書, 2010)은 관광과 소비주의가 내셔널리즘을 잉태한다는 관점에서 기원 2600년을 둘러싼 소비와 관광의 모습을 논한다.

70 '부여신도' 건설에 관해서는 손정목, 『일제강점기 도시계획연구』(일지사, 1990)의 제8장 「부여신궁 조영과 소위 부여신도 건설」을 참조. 그리고 가시하라신궁[橿原神宮]을 중심으로 한 '신도(神都)' 창출을 지역진흥의 관점에서 검토한 연구로서, 永瀬節治, 「昭和戦前期における橿原神宮を中心とした空間整備事業に関する研究―紀元二六〇〇年祝典に際しての「神都」創出とその文脈」(『都市計画論文集』 第44集 3号, 日本都市計画学会, 2009)이 있다.

71 '신도(神都)' 계획의 특징에 대해서는 五島寧, 「「神都」計画と扶余神宮に関する研究」(『都市計画論文集』 第33号, 1998)을 참조.

고, 그리고 관국폐사에서 민간의 작은 사당에 이르기까지 — 사전의 신궁神宮과 개축, 또는 경내의 확장과 정비 등 많은 신사조영이 기념사업의 슬로건을 내걸고 이루어졌다.[72] 이를 감안하면 조선총독부가 입안한 부여신궁 조영계획이 기원 2600년 기념사업이라는 간판을 내세운 것 역시, 본국정부와 제국의회로부터 계획과 예산의 승인을 따내려는 의도를 가지고 있었음을 알 수 있다.

제국의회의 예산 성립을 기다리면서 조선총독부가 부여신궁의 조영계획을 기원 2600년 기념사업으로서 발표한 것은 1939년 3월이었다.[73] 이를 기점으로 1939년도 이후 5개년 계속사업으로서 조영이 진행된다. 그 공식발표인 「조선총독부 발표」를 보면 백제와의 관계에 대해 "상호의 교섭은 진실로 골육을 넘어서는 것"이었고 '왕도 부여'는 "아름답게 피어 향기를 발하는 내선일체의 구현具現과 결실을 본 커다란 인연의 땅"으로 설명된다. 여기서 중요한 것은 고대의 '상호의 교섭'이 '내선일체'의 상징으로서 표상될 뿐만 아니라, 거기에 '구현'이라는 단어가 사용된 점이다. 이는 저자가 알기로 '구현'이라는 단어를 사용한 첫 번째 예이다. 이 '구현'이라는 표현에는 부여신궁 조영계획의 정책적 의도가 함축되어있다.

미나미 지로 총독은 1939년 5월 9일에서 15일까지 도쿄에 머물면서 본국정부와 협의를 가지고 조선에 돌아와 5월 29일에 임시 도지사회의를 소집한다. 회의석상에서는 본국정부와의 협의 내용에 입각한 방침이

---

72 青非, 『植民地神社と帝国日本』의 2부 제2장 제2절, 185~186쪽을 참조.
73 「朝鮮總督府發表」(1939.3.8)에 의함. 「扶余に官幣社御造営」(『京城日報』, 1939.3.9(석간), 1면) 등에 게재되었다.

지시되었고 미나미 총독의 훈시가 있었다. 미나미는 "본직의 반도시정에 임하는 최대방침이 내선일체의 철저한 구현에 있다는 것은"이라든가, "애당초 내선일체의 구현은 무엇보다 중대한 국책으로서"라는 식으로 '구현'이라는 표현을 의식적으로 사용하고 있다. 이후에도 미나미는 '구현'을 자주 사용하는데,[74] 이와 병행하여 부여신궁 조영계획에서도 '내선일체의 구현'이 대대적으로 선전된다.[75]

여기서 부여신궁 조영계획이 공표된 1939년 3월로 돌아가 보자. 3월 이후에 급부상한 통치상의 중대현안으로서 지원병 증원의 문제를 들 수 있다. 이 시기에 총독부 당국은 1940년도 이후 지원병을 대폭 증원하기 위한 계획의 수립에 쫓기고 있었다.[76] 지원병 증원 문제를 직접적인 계

---

74 '내선일체의 구현'은 창씨개명에 관한 중요한 키워드가 된다. 이에 대한 분석과 함께 창씨개명의 정책결정 과정에 대해서는 졸고, 「創氏改名の政策決定過程－朝鮮民事令改正をみる視点から」(『朝鮮史研究会論文集』第50集, 2012.10)을 참조하길 바란다.

75 가령 총독부 촉탁이었던 오쿠야마 센조[奥山仙三]가 쓴 「조선인에게 내지식 성을 사용하게 하는 것에 대해(朝鮮人に内地式姓を用ひしむることに就いて)」라는 논설이 『總動員』 제1권 제3호(1939.8)과 『文教の朝鮮』 제168호(1939.8)에 게재되었다. 그리고 표제를 「내선일체와 내지식 개성(内鮮一體と内地式改姓)」으로 고친 글이 『朝鮮』 제291호(1939.8)에도 실렸다.
오쿠야마는 이 글에서 부여신궁 조영계획의 화제를 다룬 다음 『신찬성씨록(新撰姓氏錄)』[14]에 의거하여 '귀화조선인'은 "일본식 성을 받음과 동시에 점차 혈연적으로도 야마토[大和]민족과 융합, 화합하여 오늘날 조금도 반도인의 형적이 남아있지 않을 정도로 완전히 황국신민화한 것이다"고 논한다. '내선일체의 구현' 사례를 고대의 '황국신민화'에서 찾는 것이다.

76 참고로 조선총독부 육군병특별지원자의 훈련소 입소자 숫자(신청자 수와는 다르다)는 다음과 같다. 1938년도 406명, 1939년도 613명, 1940년도 3,060명, 1941년도 3,208명, 1942년도 4,077명, 1943년도 6,300명. 특히 1940년도부터 큰 폭으로(약 5배) 늘어난 것을 알 수 있다. 지원자 수(신청자 수)는 1938년도 2,946명, 1939년도 12,528명으로서 약 1만 명에 가까운 인원의 증가가 보인다. 인원수의 변화에 관해서는 宮田節子・金英達・梁泰昊, 『創氏改名』(明石書店, 1992)의 「第一章 創氏改名の時代」에 실려 있는 표를 참조했다(28쪽). 강제 등의 이유로 지원자(신청자)가 많았던 점에 대해서도 위 책을 참조할 수 있다(27～30쪽).
당시 중일전쟁의 전황을 보면 이미 일본군의 전력은 한계에 도달해있었으며, 전선은 고

기로 '내선일체'의 실체화를 추구하는 동시에 이를 '구현'하는 것이 중요한 과제가 되었다. 이에 따라 1939년 3월 조영 계획이 공표될 당시 부여신궁에서도 '내선일체'의 실체화가 강조되었고, 동시에 조선민사령의 개정작업에 '내지인식 씨(內地人式氏)'를 병용한다는 내용이 담겨지게 되었다. 후자는 이윽고 창씨개명에 관한 조선민사령의 개정(훈령 제19호, 1939년 11월)으로 이어져간다.[77]

전자의 부여신궁에 관해서는 고대의 '내선일체'를 상징하면서 이를 '구현'하는 존재로 만들고자했던 조선총독부의 의도를 엿볼 수 있다. 제3장 제2절과 제3절에서 고찰한 '경신숭조'의 논리에서 벗어나는 관폐대사가 출현한 것이다. '경신숭조'의 논리와는 다른 논리, 즉— 시기 및 지역을 '내선일체'기의 조선에만 한정시킨 — '내선일체의 구현'이라는 논리에 따른 두 번째 관폐대사의 조영으로 규정해도 좋을 것이다.

총독부 내에서 부여신궁의 조영계획이 언제 어떻게 입안, 결정되었는가는 아직 불분명하지만, 총독부가 본국정부에 대해 처음으로 창립을 위한 수속을 밟기 시작한 시기는 일면 일신사·신사(神祠) 설치방침이 정책적으로 표면화한 시국대책조사회로부터 2개월이 지난 1938년 11월로 특정할 수 있다. 조선총독부 정무총감이 내무차관에게 보낸 의뢰문서가 이를 뒷받침해준다.[78] 그렇다면 이 두 달 사이에 총독부 내에서 부

착되어 소위 '점과 선'을 확보하기 위해 전력을 쏟아 붓는 상황에 빠져있었다.

77 졸고, 「創氏改名の政策決定過程」.

78 다치 데쓰지[館哲二](내무차관)에게 보낸 오노 로쿠이치로(大野緑一郎, 조선총독부 정무총감)의 의뢰문서 「부여신궁의 창립에 관한 건(扶余神宮ノ御創立ニ關スル件)」(內秘 제154호, 1938.11.19). 「조선충청남도 부여군 부여면에 부여신궁을 창립하고 관폐대사로 열격한다(朝鮮忠淸南道扶余郡扶余面ニ扶余神宮ヲ創立シ官幣大社ニ列格セラル)」에 수록. JACAR(아시아역사자료센터) Ref.A02030158500, 공문유취·제63편·쇼와 14년·제97권·사사문(社寺門)·신사·사원(국립공문서관).

여신궁의 조영이 계획된 것으로 추정해도 좋을 것이다. 부여신궁 조영 계획과 일면 일신사·신사神祠의 설치방침 사이에는 어떤 관계가 있는 것일까? 양자의 공통점으로서 일면 일신사·신사神祠의 설치방침 또한 기원 2600년 기념사업의 간판을 내걸었을 가능성이 있다. 그 경우 양자 는 공히 기원 2600년 기념사업으로서 실시되었을 것이다. 총독부가 수 속을 밟기 시작한 11월 직후에 다수의 신사神祠가 증설되는 전라남도의 동향을 통해 이 점을 살펴보도록 하자.

3) 1938년의 전라남도

상당수의 선행연구를 통해 전라남도에 설립된 신사神祠의 숫자를 확 인하는 것이 가능하다. 각 도의 신사神祠 설립허가를 정리한 연구[79]를 보 면 전라남도에서는 1935년까지 24사, 1936년에 2사, 1937년에 7사, 1938년에 2사의 신사神祠 설립이 허가되었다. 그러다가 1939년에는 133사가 증설되었고 1940년에는 77사, 그리고 1941년에는 10사가 설 립되었다. 1941년까지의 숫자를 합하면 255사가 되는데 이는 전라남 도의 부읍면 숫자에 해당한다. 참고로 이하에서 소개할 신사神祠의 숫자 도 같은 연구에 의거한 것이다.

1939년에 많은 수가 증설되었다는 것은 그 앞선 해인 1938년 전라남 도에서 일면 일신사·신사神祠 설치방침에 관한 결정이 내려졌음을 암

---

79 佐藤弘毅編, 「終戰前の海外神社一覽」에 실린 표 〈朝鮮の神社〉. 薗田稔·橋本政宣編, 「付編」, 『神道史大辭典』(吉川弘文館, 2004)에 수록.

시한다. 이를 신문기사를 통해 확인해보자. 1938년 6월 30일자『동아일보』에는 증설 계획을 알리는 기사가 실려 있다.[80] 이에 따르면 1938년도부터 1940년도까지 3년간 지속할 사업으로서 도내 240곳의 부읍면 '전체에 신사를 신설하려는 계획'이 있으며, 이러한 계획의 입안은 6월말 경에 '완성'되었다고 한다. 그리고 앞으로 1938년도 말까지 112사를 '신설'할 전망이라고 한다.

여기 보이는 '신사'는 '신사神祠'를 포함한 총체를 가리키지만 실질적으로는 신사神祠를 의미했으며, 도에서 세운 계획이었으므로 법적 수속을 거쳐 설립을 허가받은 신사神祠가 기록에 남았을 것이다. 덧붙여서 신사神祠에 관한 단속이 강화된 점을 고려하면, 계획대로 '신설'된 신사神祠가 건설 이전에 허가를 받은 것인지 아닌지를 확인할 필요가 있다.

전라남도의 계획은 8월 9일자『매일신보』기사에 보도되었다.[81] 이 기사는 조금 전에 본『동아일보』기사로부터 1개월 정도 지난 뒤에 작성되었기 때문인지 신사神祠 '신설'의 전망을 135사로 잡고 있다. 그리고 이러한 '일면 일신사 신사神祠의 계획'이 '황기 2600년 기념사업'의 일환으로서 기획된 점을 지적하고 있다.

또한 이 기사에는 무원신사에 대한 단속을 강화한 것과는 반대로 사전의 건설이 설립 신청 이전에 시작되었다는 내용이 보인다. 무원신사 단속 체제는 1936년 8월의 개정판「신사神祠에 관한 건」제11조를 통해 확립되었음을 이미 앞에서 살펴보았다(이 장 제4절 (2)를 참조). 현실적 문

---

80 「全南道內府邑面에 神社를 新設」,『東亞日報』, 1938.6.30(석간), 7면(남부판).
81 「全南一面一神祠計劃 明年中에 完成予想 道民의 불타는 誠意로」,『每日新報』, 1938.8.9 (석간), 4면(중동판).

제로서 설립 경비가 중요했기 때문에 신사행정 측이 규칙보다 확실한 건설 그 자체를 우선시한 결과인지도 모르겠다.

같은 해 12월이 되면 '신설'될 신사神祠수의 전망이 조금 더 많아지게 된다. 22일자 『매일신보』 기사[82]는 신사神祠를 직접 가리키는 어구를 사용하여 '일면 일사一祠 제도'(기사 제목은 '일면 일신사神祠 계획')로 표기하고 있다. 그리고 1940년의 '기원절', 곧 1939년도 말 무렵까지 이 제도가 '모두 완성'될 것으로 예상한다. 1938년도 말까지의 신사神祠 '신설' 전망도 139사로 약간 늘어나있다. 이 기사에도 사전의 건설이 먼저 진행되고 있던 사실이 지적되어있다.

지금까지의 내용을 정리해보자. 1938년 전라남도에는 6월말 시점에서 연도 내에 112사의 신사神祠 설립을 허가할 계획이 수립되어 있었다. 그 수는 조금 늘어나서 12월 말에는 139사가 되었다. 이러한 계획은 '일면 일사一祠 제도'(혹은 '일면 일신사神祠 계획')로 지칭되었다. 6월 말 무렵에 계획이 세워진 이후 연도 말에 이르기까지 설립을 허가 받은 곳은 해가 바뀌고 난 2월 13일에 처음 등장한다. 설립허가의 대부분은 2월과 3월에 집중되었는데, 결과적으로 전망과 크게 다르지 않은 130사였다.

참고로 총독부 내에서 일면 일신사・신사神祠 설치방침에 관한 논의가 이루어지고 이러한 방침이 정책으로서 표면화된 것은 1938년 9월이 되어서였다(이 장 제1절을 참조). 곧 전라남도는 이보다 더 **빠른** 시기에 '일면 일사一祠 제도' 계획을 세우고 실시를 시행했던 것이다.

이와 같은 전라남도에서의 계획과 실시는 국민정신총동원 조선연맹

---

82 「全南一面一神祠計劃 明年度에 全部完成 今年度에는 百三十九祠를 設立 敬神思想徹底 涵養」, 『每日新報』, 1938.12.22(석간), 3면.

의 창립(1938년 7월)과 비슷한 시기에 이루어졌으며, 그로부터 영향을 받았을 가능성을 고려하지 않을 수 없다. 그렇지만 방침 그 자체는 앞서 본 것처럼 심전개발운동의 '중심계획'이었으며, 신사제도 개편 당시에도 내무국장 통첩을 통해 설명된 적이 있었다. 그 후 신사행정 측은 일면 일신사·신사神祠 설치를 강압적으로 추진하기보다 제정, 개정된 관계법령의 시행에만 철저를 기하고 있었다. 그러므로 전라남도에서 입안된 계획은—그 자체로 독자적인 것은 아니었고— 신사제도 개편의 방침에 입각하여 도가 단독으로 시행한 것으로 이해하는 편이 적절하다.

주목할 점은 이처럼 단독으로 신사神祠 증설계획 실시를 단행했던 전라남도가 '황기 2600년' 기념사업의 간판을 내걸고 있었다는 점이다. 앞서 말했듯이 당시에는 내지, 외지를 불문하고 기념사업의 이름 아래 사전의 신궁 및 개축, 혹은 경내의 확장과 정비사업 같은 신사조영이 이루어지고 있었다. 이는 조선에서도 마찬가지였는데, 기념사업의 이름을 내세우는 관행은 그 후— 비록 소규모이긴 했지만— 다른 도에서 전개된 신사神祠 증설계획에도 계승되었다. 이미 논한 것처럼 부여신궁 조영계획 역시 기원 2600년 기념사업을 강조하고 있었다. 양자 모두 기원 2600년 기념사업으로 여겨졌기 때문에 실시가 가능했다고 생각된다.

『매일신보』 기사를 통해 1938년에 다른 도가 어떤 상황에 놓여있었는지 그 일단을 엿볼 수 있다. 가령 6월 25일자 기사는[83] 경기도 개풍군의 '일면 일신사神祠 계획'을 소개하면서 면장을 중심으로 '구체안'이 작성되었음을 전하고 있다. 설립 신청에 앞서서 건물의 공사가 진행되었

---

83 「開豊郡南面에 神祠建造進行 今年十月頃에 竣工」, 『每日新報』, 1938.6.25(석간), 3면 (중동판).

던 점도 적혀있다. 이와 같은 '일면 일신사神祠 계획'을 가지고 있던 군으로서는 개풍군 이외에 다음 옥천군의 사례만이 확인된다.

10월 16일자 기사[84]에 의하면 충청북도 옥천군 또한 전라남도와 마찬가지로 '일면 일신사神祠 계획'을 '건국 기원 2600년 기념紀年 사업'으로서 진행했던 것 같다. "면민의 정재기진淨財寄進에 의해 계획을 수립, 실시함"이라는 내용이 보인다. 옥천군은 '신사神祠 어조영御造營 봉찬회'를 조직하고, 개풍군과 마찬가지로 허가를 받기 전에 이미 건설 공사를 시작했다고 한다.

---

84 「一面一神祠計劃 沃天各面에 奉贊會 十九年度까지 完了」, 『每日新報』, 1938.10.16(석간), 3면(중동판).

6. '일면 일신사(神祠)' 설치의 결정과 그 행방

1) 총독부가 '일면 일신사(神祠)' 설치의 실시를 결정

이처럼 전라남도는 한발 앞서서 '일면 일신사(神祠) 제도'를 실시했는데, 그 직후인 1939년 2월 17일자 『매일신보』 기사에 총독부 내에서 중요한 결정이 내려졌음이 보도되었다. 다음은 그 내용이다.

지난 8일부터 14일까지 일주일간 전국적으로 실시했던 일본정신 발양주간(日本精神 發揚週間)은 크나큰 성과를 거둔 중에 유종의 미를 드러내고 끝맺었는데 특히 국민정신총동원 조선연맹에서 이 운동을 지도했던만큼 정신운동으로서 큰 수확을 얻었다고 한다.

특히 일본정신의 핵심이 되는 황도(皇道)와 국체명징(國體明徵)에 대해 궁벽한 촌에서까지 철저한 의식을 가지고 있는 것에 비추어 이번 총독부에서는 일면일신사(一面一神社) 주의로 각처에 신사를 세워 국체관념의 명징과 경신숭조(敬神崇祖)의 정신을 철저히 보급시키기로 했다. 그리하여 이에 대한 자세한 내용을 얼마 전 각 도에 통첩하여 면으로서 신사가 없는 곳에는 적극적으로 이를 세우도록 했던 바, 방금 각 도에서는 이 예산과 한 가지 계획을 착착 세워나가고 있으며 벌써 전라남도 같은 곳에서는 그 계획과 설립인가[설립허가 신청서를 말한다]를 총독부에 제출하고 있는 중이라고 한다. 그리고 충북, 평북의 각 도에서도 상당한 계획을 세우고 있는 모양이다. 이같이 일면에 일신사를 전부 완성한 다음에는 신사의 주재(主宰)는 그 면에 있는 소학교장이 이를 맡아보도록 할 모양이며, 이를 자제로 하여 학교장의 강습회 같은 것도 열 모양이며, 현재 면으로서 신사가 설립되어있는 것은 320면으로 앞으로 일면일신사를 세우게 될 면은 1,975면이나 된다고 한다.[85]

위의 기사는 "일면일신사 주의로 각처에 신사를 세워 국체관념의 명징과 경신숭조의 정신을 철저히 보급시키기로 했다"는 중요한 결정에 관한 사실을 전하고 있다. 신사행정 측이 심전개발운동의 '중심계획'이었던 일면 일신사·신사神祠 설치방침을 상부로부터의 지시를 거쳐 실시하기 시작했음을 기사의 내용에서 알 수 있다. 다만 하나의 면에 하나의 신사를 설치하기란 불가능하므로, 여기에서 후퇴하여 '일면에 일신사神祠'[기사의 표제] 설치라는 보다 현실적인 시책에 초점을 맞추고 있었다.

"신사의 주재는 그 면에 있는 소학교장이 이를 맡아보도록 할 모양"이라는 구절도 보인다. "일면에 일신사를 전부 완성한 다음"이라는 전제로 보아 '신사神祠의 주재'란 신청 시의 대표자가 아닌 총대장總代長을 가리킨다고 생각된다. 개정판 「신사神祠에 관한 건」 제8조에 제사를 신직에게 위탁하기 힘든 경우에는 도지사의 허가를 받아 숭경자 가운데 신사제사를 '심득'한 자가 제사를 집행하는 것이 가능하다고 적혀있기 때문이다. 이에 따라 총대장이 될 예정인 소학교장은 '강습회 등을 개최할' 준비를 하고 있었다.[86]

85 「一面에 一神祠 1975個面에 고루 建立」, 『每日新報』, 1939.2.17(조간), 3면[신문기사의 원문을 읽기 쉽게 손보았다. 다른 곳도 마찬가지].

또한 위의 기사에 따르면 총독부가 '일면일신사神祠' 설치 실시를 결정한 시기는 2월 중순이었던 것으로 추정된다. 2월 8일부터 14일에 걸쳐 실시된 '일본정신 발양주간'을 통해 "일본정신의 핵심이 되는 황도皇道와 국체명징國體明徵에 대해 궁벽한 촌에서까지 철저한 의식을 가지고 있는 것"을 알게 되었다고 한다. 그대로 믿기 어려운 표현이지만, 어쨌든 이를 '고려'한 결과로서 "일면일신사 주의로 각처에 신사[神祠]"를 건립하려는 시책이 수립되었던 것만큼은 확실하다.

이러한 결정이 내려진 후, 아마 각 도지사에게 보냈을 내무국장 통첩을 통해 '자세한 내용'에 대한 설명과 함께 "면으로서 신사[神祠]가 없는 곳에는 적극적으로 이를 세우도록" 하라는 지시가 전달된다. 각 도는 '예산'과 '계획'을 수립하기 시작한 모양으로 전라남도, 충청북도, 평안북도의 이름이 보인다.

그 중에서도 전라남도는 마치 총독부의 지시를 미리 수행하듯이 "계획과 설립인가를 총독부에 제출하고 있는 중"이라는 기술이 주목을 끈다(정확히는 '설립허가 신청서'). 아직 추론의 단계에 불과하지만, 이는 전라남도가 이미 실시하고 있던 계획을 — 설립허가 신청서의 대거 제출을 계기로 — 총독부 당국이 2월 중순 무렵부터 시책으로 삼기 시작했

---

86 이를 뒷받침하는 자료가 있다. 조선신직회 『도리이[鳥居]』 제9권 제6호(1939.6, 8쪽)에 의하면 1939년 6월 조선신궁에서 경기도 김포군 교육회가 동회의 회원(교장 및 교원)만을 대상으로 한 '신사(神祠) 봉무에 관한 강습회'를 황전강구소 조선분소에 요청하여 5일간 열렸으며 군내의 교장들이 참가했다고 한다. 히우라 사토코[樋浦郷子]는 이에 대해 "적어도 김포군에서는 신청 대표자로서 조선인 면장의 동의가 있었을 뿐만 아니라, 설치허가를 받기 이전 단계부터 ['총대'로 보아도 되는가의 문제는 차치하고] 실질적으로 신사(神祠)의 관리자에 교장을 상정하고 있던 점과, 교장 또한 이를 응낙했던 점이 판명된다"고 논한다. 그리고 '신청대표자로서 조선인 면장'과 '실질적 관리자로서의 교장[일본인이 대부분을 차지했다]'이라는 신사(神祠)에서의 '역할분담'에 관해서도 지적한다. 『神社・学校・植民地』의 제4장 제4절, 185쪽을 참조.

는 점을 나타내는 것은 아닐까? 이 장 제5절 (3)에서 설명한 것처럼 전라남도에서는 1939년 2월에 62사, 3월에 68사(합계 130사)가 설립허가를 받았다. 더 상세히 보면 2월 중 13일자가 15사, 24일자가 22사, 25일자가 25사이다.

이 시기에 총독부 당국은 부여신궁 조영계획을 세우고 있었고 본국정부와의 절충이라는 큰 산을 앞두고 있었다. 결국 3월 7일 제74회 제국의회에서 예산이 성립하게 되고 그 다음날 총독부는 앞서 설명한 조영계획을 공표한다. 이후 부여신궁을 창립하고 관폐대사로 열격하기 위한 상주上奏 절차가 시작된다. 같은 해 6월 15일 창립되어 진좌를 목표로 삼았지만, 사전의 기초공사가 거의 끝난 단계에서 패전의 날을 맞게 된다.

이처럼 총독부 당국은 1938년 9월부터 11월에 이르는 기간 중 지원병증원문제에서 발단한 '내선일체의 구현', 곧 '내선일체'의 실체화를 위해 부여신궁의 조영계획을 수립하기 시작했다. 다음해 2월까지 전라남도의 '일면 일신사神祠 제도' 계획을 점진적으로 확대시켰던 것도 '내선일체'의 실체화에 있어서 유효한 시책으로 판단되었기 때문으로 추측된다. 비록 추론에 지나지 않지만 그 가능성 자체는 지적해두고 싶다.

2) '일면 일신사神祠' 설치의 실시

상술한 것처럼 총독부 당국에 의해 '일면 일신사神祠' 설치의 실시가 각 도에 지시된 것은 1939년 2월 중순으로 추정되는데, 그 직전인 1939년 1월 충청북도는 마치 전라남도를 본뜨기라도 하듯이 '일면 일신사神

祠'설치의 실시를 결정한다.[87] 한편 총독부의 지시가 내려진 직후인 3월 29일자『매일신보』에는 강원도의 상황이 실려있다.[88]

기사를 보면 강원도는 1939년도부터 45년도까지 "일군 일신사주의에 입각해서 신사를 세우려고 계획 중"이었다고 한다. 다만 경비의 문제가 곤란을 가져올 것으로 예상되고 있다. 일찍이 '일면 일신사神祠'의 설치도 계획된 적이 있지만 역시 경비문제로 실현에 이르지는 못했다고 한다. 이 초기의 계획에 관해서는 다음 제5장 제5절에서 강원도의 '이동사의 복고 개신' 정책을 통해 다룰 것이다. 강원도에서는 계획이 한 번 실패한 뒤에 1939년 2월이 되어서 총독부의 지시를 받게 되었는데, 이번에는 '황기 2600년 기념사업'으로서 재차 '각 면에 일신사神祠를 건립'할 '계획'을 세우게 된 것 같다.

다음으로 다수의 신사神祠 설립을 허가받은 전라남도에 관한 정보를 1939년 6월 11일자『동아일보』기사[89]를 통해 살펴보자. 이 기사는 허가된 다수의 신사神祠에 조선신궁의 '어신체御神體'를 봉천하는 행사의 모습을 전하고 있다. 6월 10일 오전에 조선신궁에서 거행된 봉천식을 중심으로 경성역에서 출발한 봉천열차에 대해서도 기술하고 있다. '어신체'는 '금년도 전남지방분'으로서 전부 134체였다고 한다. 6월의 기사이므로 '금년도'란 1939년도를 가리킬 터이지만, 134체라는 숫자를 보면 '연도'라는 표기 자체가 잘못된 것임을 알 수 있다. 1939년 6월까

---

87 高谷,「植民地朝鮮における神社政策の展開と実態」. 이 글은『경성일보』의 기사를 인용하여 1939년 1월에 충청북도에서 내려진 '일면 일신사(神祠)' 설치방침 결정을 논하고 있다. 참조하길 바란다.

88 「一郡一神社를 目標로 江原서 建立을 計劃 明十四年度부터 同二十年까지 一面一神祠도 促進」,『每日新報』, 1939.3.29(석간), 4면(중동판).

89 「朝鮮神宮御神體 全南御奉遷式執行」,『東亞日報』, 1939.6.11(조간), 2면.

지(2월, 3월분의 허가수가 130사, 4월분은 2사)로 보는 편이 타당하다. '특별구조'로 이루어진 봉천열차가 각 면에 도착하면, 각 신사神祠에서는 진좌제가 열렸을 것이다.

이제 1940년 이후를 살펴볼 차례지만 이 시기의 상황을 파악하기란 매우 어렵다. 사례가 매우 적기 때문인데 일단 두 가지 기사를 소개한다.

먼저 경기도 연천군에 관한 1940년 12월 24일자 『매일신보』 기사를 보자.[90] 연천군은 아마 1939년 2월에 총독부 당국이 내린 '일면 일신사神祠' 설치의 지시를 받고, 그해 말 무렵에 '일면 일신사神祠 어건조御建造 계획'으로서 '군내 11개면 신사神祠 어조영御造營 공사'를 시작한 것으로 보인다. 1924년 당시 연천군에는 허가된 신사神祠가 한곳 있었는데, 1940년이 되면 11곳이 새롭게 설립허가를 받는다. 이들 11곳은 12월 23일에 조선신궁의 '어영대御靈代'를 봉천하고 일제히 진좌제를 행했다고 한다.

다음으로 황해도에 관한 1943년 6월 25일자 『매일신보』를 살펴보자.[91] 기사에는 '일면 일신사神祠 건립계획'이 '완료'했다고 적혀있는데, 이는 오보이다. 황해도에서는 그 후에도 신사神祠 설립이 계속 허가되고 있기 때문이다.

'일면 일신사神祠' 설치의 실시는 전라남도 이외의 도에서는 일부 군을 제외하면 상당히 곤란한 일이었던 모양이다. 이를 1943년 8월 10일자 『매일신보』 기사[92]를 통해 확인할 수 있다. "대부분 부나 읍에만 있

---

90 「一面一神祠完成 二十三日, 一齊鎭坐祭執行 漣川郡」, 『每日新報』, 1940.12.24(석간), 3면(中東每新).

91 「一面一神祠計劃完了 今秋各地秋祭執行」, 『每日新報』, 1943.6.25(조간), 4면.

92 「面每二神社御建造 敬神崇祖ノ心ヲ培フ」, 『火曜版・國語敎室』, 1943.8.10, 1면. 당시

으며 면의 3분의 2 이상에는 신사나 신사神祠가 없는 상태인 바 (…중략…) 모든 마을에 빠짐없이 신사, 신사神祠를 세우기로 했습니다"라는 기술로부터 총독부 당국이 1943년에도 여전히 '일면 일신사神祠'의 설치를 계속 지시하고 있었음을 알 수 있다. 이처럼 실시가 곤란했던 이유로서는―앞서 본 강원도의 예처럼―무엇보다 경비의 문제를 들 수 있으며, 다음으로 전시체제하 신직이 부족했던 상황을 생각할 수 있다.[93] 신사神祠에는 이른바 수지신직受持神職 제도가 있어서 가까운 신사의 신직에게 제사를 부탁할 수 있었다.

증설된 많은 신사神祠들이 신직을 위탁하기 어려운 상태에 있었음은 분명하다. 그 대책으로서 신사제사에 관한 강습 등을 행하여 숭경자 가운데 '심득'한 자에게 이를 맡기도록 했지만(개정판 「신사神祠에 관한 건」 제8조. 이 절 (1)을 참조), 제사를 담당하는 총대장의 역할을 소학교장이 순조롭게 수행할 수 있었는가는 의심스럽다.

패전을 일 년 남짓 남겨놓은 1944년 4월 무렵에는 신사조영 등의 공사가 모두 정지되고 국폐소사의 새로운 열격도 불가능해졌으며(제3장 제5절 (3)을 참조), 신사神祠의 증설도 완전히 자취를 감추는 사태에 빠지게 된다.

『매일신보』 조간 지방판에는 '국어매신(國語每新)'란이 있었고, 화요일에는 별책 『火曜版·國語教室』이 발행되었다고 한다.

93 전시체제하 신직부족의 실태와 신직임용의 곤란한 상황 등에 대해서는, 졸고, 「植民地期朝鮮の神職に関する基礎的研究」를 참조하길 바란다.

3) '일면 일신사神祠' 설치와 무원신사

지금까지의 고찰을 종합해보자. 1936년 8월의 신사제도 개편 이후 일면 일신사·신사神祠 설치방침에 입각하여 신사神祠에 대한 통제의 강화와 증설이 시도되었으나, 총독이 우가키에서 미나미로 바뀌고 중일전쟁의 전면화에 따른 '내선일체' 시기에 접어들면서 증설 정책은 정체를 맞게 된다. 그렇지만 '내선일체의 구현', 즉 '내선일체'의 실체화를 위한 부여신궁 조영계획 등의 시책이 도모된 것을 계기로 1939년 2월 중순경에 총독부는 '일면 일신사神祠' 설치의 실시를 결정하고 이를 각 도에 지시한다. 한편 총독부의 결정이 내려지기 전부터 신사의 증설을 실시해 왔던 전라남도 및 다른 도의 일부 군에서는 '일면 일신사神祠' 설치가 거의 완료된 상태였다.

그런데 흥미롭게도 실제로는 여전히 설립허가를 받지 않은 채 많은 무원신사가 건립되고 있었다. 1939년 5월에 발송된 무원신사의 설립에 관한 내무국장의 통첩에 의하면 "지금도 허가 없이 공중이 참배할 수 있는 신사神祠를 설립하는 경향이 있다"고 한다. 신사행정 측은 이와 같은 무원신사들이 "일시적인 정세에 현혹되어 신기 봉재의 본뜻을 이해"하지 못하고 있으며, '영원의 사려를 결여'할 뿐만 아니라 "그 건립위치, 사전의 구조양식 등이 적절"치 못한 상태에 있다고 보았다. 이처럼 "신사神祠의 존엄을 지키기 어려운" 점 등이 문제시되었고, "신사, 신사神祠에 대한 사전 감독을 엄중히" 하라는 지시가 내려졌다.[94] 이들 무원신사

---

94 각 도지사에게 보낸 내무국장 통첩 「무원신사의 설립에 관한 통첩(無願神祠ノ設立ニ關スル通牒)」(1939.5.16). 조선신직회 편, 『鳥居』 제9권 제6호(1939.6)에 수록. 이 통첩

는 가령 '이나리사'처럼 ○○사神祠로 불리는 '사제신사'였을 가능성이 높다(이 장 제3절 (2)를 참조).

이러한 무원신사들은 1940년 이후 — '신명신사'(행정상 명칭으로서 '아마테라스 오미카미'를 모시던 신사神祠를 가리킨다)의 명칭을 부여받지 못하고 — 단순한 '신사神祠'(이것 역시 행정상 명칭으로서 설립허가를 받은 신사神祠를 가리킨다)로서 설립허가를 받게 되었던 것 같다. 구리타 에이지는 1940년 이후에 나타나는 이러한 변화에 관해 위와 같은 가설을 제시한다. 나아가 구리타는 변화의 이유를 '국가비상사태'에 임해 총독부가 무원신사를 '힘으로 꺾어 눌렀기' 때문으로 본다.[95]

한편 히우라 사토코는 변화의 이유에 대해서 1940년대에 신사神祠는 '조선인의 오락의 장'으로서 혹은 '조선재래의 제사의 장'으로서 '변질되는 정도가 심했'는데, 이러한 '변질'을 인정하지 않고 신사神祠를 증설하기란 "불가능했을 것이다"라는 가설을 제기한다.[96] 현시점에서 한정된 자료를 가지고 양자의 가설을 검증하는 것은 어렵다. 1940년 이후에 나타나는 신사神祠 설립허가의 변화 이유는 여전히 불분명하다고 볼 수 있다.

이상 신사 및 신사神祠의 통제에 관한 문제를 살펴보았다. 신사행정 측은 특히 단속을 위해 무원신사의 범위를 규정해갔는데, 이는 동시에 원래 공인이나 비공인과 관계없이 존재하던 신사시설에 대해서도 그 범위를 규정해야만 하는 상황을 초래했다. 무엇을 가지고 신사라 할 것인

은 樋浦, 『神社・学校・植民地』 제4장 제2절, 177쪽에 인용되어있다.
95 栗田, 「植民地下朝鮮における神明神祠と「ただの神祠」」, 210쪽.
96 樋浦, 『神社・学校・植民地』, 192쪽.

가? 신사행정측이 규정한 신사시설의 범위를 아래에 정리해보자.

우선 「신사神祠에 관한 건」 제1조에서 신사神祠는 "신사는 아니지만 공중을 참배시키기 위해 신기를 모시고 제사지내는 곳을 가리킨다"고 정의되었다. 참배시설의 상태가 '공중'의 '참배' 대상이 되는지 아닌지의 기준에 따라 법적인 '신사神祠'와 통제를 받지 않는 '개인제사'가 나뉘어졌다. 이 기준은 '신사神祠'의 법적 대상을 정하는 것이었기 때문에 신사시설의 범위와는 관계가 없었다.

'신사神祠와 유사한 시설'은 단속의 대상이었는데, 이를 통해 신사시설의 범위를 추측해보는 것이 가능하다. 신사행정 측이 단속을 위해 무원신사를 유형화하고 그 범위를 정했다는 것은, 반대로 보면 신사시설에 대해 신사행정 측이 지닌 인식과 그 윤곽의 경계선을 끝자락에서 살펴볼 수 있다는 말이 된다. 앞서 보았지만 '신사神祠와 유사한 시설'은 두 가지 유형으로 다시 분류되었다. ① 사실상 법적인 '신사神祠'로 기능함에도 불구하고 제신을 속이는 등의 행위를 통해 설립신청을 하지 않는 형태, ② '공중'을 상대하지 않기 때문에 '신사神祠'가 될 필요가 없으면서도 마치 '신사神祠'처럼 '사전'을 건설한 형태였다.

신사행정 측이 규정한 이러한 신사시설의 범위를 통해 신사의 정의를 파악할 수 있다. 자유롭게 참배시설을 설치했던 일본인 이주자들과 갈등을 겪는 와중에 신사행정 측이 규정한―신사시설의 범주로 여길 수 있는―최저기준은 제신과 사전이었다. 제신은 '신기'(「신사神祠에 관한 건」 제1조)로서 명문화되었고, 사전은 비록 애매하긴 했지만 공인된 신사 및 신사神祠의 양식을 기준으로 삼고 있었다. 신사시설이 공인을 받아 법적인 신사神祠가 되면 더욱 높은 기준이 적용되었고 조건도 추가되었지만, 어쨌든 신사시설로서 신사행정 측이 규정한 최소기준은 제신과 사전양식이었다.

참고로 사전양식에 조선식 양식을 도입한 사례도 있었다. 1941년에 국폐소사로 열격된 강원신사의 경우가 그러했다. 남아있는 사진을 보면 ―조선식 사전이라고는 하지만― 비전문가인 저자에게는 지붕에 독특한 곡선을 집어넣은 한국의 흔한 기와지붕 사원처럼 느껴진다. 색은 붉게 칠했다고 한다.

저자는 일찍이 강원신사의 조선식 사전을 검토한 적이 있다. 일본서기에 스사노오노 미코토가 신라의 소시모리曾尸茂梨에 건너갔다는 기술이 있는데 이를 근거로 한 '소시모리 신사' 건립운동과 강원신사에서의 '스사노오노 오카미素戔嗚大神' 추사, 그리고 조선식 사전에 대해서 논한 적이 있다.[97] 다만 조선식 사전에 관해서는 아오이 아키히토의 연구가 더욱 상세하므로 그 내용을 저자 나름의 이해에 따라 아래에 소개한다.

아오이에 의하면 1939년 내무성 신사국 조영과장(후에 신기원 조영과장)에 취임한 스나미 다카시角南隆를 필두로 내무성계 기술자들의 조직과 네트워크가 형성되어갔다. 내무성―신기원을 중심으로 한 쇼와기 신

---

[97] 졸고, 「植民地期朝鮮での「内鮮一体」と江原神社」, 大濱徹也編, 『近代日本の歴史的位相―国家、民族、文化』, 刀水書房, 1999. 강원신사에 관한 부분을 간략히 정리해둔다. 일본서기 「신대상(神代上)」 제8단 1서 4를 보면 "스사노오노 미코토가 아들 이소타케루[五十猛神]를 데리고 신라국에 건너가 소시모리에 자리를 잡았다"는 기술이 있다. 강원도 춘천군 신북면 우두리(현 춘천시 우두동)에 우두산이라는 작은 산이 있는데, 현지 일본인들은 이 곳을 소시모리라고 주장했다(스사노오노 미코토의 별칭이 우두천왕이다). 춘천군은 여기에 '스사노오노 미코토'를 봉재하는 '소시모리신사'를 건립하기 위한 운동을 펼쳤다. 이것이 춘천신사(제신은 '아마테라스 오미카미'와 '메이지천황')의 승격으로 이어졌는데, 사전을 조선식으로 개조하는 동시에 '구니타마노 오카미'와 '스사노오노 오카미'를 추사했고, 1941년에 국폐소사로 열격되었다.

사조영의 사상과 기술은 이러한 조직과 네트워크를 거쳐 제국의 구석구석까지 침투했다. 스나미는 지역의 '구니타마노 가미'를 신사에 봉재할 것을 강조하는 신사관을 지니고 있었으며, '구니타마노 가미'의 힘에 거스르지 않으면서 그곳의 자연현상과 조화, 융합된 신사를 이상적인 모습으로 여기고 있었다. 아오이는 여기서 사전양식에 기능주의와 지역주의를 조합하는 사상과 기술이 태어났다고 간주한다. 강원신사의 사전개조는 제국 침투의 결과로서 실현될 수 있었으며, 부여신궁과 해주신사에서도 조선식 사전의 건립이 예정되어있었다고 한다.[98]

아오이의 평가처럼 사전이나 경내에 반영된 지역주의가 '지방'을 "'제국'에 포섭하려는 이데올로기"에 불과했다는 점에는 의심의 여지가 없다. 그렇지만 저자는 '구니타마노 가미' 봉재가 조선에서는 확대되지 못했고, 이를 전제로 한 지역주의의 영향 또한 그리 강하게 드러나지 않았다는 점을 중시하고 싶다.

그리고 아오이는 일부 예외를 제외하면 1935년을 전후한 시기의 신사조영에 있어서 "신명조神明造는 철저히 배제되었고 이를 대신해 곡선적인 형식, 그 중에서도 유조流造가 압도적 다수를 차지하게" 되었는데, 이러한 추세는 "내·외지와 관계없이, 또한 사격을 불문하고 일반적인 경향이었다"고 지적한다.[99] 하지만 그 예로 들고 있는 신사가 조선의 경

---

98 靑非, 『植民地神社と帝国日本』의 제2부 제2장 「境内の変貌－戦争・モダニズム・環境」을 참조. 스나미 체제 아래 내무성계 기술자들이 지역주의에 입각하여 사전과 경내에 '조선식'을 가미한 점에 대해 아오이는 "신사제식에 의거한 기능주의적 방법에 따라 초지역적으로 표준화되고 있던 평면계획을 전제한 것"으로 평가한다. 그리고 "'지방' 고유의 아이덴티티를 인정하면서도 '제국'으로 포섭하는 이데올로기가, 적어도 내무성 및 신기원 주변에서 발달하고 있었다"고 간주한다(214쪽).

99 위의 책, 201쪽.

우 국폐소사에 한정되어있다. 1930년대 후반 이후에 다수 증설된 —
'아마테라스 오미카미'를 봉재하는 — '신명신사'에서는 아마도 신명조
가 채택되었을 것으로 추정된다.

그러므로 전통적인 '동제'와 맺었던 관계, 그리고 촌민의 통합이라는
관점에서 보면, 신사행정 측이 신사시설로 규정했던 최저조건 가운데
사전양식보다는 제신의 기준을 보다 더 중시할 필요가 있다고 생각된
다. 다음 제5장에서는 신사 및 신사神祠에 조선의 전통적인 신들을 봉재
하는 문제를 둘러싸고 펼쳐졌던 논의에 대해, 조선인 촌락에 증설이 시
도되었던 신사 · 신사神祠와 '동제' 이용 담론의 관계를 통해 고찰할 것
이다.

5장

'동제'에 관한 신사정책

증설을 위한 '동제' 이용 담론

증설된 신사·신사神祠에 조선재래의 신들을 봉재할 것인가의 문제는
각각의 마을에서 신들을 제사지내던 전통적인 '동제'와 깊은 관련을 맺
고 있었다. 단 자료의 제약이 있기 때문에 그 실태를 파악하기란 여간 어
려운 일이 아니다. 이 장에서는 앞 장에서 논한 신사·신사神祠의 증설
정책과 ― 비록 적은 수이긴 하지만 문헌자료가 남아있는 ― '동제' 이
용을 둘러싼 담론의 관계를 고찰함으로써 전통적인 '동제'가 처해있던
상황을 살펴보도록 하겠다.

1. 전통적인 '동제'의 신사·신사神祠화

1) 전통적인 '동제'의 신사·신사神祠화 문제

저자는 지금껏 신사·신사神祠와 조선의 토착신앙이 맺는 관계를 다룬 선행연구를 본 적이 없다. 다만 1980년에 아래와 같은 설이 근거 없이 주창되었고, 그 결과 '동제' 이용을 둘러싸고 정체불명의 억측만이 난무하게 되었다.

게다가 대만이나 조선 등에서는, 앞에서도 보았듯이 현지민족의 신앙을 일본화하기 위해 한층 강제적으로 토착신앙의 대상이었던 사(祠)를 신사로 만드는 방법을 택했다. 그 중에서도 가장 심한 사례로 제2차 세계대전이 한창이던 1939년(쇼와 14년) 조선 전라남도 각 방면에 창립된 134곳의 신사를 들 수 있는데, 이는 전시하 일본제국주의가 조선민족에게 행한 폐씨개성(廢氏改姓)[창씨개명] 등 일련의 동화정책에 속하는 것이었다.[1]

인용문에 보이는 "강제적으로 토착신앙의 대상이었던 사를 신사로 만드는 방법"이란 이 책에서 논하려는 '동제'에 대한 정책적 이용을 의미한다. 위 주장의 진위를 확인하고자 저자는 1989년 9월 전라남도에서 현지조사를 행한 적이 있다.[2] 그리고 "강제적으로 (…중략…) 신사

---

1   藤谷俊雄, 『神道信仰と民衆・天皇制』, 法律文化社, 1980, 231쪽.
2   졸고, 「朝鮮総督府の神社政策――一九三〇年代を中心に」(『朝鮮学報』第160輯, 1996.7)의 제3절, 「調査資料『部落祭』と神明神祠」를 참조.

로 만드는 방법"은 시행되지 않았다는 결과를 얻었다. 다만 일부이긴 하지만 '신명신사'와 전통적인 기우제 사이에 어떤 관계가 있을지 모른다는 점 정도를 확인했다. 이에 대해서는 신사・신사神祠의 제신을 다룰 이 장 제3절 (3)에서 조금 더 자세히 논의할 것이다.

다음으로 이 책 1부에서 전통적인 '동제' 이용에 관해 다루었던 부분을 요약해둔다.

1933년에 농촌진흥운동이 본격적으로 시작되자 ― 여기에는 야마자키 노부요시(조선총독부 촉탁)의 농본주의의 영향도 있었는데 ― 현장에서는 관제 '동제'를 만들려는 움직임이 조성되었다. '다이마전大麻殿', '천지신단', '농민제', '농신단' 등을 그 예로 들 수 있다. 비록 법령이 정한 신사・신사神祠의 범위에 포함되지는 않았지만, 총독부 당국은 농촌진흥운동을 추진하는 과정에서 이들의 존재에 주목하고 있었다(제1장 제3절 참조).

이와 같은 움직임에 민감한 반응을 보인 것이 총독부 내무국 지방과에서 신사행정을 담당했던 오야마 후미오小山文雄와 조선사편수회위원 최남선이었다. 오야마는 1934년에 저서 『신사와 조선』(조선불교사)을 출판했고, 최남선은 1935년 초에 자신의 의견을 우가키 가즈시게宇垣一成 총독에게 전달한 것으로 보인다.

오야마의 저서는 1935년에 공표된 심전개발운동에서 신사가 '종교부흥'의 대상으로 여겨지고 그 종교성을 전면에 내세운 신사이용의 논의가 급부상하는 데 적지 않은 영향을 끼쳤다. 오야마는 전통적인 '동제'를 이용하여 이를 신사・신사神祠로 만들려는 구상을 가지고 있었다(제1장 제4절을 참조). 총독부 당국이 국폐소사에 '구니타마노 오카미' 합사를 허락하고 신사행정 측이 민간의 '구니타마노 오카미' 봉재론을 포섭한 것 역시, 이러한 방침에 가까운 입장을 취했던 오야마의 영향을 받은 결과로 생각된다(제3장 제4절 (1)을 참조).

동시에 '동제'의 신사·신사神祠화라는 관점에서 최남선의 의견도 주목을 받았고, 이를 통해 심전개발운동에서 '고유신앙'의 범주에 포함되었던 전통적인 '동제'가 조사대상이 되었다. 다만 심전개발운동의 '목표'와 실행세목 등이 공표된 1936년 1월에는 아직 신사와의 관계에 대한 중추원의 '조사 결과'를 기다리는 단계에 머물러 있었다. 이에 따라 중추원 신앙심사위원회가 '구체안을 수립'할 때까지 신사와 '고유신앙' 사이에 '상호연락제휴를 꾀하는' 일은 유보되었다(제3장 제1절 (5)를 참조).

이러한 '동제' 이용에 관한 담론은 ― 농촌진흥운동과 그 연장선상에 있는 심전개발운동에 이르는 시기에 ― 관제 '동제'와 전통적인 '동제' 사이에서 입장과 인식의 차이를 낳았다. 그 결과 신사·신사神祠화를 상정한 관제 '동제'를 중심으로, 혹은 전통적인 '동제'를 중심으로 촌민의 정신적 통합을 도모하려는 주장이 각각 등장한다(후술). 이는 일본 '내지'의 신사정리에서 신사를 지방자치의 중심에 두고 민심을 통합하고자 했던 신사중심주의와 공통된 특징으로 볼 수 있다.

'내지'의 신사중심주의와 촌민통합의 목표를 공유한다는 점은, 1935년에 우가키 총독이 농촌진흥운동에서 관제 자치의 중심이 될 갱생지도부락을 확대하는 방침을 지시한 것에서도 알 수 있다. 이에 따라 ― 야마자키 노부요시 '농촌자치'론의 응용이라고도 할 수 있는 ― 관제 자치를 확립하려는 의도, 구체적으로는 '농촌진흥운동을 부락자치에 이식하려는' 의도 아래 총독부 당국은 갱생지도부락의 '자치공려방책' 확립을 중요과제로 내걸게 된다(제1장 제2절 (2)를 참조).

그 예로 농촌진흥운동의 주관부서였던 농림국 농정과의 가게야마景山宜景 과장이 1936년 10월 경성방송국의 라디오 방송에서 강연한 '농촌미화에 대해'[3]를 들 수 있다. 가게야마는 조선의 농촌에서 "부락민의 정신생활의 기조를 이루는 영혼의 안식처를 도모하는 일"을 '무엇보다 간절히 바란다'고 설파한다. 가게야마가 모델로 생각한 것은 '내지'에 보이는 '진수鎭守의 신사와 절' 또는 '여러 외국'의 '교회'였는데, 이들이 '영혼의 안식처'라는 '역할을 담당'하기 때문이었다. 이렇게 재래의 '동제'를 신사・신사神祠로 만드는 작업은, 농촌진흥운동의 현장에서는 '자치공려방책' 확립을 위한 수단으로 여겨지고 있었다.

2) 전통적인 '동제', 신사・신사神祠, 관제 '동제'에 대해서

제4장 제1절에서 설명했듯이, 식민지조선에는 무라마쓰리村祭り나 촌락의 참배시설에 해당하는 것으로서 전통적인 '동제', 신사・신사神祠・무원신사라는 신사신도의 참배시설(이 책에서는 신사시설로 표기), 그리고 양자 사이에 위치하는 것으로서 행정측이 만들어낸 '동제'(관제 '동제'로 표기)가 존재했다. 이 세 가지 개념에 대해 간략히 설명해둔다.

조선의 전통적인 '동제'는 유교이념이 강한 조선왕조 시대에는 무속과 함께 '음사淫祀', '음사淫祠'로 취급되었다. 예전에는 부락별로 성대하

---

3   『自力更生彙報』第40號(1936.12.20, 4~6쪽)에 景山宜景, 「農村美化に就て(十月二十七日、DKより放送)」라는 제목으로 실려있다.

게 치러졌으나, 식민지가 된 이후로는 규모가 작아졌고 그 수도 줄어들었다. 다만 비록 쇠퇴하긴 했지만 전통적인 '동제' 가운데는 단, 신석, 신목, 사당 등을 구비한 곳도 있었다.

조선총독부의 조사자료(1937년)를 보면 '20, 30년 전까지', 즉 1910년 병합 무렵까지는 "꽤 성대하게 개최된 곳도 있으며, 부락제의 존재도 상당히 널리 알려져 있었다"고 한다. 그러나 그 이후로는 "혁신의 추세에 억눌려 쇠퇴하기 시작했으며 신악神樂과 같은 각종 부대행사도 폐지되어 규모가 점차 작아졌고, 전제奠祭의 시간이 대개 한밤중이라서 뭇사람의 이목을 끌지 못했다"고 한다.[4] '혁신의 추세'란 식민지지배에 따른 단속을 가리킬 것이다. 성대하게 행해지던 신악 등의 행사가 경찰당국의 단속에 의해 폐지되었고, 규모가 대폭 축소되어 결국 쇠퇴에 이르게 된 것으로 볼 수 있다. 단속은 경찰범 처벌규칙[5]에 따라 '미신타파'를 구실로 이루어졌다.[6]

총독부 경찰국은 병합 이후 경찰범 처벌규칙에 의거해서 무속이나 점복 같은 민간신앙을 단속하고 있었다. 전통적인 '동제'에 대한 '미신타파'는 신악을 담당하던 무격을 직접적입 단속의 대상으로 삼고 있었는데, 이후 '생활개선'의 이름 아래 '동제'의 각종 행사까지 경제, 풍기, 위생 등을 이유로 단속했다.[7]

---

4   村山智順, 「緒言」, 『朝鮮の郷土神祀・部落祭』[朝鮮總督府]調査資料第44輯, 2쪽.
5   경찰범 처벌규칙은 1912년 조선총독부령 제40호로 제정되었다. 이는 일본 '내지'에서 1908년에 제정된 경찰범 처벌령(내무성령 제16호)에 대응하는 법령이었다.
6   무속에 대한 '미신타파'와 경찰범 처벌규칙에 관해서는 졸저, 『朝鮮農村の民族宗教－植民地期の天道教・金剛大道を中心に』(社会評論社, 2001)의 제1장을 참조하길 바란다.
7   『朝鮮の郷土神祀・部落祭』, 401～402쪽.

〈그림 5-1〉 **성황당**(매월소(梅月素) 성황, 강원 강릉)

　　그리고 1920년대 이후 조선인의 농민
운동, 혹은 조선총독부가 1933년부터
본격적으로 개시한 농촌진흥운동에 의
해 '미신타파'의 대상으로서 파괴된 것
들도 있다. 농민운동의 사례로서 1922
년 평안남도 덕천군 잠상면 서학리에서
촌락의 중심인물이었던 이관향李寬鄕이
'성황당'(촌락의 수호신을 모시는 사당)을
'작벌斫伐'한 일을 들 수 있다.[8] 농민운동
이 지닌 합리주의적 성격에서 보면 '성황
당' 신앙은 '미신'에 불과한 것으로 여겨
졌다. 따라서 '성황당' 〈그림 5-1〉[9]과 같
은 재래의 '동제'가 '작벌'되는 일은 농민

운동이 전개된 동리에서는 자주 접할 수 있는 광경이었으리라 추정된다.
　　다음으로 신사시설을 보자. 신사시설은 일반적으로 일본인 이주자들
이 집주하는 지역에 한정되었으며, 그 중에서도 무원신사는 어촌의 '고
토히라사'처럼 특정한 제신에 대한 신앙이 요구되는 지역에 많았을 걸
로 생각된다. 앞 장에서 논한 것처럼 일면 일신사・신사神祠 설치방침을
통해 증설된 신사神祠는 일본인 이주자 집주지역의 외부, 즉 대다수를 차
지하던 조선인 촌락으로 그 숭경구역을 확대하고 있었다.

8　「農民新聞」欄, 『農民』 第4卷 第11號, 1933.11. 『農民』은 조선농민사(천도교 신파)의 기
　　관지였다.
9　이 사진은 『朝鮮の鄕土神祀・部落祭』 권말에 실려 있다.

그리고 관제 '동제'는 농촌진흥운동이 전개하는 와중에 지방행정 측이 전통적인 '동제'를 대신해서 촌민통합의 역할을 맡기기 위해 시험적으로 만든 참배시설을 말하는데, 충청북도의 '천지신단'을 그 전형적 예로 들 수 있다(제1장 제3절을 참조). 하지만 '천지신단'의 설치가 시도된 지역은 영동군 영동면과 청주군에 한정되어있었고, 다른 지역의 사례도 많지 않으므로 개별적인 시도로 보는 것이 바람직하다고 생각된다.

그러면 신사의 정의, 곧 — 신사시설의 범위를 규정하는 최저조건이었던 — 제신의 명확화('신기'로 할 것)와 사전의 양식을 기준으로 위의 세 가지 형태를 체계화해보자.

전통적인 '동제'가 모시던 신에 관해서는 — 정식 조사가 없었으므로 — 공식적으로 불명인 상태였고, 심전개발운동에서 '고유신앙'(재래의 '동제'를 가리킨다)과 신사가 '상호연락제휴'를 나누는 일 또한 앞서 말한 것처럼 유보되고 있었다(제3장 제1절 (5)를 참조). 전통적인 '동제'의 설비로서는 단, 신석, 신목 등이 있었으며, 모든 곳이 사당을 구비하고 있지는 않았다.

신사, 신사神祠, 무원신사와 같은 신사시설의 제신은 '신기'였다. 사전 양식의 규격은 애매했으나 공인신사·신사神祠와 유사한 '사전', 즉 공인된 신사·신사神祠에 보이는 '사전'의 양식을 기준으로 삼고 있었다.

관제 '동제'에 관해서는 충청북도의 '천지신단'을 그 전형적인 예로 들수 있는데, 영동군 영동면 회동리의 경우를 보면 제신은 '천지대신'이었고 설비는 전통적인 '동제'와 마찬가지로 사당을 구비하고 있었다. 마찬가지로 '천지신'을 모시던 청주군의 경우에는 군청이 설비방법에 관해 중앙에 신석을 두고 네 면에 상록수를 심으라는 지시를 내리기도 했다.

원래 조선재래의 '동제'와 일본인이 세운 신사·신사神祠는 전혀 다른 세계에 속하는 것이었는데, 1930년대에 농촌진흥운동이 시작되고 이를 통해 신사·신사神祠에 촌민통합의 역할이 맡겨지자 양자 사이에 정책적 접근이 시도되었다. 이 점을 조금 더 자세히 살펴보자.

농촌진흥운동을 통해 촌민통합의 역할이 신사·신사神祠에 기대되었지만 조선재래의 '동제'와 일본인이 지은 신사·신사神祠 사이에는 커다란 장벽이 있었고, 조선총독부 당국 또한 이를 쉽게 제거할 수 있으리라고는 생각하지 않았다. 대다수를 차지하던 조선인 촌락에서는 소규모의 신사神祠를 설립하는 일조차 숭경자, 건립자금, 신앙 등의 근본적 문제로 인해 실현 불가능했던 것이 엄연한 사실이었다. 농촌진흥운동이 그 한계를 드러내던 1935년 전후의 실정은 이러했다.

한편 소멸을 맞고 있던 전통적인 '동제'에 관해 총독부 당국은 별다른 주의를 기울이지 않았었는데, 1934년에 오야마의 책 『신사와 조선』을 통해 '동제'가 알려지게 된다(제1장 제4절 (2)를 참조). 또한 최남선은 1934년 3월의 라디오 방송 강연과 다음해 1월 도참여관 타합회에서의 강연을 통해 '동제'와 '내지'의 '고신도' 사이에 보이는 '유사관계'에 대해 논하기도 했다(제2장 제1절 (2)). 이를 통해 총독부 당국은 전통적인 '동제'에 주목하게 되었고, 심전개발운동을 통해 '고유신앙'이라는 범주를 부여하기에 이른다.

그렇지만 조선에 머물던 신직들은 전통적인 '동제'에서 모셔지던 신을 신사·신사神祠의 제신으로 삼는 것에 반대하고 있었다. 조선신직회 회보 『도리이』에는 '조선재래의 신들'은 '불설佛說을 포함'하거나 '음양오행사상을 반영'하고 있으므로, '신사의 제신에 추가'하는 것은 여러 조건을 만족시킨 다음에야 '비로소 생각해볼 수 있는 문제'라며 반대하는 의견이 실려 있다(다음 절에서 재론한다).[10] 게다가 총독부 당국 또한 제신에 관해서는 신중한 자세를 취하고 있었다. 전통적인 '동제' 자체에 대해 조사를 행한 적이 없다는 등의 이유로 심전개발운동 단계에서도 '동제'에 관한 취급은 여전히 유보되고 있었다.

거듭 논하지만 농촌진흥운동을 통해 전통적인 '동제'에 대한 관심이 높아졌고(제1장 제3절과 제4절을 참조), 이후 심전개발운동이 시작하자 조선의 촌락에 신사·신사神祠를 증설하려는 의도 아래 '동제' 이용에 관한 담론이 등장한다. 이는 다시 전통적인 '동제'를 '부흥'시키자는 최남선의 주장과 총독부 당국의 관제 '동제' 설치안으로 나뉜다. 이용대상으로 검토되었던 재래의 '동제'는 '고유신앙'으로 지칭되었는데, 총독부 당국이 생각한 부흥이란 '동제'의 '부활'이 아닌 관제 '동제'의 설치에 다름 아니었다.

이렇게 갈라진 두 가지의 담론은 최남선과 총독부 당국이 각기 설정한 조선의 '고신도' 세계를 표명하고 있었다. 그 구체적인 내용에 대해서는 다음 제2절에서 고찰한다.

총독부 당국은 처음부터 관제 '동제'를 가리키기 위한 어떤 명칭을 염두에 두고 있지는 않았다. 관제 '동제'는 총독부 당국이 애초에 목적을 가지고 만든 것이 아니라 지방행정 측이 시험적으로 시도한 것이었으며, 가령 충청북도 청주군이나 영동면의 '천지신단' 같은 명칭 또한 담당부서가 개별적으로 붙인 것에 불과했다. 관제 '동제' 설치가 기획안으

10 「朝鮮に於ける固有神道と祭神の問題」, 『鳥居』第5卷 第7號, 1935.7. 히우라 사토코[樋浦郷子] 씨로부터 자료를 제공받았다. 감사를 표한다.

로서 등장한 것은 심전개발운동에서 총독부 당국이 새롭게 신사・신사
神祠를 만들어 증설한다는 과제를 짊어진 이후의 일이었다. 명칭이 없었
던 것도 아마 그러한 이유 때문일 것이다.

　신사와 신사神祠의 법령에 대해서는 이미 앞 장 2절 (2)항에서 설명했
으므로 여기서는 신사神祠에 관한 부분을 요점만 간단히 정리해둔다. 식
민지라는 특수한 상황 아래 사전의 설비, 숭경자, 신직 등의 측면에서
신사의 기준을 충족시키기 곤란한 경우가 현실적으로 발생할 수 있었
다. 이러한 경우를 위해 — 장래 신사로 승격할 것을 전제로 — 신사보다
낮은 기준을 만들어 '특례'로 인정한 시설이 신사神祠였다.

　법령과 관계없는 신사신도의 참배시설을 통틀어 가리키는 경우, 이
책에서는 이를 법령상의 신사와 구별하기 위해 '신사시설'로 표기한다
는 점은 상술했다. 패전 시 조선에 남아있던 신사시설(신사행정 소관)을
법령에 따라 정리하면 다음과 같다. 관폐대사인 조선신궁과 부여신궁
(진좌하지는 않았다), 8곳의 국폐소사, 2곳의 호국신사, 허가받은 신사(무
격사) 70사, 허가받은 신사神祠 862사,[11] 그리고 무허가의 참배시설인 무
원신사(숫자는 불명)가 있었다.

11　신사・신사(神祠)의 숫자에 관해서는 青井哲人, 『植民地神社と帝国日本』(吉川弘文館,
　　2005) 74쪽의 표〈内地・台湾・朝鮮における神社行政と神社階層制度〉를 참고했다.

2. 전통적인 '동제'와 관제 '동제'에 대한 대응

1) 최남선과 전통적인 '동제'에 대한 대응

전통적인 '동제'는 심전개발운동에서 최남선의 의견에 따라 '고유신앙'의 범주로서 조사의 대상이 되었다(제2장 제2절을 참조). 그렇지만 1936년 1월 당시는 아직 신사와의 관계에 대한 중추원의 '조사 결과'를 기다리는 단계였으며, 신사와 '고유신앙' 사이에 '상호연락제휴를 꾀하는' 일은 유보되고 있었다(제3장 제1절 (5)를 참조).

최남선의 입장은 당연히 총독부 당국과는 달랐다. 그가 기획한 것은 조선의 문화를 유지하기 위한 '고유신앙의 부흥'이었다(후술). 최남선은 조선과 일본 '내지'에 공통된 민간신앙의 세계가 존재한다는 인식에 입각하여, 농촌사회가 상실한 민간신앙으로서의 '고유신앙'을 '부흥'시키는 작업을 통해 조선의 문화를 지키려했다. 최남선에게 '고유신앙의 부흥'이란 전통적인 '동제'의 '부흥'을 의미했다.

여기서 최남선을 평가하는 데 있어서 유의할 점을 정리할 필요가 있다. 최남선은 일선동조론에 의거한 도리이 류조의 학설을 의도적으로 전유하여 그 중심을 조선반도에, 그리고 주변부를 일본과 중국에 위치시킨다. 그의 「불함문화론不咸文化論」에는 이러한 주장이 압축되어있다.[12] 한편 이 장 제3절에서 고찰할 '부락제'(재래의 '동제')에 대한 관심

---

12 이소마에 준이치[磯前順一], 「식민지 조선과 종교 개념에 관한 담론 편성ー국가신도와 고유신앙의 틈새」(윤해동·이소마에 준이치 편, 『종교와 식민지 근대ー한국 종교의 내면화, 정치화는 어떻게 진행되었나』, 책과함께, 2013), 220~223쪽을 참조. 이소마에는

에서도 알 수 있듯이, 조선과 일본 '내지'에 공통된 민간신앙이 존재한
다는 인식은— 비록 '내지'를 중심으로 여기는 것이긴 했지만— 총독
부 당국이나 신직, 신도가들로부터도 발견된다. 특히 총독부 당국의 신
사신도에 관한 담론, 그리고 신직, 신도가들의 '구니타마노 가미' 봉재
론에서 이를 확인할 수 있다.

이상을 전제로 총독부 당국과의 관계 속에서 최남선을 바라보면, '지
배'와 '저항'이라는 이분법적 틀에 의거한 단순한 평가는 정확한 인식을
방해한다는 점을 알게 된다. 총독부 당국과 최남선은 조선과 일본 '내
지'에 공통된 민간신앙이 존재한다는 인식을 가지고 있기 때문에 그 점
에서는 '공존'한다고 볼 수 있다. 한편으로 동조론의 중심을 일본 '내지'
가 아닌 조선에 둔다는 점에서 총독부 당국과의 '공존'과는 다른 관계,
즉 '저항'의 측면을 엿볼 수 있다. 아래에서 논하겠으나 이와 같은 '저
항'의 측면은 전통적인 '동제'를 이용함에 있어서 총독부 당국과는 입장
을 달리한 그의 주장을 통해 보다 선명해진다.

이제 중추원의 '조사' 단계에 보이는 최남선의 담론을 분석해보자. 구
체적으로는 '고유신앙' '조사'를 담당했던 중추원 신앙심사위원회에서
—상세한 시기는 알 수 없으나—1935년 두 차례에 걸쳐 최남선이 강
연한 내용[13]을 정책결정과 맺는 관계에 주목하면서 고찰할 것이다.

"최남선이나 이능화가 동일한 논리[일선동조론과 동일한 논리]를 구사하면서도 문화의
중심을 옮기려는 저항과 전복의 가능성"을 내포하고 있었던 것도 사실이라며(222쪽),
최남선의 "논의는 신도의 공식적 이해를 전복할 수 있는 중요한 역할을 담당했다"고 평
가한다(239쪽).

13 崔南善, 「朝鮮の固有信仰」上下(2회 강연)로서 朝鮮總督府中樞院編, 『心田開發に關す
る講演集』(朝鮮總督府中樞院, 1936.2)에 수록되었다. 본문에서 인용한 구절은 각각 첫
번째 인용이 5쪽, 두 번째 인용이 23 · 29 · 30쪽에 실려 있다. 그리고 「心田開發特輯
號」, 『朝鮮』第250號(1936.3)에도 상하를 합쳐 「朝鮮の固有信仰」으로 전재되었다. 강

첫 번째 강연에서 최남선은 '심전개발'의 "좋은 종자를 받아들일 수 있는 소지를 만들"기 위해서는 "조선의 고유신앙을 부흥시켜서 탄력과 함께 섭취, 소화의 기능을 활성화시켜야합니다"라고 논한다. 그리고 그 다음주 두 번째 강연에서 최남선은 단군에 대해 아래와 같이 언급한다.

조선인은 단군이라 하면 조선이란 나라를 만든 신으로 믿고 있습니다만, 일반적인 신앙은 그렇다쳐도 사실 단군이라는 단어는 오랜 옛날 신앙계통의 제사를 담당하던 역할을 가리키는 명칭이었습니다. (…중략…) 그리고 단군고기(檀君古記)에 신단수(神壇樹)에 관한 이야기가 나옵니다만, 오늘날 내지의 신도가들이 신도 형태의 복고적 요건 중 하나라고 여기는 히모로기, 이와사카가[14] 바로 이것입니다. 조선에는 지금도 지방의 어떤 부락이든 신목이 있으며, 비록 형식뿐이긴 하지만 단(檀) 또는 신석이 놓여있고 연 1회 내지 수차례에 걸쳐 부락제가 열립니다. 전통의 힘이 지닌 강인함에 왕왕 놀라는 일이 있습니다.

당시 최남선이 단군을 국조, 곧 '조선이란 나라를 만든 신'으로 여기는 생각에 집착하기보다 도리어 후퇴하여 '제사를 담당하던 역할을 가

연 시기는 불분명하나, 강연집의 「소인(小引)」에 "순차 본원에서 강연을 행하여"라는 구절이 있으므로 목차의 순서대로 강연이 이루어졌다고 볼 수 있다. 그렇다면 첫 번째로 행해진 최남선의 강연은 신앙심사위원회가 설치된 1935년 4월 무렵에서 얼마 지나지 않은 시기에 이루어졌을 가능성이 높다.

14 '히모로기[神籬]'는 임시로 설치된 제사시설로서 고대로부터 확인된다. 다만 이 어휘에 관한 해석은 에도시대[江戸時代] 이래 다양하게 이루어져왔으며 위의 내용과 다른 것도 있었다. 그리고 '이와사카[磐境]'는 고대에 신을 맞이하고 제사지내기 위해 암석을 이용해 설치한 제장(祭場) 설비를 가리킨다. 히모로기 또는 사카키[榊]와 병용되는 경우가 많다. 國學院大學日本文化研究所編, 『神道事典』(縮刷版)(弘文堂, 1999)에 의함.

리키는 명칭'으로서 설명하고 있음을 알 수 있다. 경성신사의 증사(1929년, 제2장 제4절 (3)에서 언급)에서 '구니타마노 가미'가 단군이 아니라 "유랴쿠천황雄略天皇 시대에 백제로 하여금 제사지내게 한 건방신建邦神"[15]으로 해석되었다는 경위를 고려한 점이 이러한 후퇴의 첫 번째 이유였다고 추정된다.

두 번째 이유는 경성신사의 증사와 함께 최남선이 '고유신앙의 부흥', 즉 조선의 전통적인 '동제' '부흥'에 목표를 두었기 때문일 것이다. 최남선은 위의 강연(두 번째)에서 단군과 관련한 '오랜 옛날 신앙계통'을 소개하고, '단군고기'의 '신단수'는 ― '내지의 신도가들'이 신사의 옛 모습으로서 주목하던 ― 히모로기神籬나 이와사키磐境에 다름 아니라고 주장한다. 이것이 최남선이 그리던 조선의 '고신도' 세계였다.

그 후 심전개발운동은 중일전쟁 발발 후 개시된 국민정신총동원운동(1938년부터. 국민정신총동원 조선연맹이 중심)으로 흡수된다. 이러한 시기에 최남선은 전통적인 '동제'의 제신에 관해 구체적으로 언급하기 시작한다. 전통적인 '동제'를 '부흥'시키려는 전략은 심전개발운동이 끝난 뒤에도 계속되었지만, 최남선은 무언가에 쫓기기라도 하듯이 1937년 12월에 발표한 논설[16]을 통해 그러한 전략을 더욱 분명하게 제시한다. 서두에서 최남선은 당시 조선에 얼마 남아있지 않았던 '서낭Seonang'(일반적으로 마을의 수호신인 성황신을 가리킨다)의 제장을 꼼꼼하게 묘사하고 있다. 조금 길지만 그가 어떠한 인식을 가지고 있었는지 잘 보여주므로 아래에 인용해둔다.

---

15 내무성 신사국 고증과장 미야지 나오카즈가 조선총독부 촉탁 시절에 작성한 「京城神社祭神增加二關スル件」(1928.8) 보고서의 견해.

16 崔南善, 「朝鮮に於ける原始型神社」, 『朝鮮行政』, 第1卷 第2號, 1937.12, 312・313・316쪽.

시골 언덕길을 오르면 구불하게 휘어진 노목 주위에 작은 돌이나 자갈무덤이 높게 쌓여있는 것을 종종 볼 수 있다. (…중략…) 잠시 멈춰서있으면 손에 들고 온 작은 돌 한두 개를 던져두는 몇몇 여행객과도 만날 수 있고, 가끔은 과거에서 튀어나온 것 같은 노파가 꿇어앉고서는 두 손을 비비며 소망을 기원하는 풍경과 접할 수도 있다. (…중략…) 고갯길 외에 마을 변두리나 길 한편에서도 서낭을 볼 수 있다. 이러한 경우는 대부분 신목의 그늘 쪽에 조그마한 사당(祠)이 세워져있다. 사당을 대신해서 예배의 대상이 되는 신목은 있는 경우도 있고, 없는 경우도 있다. 사당이 있는 곳에는 미테구라(幣)[1]나 봉납물 등이 사당 안의 신상(神像) 앞에 바쳐져있다. 이런 사당에서는 무당이나 경사(經師) 등이 공물과 신악(神樂)을 통해 가지기도(加持祈禱)를 올리는 장면을 자주 볼 수 있다.

최남선은 '서낭'의 외견을 각각의 장소에 따라 달리 설명하고 있다. '마을 변두리나 길 한편'에 있는 경우에는 "신목의 그늘 쪽에 조그마한 사당이 세워져" 있는데, 최남선은 이러한 사당을 갖추고 있는 곳을 '성황사城隍祠'(이 장 제1절 〈그림 5-1〉을 참조)라 부르고 "미테구라나 봉납물 등이 사당 안의 신상 앞에 바쳐져있다"고 한다. '무당이나 경사 등'은 조선에서 무속을 행하던 자들을 일컫는다. 조선의 무속신앙 가운데 경문을 읽어서 악귀를 몰아내는 것이 있는데, '경사'란 이를 담당하는 사람들을 가리키던 명칭의 하나였다.

그리고 위의 인용문에 이어서 '서낭'의 신을 ― 굳이 사祠를 붙여서 ― '성황사'의 '신'으로 표기하고, "산길을 지키는 새塞의 신을 담당하는 바, 부락민에게 있어서는 산토신産土神의 의미를 지닌다"고 설명한다. 나아가 '성황사'를 마을 잔치가 열리는 노목 주변의 '당산堂山'과 함께 조선의 '원시형 신사'로 간주한다. 또한 "서낭에서 모시는 신이 고급스러우며 대능大能의 신격을 가짐은 부락의 복리나 생명의 보호 같은 커다란 기원에도 영험하다고 여겨지는 점을 통해 추측할 수 있다"며, '성황사'의 '신'을 '고급'의 '신격'으로서 높이 평가한다.

조선의 '원시형 신사'라는 표현의 바탕에는 최남선이 그리는 조선 '고신도' 세계가 있었다. 최남선에게 있어서는— 조선의 무속 같은 민간신앙을 신사신도로 치환하여 설명하는 점에서도 알 수 있듯이 — '무당이나 경사 등' 무속적 요소 또한 조선의 '고신도'에 속하는 것이었다. 그는 '성황사'의 '신'을 신사·신사神祠에서 모실 것을 주장했는데, 여기에는 무속을 포함하여 민간신앙을 부흥시키려는 의도가 있었다고 생각된다.

조선에 거주하던 일본인 신직들은 이와 같은 최남선의 제신론에 대해 반대의 뜻을 드러냈다. 1935년 7월 — 위의 두 번째 강연 이후일 것이다 — 조선신직회 회보 『도리이』에 반대의견을 대변하는 논설이 게재된다.[17] 참고로 조선인 최초의 신직은 이산연李山衍으로서 1939년에 청주신사에서 출사出仕[2]가 되었다. 그러므로 이 논설이 작성되었던 심전개발운동기에 조선에 거주하던 신직은 전원 일본인이었다고 보아도 좋다.

『도리이』의 논설은 조선의 전통적인 '동제'에 대해 '조선고유의 신도' 및 '조선신도'라는 호칭을 사용하고 있다. 그리고 "동아의 고유신도는 일본에서 번영하고 일본에서 완성되었다"는 인식을 토대로, 이렇게 '완성'된 '일본신도'에 비해 '조선고유의 신도'는 '원시신도의 모습'을 보여주는 '원시종교 그 자체'라는 도식을 제시한다. 즉 최남선이 기원의

---

17 「朝鮮に於ける固有神道と祭神の問題」.

의미를 담았던 '원시'와는 달리 — 일본인 신직들은 일본을 중심에 두고 있기 때문에 — '조선신도'의 '원시'에는 '번영'하지 못하고 '완성'되지 못했다는 의미가 담겨있는 것이다.

일본인 신직들의 의견을 대변하는 위의 논설은 이처럼 '일본신도'를 상위에 두는 도식을 택하고 있으며, 제신에 관해서도 다음과 같은 견해를 표명한다. "조선 재래의 신들을 신사의 제신에 추가할 것을 일부 조선인 식자들이 주장"하고 있지만, '조선 재래의 신들'은 '불설佛說을 포함'하거나 '음양오행 사상을 반영'하고 있기 때문에 '신사의 제신에 추가'하는 것은 여러 조건을 충족시킨 다음에야 '비로소 생각해볼 수 있는 문제'라는 것이다. 여기서 말하는 '신사'란 허가를 받은 공인신사 및 공인신사神祠를 가리키는 바, 제신 역시 '신기'(「신사神祠에 관한 건」 제1조), 곧 '천신지기天神地祇' 등 신사신도의 제신에 법적으로 한정된다.

그리고 위의 논설은 "조선 재래의 신들을 신사의 제신에 추가"하자는 주장을 펼치는 논자가 등장할 줄은 '상상도 못했다'고 한다. 이런 '주장'을 하는 논자란 — '일부 조선인 식자'라는 표현에서 알 수 있듯이 — 최남선이나 이능화(조선사편수회 위원)를 가리키는 것이 분명하다. 그들의 주장은 '일본신도'에 이종異種의 제신을 섞는 결과를 가져오기 때문에 신직들은 이를 받아들일 수 없었다.

이능화의 경우 1935년 중반 중추원 신앙심사위원회가 조사를 목적으로 요청한 강연에서,[18] 조선 '고유신앙의 부흥'에 관한 두 차례의 최남선의 강연에 이어서 '고유신앙'에 대해 논한 적이 있다. 이능화의 강

---

18 이들 강연자는 총 18명에 이르며, 朝鮮總督府中樞院編, 『心田開發に關する講演集』(朝鮮總督府中樞院, 1936.2)에 정리되어있다.

연은 최남선의 논의를 보좌하는 입장에서 '고유신앙' 중에서도 중요한 '이사里社', '산제山祭', '단군'의 세 요소를 합쳐서 '천신의 대상'으로 삼아야한다는 내용으로 이루어져있었다.[19]

이처럼 조선신직회는 최남선 등의 "조선 재래의 신들을 신사의 제신에 추가"하자는 주장에 반대하고 있었다. 게다가 위에서 소개한 최남선의 논설이 발표된 1937년 12월에는 조선총독부의 조사자료 『부락제』가 발행되어 '부락제'의 제신에 관한 부정적인 내용이 실리기도 했다(후술). 이러한 분위기에서 최남선은 자신의 주장이 총독부 당국에 의해 부정된 뒤, 논설의 발표를 통해 구석에 몰린 상황을 타개하고 기사회생을 노렸던 것으로 추정된다.

2) 관제 '동제'에 대한 총독부 당국의 대응

1936년 1월에 '목표'와 실행세목을 공포한 심전개발운동을 통해 이용대상으로 등장한 전통적인 '동제'가 '고유신앙'으로 간주되고 있었다는 점을 다시 한 번 확인해두자. 다만 신사와 '고유신앙' 사이에 '상호연락제휴를 꾀하는' 일은 유보되었다. 그렇지만 또 다른 한편으로 같은 해 8월에 신사제도가 개편된 이후로 총독부 당국은 신사·신사神祠의 증설방침을 추진하고 있었다.

물론 신사·신사神祠를 통해 조선인을 교화시키거나, 그러한 시설에 조선인을 참배시키는 것은 총독부 당국에게(또는 일본인 신직에게도) 매우

---

19 李能和, 「朝鮮の固有信仰」, 위의 책, 49쪽.

어려운 일이었음에 분명하다. 하지만 이미 앞에서 살펴본 것처럼 가케이 가쓰히코算克彦의 '고신도' 담론을 '경신숭조' 논리의 전제로 여기고 있었던 총독부의 관리들은 '내지'와 공통된 '고신도' 세계가 조선에 존재한다고 상정하고 있었다(제1부 제3장 제1절).

이 때문인지 총독부 당국은 — 농민들로부터 좋은 반응을 이끌어냄으로써 촌민통합에 중요한 역할을 했던 — '천지신단' 같은 관제 '동제'에 조선의 '고신도'를 중첩시켜갔다. 이와 같은 관제 '동제'의 존재는 신사 및 신사神祠를 조선의 촌락에 증설하려는 의도 아래 등장한 '동제' 이용 담론의 직접적인 계기가 되었다. 이는 전통적인 '동제'를 '부흥'시키려는 최남선의 주장, 그리고 관제 '동제'의 설치를 추진한 총독부의 주장으로 갈라져갔다. 최남선의 주장에 대해서는 이미 상술했다. 최남선과는 달리 '동제' 이용에 관한 총독부 당국의 생각은 관제 '동제'의 설치에 있었다. 이 점을 살펴보자.

우선 이 장 제1절에서 소개했던 농림국 농정과장 가게야마의 라디오 방송 '농촌미화에 대해'(1936년 10월)를 다시 한 번 검토해보자. 가게야마는 "부락민의 정신생활의 기조를 이루는 영혼의 안식처를 도모하는 일"을 논하면서 각지에서 시도되고 있는 관제 '동제'의 창출에 대해 언급한다.

근래 각지에 농신사(農神祠)라든가 천지신단 등이라 칭하는 곳에 천신지기를 모시고 부락의 숭경대상으로 삼는 지방이 있습니다만, 내지의 야마가미님(山神樣) 등과 비교해 보아도 괜찮은 발상으로 생각됩니다. 신사(神祠)와 유사한 사전을 짓는 일 등은 여러 규칙을 어기게 되므로 심사숙고할 필요가 있지만, 천신지기를 모시고 오곡 풍양을 기원하거나, 수확감사제를 열어

서 풍작물 품평회를 가지는 일 등은 현하 농촌의 실정에 비추어 장려할 가치
가 있다고 사료됩니다.

위 인용문에 보이는 '농신사'와 '천지신단'은 관제 '동제'로 분류할
수 있다. 가게야마는 그러한 장소에서 '천신지기를 모시'려는 시도가 이
루어지고 있는 바, 이에 대해 '장려할 가치가 있다'고 평가한다. '천지신
단'의 제신은 처음에는 '천지대신', '천지신'이었는데, 이것이 아마 신사
신도의 제신인 '천신지기'로 해석되었던 것 같다. 그 역할 또한 이와 같
은 제신의 해석에 따라 변화를 겪게 되는데 — 당초에는 지방행정 측이
전통적인 '동제'를 대신하여 촌민통합의 역할을 맡기기 위해 창설한 참
배시설이었지만 — 심전개발운동의 과정에서 총독부 당국은 여기에 신
사·신사神祠를 대체하는 역할을 부여한다. 참고로 당시 내무성 신사국
은 신사의 제신을 개략적이나마 '천신지기', '황조', '역대 천황', '국가
공로자들'로 구분하고 있었다.[20] '천신지기'는 천지의 신들의 총칭으로
이해해도 좋을 것이다.

한편 가게야마는 '신사神祠와 유사한 사전을 짓는 일'은 '규칙'을 '어
기게' 된다는 것, 즉 총독부령인 「신사神祠에 관한 건」 제1조와 충돌한다
는 사실을 지적하고 있다. 앞 장 제6절 (3)에서 설명했듯이 신사의 정의
에 관해 조선총독부의 신사행정 측이 신사시설의 최저조건으로 정한 범
위는 제신과 사전이었다. 관제 '동제'의 제신이 신사신도의 제신인 '천

---

20 신사제도조사회 제3회 특별위원회(1930.10.27)에서 신사의 제신에 관한 질문에 대해
    신사국장 이케다 기요시가 내놓은 대답. 제3회 동위원회 회의록을 참고. 神社本庁編,
    「神社制度調査会議事録①」,『近代神社行政史研究叢書』Ⅰ(神社本庁, 1999), 105쪽.

신지기'로 여겨지게 된 이상, 남은 문제는 또 다른 조건인 사전의 양식이었다. 사전이 '신사神祠와 유사한 사전'일 경우, 이는 신사시설로 간주되는 무원신사가 되기 때문에 법령에의 저촉을 피할 수 없게 된다.

이 점을 개정판 「신사神祠에 관한 건」(총독부령 제79호, 1936년 8월 11일)의 벌칙규정을 통해 확인해보자(제4장 제4절 (2)를 참조). 새롭게 추가된 제11조는 "허가를 받지 않고 신사神祠를 설립하는 자는 일 년 이하의 금고 혹은 이백 엔 이하의 벌금에 처한다"라는 내용의 벌칙을 규정하고 있었다. 그러니까 "신사는 아니지만 공중을 참배시키기 위해 신기를 모시고 제사지내는 곳"(제1조)이라는 신사神祠의 정의를 기준으로, '공중'의 '참배' 대상이 되는 시설이 '신기'를 모시는 사전을 가질 뿐만 아니라 그 사전이 '신사神祠와 유사한 사전'으로 간주될 경우에는 설립허가를 얻지 못하면 제11조의 규정에 의한 벌칙을 받게 되는 것이다.

위의 내용을 통해 총독부 당국이 신사·신사神祠의 증설방침을 내세운 이후 관제 '동제'의 제신이 '천신지기'로 해석되었고, 그로 인해 '신사神祠와 유사한 사전을 짓는 일'이 금지되었음을 알 수 있다. 관제 '동제'를 이용 대상으로 삼으려는 총독부 당국의 시책은 신사·신사神祠 증설방침을 바탕으로 개시되었기 때문에 제신과 사전양식의 통제가 뒤따르고 있었다.

3) 총독부 당국의 관제 '동제' 설치안

총독부 당국이 관제 '동제'를 이용하려는 과정에서 제신과 사전양식을 통제했음을 염두에 두면서 다음으로는 관제 '동제' 설치안을 분석해보도록 하자. 설치안은 제신과 사전양식에 대해 어떤 인식을 보이고 있었을까?

경무국 보안과장 가미우치 히코사쿠는 1935년 11월 7일 경성방송국에서 신사참배에 관한 강연을 행한다.[21] 가미우치의 직속상관은 내무성 신사국장을 지낸 적이 있는 이케다 기요시 경무국장이었다. 이케다는 신사행정 담당자였던 오야마 후미오의 저서 『조선과 신사』의 출판(1934년)에도 관여하고 있었으며, 가미우치에게도 라디오 방송을 통해 신사참배에 관한 강연을 의뢰했던 것으로 추정된다. 적극적 신사 비종교론에 입각해있던 이케다는 심전개발운동기에 조선 미소기회의 미소기 행사에도 참여하는 등, 신사행정의 그림자에서 활약하던 존재였다(제3장 제1절을 참조). 그렇다면 ─ 본업이 아닌 ─ 신사행정에 관해 가미우치가 보여준 언동은, 신사 비종교론의 외양을 내세웠던 신사행정을 대신하여 그 실제 의도를 대변해주는 기능을 가지고 있었다고도 볼 수 있겠다.

적극적 신사 비종교론이란 신사에 대해 종교와 배타적인 관계를 가지지 않으면서 동시에 종교를 넘어서는 상위개념이라는 의미에서 비종교로 여기는 태도를 가리키는데, 관료 각 개인이 어떤 종교적 배경을 가지든 간에 그 배경과 신사신도의 종교성을 공존하게 해주는 논리로 작용하고 있었다. 가미우치의 경우도 마찬가지였는데, '니치렌주의日蓮主義'[3]를 신실하게 따르는 불교신자이면서도 훗날 평안남도지사로 취임

---

21 강연원고는 「神社參拜に就て」라는 제목으로 『文敎の朝鮮』 제124호(1935.12)에 "의뢰 게재"되었다. 1916년 5월에 도쿄제국대학 법과대학을 졸업한 가미우치 히코사쿠는 심전개발운동을 주관한 와타나베 도요히코 학무국장(1912.7 졸업)과 상사인 이케다 기요시 경무국장(1913.2 졸업)의 후배였다. 『朝鮮人事興信錄 昭和十年版』, 朝鮮人事興信錄 編纂部, 1935에 의함.

했을 때에는 "가미다나神棚 지사로 불릴 만큼 경신숭조의 필요성을 역설했다"는 사실에서 이를 알 수 있다.[22] 가미우치는 '아마테라스 오미카미'에게 '귀일'하는 '경신숭조'의 논리, 곧 신이 된 '조상'과 '통일'된 아마테라스 오미카미를 '최고의 신으로 숭경하는' '경신숭조'의 논리를 확대, 침투시키는 일에 열심이었다.

위의 강연에서 가미우치는 '내지'와 조선이 신사와 관련하여 "완전히 동근일체同根一體의 고속古俗을 공유한다는 것"이 '증명되었습니다'라고 단언한다. 그리고 — 심전개발운동의 '목표' 등이 공표된 직후인 — 1936년 2월 가미우치는 신사를 창립하기 위한 '실제안實際案'을 발표한다.[23]

여기서 가미우치는 우선 심전개발운동으로 인해 '신사참배자의 수가 격증'한 점을 지적한다. 아마 조선인의 신사참배를 꾀하고 있던 당시의 상황을 고려한 서술로 보인다. "신사, 신사神祠 건립이 여러 곳에서 기획되고 있다"는 설명은 일본인에 의한 창립, 설립의 기획이 증가한 점을 가리킬 것이다. 이에 더해 농촌의 '부락'에서는 '사직제, 권농제, 풍년제, 산신제 등'이 '신식神式의 제식 순서를 모방하여' 행해지고 있을 뿐만 아니라, '제단이나 사祠 등의 설비'까지 갖추고 있다며 관제 '동제'가 번성하던 모습을 전한다. 가미우치는 이를 "고유신앙 부활의 서광이 조금씩 비치는 상황"으로 보고, "적당한 지도를 가미해서 바른 신앙으로 이끌 수 있는 진정 좋은 기운이라 믿는다"고 논한다.

여기서 관제 '동제'를 가리키는 표현에 주목해보자. 심전개발운동에서 재래의 '동제'는 '고유신앙'의 범주에 포함되었으며 총독부 당국 또

---

22 高橋三七, 『事業と郷人』 第1輯, 實業タイムス社・大陸研究社, 1939, 116쪽.
23 上内彦策, 「神祇奉斎の實際案」, 『文敎の朝鮮』 第126號, 1936.2, 81~83쪽.

한 '고유신앙'의 명칭을 사용하고 있었다. 가미우치 역시 관제 '동제'의 창출을 '고유신앙 부활'로 표현한다. 신사 · 신사神祠에서 전통적인 '동제'의 제신을 모시는 것으로 '고유신앙'을 부활시키고자 한 것이 최남선의 의도였다면, 총독부 당국의 의도는 이와는 달랐다. 총독부 당국의 의도는 '고유신앙 부활'로 평가받은 관제 '동제'를 신사와 결부시키는 것에 있었다. '사직제' 등 관제 '동제'가 '신식의 제식 순서를 모방하여' 행해지고 있다는 구절에서도 이러한 의도를 확인할 수 있다.

사전 설명이 조금 길어졌다. 이제 가미우치가 제안한 구체적인 내용을 보도록 하자. 제신에 관해서는 어떠한 언급도 보이지 않는다. 신사 · 신사神祠의 증설방침 아래 총독부 당국이 관제 '동제'의 제신을 '천신지기'로 해석했던 점에 대해서는 이미 논했다. 그 때문인지 전통적인 '동제'의 제신에 관해서는 아무런 기술이 없는데, 총독부 당국의 제신에 대한 신중한 태도가 엿보인다.

다음으로 사전양식을 보자. 다만 관제 '동제'에서 사전이라는 용어는 쓰이지 않았으므로 여기서는 편의상 '건물'로 지칭하겠다.

가미우치의 제안은 새롭게 창출된 관제 '동제' 및 현존하는 전통적 '동제'에서 어떤 물리적인 설비를 사용하자는 것은 아니었다. 오히려 관제 '동제'가 사당 등의 건물을 갖추고 있거나 혹은 새로이 지으려고 하는 것에 대해서 부정적인 태도를 취했다. 가미우치에게 현존하는 전통적 '동제'의 건물은 "조선에서는 종종 너무 빈약하고 보기 흉한 작은 사당"에 지나지 않는 것으로 여겨졌다. 또한 "특히 경내라고 할 만한 것도 없는 쓸쓸한 벌판 같은 환경에 신을 버려두는 것과 다름없는 일은 반드시 피해야한다"는 비판에서 알 수 있듯이, 가미우치는 기존 '동제'의 경내환경 및 설비에 회의적이었으며 건물에 대해서도 마찬가지로 부정적인 견해를 지니고 있었다.

가미우치의 제안은 도리어 전통적인 '동제'의 제사 형태를 이용하여 앞으로 설치할 관제 '동제'에 적용해야한다는 발상에 입각해있었다. 다른 단락에서는 "제단 또는 신단을 만들어 제사를 지내는 것"을 관제 '동제'가 이용해야한다는 제안이 발견되기도 한다.

가미우치의 관제 '동제' 이용의 '실제안'은 다음과 같은 단계로 이루어진다. ① 우선 신사를 지을 '사지社地를 선정'한다. ② 다음으로 거기에 "장래 사전을 건설할 기지基地를 구축"하고 그 뒤편 중앙에 "장래 신목이 될 훌륭한 도키와기常盤木를 식재"한다. ③ 그리고 "몇 개년 계획 등에 상당하는 사전조영 계획을 수립하고 매년 필요한 금액의 적립을 실행한다". 관제 '동제'를 이용한 신사神祠증설 '실제안'의 내용은 이와 같았다.

위 ②의 단계는 제사의 형태에 관련된 것이다. 해당 지역 '읍면 제삿날의 제식전'을 '사지'에서 열고 "기지 및 기지의 신목을 신성한 대상, 곧 히모로기, 이와사카로 받들어 모시는" 일을 통해 "그 땅을 읍면민이 존숭해야할 마을의 신성지神聖地로 여기는 관념을 양성, 순치하는" 결과를 낳아야한다. 여기에는 전통적인 '동제'에서 "제단 또는 신단을 만들어 제사를 지내는 것"을 모방하여, '기지 및 기지의 신목'을 '히모로기, 이와사카로 받들어 모시는' 제사의 형태를 만들어내려는 의도가 있었다.

'기지 및 기지의 신목'을 '히모로기, 이와사카로 받들어 모시'고자 했던 착상에 주목해보자. 이 장 제2절 (1)에서 고찰했듯이 앞선 해인 1935년에 최남선은 신앙심사위원회의 강연에서 '단군고기'의 '신단수'가 히모로기, 이와사카에 해당한다는 주장을 펼치고 있었다. 그 바탕에는 자신이 설정한 조선의 '고신도' 세계가 있었으며, 특히 전통적인 '동제' 중에서도 '성황사'의 제신을 신사·신사神祠에서 모실 것을 강조하고 있었다.

가미우치로 대변되는 총독부 당국의 착상을 보면 위의 최남선의 주장과 공통된 부분이 있다는 사실을 알 수 있다. 조선에도 '내지'와 동일한 '고신도' 세계가 존재했다고 간주하는 부분이다. '기지 및 기지의 신목'을 '히모로기, 이와사카로 받들어 모시는' 일을 실시하여 촌락에서 '고신도' 세계를 재현하고, 다음으로 이 '고신도' 세계를 '아마테라스 오미카미'를 제사지내는 신사·신사神祠에 결부시킨다는 계획이었다. 제신에 대한 언급이 없기 때문에 구체적인 내용은 알 수 없으나, '천신지기'라는 해석에 따라 전통적인 '동제'의 제신은 모시지 않고 신사·신사神祠가 되는 단계에서 '아마테라스 오미카미'를 모실 계획이었다는 점은 분명하다.

즉 '기지 및 기지의 신목'을 '히모로기, 이와사카로 받들어 모시는' 일을 실시하고 이를 제사의 형태로 삼자는 것이 그 현실적인 내용이었다. 정리하자면 관제 '동제'를 설치하고 그 후 '몇 개년 계획 등'에 따라 사전을 조영하며, 신사의 경우에는 창립허가를, 신사神祠의 경우에는 설립허가를 받아서 '아마테라스 오미카미'를 모신다는 계획이었다. 다만 실제로는 조영에 있어서 제한조건이 적은 신사神祠의 설립을 상정했던 것으로 보인다.

3. 전통적인 '동제'='부락제'의 조사

이쯤에서 '고유신앙' 문제를 조금 다루어볼 필요가 있다. 1936년 1월 총독부 당국은 심전개발운동에서 신앙심사위원회가 '구체안을 수립'할 때까지는 '고유신앙', 즉 전통적인 '동제'와 신사가 '상호연락제휴를 꾀하는 일'을 유보하라는 지시를 내린다(「심전개발시설요항」).[24] 총독부 당국은 조선에 거주하던 일본인 신직들의 반대의견에 따라 전통적인 '동제'의 제신을 신사·신사神祠에 모시는 것에 대해 신중한 태도를 취하고 있었다. 신사행정에 있어서도 '일본신도'에 이종의 제신을 섞는 것은 곤란했기 때문으로 보인다. 이에 따라 심전개발운동에서 본격적으로 '고유신앙'을 조사할 필요가 생겨났고, 총독관방문서과 촉탁이었던 무라야마 지준村山智順에 의한 '부락제' 조사가 시작되었다.

1) '부락제' 조사의 개시

이 장 제1절 (1)에서 설명한 것처럼, 농촌진흥운동의 현장에서 전통적인 '동제'의 신사·신사神祠화가 기대되었던 배경에는 우선 관제 자치확립('자치공려방책'의 확립)의 수단이라는 인식이 있었다. 그리고 또 다른 배경으로서 제1부 제3장에서 논한 국가신도 논리로서의 '경신숭조'를 들 수 있다. 다시 말해 국폐소사의 제신이 그러했듯이 전통적인 '동제'

---

24 「彙報 心田開發委員會」, 『朝鮮』 第249號, 1936.2.

의 제신이 '구니타마노 오카미'로 인정받게 된다면 — 비록 '구니타마노 오카미'로서 모셔지는 것에 지나지 않지만 — 최남선이 주장했던 것처럼 전통적인 '동제'의 제신을 신사·신사神祠에서 제사지낼 수 있는 통로가 열리게 되는 것이다.

이처럼 (a) 관제 자치 확립에 이용할 수 있는가, 그리고 (b) 제신이 '구니타마노 오카미'로서 인정될 수 있는가의 두 가지 점에 주목해서 분석을 진행해보자. 아래에서는 이 두 가지를 중심으로 '부락제' 조사의 의의를 고찰할 것이다.[25]

'부락제'의 조사보고가 발표된 것은 1937년이었다. 무라야마 지준의 『조선의 향토신사·부락제朝鮮の郷土神祀·部落祭』([조선총독부]조사자료 제44집. 이하『부락제』로 약칭)가 그것으로서 아마 5월에 발행된 것으로 보인다.[26] 이 절에서는『부락제』의 조사방법과 정책의도를 전술한 과제를 염두에 두면서 분석하겠다.

참고로 전통적인 '동제'는 과거에는 부락별로 성대하게 열렸던 모양이나, 조사가 시작되었을 무렵에는 이미 규모가 축소되었고 그 수도 줄어든 상태였다. 다만 비록 쇠퇴하긴 했지만, 전통적인 '동제' 중에는 단, 신석, 신목, 사당 등을 구비한 것도 있었다. 전통적인 '동제'가 쇠퇴한 경위에 관해서는 이 장 제1절 (2)를 참조하길 바란다.

조사를 담당했던 무라야마는『부락제』의「서언」에서 "오늘날에는 부

---

25 이후 본문의「부락제」에 관한 기술은 졸고,「朝鮮總督府の神社政策」의 제3절 ①「『部落祭』の調査方法」및 ②「『部落祭』の政策的意図」를 문맥에 맞게 대폭 가필, 수정한 것임을 밝혀둔다.

26 조선총독 관방문서과장 이사카 게이치로[井坂圭一郎]의「序」를 보면 1937년 5월로 적혀있으므로, 아마 5월 즈음에 발행된 것으로 추정할 수 있다.

락제의 유무자체에 대한 관심이 없어졌다"고 한다. 이미 지배자 측의 시야로부터 '동제'가 사라졌던 당시의 상황을 유추할 수 있겠다. 앞서 논한 것처럼 농촌진흥운동이 전개되는 와중에 전통적인 '동제'의 이용에 대한 기대가 높아졌음에도 불구하고, 총독부는 여전히 '부락제'의 실태조차 파악하지 못하고 있었다.

이러한 상황에서 심전개발운동의 '고유신앙' 조사의 일환으로서 '부락제' 조사가 개시되었는데, 무라야마 역시 이를 의식해서인지 ― 그 이전의 조사자료[27]와는 달리 ― '부락제'를 '미신'으로 여기는 태도를 취하고 있지 않았다. 도리어 「서언緖言」을 통해 "다량의 사회공동적 정신이 흐르고 있고, 수많은 아름다운 전통문화를 보존하고" 있으므로 "부락제에 대한 시각을 새로이 하고 그 인식을 증진시킬 필요가 있다는 생각에 이르게 될 것"이라 논한다. 무라야마가 '부락제'를 적극적으로 이용하려는 입장에 서있음을 알 수 있다.

무라야마는 심전개발운동이 시작되기 이전부터 '부락제'에 관심을 가지고 있었다. 가령 1934년에 발표한 「조선의 민간신앙과 제사」[28]라는 논설에서는 "동제, 묘제墓祭, 무제巫祭 등은 조선민중의 생활에 있어서 상당한 가치를 지닌다고 생각"되며, '동제'='부락제'의 '제사'에서 '경건한 제사의 기분'이 느껴진다고 평가한다. 이처럼 조사에 착수한 총독부 당국과 마찬가지로 무라야마 역시 처음부터 '부락제'를 이용대상으

---

27 가령 직전의 조사 자료는 『朝鮮の類似宗敎』([朝鮮總督府]調査資料第42輯, 1935)이었다. 여기서 무라야마는 '해산' 혹은 '데나오시[出直し]'(=개종)라는 대책안을 판단재료로 제시한다. 구체적인 정책결정과정은 알 수 없으나 1936년부터 '유사종교'단체에 대한 대규모 탄압이 시작된다.

28 村山智順, 「朝鮮の民間信仰とお祭」, 熊平源蔵編著, 『朝鮮同胞の光』, 熊平商店, 1934, 72・74쪽.

로 삼으려는 관점을 가지고 있었다.

다음으로 목차를 참고로 『부락제』의 조사방법을 분석해보자.

2) 『부락제』의 조사방법

목차에서 우선 눈에 띄는 것은 '제신', '제사' 같은 신사신도에서 사용되는 어휘가 등장하고 있는 점이다. '부락제'와 신사의 유사점이 주목되던 당시의 상황을 보여준다. 『부락제』의 조사방법을 검토하기에 앞서 먼저 '부락제'라는 명칭에 대해서 고찰해보자. 무라야마가 조선의 '동제'를 '부락제'로 부르는 것은 행정상의 용법을 따르고 있기 때문이라 추정된다. 앞에서 보았듯이 최남선 또한 "연 1회 내지 수차례에 걸쳐 부락제가 열립니다"며 '부락제'라는 명칭을 사용하고 있었다.

총독부는 이미 1920년대부터 농촌대책에 있어서 '우량 부락', '모범 부락', '자력갱생부락' 등, '부락'이라는 단어를 사용하고 있었다. 이를 통해 촌락을 가리키는 어휘로서 '부락'이 사용되고 있었음을 알 수 있는데, 그 제사를 가리키던 '부락제'가 행정용어로 쓰이게 된 것 같다.

한편 '동제'라는 명칭 또한 자주 사용되고 있었다.[29] 저자가 조사한

---

[29] 朝鮮總督府編, 『朝鮮巨樹老樹名木誌』(朝鮮總督府, 1919.4)는 각지의 '거수, 노수, 명목'에 관해 소재지, 수목의 주위, 높이, 연령, 종류, 고사전설을 항목별로 데이터화하고 있다. 예를 들어 종류는 '신목'이고 고사전설에 "연 1회 동제를 행하는 관례가 있다"며 '동제'가 적혀있는 사례도 다수 발견된다. 이 자료는 마을 사람들을 '동민'으로 부르고 있는바, '동제' 역시 마을 제사를 가리키는 칭호로서 일본어의 '무라마쓰리'에 해당하는 뜻을 지닌다고 추정된다.

바에 의하면 신사관계자 가운데 '동제'라는 명칭을 처음으로 사용한 예는 만주와 조선을 여행했던 가모 모모키(야스쿠니 신사 궁사, '구니타마노 가미' 봉재론자)의 시찰기였다(제1장 제3절 참조). 이를 보면 "그리고 조선에는 동제가 있다. 이는 내지의 무라마쓰리로서 진수鎮守의 숲社에서 하는 제사이다"라는 기술이 나온다.[30]

'동제' 이용이 주목되던 심전개발운동 시기에도 이러한 인식은 유지되었다. 호시노 데루오키星野輝興(궁내성 장전掌典[4])가 총독부 중추원에서 행한 강연기록에 "조선에도 각지에 동제가 있습니다. 모든 마을에 있습니다만, 이는 내지의 신사에 해당하는 것으로"라는 내용이 보인다.[31]

그렇다면 '부락제'를 조사명과 서명에 사용하고 있던 무라야마는 이를 '동제'라는 명칭과 어떻게 구별했을까? 이 점을 설명하기 위해서는 '동제'의 '동洞'을 검토할 필요가 있으므로 우선 병합 후에 이루어진 동리의 통폐합을 살펴보자.

1914년 면 및 동리의 통폐합이 단행되었다. 행정적으로 군의 아래에 위치하게 된 면은 일본 '내지'와 비교하면 촌에 해당한다. 동리(동과 리)는 '내지'의 아자字에 해당하는데, 통폐합 이전의 동리를 이 책에서는 '구동리'로, 그리고 통폐합 이후에 생겨난 동리를 '신동리'로 부른다(제1장 주48을 참조). 통폐합이 이루어지기 전에는 구동리의 명칭에 동과 리가 혼재되어 있었고, 지역에 따라 동을 사용하는 경우와 리를 사용하는 경우가 있었다(○○동, ○○리). 이와 마찬가지로 신동리의 명칭에도 동과 리가 혼재되어 있었는데 대개 리(○○리)를 사용하는 경우가 많았던 것 같다.[32]

---

30 賀茂百樹, 「滿鮮の神社について所感を述ぶ」, 『皇國時報』, 1931.7.1.
31 星野輝興, 「內鮮共通せる祭祀に就て」, 『朝鮮』 第253號, 1936.6, 121쪽.

이러한 동리를 무라야마는 어떻게 인식하고 있었을까? 『부락제』의 제2장 제1절 「부락제의 제명과 제신명」에 "조선의 통념에 따르면 부락의 이름을 나타내는 리가 동보다 크며, 하나의 리는 여러 개의 동을 포함한다고 여겨진다"는 구절이 있는데 — 실제로는 동과 리가 뒤섞여있던 상황에서 — 무라야마는 신동리를 '리', 구동리를 '동'으로 명확하게 구별하여 정의하고 있었다. 이는 '동제'라는 명칭이 중요시되었기 때문으로 생각된다.

무엇보다 '부락제' 조사가 시작된 이후, 그 실제 명칭으로서 '동제'가 가장 널리 사용되고 있다는 사실이 분명해졌다.[33] '동제'라는 명칭이 가장 많으므로 제사가 행해지던 '동'을 중요시했다고 간주할 수 있겠다.

예를 들면 무라야마는 『부락제』의 제1장 제1절 「부락제의 개념」에서 신동리를 '행정상 부락'으로 칭하고 구동리 및 그 내부의 소집단을 "행정상 부락보다는 일반적으로 작은 군을 이루는 곳", 혹은 '행정상 부락'의 '최소단위를 구성하는 제사 단체'로 부른다. 그리고 같은 절에서 '부락제'

---

32 越智唯七, 『新舊對照朝鮮全道府郡面里洞名稱一覽』(中央市場, 1917)을 참조. 2002년에 류케쇼샤[龍渓書舍]가 복각판을 「韓国併合史研究資料四二」로 출판했다.

33 '동제'라는 명칭에 관해서 덧붙이자면, 실은 '동제'라는 단어가 사용된 지역은 거의 발견되지 않으며 숙련된 경험을 가지지 못한 자가 조사한 결과 발생한 오류로 보는 견해가 있다. 이에 따르면 강원도나 경상도 지방 등에서는 'コルメギ', 'コルメギ 성황제'라는 명칭이 많이 보이는 바, 조사의 단계에서 마을 내 식자층에 속하는 원로가 한자식 사고에 따라 이를 '동제'라 말해주었고 이것이 그대로 보고되었을 가능성이 있다고 한다. 朴桂弘, 『韓国の村祭り』, 図書刊行会, 1982, 22쪽.
그러나 '동제'라는 명칭은 무라야마의 '부락제' 조사보다 훨씬 앞선 시기부터 사용되고 있었으며, 『朝鮮巨樹老樹名木誌』를 보아도 조선총독부가 '동제'를 사용하고 있음을 알 수 있다. 따라서 박계홍의 주장은 잘못된 것으로 보인다. 오히려 하나의 총칭인 '동제'가, 동시에 개개의 제사를 나타내는 명칭으로도 정착되어갔다고 보는 것이 타당하리라. 참고로 'コルメギ'의 한글표기는 '골매기'이다. 「한국의 축제」(『문화예술총서』 8, 한국문화예술진흥원, 1987)를 참조.

는 후자의 '동'이나 그 내부의 소집단에서 이루어지는 제사로 정의한다.

이처럼 무라야마는 행정용어인 '부락제'라는 명칭을 총칭으로 사용하면서도, 실제 조사자료의 본문에서는 '동제' 및 '동'을 중시하는 분석을 행했던 것은 아닌가 생각된다.[34] 이러한 점도 고려해가며 이제 『부락제』의 조사방법을 검토해보자.

『부락제』가 이용한 자료를 분류해보면 크게 ① 각 도의 도지사에게 의뢰한 조사 보고, ② 현지조사의 결과로 나눌 수 있다.

① 각 도는 각각 1936년 5월과 1937년 5월 두 차례에 걸쳐 보고를 제출했다. 1936년 5월의 보고는 제1장 제3절 「부락제의 현행 비율」 이하 제4장 제3절 「제의 비용」에 이르는 각 절에 나오는 보고 및 표에 해당한다. 1937년 5월 보고는 제5장 「동제와 동회」에 나오는 보고 및 표에 해당한다. 그리고 ② 현지조사의 결과는 현지에서 행한 청취조사에 의한 것인데 실지조사의 예도 하나 보인다.

여기서는 ② 현지조사의 결과에 대해서 고찰해보자. ②는 각 도 도지사에게 의뢰한 ①의 조사 보고와는 달리 무라야마 자신이 행한 청취조사이며, 자료로서의 가치도 비교적 높다고 할 수 있다. 그 결과가 제1장 제2절 「부락제의 실례」에 열거한 30개의 예로 정리되어 있으며, 다른 장에서도 부분적으로 소개되고 있다. 30개의 예를 살펴보자.

30개의 예는 '부락제'의 구체적인 예를 제시하고 있다. 1936년(쇼와

---

34 무라야마는 다른 논설에서도 "동제의 동"을 "부락으로서는 가장 작은 기본단위"로 간주하는 한편, 이를 통해 대다수의 '부락제'가 행해진다고 논한다. "따라서 동제는 부락제, 촌제(村祭)의 칭호로서 가장 적절하며, 그러므로 이 칭호가 가장 넓게 사용되고 있는 것도 당연한 일이라 할 수 있다"고 주장한다. 村山智順, 「朝鮮の部落祭」, 『朝鮮』 第269號, 「祭禮特輯號」, 1937.10, 120쪽.

11년) 5월에 보고를 받은 직후부터 무라야마는 「1 경기도 고양군 사정동 산신제」(여기에만 '쇼와 11년 5월 조사'라는 조사 날짜가 본문 중에 명기되어있다)를 시작으로 현지조사에 나선다. 그리고 그 결과를 30개의 실례로 정리한다.

30개 예의 대부분은 현지에서의 청취조사에 의한 것이며, '제신', '제사', '제의' 등의 항목으로 구별되어 있다. 실제 현지에서 '부락제'의 제의를 직접 보고 들은 것은 「19 강원도 강릉의 동제」에 나오는 '단오제' 뿐이었다. 아마 낮 동안에 떠들썩하게 개최되므로 가능했을 것이다.

'단오제'에 관한 무라야마의 보고는 "읍의 내외가 사람으로 가득 찰 정도의 들썩임", "읍내 모든 곳이 움직이기 힘들 정도로 혼잡했다"는 표현에서 알 수 있듯이 실제 체험에 근거하고 있었다. 조사 날짜는 당연히 1936년 음력 5월 5일이었다.

그리고 「12 경남 거창의 동제」에 소개된 거창면 상동의 '부락제'는 '제사 전날'에 조사가 이루어졌다. 다만 무라야마는 제의 자체를 직접 보지는 못했던 것 같다. 제의 자체가 심야인 오전 1시 무렵부터 시작된 모양으로 제관들만 거행에 참가했기 때문일 것이다. 조사일은 1937년 음력 '5월 15일 전후 길일'에 행해졌던 제의의 전날이었다.

3) 『부락제』의 정책 의도

다음으로 무라야마 지준의 보고서 『부락제』를 통해 '부락제' 조사의 정책적 의도를 분석해보자.

먼저 앞서 본 30개 사례의 대부분에 대해 '동제'라는 표현을 쓰고 있는 점에 관해 생각해보자. '동제'로 명시된 예는 23개에 달한다. 위에서 설명했듯이 무라야마는 '동제'를 '동'이나 그 내부의 소집단에서 행해지는 것으로 간주하고 있었다. 그래서 30개의 예에 관해서도 자신이 말한 '동'을 의식하고 있었던 것 같다.

이제 30개 사례의 내용을 검토해보자. 30개 사례 가운데 하나의 '동' (지명이 리나 정으로 되어 있는 경우도 포함)에서 하나의 '부락제'가 행해지는 경우는 전부 12개이다. 내역을 보면 명칭이 '동제'인 경우가 8개, 다른 이름인 경우가 4개이다. 그리고 이 12개의 예에 대해서는 모두 동리명을 명시하고 있다. 이를 근거로 30개 사례의 선택과 예시가 '동'을 의식한 결과임을 알 수 있으며, 나아가 '동'과 '동제'가 결부된 예를 모델로 삼는 무라야마의 '부락제' 인식을 엿볼 수 있다.

이렇게 '동'과 '동제'를 연결시켜서 '부락제'를 정의하던 무라야마는 '동'의 자치에도 주목하기 시작한다. 무라야마는 현지조사를 실시하는 와중에 각 도에 두 번째 조사를 의뢰한다. 두 번째 보고(1937년 5월)는 첫 번째 보고(1936년 5월)로부터 1년이 지난 뒤에 제출되었고, 최종장인 제5장 「동제와 동회」에 정리되었다. 참고로 '동회'란 '부락자치'의 회합을 나타낸다.

제5장에서 무라야마는 각 도의 두 번째 보고를 참조하여 '동회'에 관한 자신의 생각을 논하고 있다. 특히 '제삿날'에 열리는 '동회'는 "공동으로 이루어지는 부락의 여러 행사 및 여러 시설을 협의하는데 매우 적당한 기회로 보인다"고 한다. (a) 관제자치의 확립에 있어서 이용가능한지의 여부를 조사하는 입장에 있던 무라야마가 '동제'의 '부대附帶' 행사인 '동

회'에 착목하고 이를 긍정적으로 인식하고 있었음을 알 수 있다.

위의 '동제'와 '동'의 분석을 염두에 두면서 『부락제』 말미의 「결어」
를 보면 『부락제』의 정책의도가 수면 위로 떠오른다.

「결어」에서는 우선 『부락제』의 조사목적이 "조선부락제를 고찰하는
데 필요한 자료를 제공"하는 데 있다고 한다. 이를 이 책의 논의에 입각
하여 다시 말해보자면, 본격적인 '고유신앙' 조사라 할 수 있는 '부락제'
조사의 목적은 전통적인 '동제'의 신사・신사神祠화 정책에 이용하기 위
한 판단재료의 제공에 있었던 것이다.

물론 무라야마는 정책적 이용에 관해서는 분명한 설명이나 대답을 회
피하고 있다. 다만 '부락제'에 대한 '상세한 연구와 논의'가 "이 자료를
토대로 더욱 신중, 엄밀하게 이루어져야 할 것"이라며 조심스러운 자세
를 취할 뿐이다. 그리고 「결어」에 이르러 비로소 무라야마는 '감상을 요
약하여' 일곱 가지 항목을 열거한다. 비록 소극적이긴 하지만 '부락제'
이용의 여부에 관한 판단재료를 나름 제시했다고 볼 수 있다.

이 일곱 개 항목은 그 내용에 따라 세 가지로 나누는 것이 가능하다.
첫 번째는 '부락제'를 정책적으로 이용할 수 있음을 나타내는 것, 두 번
째는 이용에 있어서의 유의점, 세 번째는 무라야마의 주된 평가이다.

일곱 개 항목 ①에서 ⑦까지의 내용을 세 가지로 분류해보자. 첫 번째
는 ①"내지의 부락제와 공통된 점이 다분히 발견된다는 점", ⑤"제의가
시종일관 신에게 접근, 신으로의 동화, 즉 신인합일의 본지에 따라 행해
진다는 점", ⑦"부락제가 스스로 계절에 따라 청결을 지켜온 점"의 항목
이다. 두 번째는 ②"부락제는 고대 그대로의 모습을 보존하고 있다는
점", ③"부락제에는 지방적 특이성이 없고, 전 조선을 통해 말 그대로

대동소이하다는 점"의 항목이다.

세 번째는 ④"아직 자연신의 경계를 벗어나지 못한 제신이 많고, 그로 인해 제신과 부락민 사이에 인격적 관계가 적다는 점", ⑥"부락제가 조선의 향토에서 사회적 행사로서 적지 않은 의의를 가지고 있다는 점"의 항목이다. 이 세 번째 내용은 무라야마의 주된 평가를 알려주므로 조금 더 상세히 검토해보자. ⑥의 항목에서 무라야마는 다음과 같이 논한다.

특히 동족결합이 강한 조선에 있어서 성족(姓族)을 초월한 친목의 도모는 부락제라는 기회를 통해서 공력(共力)을 얻을 수 있고, 신의 정원에서 열리는 음복의 자리를 통해 비로소 그 즐거움을 나눌 수 있다.

무라야마는 '동족결합'을 '초월'한 지연적 결합인 '부락제'와 그 중핵을 이루는 '공력'을 높게 평가하고 있다. 이는 이 절의 과제 중 (a), 곧 관제자치의 확립에 이용가능한가에 대한 답신으로 볼 수 있다. 무라야마는 이와 관련해 긍정적인 판단재료를 제공한 것이다.

그러면 이 절 (1)에서 제시한 과제 (b), 그러니까 '부락제'의 제신을 '구니타마노 오카미'로 인정할 수 있는가에 대한 답신은 어떠했을까? 세 번째 분류 ④에는 촌락 '부락민 사이'의 '인격적 관계'가 적혀있는데, 여기서 제신을 '우지가미'로 상정하고 있음을 알 수 있다. 그렇다면 '인격적 관계가 적다는 점'은 '숭조'의 대상이 될 '우지가미'가 확인되지 않는다는 것을 의미할 터이며, '구니타마노 오카미' 봉재에 있어서도 부정적인 판단재료가 된다.

이 점에 관해서는 조금 보충설명을 할 필요가 있다. 『부락제』 제2장

제4절 「부락의 제신에 대해」를 보아도 "제신과 부락민 사이에 사회관계 혹은 인격관계가 없으며"라는 구절이 나온다. 왜냐하면 "대부분의 제신이 비인격신(자연신)이며 인격신(역사적 인물)은 대단히 희귀"하기 때문이다. 무라야마는 ─ 비록 '희귀'하지만 ─ '인격신'을 강조하면서 이를 일곱 가지로 분류·열거하고, 이에 더해 "인격신 중에 일반적으로 널리 모셔지는 여신厲神"을 추가한다. '여신'은 '무사無嗣 무사無祀의 인령人靈' 등의 총칭이다. 그리고 '인격신'과 "친화親和하는 경앙敬仰의 대상이 아니라, 오히려 '앙화さわり祟り'가 없는 한 경원의 대상으로 여겨진다"고 한다.

무라야마는 이와 같이 '인격신'과의 관계에 대한 부정적인 견해를 정리해서 "복잡한 인생과 생활의 처세술, 또는 입신하고 가문을 일으켜서 그 외의 것들과 화충和衷, 협동해서 공덕을 수립하기 위한 모범을 이러한 제신에게 비는 일은 거의 생각할 수 없다"고 논한다. 따라서 ─ 앞서 소개했던 「결어」 ④의 고찰처럼 ─ 『부락제』는 '구니타마노 오카미' 봉재에 관해서는 부정적인 판단재료를 제공한 것으로 볼 수 있다.

마찬가지로 『부락제』 제2장 제4절 「부락의 제신에 대해」에서는 '부락제의 제신'을 신사·신사神祠에서 모시는 점에 관해서도 부정적인 판단재료를 제시하고 있다. "부락제의 제신은 어떤 신을 주신主神으로 삼고 어떤 신을 배신配神으로 삼을까, 신과 신의 관계는 어떠한가라는 제신의 체통體統관념의 측면에서도 아무런 주목할 점이 없다"라며, '제신'을 신사·신사神祠에서 모시는 것에는 곤란한 점이 많다고 지적한다. 이는 최남선이 전통적인 '동제'('부락제')의 제신을 신사·신사神祠에서 모실 것을 주장한 것에 대해 부정적인 재료를 제공함과 동시에 조선신직회의 입장을 긍정하는 내용이라 할 수 있다.

이처럼 무라야마가 '부락제의 제신'에 관해 부정적 판단재료를 제시하자 최남선은 곧장 의도적인 반론을 꺼내든다. 최남선은 일본의 신도가들이 고대에 암석 등을 이용해서 만든 제장의 설비라고 주장하는 이와사카가 '성황사'＝'서낭'에 해당한다고 거듭 강조한다. 이 장 제2절 (1)에서 설명했듯이 최남선은 "서낭에서 모시는 신이 고급스러우며 대능大能의 신격을 가"진다고 반론한다.[35]

그렇지만 — 아직 추론의 단계에 불과하나 — 『부락제』에서 '구니타마노 오카미' 봉재에 관해 부정적인 판단재료가 제시되었기 때문인지, 그 후 다수 증설되는 신사神祠는 '구니타마노 오카미'를 모시지 않는 방향으로 나아간다. 다시 확인해두지만 '조선의 신격'을 신사·신사神祠의 제신으로 삼는 경우에는 '구니타마노 오카미'로서 모시고, 이에 더해 '아마테라스 오미카미'와 합사하라는 방침이 세워져있었다(1936년 8월의 내무국장 통첩). 그런데 『대륙신사대관』을 보면 심전개발운동 이후 1940년 11월말까지 설립된 신사神祠는 거의 '신명신사'('아마테라스 오미카미'를 봉재)였고, 그 대부분이 '아마테라스 오미카미'만, 또는 '아마테라스 오미카미'와 '메이지 천황'을 합사하고 있었으며(조선신궁의 형태), '구니타마노 오카미'를 합사한 신사神祠는 거의 없었던 것으로 추정된다.[36]

그렇다고 '구니타마노 오카미'를 합사한 '신명신사'의 사례가 전혀 없는 것은 아니다. 증설된 신사의 대부분이 모여 있던 전라남도에는 적은 수에 불과하지만 '구니타마노 오카미'를 합사한 '신명신사'가 있었

---

35 최남선, 「朝鮮に於ける原始型神社」, 316쪽.

36 岩下伝四郎編, 『大陸神社大観』(大陸神道連盟, 1941)의 「神社大観編」, 「附錄編」에 실려 있는 「朝鮮神祠一覧」에 의함. 이 일람에는 제신명이 적혀있어서 자료로서의 가치가 높다.

으므로 간략히 소개한다. 숫자에 착오가 있을지도 모르지만 『대륙신사
대관』에 의하면 심전개발운동 이후, 곧 1935년부터 1940년 11월말까
지 전라남도에서 설립허가를 받은 175개 신사는 모두 '신명신사'였다.
게다가 이 175개 신사 중 113사는 1939년에 설립이 허가된 곳이었다.

이 113사 가운데 106사가 '아마테라스 오미카미'와 '메이지천황'을
합사하고 있었고, 이들 이주二柱에 '구니타마노 오카미'를 합사한 곳은
겨우 7개소에 불과했다.[37] 전라남도에서 1940년 11월말까지 설립허가
를 받은 곳에서 '구니타마노 오카미'를 합사한 예는 이 7개소 이외에는
발견되지 않는다.

설립허가를 받은 7개소는 모두 순천군에 위치하고 있었다. 저자는 순
천군 별량면 및 순천군 해룡면에 있었던 두 곳의 '신명신사' 유적을
1989년 9월에 현지 조사한 적이 있다.[38] 당시의 결과를 가지고 '신명신
사'와 기우제 사이에 어떤 관계가 있을지 모른다고 추정한 적이 있으나
아직 검증에는 이르지 못했다.

1943년 3월에 충청북도 제천군의 '신명신사'(제신은 '아마테라스 오미카
미'뿐이었다)에서 기우제가 행해진 것으로 보이는 기록이 있다.[39] 하지만

---

37 「朝鮮神祠一覽」, 위의 책에는 제신을 생략하고 '아마테라스 오미카미, 그 외의 두 신'이라
고만 적혀있는데, 『大陸神社大観』의 「朝鮮篇」을 보면 순천군 낙안면 교촌리 및 해룡면
월전리에 진좌한 두 곳의 '신명신사'의 제신이 '아마테라스 오미카미, 메이지천황, 구니타
마노 오카미'로 명기되어있는 바, 다른 다섯 곳도 마찬가지일 것으로 판단했다(이들 두
곳을 포함한 여섯 군데가 1939년 2월 23일자로, 한 곳이 3월 1일자로 설립허가를 받았다).

38 졸고, 「朝鮮總督府の神社政策」, 122~124쪽을 참조하길 바란다.

39 경성제국대학 조교수로 부임했던 농촌사회학 전공의 스즈키 에이타로[鈴木栄太郎]는
1943년 3월 충청북도 제천군 금성면에서 현지조사를 행한 적이 있다. 보고서를 보면 제
천군 제천읍에 세워진 신사(神祠)와 기우제의 관계에 대해 "기우제(아마고이[雨乞い])
는 이전에는 오직 군 단위로 열렸는데 최근에는 면 단위로 행해지고 있다. 군에서 열었
을 때에는 군수가 제관이었고 군내 산중에 있는 동굴 등에서 행했는데, 지금은 읍내의

기우제의 신(산신 등)은 '우지가미'에 해당하지 않으므로 '구니타마노 오카미'로서 인정될 리가 없다. 참고로 총독부 당국은 '구니타마노 오카미'를 '국토개발의 시조'로 해석하고 있었다(제3장 제4절 (1)을 참조). 제천군의 '신명신사'의 제신은 '아마테라스 오미카미'뿐이었다. 그러므로 제천군의 사례는 제신과는 관계없이 말 그대로 신사神祠에서 기우제를 행한 경우로 볼 수 있다.

그러면 증설된 '신명신사'에 '구니타마노 오카미'가 합사되지 않았던 이유와 관련하여 현시점에서 저자가 가지고 있는 견해를 소개하면서 이 절을 마치겠다. 우선 생각할 수 있는 것은 무속적 요소(이 장 제2절 (1)에서 소개한 것처럼 조선신직회는 회보『도리이』를 통해 이를 '원시신도의 모습'이라고 비판했다)가 전통적인 '동제'의 신들로부터 발견된다는 점과, '부락제' 조사를 통해 '구니타마노 오카미' 봉재에 대한 부정적인 판단재료가 제출되었다는 점이다.

그리고 더욱 중요한 이유로서 유교제사가 종족宗族집단의 조상제사였으며, 나아가 종족집단의 결집력을 구성하는 요소이기도 했다는 점을 들 수 있다.[40] '공동체 제사'의 실현을 위해 각 마을에 증설되었던 '신명신사'가 '구니타마노 오카미'를 합사하는 경우, '가정제사'에 해당하는 조상제사는 이에家를 단위로 한 제사로의 변용을 강요받게 된다. 그렇지만 당시의 현행 유교제사는 '가정제사'가 아니었다. 결집력이 강한 종족의 제사였으므로, 종족의식을 상징하는 존재인 종족 내의 조상이 '국토개발의 조상'으

신사(神祠)(무격의 신사)에서 열고 있다"는 내용이 나온다. 鈴木栄太郎, 「一 朝鮮の村落」,『朝鮮農村社会の研究』(鈴木栄太郎著作集Ⅴ, 未來社, 1973)의 27쪽.

40 이 부분은 학위논문 공개발표회(2014.2, 国際日本文化研究センター)에서 미즈노 나오키[水野直樹] 씨(외부심사위원)가 지적해준 내용을 참고로 고찰한 것이다.

로 여겨지는 '구니타마노 오카미'와 결부되는 일은 있을 수 없었다.

따라서 저자는 총독부 당국이 유교제사를 자극하지 않기 위해 신중한 자세를 취해가며 증설된 '신명신사'에 '구니타마노 오카미'를 합사하는 일을 피하고자 한 것이 커다란 요인이었다고 본다. 제1부에서 '중견인물' 양성시설의 '경신숭조'를 논하면서 지적했지만, 총독부 당국은 조선 사회에 뿌리내리고 있는 유교제사에 대해서는 어떠한 대책도 강구하지 못했었다. 총독부 당국은 법령상·행정상으로는 유교제사를 '구관舊慣'으로서 '온존'시키면서도 여전히 그 실시를 묵인하고 있었다(제3장 제2절을 참조. 종장에서 다시 언급한다).

그 예로서 심전개발운동이 시작하기 이전인 농촌진흥운동기에 발견되는 다음과 같은 사례를 지적할 수 있다. 전라남도 순천군 외서면 금성리에서는 동리에 '동사洞祠'를 세워서 마을 씨족의 각 신위神位(자료에는 '위패'로 적혀있다)를 모시고, 이를 동리의 '정신통일안案'으로 삼았다는 기록이 있다.[41] 이 '동사'는 관제가 아니라 금성리의 '중심인물'이 주도적으로 만든 것이다. 조상숭배를 통해 촌락자치의 결집력을 낳고자 한 발상이 흥미롭다.

그러나 각 씨족의 조상에 대한 제사는 종족집단의 결집력을 높이는

---

[41] 「洞里 뒤에 洞祠, 始祖位牌를 企祭, 生死가 連綿하야 洞里를 爲하는 錦城里의 精神統一案」, 『每日申報』, 1934.12.9, 1면. 동리의 작은 언덕에 '동사'를 지어서 그 가운데에 동리를 만든 박씨의 위패를 두고, 그 옆에는 마을 각 씨족의 조상의 위패를 둔 뒤에 봄과 가을에 마을의 모든 사람이 참가하는 '공동제사'를 여는 것이 '정신통일'의 방법이었다. 동리를 만든 인물의 위패라는 것은 기사에 따르면 조상에서 나에 이르는 '종적'인 '연원'과 동리와의 '횡적' '관계'를 '정신통일'하기 위한 발안이었다고 한다. 다시 말해 신사신앙에 입각한 우지가미적인 발상에 따르지 않고 유교적 제사를 응용했던 것이다.
참고로 금성리 진흥회는 1933년 2월에 전라남도 '모범농촌'으로서 총독부로부터 210엔의 보조금을 받았다. 「三模範村에 보조금 전달」, 『東亞日報』, 1933.2.5, 3면.

결과를 가져오기도 하므로 총독부 당국은 이를 이용하는 것에 대해서
소극적인 자세를 보였다. 심전개발운동이 개시된 뒤에는 유교제사에 입
각한 '동사'의 사례나 그 이용안이 확인되지 않을 뿐더러, 운동의 과정
에서 젠쇼 에이스케善生永助가 냉담한 대우를 받았다는 점 등을 그 증거
로 들 수 있다.

'부락제' 조사 등을 담당했던 무라야마와 함께 조선총독부 총독관방문
서과 촉탁으로 근무했던 젠쇼는 3·1운동 이후의 조선사회를 조사하고
있었다. 그는 농촌진흥운동에서의 이용을 목적으로 한 일련의 '동족부락'
조사에 임하고 있었다(『조선의 취락·후편』[조선총독부]조사자료 제41집(1935
년)의 「들어가며」를 참조). 그렇지만 그 조사결과가 발표된 해에 심전개발운
동을 개시한 총독부 당국은 결과적으로 젠쇼의 제안을 채택하지 않았다.

4. 강원도에서의 신사·신사神祠 증설방침

위에서 논했듯이 농촌에 증설된 신사神祠에서 '구니타마노 오카미'를
모시는 예는 거의 없었다. 그리고 중일전쟁의 전면화와 그에 따른 시국
의 변화로 인해 신사·신사神祠 증설방침이 일시적으로 유보되었던 점
에 대해서도 앞 장 제5절 (1)에서 설명했다.

그렇지만 이러한 상황 속에서도 심전개발운동을 통해 증설의 방침이
전해지자, 가미우치 히코사쿠가 제안했던 신사神祠 증설에 대비하여 관

제 '동제'를 설치하는 방법이 시도된 사례가 있다. 가미우치 제안의 구체적인 내용은 '기지 및 기지의 신목'을 '히모로기, 이와사카로 받들어 모시'게 하고 이를 제사의 형태로 만드는 것이었다. 그리고 이렇게 관제 '동제'를 설치한 뒤, "몇 개년 계획"을 통해 사전을 조영한다는 기획이었다. 여기에 제신에 관한 언급은 보이지 않는데, '동제'의 제신을 가져오지 않고 신사신도의 '천신지기'만을 모시려 했다.

자료가 매우 적은 와중에 다행히도 가미우치의 제안이 강원도에서 시도되었음을 확인할 수 있었다. 다음으로 가미우치의 제안이 지방에서 어떻게 행해졌는지를 강원도의 사례를 통해 검토해보자.

1) 심전개발운동공표에서 신사제도 개편까지

신문보도[42]에 의하면, 1935년 1월에 심전개발운동이 공표된 이후 강원도에서는 도내의 각 학교 및 훈련소에 가미다나를 설치하고 '경신숭조의 신념 함양'을 위한 '구체적 방책을 작성 중'이었다고 한다. 방책이 완성된 뒤에는 강원도의 '각 중등학교장, 군수, 농사훈련소장' 앞으로 강원도 내무부장 통첩(1935년 7월 2일자)을 발송했다고 한다.

기사에 적혀있는 통첩의 개요를 보면 도내 각 학교 및 훈련소에서 '경신'을 실시하기 위해 '국가적 축제일'에 학생과 아동을 신사·신사神祠에 참배시켰으며, '숭조' 실시에 관해서는 학생과 아동을 인솔하여 '문묘석

---

42 「神棚を設けて 敬神觀念を涵養 各學校長、郡守等その他へ 內務部長から通帳」, 『朝鮮新聞』, 1935.7.10, 게재면 불명.

전제'에 참배시키거나, "신년, 한식, 단오, 추석 등에 숭조묘참崇祖墓參"을 행했다고 한다.

통첩은 이에 더해 "도내 각 중등학교, 소학교, 보통학교, 간이학교 및 훈련소에 일제히 가미다나를 설치"하여 '고타이진구 다이마皇大神宮大麻를 봉재'하고 '직원, 학생, 아동, 훈련생'을 참배시킬 것, 그리고 '제전을 적절히 거행'하라는 지시를 내리고 있다.

여기서 '경신'에 관해서는 참배행위의 실천에 중점을 두고 있었다는 점을 알 수 있다. 한편 '숭조'에 관해서는 '성현에 대한 존숭의 마음을 환기'시킬 것과 '향토의 깊은 토대를 이루는 조상숭배의 미풍'이라는 표현이 보이긴 하지만, 그저 막연히 학생 및 아동을 문묘와 묘지에 참배시키고 있었음이 확인된다.

당시 강원도지사는 1935년 4월에 갓 취임했던 손영목孫永穆이었다. 1909년 대한제국 내부지방국의 주사가 된 것을 계기로 병합직후 경상남도 서기로 일했던 손영목은, 그 후 각지의 지방행정기관에서 근무했다. 1928년에는 중추원의 통역관 겸 서기관, 총독부 내무국 사무관으로 옮겼고, 1929년 강원도 참여관, 1931년 경상남도 참여관을 거쳐(당시 도지사는 후에 학무국장이 되는 와타나베 도요히코였다) 강원도지사(1937년 3월 말까지)에 임명되기에 이른다.[43]

이처럼 손영목은 조선인으로서 하급관리에서 도지사까지 오른 인물이었다. 심전개발운동기에 강원도의 신사·신사神祠 증설을 주도한 것은 도지사였던 손영목으로 보인다.

1935년 11월 강원도 울진군의 조선인 군수가 농촌진흥운동의 '중견

---

43 『朝鮮人事興信錄 昭和十年版』.

인물'에 대해 적은 논설[44]이 있다(일본어). 이에 의하면 "최근 본부는 갱생부락의 동사洞祀와 당堂 참배(동을 지키는 신)를 중심으로 한 신앙관념의 함양을 계획하고 목하 실행지도 중"이라고 한다. 이처럼 울진군에서는 '중견인물'을 신사神祠에 참배시키는 것은 물론, 농촌진흥운동에서 선정된 갱생지도부락의 '동제(정확한 칭호는 불명)'의 '동사와 당'에도 '참배' 시킬 것을 '실행지도'하고 있었다.

이 논설은 아직 가미우치의 관제 '동제' 설치안(1936년 2월)이 공표되지 않았던 1935년 11월에 발표된 것이었다. 그러므로 강원도 울진군청이 모색의 단계에서 '동제'의 '동사와 당'에 대한 '참배'를 시험해본 사례로 보인다.

2) 신사제도 개편 당시와 그 후

앞에서 1936년 8월의 신사제도 개편과 함께 발송된 내무국장 통첩을 중심으로 내무국의 신사·신사神祠 증설 방침을 고찰해보았다. 그 방침이란 일면 일신사·신사神祠의 원칙을 가리키는 바, 이에 따라 각 도는 서둘러 증설을 준비하고 있었다. 각 도에서는 신사제도 개편에 따른 법적 정비로 인해 현실적으로 등장한 경비, 운영 등의 곤란한 문제를 해결하고, 그와 동시에 증설에 대비하기 위한 구체적인 방법을 모색해야한다는 과제를 끌어안게 되었다. 그 과정에서 1936년 2월 ― 이 장 제2절

---

44 崔炯稷,「農家更生部落の中心人物の覚悟に就て」,『自力更生彙報』第27號, 1935.11.20, 11~15쪽.

(3)에서 분석했던―가미우치 히코사쿠(경무국 보안과장)가 관제 '동제' 설치안을 내놓은 것이다. 구체적으로는 '기지 및 기지의 신목'을 '히모로기, 이와사카로 받들어 모시는' 제사의 형태를 띤 관제 '동제'를 설치하고, 그 후 '몇 개년 계획'을 통해 사전을 조영한다는 것이었다.

증설을 준비하던 단계이긴 했지만―신사 관계의 여러 법령이 공포되었던 8월을 목전에 두고―강원도에서는 '심전개발'에 관해 1936년 7월 18일자로 군수, 경찰서장에게 내무·경찰부장 통첩이 발송되었다.[45] 통첩은 크게 '경신사상의 함양', '유도儒道정신의 진작', '종교적 신앙심의 계배啓培'라는 세 가지 항목으로 이루어져 있었다. 두 번째 항목 '유도정신의 진작'은 '문묘'와 '공인서원'의 '개선'을 중심으로 하는 것이었고, 세 번째 항목 '종교적 신앙심의 계배'는 '조선인 중견승려의 양성'이 주된 내용이었다.

여기서는 첫 번째 항목 '경신사상의 함양'에 주목해서 신사·신사神祠의 증설을 살펴보자. 첫 번째 항목은 다시 '신사, 신사神祠의 숭경', '학교 및 훈련소에서 가미다나를 봉재', '이동사里洞祠의 복고 개신'이라는 세 가지 소 항목으로 나누어진다. 그 중 '신사, 신사神祠의 숭경' 소 항목을 조금 길지만 아래에 인용해둔다.

신사, 신사(神祠)의 숭경＝신사, 신사(神祠)에 대한 숭경, 참배를 활성화하고 이를 중심으로 경신숭조 정신의 함양에 노력하는 한편 다음의 요령에 따라 시설의 확충, 개선을 도모할 것.

---

45 이 통첩은 '北鮮東滿版' 「農山漁村の更生は 先づ心田開發から 百六十万道民の精神生活を穣らす 江原道の新指導陣」(『京城日報』, 1936.7.24(조간), 5면) 기사에 게재되어있다.

① 읍 소재지 및 이에 준하는 지방의 신사(神祠)는 신사로 승격시킬 것.

② 군청 소재지 및 이에 준하는 지방 가운데 신사(神祠)가 없는 곳에는 신속히 이를 설립할 것.

③ 우지코(氏子) 총대에 조선인을 다수 포함시킬 것.

④ 유지를 위한 방법이 충분치 못한 향(向)에 대해서는 기본재산의 조성, 적립금 등 이를 확실히 할 수 있는 방법을 강구할 것. 또한 읍면의 재정이 허락하는 한 유지에 필요한 경비의 일부를 공진할 것.

⑤ 경내(境內)의 미화, 정화에 관해서는 우지코를 비롯하여 청년단원 및 학교 아동으로 하여금 자발적으로 봉사하도록 유도할 것.

⑥ 각종 제전에 지방 주민이 다수 참가하도록 권장하고, 공물 등도 숭경자들 각자가 자발적으로 자가 생산물을 다수 봉납하도록 권장할 것.

⑦ 군청 소재지의 신사(神祠)에서는 가능한 한 군수가 제주(祭主)가 되어 행사를 지도하고, 이를 통해 시민 전체에게 신기(神祇)를 숭경의 대상으로 여기는 감각을 키울 것.

위의 '신사, 신사神祠의 숭경' 소 항목은 그 내용을 다시 두 가지로 나누어 볼 수 있다. 하나는 신사·신사神祠의 숫자와 숭경의 범위에 관한 당면 방침을 나타내는 ①과 ②이다. 조선의 군에는 '내지'의 무라村에 해당하는 '면'이 있었으며, 쵸町에 해당하는 '읍'(1930년에 법제화)에는 중심 지역으로서 군청이 위치하고 있었다. ①은 읍이나 그에 준하는 지역에 있는 신사神祠를 신사로 승격시키라는 지시였다. 그리고 ②는 당면한 급무가 군청 소재지 및 그에 준하는 지역에 신사神祠를 설립하는 일이었음을 알려준다. 먼저 일군 일신사神祠를 실현하는 것이 현실적인 방책이었을 것이다.

다른 하나는 신사·신사神祠의 유지, 운영 방침에 관한 지시인 ③~⑦이다. '우지코 총대에 조선인을 다수 포함'시키고 각종 제전에는 '지방주민'의 '다수 참가'를 권장하고 있다. 나아가 군청 소재지의 신사神祠에 '시민 전체'의 '숭경의 대상'이라는 이미지를 부여하려는 시도가 있었음을 알 수 있다.

'신사, 신사神祠의 숭경' 소 항목에서 제시된 위의 내용을 1938년 1월의 『매일신보』 기사[46]에서도 확인할 수 있다. 기사를 통해 강원도에서는 1년 반이 지난 뒤에도 계속해서 위의 내무·경찰부장 통첩에서 지시된 방침에 의거해 신사·신사神祠의 증설을 추진하고 있던 사실을 알 수 있다.

그 후 1939년 2월 중순 총독부 당국은 '일면 일신사神祠' 증설 실시를 결정하고 각 도에 이를 지시한다(제4장 제6절 (1)을 참조). 강원도의 이러한 실시 계획을 비롯하여 소학교장이 이를 담당했던 점이 『경성일보』에 실려 있다.[47]

다만 그 직후에 작성된 3월 29일자 『매일신보』 기사[48]는 강원도에서의 실시가 곤란한 상황에 처하게 되었음을 전하고 있다. 강원도에서는 1936년 7월의 통첩에서 내려진 지시에 따라 1939년도부터 45년도까지 "일군 일신사주의에 입각해서 신사를 세우려고 계획 중"이었다고 한다. 일찍이 '일면 일신사神祠'를 계획한 적도 있지만 경비상 문제로 실현되지 못했다고 적혀있다. 이 계획에 대해서는 다음 제5절에서 다룰 예

---

46 '中東版'「江原道內 各神祠의 施設을 擴充改善 昇格과 增設問題를 充分考究 敬神崇祖觀念涵養」, 『每日申報』, 1938.1.25(석간), 3면.

47 '京日中鮮版'「皇道精神發揚へ 一面一神祠の大計 江原道十四年度中には實現」, 『京城日報』, 1939.2.22(조간), 5면.

48 '中東版'「一郡一神社를 目標로 江原서 建立을 計劃 明十四年度부터 同二十年까지 一面一神祠도 促進」, 『每日新報』, 1939.3.29(석간), 4면.

정인데, 계획이 한번 틀어진 다음에 총독부로부터 지시가 떨어진 점을 알 수 있다. 즉 '황기 2600년 기념사업'으로서 재차 '각 면에 하나의 신사神祠를 건립'할 '계획'이 수립되었다는 것이다.

5. 강원도의 '이동사의 복고 개신' 시책

1) '이동사의 복고 개신' 시책의 등장

이 장 제2절 (3)에서 논한 가미우치 히코사쿠의 제안을 다시 한 번 단계별로 정리해보자. ① 먼저 장래 신사를 건립할 '사지를 선정'한다. ② 다음으로 "장래 사전을 건설할 기지基地를 구축"하고 그 뒤편 중앙에 "장래 신목이 될 훌륭한 상반목을 식재"한다. ③ 그리고 "몇 개년 계획 등에 상당하는 사전조영 계획을 수립하고 매년 필요한 금액의 적립을 실행한다"는 것이었다. ②의 단계는 제사의 형태와 관련된 부분인데, 재래의 '동제'에서 '제단 또는 신단을 만들어 제사를 지내는 것'을 본 따 '기지 및 기지의 신목'을 '히모로기, 이와사카로 받들어 모시는' 방법이 제안되었다.

이와 같은 가미우치의 제안을 염두에 두면서 강원도에서 시도된 신사神祠 증설계획의 경과를 살펴보자. 앞 절의 말미에서 설명했듯이 강원도의 신사·신사神祠 증설계획은 상당히 곤란한 상황에 빠져있었다. 신사神祠의 경우에는 1939년 이전에도 '일면 일신사神祠'가 계획되었지만 경

〈그림 5-2〉 소(小)성황당(강원, 강릉)

비상 문제로 실현되지 못했다. 그렇지만— 비록 실현에는 이르지 못했으나— 강원도의 '일면 일신사神祠' 계획은 가미우치의 제안이 등장한 직후에 수립된 것으로서 그 내용을 검토해볼 가치가 있다.

가미우치의 제안(1936년 2월)에 따라 강원도 당국은 '고유신앙의 부활' 실시를 모색하기 시작했다. 1937년 5월의 신문보도에 의하면 강원도의 각 지역에 산재하는 동리의 '산신당'이나 '성황당 등'(그림 5-2)[49]의 '신당 신단神堂神壇'은 전부 '2천 3백여 곳'에 이른다. 이를 '복고 개신'해서 '경신사상'을 계배하기 위한 '개선'을 '연구 중'이라고 한다.[50] 참고로 이들은 이 책에서 말하는 전통적인 '동제'에 해당한다.

7월에는 '고유신앙의 부활' 실시의 방침이 결정되었던 것 같다. 위에서 소개한 강원도의 내무·경찰국장 통첩(1936년 7월 18일자)을 보면 큰

---

49 이 사진은 『朝鮮の鄕土神祀・部落祭』 권말에 게재되어있다(8쪽).

50 '中東版'「江原道 二千三百餘 里洞祠 復舊改新 各洞民의 敬神思想啓培코자 道當局서 計劃樹立」, 『每日申報』, 1937.5.8(석간), 3면.

항목 '경신사상의 함양'의 첫 번째 소 항목 '이동사의 복고 개신'에 가미우치의 제안을 응용한 실시요령이 적혀있다.

실시요령의 전문前文에 의하면 도 당국은 일찍이 '부락민 신앙의 중심 대상'이었던 '이동 신당(단)'이 당시 강원도에 2,300여 군데 존재하는 것으로 파악하고 있었다. 하지만 그 '의의와 관념'이 거의 상실되어 '미신의 대상'으로 전락했으며, '무격'의 성행이나 '잡신'을 모시는 경향을 낳고 말았다. 이를 바로잡기 위해 '미신을 선량하고 정당한 신앙으로 이끄는' '이동사의 복고 개신'을 도모하고, 최종적으로는 '점차 신사, 신사神祠와 습합일체를 꾀하는' 계획이 세워졌다고 한다.

뒤집어 말하면 '점차 신사, 신사神祠와 습합일체를 꾀하'기 위해서 '무격'의 성행 및 '잡신'을 모시는 경향에서 탈피하고, '미신을 선량하고 정당한 신앙으로 이끄는' 방법이 고안되었던 것이다. 이는 가미우치의 제안을 답습한 관제 '동제'의 설치안에 다름 아니었다. 강원도에서는 이렇게 설치된 시설에 '이동사'라는 명칭을 붙였으며, 이와 같은 시책을 '이동사의 복고 개신'으로 지칭했다.

이러한 '이동사의 복고 개신' 시책의 실시요령은 다음과 같았다. 가미우치의 제안이 그 밑바탕에 있었음을 확인할 수 있을 것이다.

① 명칭을 이동사로 하고 가급적 일리동 일사(一里洞一祠)로 통일할 것. 다만 올해까지는 갱생부락 가운데 우량한 부락에 대해 일면 일사(一面一祠)를 표준으로 기존의 동사(洞祠)를 개신하고, 이후 점차 다른 갱생부락에서도 개신을 도모해갈 것. 그리고 원칙적으로 설단(設壇)의 방식에 따르는 것을 허용하되, 관리와 유지가 충분히 가능하다고 판단되는 경우에만 사당을

건설할 수 있도록 할 것. 이 때 사당의 구조는 토지의 사정을 충분히 참작하고 체재를 잘 갖추도록 주의해야하며, 기존의 동사는 적당한 장소를 선정하여 이전할 것.

② 제신은 천신지기로 삼을 것. 다만 현재 산천신, 성황신을 모시고 있는 곳, 그리고 지방의 선현을 제사지내는 곳에 대해서는 이를 인정하나 그 밖의 잡신은 일절 금지할 것.

③ 동사 및 그 경내는 항상 청결을 유지하며 적당한 수목을 심어서 정화삼엄을 도모할 것. 다만 단의 구조에 관해서는 대략 별지의 도면에 따라 개신하거나 종래의 단을 개조하여 ○[판독불능]본식(本式)으로 해도 좋다.

④ 제관의 명칭을 전사(典祀)로 하고 신사(神事)의 취급에 관한 강습을 받게 할 것. 신사 취급에 관한 지도강습은 도에서 행할 것.

⑤ 제사는 춘제 및 추제 연 2회로 하고 가급적 춘제는 춘기황령제(春期皇靈祭), 추제는 니나메사이(新嘗祭)의 날짜에 맞출 것.

⑥ 경비는 부락민이 경영하는 공동경작 전답에서 발생하는 수입 등으로 충당해도 좋다.

⑦ 제사에 부락민을 다수 참가시키고 공물 등도 부락민 각자의 생산물을 다수 봉납하게 할 것.

우선 ①의 명칭과 숭경범위에 관한 내용을 통해 '이동사'는 통폐합 후의 신동리를 그 범위로 삼고 있으며, '자치'의 중심적 존재로 인식되었음을 알 수 있다. 농촌진흥운동의 갱생지도부락을 중심으로 설치를 진행하는 방침을 택했으며, 1936년 당시에는 갱생지도부락 가운데 '우량한 부락'을 선정해서 '일면 일사'를 따르도록 했다. 설치방법은 '기존의 동사'를 '개신'하는 것이었으며, 원칙적으로 '설단의 방식'이 가능했다.

다만 충분한 관리, 유지가 이루어질 것으로 보이는 경우에는 '사당'을 건설하는 것도 가능했다. 여기에는 '토지의 사정을 충분히 참작'할 것, '체재를 잘 갖추도록 주의'할 것이라는 조건이 달려 있었다. 기존의 '동사'는 아마 '체재'를 갖추고 있지 못하다고 판단되었을 가능성이 높은데, '적당한 장소를 선정'해서 '이전'하라는 지시가 내려져있다.

위의 실시요령에 건설이 허가된 '사당'에 관한 지시는 보이지 않는바, 재래의 형태를 따른 양식이라도 문제없었을 것으로 생각된다. 다만 신사·신사神祠의 사전과 유사한 건물은 허가받지 못했을 것이다. 왜냐하면 허가된 신사·신사神祠 이외에 '공중'의 '참배'를 목적으로 신사·신사神祠와 유사한 건물(사전)을 짓는 일은, 신사제도가 개편되기 직전인 당시에 있어서는 신사사원규칙 및 「신사神祠에 관한 건」 제1조에 의해 제한되고 있었기 때문이다(제4장 제2절 (2)를 참조).

이상의 내용은 '이동사'가 바로 관제 '동제'에 틀림없었다는 점을 명확히 알려주고 있다. 그리고 장래에 신사·신사神祠식의 사전을 세워서 이를테면 신사神祠로 승격시킬 것을 상정하고 있었던 점도 파악할 수 있다.

다음으로 ②의 내용을 살펴보자. 기존의 제신 중 일부 특례를 인정하고는 있지만, 기본적으로 '천신지기'를 제신으로 삼으라는 지시가 보이며 그 밖의 '잡신'을 모시는 일은 일절 금지되었다. 이는 '점차 신사, 신사神祠와 습합일체를 꾀하'기 위해 '무격'의 성행 및 '잡신'을 모시는 경향에서 탈피하고, '미신을 선량하고 정당한 신앙으로 이끄는' 방법(실시요령 전문)을 제신의 측면에서 실천하려던 시책으로 간주할 수 있다.

가령 충청북도 '천지신단'의 제신이었던 '천지대신', '천지신'이 신사신도의 제신 '천신지기'로 해석되었던 것은, 총독부 당국이 현실적으로 조선인 촌락에 건립하기 어려웠던 신사·신사神祠를 대신하여 관제 '동제'에 촌민통합의 역할을 기대한 결과로 보아야 한다. 강원도의 '이동사'가 제신을 '천신지기'로 삼았던 것 역시 마찬가지 이유였을 것이다.

③은 '설단'에 있어서 '단의 구조'를 '별지의 도면'(불명)에 따라 '개신'하라는 지시인데, 기존의 '단'을 '개조'하는 것도 허용하고 있다. 그리고 ④에서는 제관의 명칭을 '전사'로 할 것과 '신사의 취급에 관한 강습', 곧 신사의 신사神事를 맡아보기 위해 도가 실시하는 강습을 받게 하라는 지시가 내려져있다. ⑤는 연중 제례를 '춘제'와 '추제'의 2회로 하고 날짜도 각각 춘기황령제와 니나메사이에 맞추라는 내용이다.

⑥에는 장래 우지코의 조직에 대비하여 경비를 촌민이 경영하는 '공동경작 전답'의 '수입 등으로 충당'해도 좋다는 내용이 적혀있다. ⑦은 '제사'에 촌민을 '다수 참가'시키고, '공물 등'에 대해서도 촌민 각자의 '생산물을 다수 봉납'시키라는 내용이다.

②에서 ⑦까지의 내용을 통해 제신, '단'의 설치법, 제관의 명칭과 양성, 경비, 제사와 촌민의 관계에 대한 여러 지시가—②의 제신에 관한 내용이 잘 보여주듯이—'점차 신사, 신사神祠와 습합일체를 꾀하'려는 강원도 당국의 의도, 즉 '이동사'를 앞으로 증설될 신사神祠의 토대로 삼고자 했던 의도를 반영하고 있음을 알 수 있다.

여기서 신사행정 측이 신사시설의 범위를 규정하는 최저조건으로서 제신과 사전을 제시했었다는 사실을 상기하자. 제신은 '신기'(「신사神祠에 관한 건」 제1조), 사전은—애매한 부분이 있으나—공인신사·신사神祠에 보이는 양식을 기준으로 삼고 있었다. 이러한 조건을 강원도의 '이동사'에 적용해보면 강원도 당국의 의도가 보다 명확히 드러난다.

특례가 있긴 했지만 '신기'인 '천신지기' 이외의 제신은 인정되지 않았다. 제신에 관한 다른 기술이 보이지 않기에 그저 가능성을 지적하는 정도에 불과하지만— 언젠가 신사神祠가 될 단계에 이르러 설립허가를 받게 되었을 때 종래대로 제신에 통제가 가해질 것이 분명하므로— '아마테라스 오미카미'를 주신으로 모시는 '신명신사'의 설립을 상정하고 있었을 것이다. 또한 총독부 당국이 전통적인 '동제'를 신사로서 이용하는 방안을 보류하고 있었으므로, 시책이 시작되었을 당시 강원도 당국은 '이동사'에서 모셔지던 '천신지기'가 훗날 '신명신사'에 '구니타마노 오카미'의 이름으로 합사될 가능성도 염두에 두고 있었다고 생각된다.

그리고 사전에 관해서는— 가미우치의 제안을 참고해보면— 아마 신사神祠로서 설립허가를 받게 되었을 때 조영을 시작할 예정이었을 것이다. 기존의 '동사'가 존재하는 경우라도 '적당한 장소를 선정'해서 '이전'하라는 지시에서 알 수 있듯이, 사전의 조영에 대해서도 엄격한 조치가 취해지고 있었다.

제신과 사전에 관한 이상의 고찰로부터 '이동사'의 창출을 통해 향후 증설될 신사神祠의 발판으로 삼고자 했던 강원도 당국의 의도를 거듭 확인할 수 있겠다.

2) '이동사의 복고 개신' 시책의 행방

강원도에서 '이동사의 복고 개신'을 지시하는 통첩이 내려지고 2년이 지난 1938년 8월, 시책의 상황과 전개를 소개하는 신문보도[51]가 게재된다. 이를 통해 그 사이에 새롭게 파악된 '신당, 신단'이 전부 3,009곳으로 늘어났음을 알 수 있다. 그리고 1937년부터 '개선'에 '노력'한 결과 800곳이 '개선'을 끝마쳤으나 그 밖의 대다수는 아직 '미개선'에 머물러있다고 한다. 1938년 연말까지 889곳을 '개선'할 예정이며, 아직도 많이 남은 '미개선'에 대해서는 수년 내에 전부 '개선'할 '방침'이라고 한다. 전체적으로 보아 진척이 여의치 못한 상황을 알 수 있으나, 한편으로 800곳에 이르는 '이동사'가 '개선'을 끝마쳤다고 하는 점, 다시 말해 관제 '동제'화가 이루어졌다는 사실 또한 간과해서는 안 될 것이다.

총독부가 전체적인 '일면 일신사神祠' 설치의 시책을 결정한 것이 1939년 2월 중순이었으므로, 기사가 작성된 1938년은 각 도에서 자체적으로 실시를 시행하던 단계였다고 볼 수 있다. 여기에 총독부가 경제적인 지원을 보태준 일은 없는 것으로 보인다. 강원도의 '이동사의 복고 개신' 시책에 대해서도 총독부의 지원은 소극적인 것에 그치고 있었다. 이 점을 알려주는 행사를 다른 신문기사[52]에서 찾아볼 수 있다.

1938년부터 9월 10일을 '고적애호의 날古蹟愛護日'로 정한 총독부는, 관내의 고적 명승 등의 보존 청정 행사에 근로보국대를 동원하기 위해

---

51 '中東版'「江原道內 三千餘個所 里洞祠 復舊更新 洞民에게 敬神思想啓導코자 今年中九百處 改善」, 『每日新報』, 1938.8.7(석간), 3면.

52 「勤勞報國은 古蹟愛護에서 九月十日 勤勞隊 動員」, 『東亞日報』, 1938.8.20, 2면.

학무국을 통해 사회교육과장 통첩을 각 도지사에게 보낸다. 통첩에 보이는 '중요한 행사' 여덟 가지 항목 중 첫 번째는 "보존회와 보승회保勝會는 물론 각지의 근로보국대를 동원해서 관내의 고적 혹은 명승을 보전청정할 것. 고적 명승이 없는 지방에서는 신사 불각의 정화, 신단 제단의 청소, 또는 경승지의 보전작업으로 대신할 것"이었다. '신단 제단의 청소'가 지시되었음을 확인할 수 있다.

위 기사를 통해 강원도에서 '이동사'의 '복고 개신'을 목표로 '개선'의 '노력'을 기울였던 '신단 제단'에 대해 총독부가 어떤 특별한 지원을 해준 일은 없으며, 다만 다른 도와 마찬가지로 '청소'를 위해 근로보국대를 동원해준 정도에 그쳤다고 추정할 수 있다.

그리고 강원도에서는 과거 '일면 일신사神祠'의 계획을 수립한 적이 있지만 경비상 문제로 실현되지 못했다는 사실을 확인할 수 있었다(이 장 제4절 (2)를 참조). 이때의 계획이란 1936년 7월 18일자의 내무·경찰부장 통첩에 근거한 '이동사의 복고 개신' 시책을 가리키는 바, 진척이 여의치 못했던 것에 더해 경비상의 문제로 인해 도중에 좌초하고 말았다는 점을 알 수 있다.

식민지조선의 '유사종교' 개념

국가신도 논리에 의해 배제되는 신앙자들

한국병합으로부터 5년이 지난 1915년, 신사 비종교론에 근거하여 공인된 신사를 규정, 관리하는 법령이 「신사사원규칙」(서장 「2 연구의 방법」을 참조)으로 제정되었고, 공인된 종교를 규정, 관리하는 법령이 「포교규칙」(제2절에서 논한다)으로 제정되었다. 이들 법령의 규정을 바탕으로 공인신사 및 공인종교로 이루어지는 식민지조선의 종교적 질서가 형성되어갔다. 이에 따라 조선인과 일본인이 이미 만들어두었던 다수의 종교적 공동체는 법령상 종교적 질서의 안과 밖에 재배치되게 되었다. 이와 같은 재배치에 의한 공동체의 배제와 포섭의 실체에 대해서는 아직 밝혀지지 않은 부분이 많다. 이하 부론에서는 배제와 포섭의 틈새에 놓여 있던 비공인종교단체를 중심으로 그 개념의 형성과 변천을 논하고자 한다. 국가신도를 논하는 데 있어서 이와 같은 작업은 반드시 필요하다고 생각하기 때문이다.

조선총독부의 종교정책에 관해서는 남아있는 사료가 많지 않고, 특히 신종교新宗教[1]를 둘러싼 총독부의 정책에 대해서도 그다지 연구가 진척되지 못한 상황이다.[1] 마찬가지로 식민지조선의 '유사종교' 개념에 관한 연구 또한 답보 상태에 머물러있는 바, 아래에서는 이에 대한 분석을 시도해볼 것이다.[2] 조선총독부의 신종교에 대한 인식을 파악하기 위해서는 일본 '내지'의 '유사종교' 개념과 대조해볼 필요가 있는데, 최근 전전기戰前期 일본의 '유사종교' 개념을 다룬 연구가 진전을 보이고 있다.[3] 이러한 연구들을 참고하는 동시에 '내지'와의 대비를 염두에 두면서, 조선총독부의 '유사종교' 인식 및 종교행정과 치안당국의 입장에 대해서도 고찰하고자 한다.

참고로 제2절에서 살펴보겠지만 조선에서 '유사종교'라는 용어는 '종교유사의 단체宗教類似ノ團體(법령상 용어)'나 '종교유사단체宗教類似團體(행정용어)'의 약칭으로서, 주로 1930년대 중반 이후 조사 자료나 치안상황보고서, 신문보고 등에 종종 나타난다.

---

1 정책사의 관점에서 조선총독부의 신종교 정책을 다룬 연구로서, 졸저, 『朝鮮農村の民族宗教－植民地期の天道教・金剛大道を中心に』(社会評論社, 2001)의 제2장, 「總督府의 「類似宗教」観」을 참조. 다만 이 책에서 '유사종교' 개념을 분석하지는 못했다.

2 저자가 본 바에 의하면 아직까지 식민지조선의 '유사종교' 개념에 초점을 맞춘 연구가 이루어진 적은 없다.

3 마키노우치 유[牧之内友], 「戦前期における文部省の宗教政策－「類似宗教」が「宗教結社」となるまで」(『北大史学』第43号, 2003.11)는 문부성의 종교정책이 종교단체법의 제정에 이르는 과정을, 동법 및 그 이전의 두 법안의 분석을 통해 밝히고 있다. 나아가 문부성과 내무성・사법성 사이의 갈등을 지적한다. 그에 의하면 문부성이 종교단체법 등을 통해 '유사종교'를 종교행정의 내부로 집어넣고 '선도(善導)'를 위한 '단속'을 지향했던 것과는 달리, 내무성・사법성은 1935년 이후 치안유지법 발동에 따라 종교 '섬멸' 정책을 추진하는 입장을 취했다고 한다.
엔도 다카시[遠藤高志], 「一九三〇年代中盤に見る「類似宗教」論－「迷信」論との関係に着目して」(『東北宗教学』第2号, 2006.12)는 '유사종교'의 정의가 변화하는 점에 착목하여 1930년대 중반의 '유사종교'론을 분석하고 있다.

본국정부와 조선총독부의 종교행정은 공인종교·비공인종교의 경계 설정을 통해 이루어졌으며, 비공인종교단체는 종교행정의 소관 밖에 위치하고 있었다. 다만 조선의 경우에는 종교행정의 소관 밖에 위치한 단체가 치안당국의 단속 상황을 반영하기도 하므로, 비공인단체로 단순히 일괄하기 어려운 면이 있다. 따라서 이들 단체를 종교행정상 구분에 따라 비공인단체 및 비밀결사로 지칭할 것이다(후술). 나아가 이 장에서 이들 단체를 총칭할 때는 '내지'의 단체에 관한 연구를 참조하여 편의상 '신종교'로 부르는 경우도 있음을 밝혀둔다.

이처럼 조선에서는 종교행정 소관의 공인단체 이외의 단체를 비공인단체와 비밀결사로 나누고 있었으므로, 이하에서는 종교행정 측과의 거리를 기준으로 비공인단체를 '회유', 비밀결사를 '단속'의 대상으로 여기는 관점에 입각해서 분석을 행할 것이다. 덧붙이자면 종교행정을 주관하는 부서는 본국정부에서는 문부성, 조선총독부에서는 학무국이었으며, 본국정부에서 비공인종교단체·비밀결사를 관리하는 부서는 내무성과 사법성, 조선에서는 경무국과 고등법원('내지'의 대심원大審院에 해당) 검사국이었다.

1. '내지'와 조선의 결사에 대한 인식의 차이

1) 신종교에 관한 '내지'의 법령과 결사

우선 일본 '내지'의 신종교('유사종교')와 법령의 관계를 정리해보자.

조선에 조선총독부가 설치되고 식민지지배가 시작된 1910년 당시 '내지'에서는 내무성 종교국이 종교행정을 주관하고 있었는데, 종교국은 1913년(다이쇼 2년)에 문부성으로 이관되었다.

한편 종교단체의 단속에 관해서는 1882년(메이지 15년)에 시행된 형법(구舊형법)에 불경죄不敬罪와 위경죄違警罪가 설치되어 있었다. 천황·황실을 비방하거나 그 존재를 부정 혹은 의문시하는 종교적 교의, 또는 이를 선포하는 일은 불경죄의 대상이 되었고, 유언부설流言浮說을 퍼트리거나 함부로 기도하는 행위 등은 위경죄(즉결)에 처해졌다. 이렇게 교의에 대해서는 불경죄, 일상행위에는 위경죄라는 신종교에 대한 국가의 대응 유형이 확립되었다. 교의는 천황·국가에 충실해야하며, 행위는 합리적이어야 한다는 것이 대부분의 신종교에 부가된 지상명령이었다.

1908년(메이지 41년)에는 신형법(법률 제45호, 1907년)이 시행되었다(이 형법은 법역法域이 다른 조선에서는 조선형사령(훈령 제11호, 1912년)의 규정을 통해 적용되었다). 구형법에 보이던 위경죄는 별도의 경찰범 처벌령(즉결)으로 규정되었다. 신형법은 불경죄도 포함하고 있었는데, 신궁神宮에 대한 불경도 처벌 가능한 규정이 새롭게 추가되었다. 새로운 규정의 추가는 신종교의 입장에서는 대단히 중요한 것이었는데, 교의를 통해 아마테라스 오미카미보다도 위대한 신을 상정하는 행위가 불경죄의 대상이 될 가능성이 생겨났기 때문이다.

경미한 비합리적 종교행위에는 경찰범 처벌령이 주로 동원되었고, 사회변혁, 국가개조를 지향하는 종교단체·종교적 결사에 대해서는 불경죄 등이 적용되었다. 나아가 1925년(다이쇼 14년)에는 치안유지법이 제정되어 단속이 더욱 심해졌다. 가령 1921년(다이쇼 10년)에 벌어진 제1차 오모토大本 사건에는 불경죄와 신문지법 위반이 적용되었지만, 1935년(쇼와 10년)의 제2차 오모토 사건에서는 단속의 강화에 따라 불경죄와 치안유지법 위반이 검거의 이유가 되었다.[2][4]

이처럼 신종교는 비공인단체로 여겨지는 동시에 종교행정의 관할 밖에 위치했으며, 경찰당국은 앞서 소개한 법령들에 의거해 단속을 행하고 있었다. 이들 비공인단체는 법적으로는 결사로 간주되었다. 다음은 '내지'의 결사에 관한 규정이었던 치안유지법(법률 제36호, 1900년) 제1조의 내용이다.

제1조 정사(政事)에 관한 결사의 주간자(主幹者)(지사(支社)에서는 지사의 주간자)는 결사를 조직한 날부터 3일 이내에 사명, 사측, 사무소 및 그 주간자의 씨명을 사무소 소재지의 관할 경찰관서에 계출(届出)해야 한다. 계출 사항에 변경이 생겼을 때도 마찬가지다.

---

4 위의 내용은 井上順孝他編, 『新宗教事典』(弘文堂, 1990)의 「法と新宗教」 항목을 참고하여 정리했다.

위의 치안유지법 제1조는 정치적 결사의 계출제屆出制에 관한 규정을 나타내고 있다. 그렇지만 계출제라는 명목과는 달리 결사를 내무대신의 권한으로 금지하는 일은 언제든 가능했다. 게다가 계출을 하지 않은 경우에도 비밀결사로 간주되어 결사가 금지되었다(제14조「비밀의 결사는 이를 금지한다秘密ノ結社ハ之ヲ禁ズ」). 신종교단체의 경우에는 계출을 통해 결사를 허가받을 수 있었다.

이와 같이 '내지'의 비공인종교단체는 종교행정의 소관 밖에 위치하는 결사로서 경찰당국의 단속을 받았다. 그런 의미에서 비공인종교단체는 이 장에서 말하는 '단속'의 대상이기도 했다.

2) 조선의 결사에 관한 법령

'내지'와 조선의 비공인종교단체가 지닌 공통점은 결사로서 단속의 대상이 되었다는 점에 있다. 결사에 관한 조선의 규정을 살펴보자.

대한제국 시기에 제정된 보안법(법률 제2호, 1907년 7월)은 「조선에서의 법령의 효력에 관한 건朝鮮ニ於ケル法令ノ効力ニ關スル件」(제령制令 제1호, 1910년 8월 28일)을 통해 병합 후에도 그 효력을 유지하고 있었다. 제1조의 내용은 다음과 같다(병합 전에는 '조선총독' 대신 '내부대신'으로 표기).

제1조 조선총독은 안녕과 질서를 보지하기 위해 필요한 경우에는 결사의 해산을 명할 수 있다.

(第1条 朝鮮總督ハ安寧秩序ヲ保持ノ為メ必要ノ場合ニ結社ノ解散命スルコトヲ得)

보안법은 조선인을 대상으로 삼고 있었으며, '내지'의 치안경찰법(집회, 결사 그리고 노동쟁의, 소작쟁의 등을 단속하는 치안법으로 운용되었다) 가운데 필요한 조항만을 차용한 이른바 '축약'판 법령이었다.

다만 조선의 보안법에는 계출제에 관한 규정이 없었다. 식민지지배를 전제로 한 법령으로서 치안의 중시를 보다 엄격히 여기는 내용으로 이루어져있었고, 조선인에 의한 정치적 결사의 존재를 용납하지 않았다. 참고로 3·1운동 이후에는 「정치에 관한 범죄처벌의 건政治ニ關スル犯罪処罰ノ件」(제령 제7호, 1919년 4월)과 치안유지법(법률 제46호, 1925년)이 치안에 관한 법령으로서 추가되었다.[5]

이와 같은 보안법의 시행 이후, 조선의 비공인종교단체는 법적인 결사로 간주되는 동시에 비밀결사라는 범주에도 포함되기에 이르렀다. 비공인종교단체는 '안녕과 질서'에 무해하다고 판단되는 경우에만 결사(종교적 결사)로서 그 존재를 허가받았고, 그렇지 못한 경우에는 비밀결사로 취급되었다. 비밀결사에 대해서는 위의 보안법 제1조의 '해산' 규정을 빌미로 혹심한 단속과 탄압이 가해졌으며, 나아가 '안녕과 질서'를 해친다고 판단된 경우에는 해산을 강제할 수도 있었다. 그렇다고 그 존재를 허가받은 종교적 결사가 경찰당국의 단속 대상에서 제외되는 일은 없었으며, 개개의 위법 행위에 대해서는 단속의 일환으로서 법령의 개별적 적용이 이루어졌다고 추측된다.

---

5 보안법과 치안경찰법과의 비교에 관해서는 미즈노 나오키[水野直樹], 「治安維持法の制定と植民地朝鮮」(『人文学報』[京都大学人文科学研究所] 第83号, 2000.3)에 상세히 분석되어있으므로 참조하길 바란다. 이 논문은 치안유지법이 제정되기 이전에 조선에서의 치안법령이 지닌 문제 및 치안법령 제정의 시도를 검토하고, 치안유지법 제정에 있어서 식민지 문제가 어떻게 인식되고 있었던가에 대해서도 고찰하고 있다.

다시 말해 식민지였던 조선에서 종교행정의 소관 밖에 위치하게 된 단체는, 무엇보다도 치안을 가장 중시하는 엄혹한 단속의 환경으로 내몰리게 되었던 것이다. 법적인 결사(종교적 결사)에 더해 비밀결사로서도 혹심한 단속을 받게 된 그들은 — 종교적 활동을 위해서는 — 자신들의 존재를 결사로서 허가받아야 한다는 커다란 과제를 껴안게 되었다. 비공인종교단체의 통제를 담당했던 경찰당국은 — 종교행정의 범위에서 벗어나있던 단체를 일괄하지 않고 — 결사로서 법적 허가를 받은 단체와 그 밖의 허가를 받지 못한 비밀결사를 구분하여 단속을 행하고 있었기 때문이다.

2. '유사종교' 개념의 형성

1) '내지'에 보이는 '유사종교'의 두 흐름

문부성 종교국의 통첩을 계기로 '유사종교'라는 용어가 관용적으로 쓰이기 시작했다는 점은 잘 알려져 있다. 문부성 종교국 통첩 발종發宗 제11호 「종교 및 이와 유사한 행위를 하는 자의 행동을 통보하는 방법의 건宗敎及之ニ類スル行爲ヲナス者ノ行動通報方ノ件」(1919년 3월 3일)을 보자.

신불도(神佛道)나 기독교 등의 종파에 속하지 않으면서 종교유사의 행위를 하는 자, 그리고 신불도나 기독교에 속하는 종교 교사(敎師)의 행동이 공안과 그 외의 풍속 등에 있어서 특히 주의를 요하는 자가 있을 경우에는 조사한 뒤 그 정도를 통보하라는 명령을 알린다.

선행연구들은 위 통첩에 나오는 '종교유사'라는 어구가 '유사종교'로 변주되었다고 본다. '유사종교'라는 용어는 "오직 비공인종교를 지칭하는 바, 때때로 신흥, 의사擬似의 의미로 사용"되었으며, '재래의 용례'는 주로 "행정적 단속의 관행에 따라 사용된 것에 불과"하다고 한다.[6]

위의 통첩이 내려진 이후, 문부성은 종교국의 관리대상이 아니었던 비공인종교단체를 종교행정의 내부로 포함시켜가기 시작한다. 그 도달점을 1939년에 제정된 종교단체법에서 볼 수 있으며, 이에 근거하여 종교결사제도가 도입되었다. 그 과정에서 '유사종교'에 대해 '오직 비공인종교를 지칭'하는 '행정적 단속의 관행'이 성립된 것으로 볼 수 있으며, 결코 법령으로 규정된 용어는 아니었다. 다시 말해 문부성이 비공인종교단체를 종교행정의 테두리 안에 집어넣고자 했던 '회유'의 과정에서, 그 대상이 되는 단체가 '유사종교'라는 행정용어로 일괄되었던 것이다.

한편 내무성·사법성은 1935년 이후로 치안유지법 발동에 따른 종교 '섬멸' 정책을 추진하고 있었다. 사법성은 문부성과는 다른 입장에서 — 단속의 대상을 의미하던 — '유사종교'의 개념을 변질·확대시켰으며 공인단체에까지 손을 뻗치기 시작했다.[7] 1942년에 사법성 형사국이 내놓은 '유사종교'의 정의를 아래에서 살펴보자.

---

6 司法省刑事局, 『最近に於ける類似宗教運動に就て 昭和十六年度』(1942). 社会問題資料研究会編, 『社会問題資料叢書』第1輯(東洋文化社, 1974)의 제1장 제1절 「類似宗教の概念」에 수록되어있다(3쪽).

7 牧之内, 「戰前期における文部省の宗教政策」, 30쪽.

그들에게 종교의 '정사正邪를 판단'하는 기준의 기본이념은 "민족적 신앙인 황도정신['국가황실을 중심으로 한 신민도臣民道'를 가리킨다]에 기초를" 두고 있었다. 그리고 "유사종교란 외견상으로는 늘 예배 등과 같은 소위 종교적 행위를 수반하지만, 각 행위의 본질을 형성하는 교의와 그 밖의 것들은 국가, 사회의 안녕질서를 해치는 것으로 이루어져 있다"고 정의한다. 그리고 "① 해당 종교의 공인, 비공인 또는 기성, 신흥의 여부를 묻지 않으며", "④ 최소한 그 본질에 있어서 치안유지법 및 그 외의 특별법을 포함한 광범위한 형법의 대상이 되는 것"으로 이해할 필요성에 대해서도 언급한다.[8]

사법성은 문부성이 비공인종교단체에 대해 '유사종교' 개념을 통해 이끌어낸 방침 — 종교행정 안으로 '회유'한다는 방침 — 을 택하지 않고, 국체관념을 바탕으로 치안을 중시하는 방침을 택했던 것이다.

지금까지 본 것처럼 1930년대 중반 '내지'에서 '유사종교' 개념은 요동치고 있었으며, '공인종교'와 '유사종교(=비공인종교)'의 구별이 애매해졌다는 견해[9]에 대해서도 저자 역시 기본적으로 동의하는 편이다. 그렇지만 문부성의 '회유' 과정에서 비공인종교단체가 '유사종교'라는 용어로 일괄되었던 점을 중시하는 경우에는, '유사종교' 개념의 내용에 대해서도 더욱 자세히 검증해볼 필요가 있을 것이다. 이제 조선에서의 '유사종교' 개념을 살펴보도록 하자.

---

8 『最近に於ける類似宗敎運動に就て 昭和十六年度』, 5쪽.
9 遠藤, 「一九三〇年代中盤に見る「類似宗敎」論」, 98쪽.

2) 조선과 '유사종교'라는 용어

여기에서는 장소를 조선으로 옮겨서 '유사종교' 개념에 관한 용어를
정리해보자.

조선에서는 법령을 통해 「종교유사의 단체宗敎類似ノ團體」(포교규칙 제15
조, 후술)라는 표현이 사용되었다. 법적 용어에 근거한 '종교유사단체'라
는 행정용어는 그 주관부서였던 경무국의 치안상황 보고서에서도 발견
된다. 그리고 — 1920년대 '내지'에서 '유사종교'라는 용어가 사용된 점
과도 관련이 있을 것으로 생각되는데 — 1920년대 후반 조선총독부 경
무국의 치안상황 보고서[10]를 보면 '유사종교'가 '종교유사단체'의 약칭
으로 사용되고 있음을 알 수 있다.

나아가 1935년에 조선총독부 조사자료(『조선의 유사종교』)[11]의 서명과
본문에 '유사종교'가 등장한 이후로는, 치안상황보고서 이외의 자료에
서도 '유사종교'가 쓰이기 시작했음을 확인할 수 있다. 신문보도를 예로
들자면 『경성일보』나 『매일신보每日申報』(후에 『매일신보每日新報』로 변경)
에 나타나는 '사교邪敎', '미신단체', '종교유사단체' 등의 표현이 이 시
기에 들어서면 '유사종교'로 바뀌고 있다(언론 및 출판계의 용례에 대해서는
따로 논의할 필요가 있을 것이다).

---

10 확인 가능한 '유사종교'의 사용례는 朝鮮總督府警務局保安課, 『昭和二年十二月 治安狀
   況』(1927)에 실려 있는 「結社一覽表」(1927.10 현재) 및 朝鮮總督府警務局, 『昭和五年
   十月 治安狀況』(1930)에 실려 있는 「各種結社一覽表」(1929.12 조사)에서 볼 수 있다.
   참고로 朝鮮總督府警務局, 『大正十一年 朝鮮治安狀況 其ノ一 '鮮內'』(1922)과 朝鮮總督
   府警務局, 『大正十三年十二月 治安狀況』(1924)에 게재된 같은 종류의 표는 약칭이 아닌
   '종교유사단체'를 그대로 사용하고 있다.
11 『朝鮮の類似宗敎』, [朝鮮總督府]調査資料第42輯, 1935.

그러면 기성의 종교단체에 대해 조선총독부는 어떤 법적 위치를 부여하고 있었을까? 조선총독부의 종교행정에 관한 법령인 포교규칙(총독부령 제83호, 1915년)을 통해 이 점을 검토해보자.

포교규칙의 제1조는 소위 공인종교를 설명하고 있다. 여기서 공인종교는 '신도(소위 교파신도)', '불도('내지불교'와 '조선불교')', '기독교'로 정의되었다.

제1조 본령에서 종교로 칭하는 것은 신도, 불도 및 기독교를 말한다.
(第1条 本令ニ於テ宗教ト稱スルハ神道、佛道及基督教ヲ謂フ)

공인종교를 총독부 내에서 주관하던 부서는 학무국 종교과(1932년부터 학무국 사회과, 1936년부터 학무국 사회교육과. 이하 생략)였다. 신사는 '내지'와 마찬가지로 신사비종교론의 입장에서 1925년 학무국 종교과에서 내무국 지방과로, 1941년에는 사정국 지방과, 1943년에는 총독 관방지방과로 주관부서가 이관되었다.

다음으로 '종교유사의 단체'를 규정했던 제15조를 보자.

제15조 조선총독은 필요한 경우 종교유사의 단체로 인정된 것에 본령을 준용할 수 있다.

전 항에 따라 본령을 준용할 단체는 이를 고시한다.

(第15条 朝鮮總督ハ必要アル場合ニ於テハ宗教類似ノ團體ト認ムルモノニ本令ヲ準用スルコトアルヘシ
前項ニ依リ本令ヲ準用スヘキ團體ハ之ヲ告示ス)

위 인용문의 '종교유사의 단체'라는 용어는 '내지'에서 1919년에 등장했다고 여겨지는 '유사종교' 개념의 선구적 사용으로 볼 수 있는 바, 이것이 조문에까지 명기되었던 것이다. 조문을 꼼꼼히 살펴보면 '종교유사의 단체'가 속하는 범주를 전제하고 있으며, 그러한 범주 안에 '종교유사의 단체'로 인식된 것이 포함되었음을 알 수 있다. 이 범주는 아마 종교행정의 소관 밖에 존재하던 단체들을 가리키고 있었을 것이다.

여기서 결사가 조선에서 어떻게 파악되고 있었는지에 관한 이 장 제1절의 내용을 상기해보자. 식민지였던 조선에서 비공인종교단체는 치안을 중시하는 엄혹한 단속의 환경에 놓여있었고, 법적으로는 결사(종교적 결사)에 더해 비밀결사라는 범주를 뒤집어쓰고 있었다. 따라서 비공인 종교단체를 관할하는 치안당국이었던 검찰·경찰은—그저 종교행정의 소관에서 쫓겨나있던 단체를 단속했던 것이 아니라—결사로서의 존재를 법적으로 허락받은 단체와, 그 외에의 비밀결사를 구별하여 단속을 행하는 수법을 취하고 있었다.

이처럼 결사와 비밀결사를 나누어 단속하는 상황이 종교행정에 반영되면 어떻게 될까? 위에서 본 것처럼 포교규칙 제15조는 종교행정 소관 밖의 단체라는 범주를 전제로, 그 안에서 '종교유사의 단체'로 여겨지는 단체를 규정하는 내용으로 이루어져있었다. 이와 같은 제15조의 내용은 경찰당국의 단속 상황을 반영한 것으로 볼 수 있다.

그러니까 경찰당국의 단속 상황을 종교행정에 반영시켜 만든 법적 규정이 포교규칙 제15조였던 것이다. 달리 말하면 종교행정의 소관 밖에 놓인 단체라는 범주에 속하면서, 결사로서의 존재를 허가받은 단체(종교적 결사)를 종교행정상의 '종교유사의 단체'로 인정하는 규정이 제15조에 의해 성립한 것이다.[12] 또한 "본령을 준용할 수 있다"는 구절은 종교행정의 관리를 받는 공인단체가 될 수 있는 가능성을 '종교유사의 단체'에 부여하는 내용으로 해석할 수 있다. 따라서 '종교유사의 단체'는 종교행정의 관리를 받는 '회유'의 대상이 되었고, 존재를 허가받지 못한 비밀결사는 '단속'의 대상이 되었다고 추정해도 좋을 것이다.

여기서 '내지'와는 다른 조선의 특징이 눈에 띈다. 경찰당국의 단속을 받고 있었던 종교행정 소관 밖의 단체 가운데, '회유'의 대상에 위치하는 단체의 범주가 설정되자 이와 동시에 '단속'의 대상으로 여겨지게 된 단체의 범주도 생겨난 것이다.

공인종교단체와 비공인종교단체가 구별되었던 '내지'와는 달리, 치안의 입장이 더욱 중시되었던 조선에서는 이와 같이 종교행정에도 단속의 상황이 반영되었다. 즉 종교행정 소관 밖의 단체에 관한 범주가 두 가지로 나뉜 것인데, '회유'의 대상에 위치하는 단체는 법적으로 '종교유사의 단체('유사종교')'로 인정되었고 그 밖의 '단속'의 대상에 위치하게 된 단체는 비밀결사로 여겨졌다. 치안이 중시되었던 식민지조선에서는 그 존재를 허락받지 못한 비밀결사를 보다 효과적으로 단속하기 위해 종교행정상 '회유'의 대상이 되는 단체가 요청되었다고도 볼 수 있겠다.

이처럼 종교행정의 소관 여부에 따라 공인종교단체와 비공인종교단체를 구분한다는 범주는 '내지'에서 조선으로 이식된 것이지만, 치안을 중시하는 입장이 전면에 등장했던 식민지조선에서는 '내지'와는 달리

---

12 그리고 포교규칙이 '종교유사의 단체' 자체를 통제할 수 있는 내용을 규정하고 있지 않은 점도 중요하다. '내지'의 종교단체법(1940년 시행)처럼 공인단체, 비공인단체를 일괄적으로 통제하려는 목적이 보이지 않는 것이다.

공인종교단체, 비공인종교단체, 비밀결사의 세 가지 형태가 명확히 구분되었다.

3) 포교규칙의 '종교유사의 단체'

다음으로는 포교규칙 제15조의 해석을 둘러싼 선행연구[13]를 검토하고, 이에 대한 저자 나름의 견해를 주장해보겠다. 그리고 이를 통해 앞서 논한 제15조에 관한 해석, 즉 '유사종교' 개념의 검증을 진행할 것이다.

포교규칙 제15조 및 제1조의 내용에 대해서는 이미 앞에서 언급했다. 이에 관한 논의를 위해 우선 조경달趙景達의 연구를 살펴보자.

> [보안법과 사찰령, 경학원규정, 사립학교규칙의 개정을 설명한 후] 그러나 신흥종교에 대한 단속은 충분하지 못했기에, 포교규칙(1915년 8월)을 발포하여 종교를 신도, 불교, 기독교에 한정하고(제1조) 그 외의 종교는 '종교유사의 단체'로 규정된 경우에만 이 규칙을 준용하도록 했다(제15조). 이는 공인받지 못한 신흥종교를 탄압하는 근거가 되었다.[14]

---

13 조경달은 그의 저서, 『朝鮮民衆運動の展開―士の論理と救済思想』(岩波書店, 2002)에서 졸저, 『朝鮮農村の民族宗教』의 기술("신흥종교 가운데 공인을 받고 포교규칙의 적용 대상에 포함된 교단은 결국 한 군데도 없었다", 82쪽)을 요약 인용하고 그 수정을 주장한다(제7장의 주5). 조경달은 "'종교유사의 단체'로 규정되어 포교규칙을 '준용'한다는 의미의 공인교단은 여러 곳 있었다"며 이를 비판한다.

14 조경달, 『朝鮮民衆運動の展開』, 186쪽.

[이하는 같은 책의 주에 보이는 내용이다] '종교유사의 단체'로 규정되어 포교규칙을 '준용'한다는 의미의 공인교단은 여러 곳 있었다.[15]

위의 기술을 염두에 두면서 제15조에 대한 논점을 정리해보자. 조경달은 제1조에서 지정한 종교 이외에는 "'종교유사의 단체'로 규정된 경우에만 이 규칙을 준용"했다고 해석한다. 그리고 이를 근거로— 제1조 규정에 보이는 '공인종교'와는 구별되지만— '종교유사의 단체'로 규정하고 포교규칙 '준용'의 대상으로 삼는 것 역시 일종의 '공인'에 다름 아니었다는 입장에서 논의를 전개해나간다.

하지만 우선 제1조에서 지정한 종교 이외에는 "'종교유사의 단체'로 규정된 경우에만 이 규칙을 준용"했다는 해석에 오류가 있다. 제15조의 '종교유사의 단체로 인정된 것'이라는 표현은 "'종교유사의 단체'로 규정된 경우"를 의미하는 것이 아니다. 이는 앞서 말했듯이 종교행정의 소관 밖으로 밀려난 단체 중에서도 '종교유사의 단체'로 인정된 곳에는 포교규칙을 '준용'할 수 있다는 가능성을 상정한 내용으로 볼 수 있다. '종교유사의 단체'란 어디까지나 비공인종교단체를 가리키고 있었으며, 치안당국으로부터 결사로서의 존재를 허락받은 종교단체를 의미하고 있었다.

그러면 '공인'이란 무엇이었을까? 종교학, 종교사 연구의 분야에서 '공인'은 종교행정의 소관이라는 의미로 사용되며, 종교행정이 관리하는 단체를 공인종교단체로 부르는 경우도 많다. 또한 단지 인정을 받았다는 정도의 대략적인 의미에서 이를 사용하고 있는 치안당국의 자료도 확인되는 점 등이 '공인'에 관한 오해를 낳은 것으로 보인다.

15 위의 책, 제7장의 주5, 225쪽.

가령 조경달은 고등법원 검사국의 자료에 보이는 "동학계의 천도교 혹은 시천교侍天敎, 또는 불교계통이나 유교계통의 것 등, 당국의 공인을 받고 포교하고 있는 것 이외에는 전부 소위 말하는 밀교로서 지하에 잠입하여 퍼져나가고 있는 중"[16]이라는 기술을 가지고 "'종교유사의 단체'로 규정되어 포교규칙을 '준용'한다는 의미의 공인교단은 여러 곳 있었다"는 주장의 근거로 삼고 있다.

그러나 '공인을 받고 포교하고 있는 것'이라는 구절에 나오는 '공인'은 단지 고등법원 검사국이 넓은 의미에서 '포교'를 수식하기 위해 사용한 것에 불과하다고 생각된다. 포교규칙 제15조의 규정에 나오는 '종교유사의 단체'로 인정한다는 구절은, 고등법원 검사국에게는 '포교'를 '공인'한다는 의미로 받아들여졌을 가능성이 높다. 거듭 강조하지만 '내지'에서 종교단체의 '공인'이란 종교행정이 관리하는 단체를 가리키는 용법으로 쓰이고 있었다. 이는 조선에서도 마찬가지였는데, '공인을 받고 포교하고 있는 것'이라는 표현이 오해를 불러일으켰다고 볼 수 있다.

그렇다면 '공인을 받고 포교하고 있는 것'이라며 고등법원 검사국이 굳이 자료에 '공인'을 적어 넣은 이유는 무엇일까? 이 표현에서 '비밀포교'가 아닌 '포교'를 강조한 의도를 읽어낼 필요가 있다. 같은 시기의 치안상황을 기록한 조선총독부 경무국의 『쇼와16년 12월 제79회 제국의회 설명자료』(1941년)[17]를 보면 당시 조선총독부 경무국은 '비밀포교사

---

16 위의 책, 제7장 주5에서 인용. 출전은 「思想犯罪から觀た最近の朝鮮在来類似宗敎」, 『思想彙報』第22號, 朝鮮總督府高等法院檢事局思想部, 1940, 19쪽.
17 같은 자료의 「四 宗敎類似團體ノ狀況」에는 본문에서 논한 것과 마찬가지로 '비밀포교사건'이라는 명칭 아래, 발각된 '종교유사단체' 관련사건이 적혀있다. 「秘密布敎宗敎類似團體檢擧表」도 게재되어있다.

건', '비밀포교 종교유사단체 검거 표' 등의 표현을 사용하고 있는데, 당국이 파악하지 못한 포교활동에 대해 '비밀포교'로서 단속을 강화하고 있었음을 알려준다.

이와 같이 제15조의 "종교유사의 단체로 인정된 것에 본령을 준용할 수 있다"는 구절은, 종교행정 측이 자신들이 관리하는 공인단체가 될 수 있는 가능성을 '종교유사의 단체'에 부여한 규정으로 해석해야한다는 것이 저자의 생각이다.

그렇다면 '종교유사의 단체'에 공인단체가 될 수 있는 가능성을 부여한 배경에는 무엇이 있었을까? 저자는 '내지'에서 국가가 교파신도 교단을 공인함으로써 체제에 대한 협력과 타협을 이끌어냈다는 사실을 지적하고 싶다. 하지만 결국 제15조의 규정을 통해 포교규칙의 '준용'이 이루어지고 공인종교가 된 '유사종교' 단체가 나타나는 일은 없었다.

그 근거를 총독부 기관지 『조선』에 게재된 논설 중 "조선의 신앙단체 가운데 법령에 따라 종교로 간주되는 것에는 신도, 불교, 기독교의 세 종류가 있다. 그리고 종교유사의 단체의 경우에도 필요에 따라 공인종교로 지정되는 길이 열려 있지만, 아직 공인을 받은 것은 단 한 군데도 없다"(1940년)[18]라는 기술에서 찾을 수 있다. 『조선총독부 관보』의 「휘보」란에 실린 「포교계布教届」를 보는 한, 그 후에도 공인된 '종교유사의 단체'가 나타나는 일은 없었다고 단정할 수 있다.

그리고 위 논설의 표현을 빌리자면 '본령을 준용'한다는 것은 곧 '종교유사의 단체'를 종교행정 소관의 '공인종교'로 삼는 '길'을 의미하는 것에 다름 아니었다. 이런 의미에서도 제15조에 대한 저자의 해석은 틀

---

18 神宝長治, 「朝鮮に於ける宗教の概要」, 『朝鮮』 第296號, 1940.1.

리지 않았다고 생각한다.

지금까지의 내용을 정리해보자. 조선에서 경찰당국의 단속 대상이 되었던 비공인종교단체 중에 결사로서의 존재를 허가받은 단체를 포함하는 범주가 생겨났다. 그리고 조선총독부의 종교행정 측은 이 범주를 1915년의 포교규칙에 의거해 법적인 '종교유사의 단체'로 규정한다. 존재를 허가받은 종교적 결사가 '종교유사의 단체'로 인정되었던 것이다. 이와 동시에 포교규칙의 규정에 따라 '종교유사의 단체'에는 종교행정의 관리 안으로 포섭해야할 대상, 곧 '회유'의 대상이 되는 단체라는 의미도 부가되었다. 행정용어로서는 '종교유사단체' 및 그 약칭인 '유사종교'가 사용되었다.

한편 '내지'의 경우 계출제를 택하고 있었으며 비밀결사를 의식할 필요가 없었기 때문인지, 종교행정 측은 대개 종교적 결사의 범주를 그대로 비공인단체로 간주하고 있었다. 그런데 1920년대 무렵 문부성이 비공인종교단체를 종교행정의 관리 안으로 포섭하는 방침을 취하기 시작했을 당시 '회유'의 대상이 되는 비공인단체를 '유사종교'라는 용어로 일괄하는 경향이 나타났다. '내지'에서 그 용례가 처음 확인되는 것은 1919년 3월에 발송된 문부성 종교국의 통첩으로서 '종교유사'라는 어구가 보인다. 조선보다 늦은 시기임을 알 수 있다.

이처럼 '내지'와 조선의 공통된 현상으로서, 종교행정 측이 비공인단체를 자신들의 소관하에 포섭하려고 했을 때 '유사종교' 개념이 생겨났다는 점을 지적할 수 있다. 따라서 '유사종교'란 종교행정의 관리 안으로 포섭한다는 의미에서 '회유'의 대상이 되는 종교단체를 가리킨다고 할 수 있겠다. 그리고 그 개념과 용어는 모두 조선에서 먼저 형성되었고,

그 후 문부성에 의한 '회유'의 과정에서 이것이 '내지'로 역수입되었을 가능성이 높다.

그 뒤 '유사종교' 개념이 어떤 추이를 보이는지 추적하기 위해 다음으로는 '내지'의 '유사종교' 개념을 둘러싼 두 가지 흐름의 행방과 조선의 '유사종교' 단속에서 드러나는 변화를 분석해보도록 하겠다.

3. '유사종교' 단속의 추이

1) '내지'의 두 흐름과 그 행방

위에서 본 것처럼 1919년의 통첩을 계기로 문부성 종교국의 소관 밖에 있던 단체(소위 비공인단체)에 대해 '유사종교'라는 용어가 관용적으로 쓰이기 시작했다. 문부성은 1920년대에 종교법과 종교단체법을 둘러싸고 논의가 펼쳐지는 와중에 '유사종교'에 대해 언급한다. 종교단체법(1939년 제정)과 그에 앞선 두 가지 법안(1927년의 제2차 종교법안, 1929년의 제1차 종교단체법안)을 통해 "'유사종교'를 종교행정의 테두리 안에 집어넣으려는 문부성 측의 노력"을 확인할 수 있다. 문부성은 "'교화敎化'에 도움이 되는 한 '선도善導'하겠다는 '교화'의 논리"에 바탕을 둔 "'조장행정助長行政'을 지향"하고 있었다.[19] 그 결과 종교단체법이 공포되었다.

---

[19] 牧之内, 「戦前期における文部省の宗教政策」, 36쪽.

1939년에 제정된 종교단체법(법률 제77호)은 1940년 4월에 시행되었다. 앞서 논했듯이 문부성은 비공인종교단체(종교적 결사)를 '유사종교' 개념으로 일괄하고 종교행정의 테두리 안에 집어넣으려는 의도를 가지고 있었다. 그러한 문부성의 '노력'의 결과가 종교단체법으로 나타났다. 이 법령은 비공인종교단체='유사종교(경찰, 검찰의 관할)'를 '종교결사'로 간주하고 종교행정의 대상으로 상정했는데, 이와 같은 종교결사제도의 도입은 문부성에 의한 종교행정의 테두리에 변화를 가져왔다.

동법 제23조는 비공인종교단체('종교단체'에 속하면서 계출을 하지 않은 교회 및 집회소 등을 포함한다)의 '종교결사' 계출에 관한 내용을 담고 있었다. 아래에 인용한다.

제23조 종교단체가 아니면서 종교의 교의를 선포하고 의식을 집행하는 결사(이하 종교결사로 약칭한다)를 조직할 때는 대표자가 규칙을 정해서 14일 이내로 지방장관에게 계출(屆出)해야한다. 계출 사항에 변경이 생겼을 때도 마찬가지다.

종교결사의 규칙에는 다음 사항을 기재할 것.

1 명칭

2 사무소의 소재지

3 교의, 의식 및 행사에 관한 사항

4 봉재주신(奉齋主神), 안치불(安置佛) 등의 칭호

5 조직에 관한 사항

6 재산관리 및 그 외의 재무에 관한 사항

7 대표자 및 포교자의 자격 및 선정방법

문부성과는 입장을 달리 하는 사법성 형사국은 종교단체법에 대해서, '종교단체(공인단체)'와 마찬가지로 '종교결사(비공인단체)'에도 전면적으로 '인가주의認可主義'를 적용하는 동시에 엄중한 '통제 아래'에 둠으로써 '지도, 감독의 지변을 기도한' 것으로 이해하고 있었다. 그리고 "공인, 비공인의 여부를 물을 필요가 없어졌다"는 해석을 바탕으로 '유사종교'에 관해 치안을 중시하는 별도의 정의를 제시했다.[20]

제2절에서 보았듯이 사법성은 문부성처럼 종교행정의 소관 안으로 '회유'하는 방침을 취하지 않고, 국체관념에 근거하여 치안을 중시하는 정의를 내세웠다. 이는 "유사종교란 외견상으로는 늘 예배 등과 같은 소위 종교적 행위를 수반하지만, 각 행위의 본질을 형성하는 교의와 그 밖의 것들은 국가, 사회의 안녕질서를 해치는 것으로 이루어져있다"는 내용을 담고 있었다.

이와 관련하여 사법성과 같은 입장에 서있었던 내무성은—문부성의 의도를 어떤 의미에서는 정확히 파악하고 있었는데—종교결사제도가 '보호'를 목적으로 삼는 것이었음을 간파하고 있었다. 그래서 내무성은 '유사종교'에 경계심을 드러내는 한편, '단속을 엄중히 할 것'이라며 문부성의 정책에 대해서도 더욱 경계를 강화하는 태세를 보였다고 한다.[21]

이와 같은 입장에서 내무성·사법성은 1935년 이후 치안유지법(1925년 제정)의 발동과 보조를 맞추어 더욱 단속을 강화해 가는 바, 이는 치안유지법의 개정이라는 한층 더 강력해진 단속의 강화로 이어져갔다.

1941년(쇼와 16년) 치안유지법이 개정되었고(법률 제54호) '유사종교'

---

20 『最近に於ける類似宗教運動に就て 昭和十六年度』, 4쪽.
21 牧之內, 「戰前期における文部省の宗教政策」, 34~35쪽.

운동에 대한 규제방침 또한 더욱 명확해졌다. 이에 관한 내용을 제7조에서 확인할 수 있다(제8조, 9조는 벌칙규정).

> 제7조 국체를 부정하고 신궁이나 황실의 존엄을 모독하는 사항을 유포할 목적으로 결사를 조직한 자, 또는 결사의 역원이나 그 외에 지도자의 임무에 종사하는 자는 무기 혹은 4년 이상의 징역에 처하며, 이에 공감하여 결사에 가입한 자나 결사의 목적 수행을 위한 행동에 가담한 자는 1년 이상의 유기 징역에 처한다.

제7조에서 주목되는 것은 '국체'의 '변혁'이 아니라 '국체'의 '부정'이 강조되고 있는 점이다. 이 경우 기기記紀에 입각한 신화의 신들('국체'를 보증해준다)과는 이질적인 신(들)을 모시는 종교는 필연적으로 '국체'를 '부정'하는 결과를 낳고 만다. 개정된 치안유지법은 이처럼 종교 교의에 대해서도 엄격한 잣대를 들이밀고 있었다.[22]

앞서 논한 바 문부성은 종교행정의 관리 안으로 '회유'하는 방침을 취하고 있었으며, 그 도달점을 종교단체법에서 찾아볼 수 있었다. 종교단체법의 제23조는 비공인종교단체(경찰, 검찰 관할)를 '유사종교'라는 용어로 일괄하고 있던 문부성이 이들을 '종교결사'로 간주하고 종교행정의 대상으로 삼았다는 점에서 중요한데, 이러한 종교결사제도의 도입은 문부성의 종교행정 방침에도 변화를 가져왔다.

또 다른 계통을 이루고 있던 내무성·사법성은 문부성과는 달리 1935년 이후 치안유지법의 발동에 발맞추어 종교 '섬멸' 정책을 추진하

---

22 井上順孝他編, 「法と新宗教」, 『新宗教事典』을 참조.

고 있었다. 사법성은 '유사종교'에 부여하고 있던 단속의 대상이라는 의미를 더욱 변질, 확대시켜서 공인단체에까지 촉수를 뻗고 있었다.

이처럼 1930년대 중반 두 가지 계통이 변화를 보임에 따라 '내지'의 '유사종교' 개념은 크게 요동치게 되었고 공인단체와 '유사종교'의 구별은 애매해졌다. 다만 '유사종교'의 내용에 대해 두 가지 계통이 서로 다른 인식을 가지고 있었다는 점에 유의할 필요가 있다. '유사종교'를 단속의 대상으로 간주하고 그 강화를 기도했던 것이 내무성·사법성이라면, 문부성은 이를 종교행정의 관리 안으로 '회유'할 대상으로 보았다. 또한 제2절에서 지적했듯이 문부성은 조선에서 먼저 형성된 '유사종교' 개념과 그 용어를 역수입의 형태로 도입했을 가능성이 대단히 높다.

2) 조선에서의 '유사종교' 단속

① 보안법에 대한 선행연구

여기서는 먼저 보안법 제1조의 적용에 관한 선행연구를 살펴보고[23] 이에 대한 저자의 생각을 덧붙여볼 것이다. 그리고 이를 바탕으로 조선총독부 경찰당국의 '유사종교' 단속이 어떤 변화를 보였는지 검토할 것이다.

조경달은 '신흥종교' 탄압에 있어서 보안법이 지닌 의미를 아래와 같이 정리한다.

---

23 주13에서 언급했듯이 조경달은 『朝鮮民衆運動の展開』의 제7장 주5에서 졸저, 『朝鮮農村の民族宗教』를 인용하고 그 내용의 수정을 요구하고 있다.

식민지기를 통해 보안법은 신흥종교 탄압을 위한 가장 유효한 법령으로서 기능했는데, 가령 신흥종교가 당국에 영합하여 공인을 얻은 경우라도 이것이 취소되거나 또는 언제 해산명령이 떨어질지도 모른다는 상황 그 자체에는 아무런 변함이 없었다.[24]

먼저 위 인용문에서 '신흥종교'가 '공인을' 얻었다는 구절은 수정될 필요가 있다는 점을 지적해둔다(제2절 (3)을 참조). 그리고 "언제 해산명령이 떨어질지도 모른다는 상황 그 자체에는 아무런 변함이 없었"으며, 보안법이 이러한 상황을 만들어낸 '가장 유효한 법령으로서 기능했'다는 설명은 아마 제1조에 보이는 결사단속의 규정을 염두에 둔 해석일 것이다.

이러한 이해를 근거로 조경달은 졸저의 내용 가운데 "신흥종교의 단속은 식민지 초기에는 보안법에 의거해 이루어졌으나, 그 후에는 경찰범 처벌규칙이 기본적인 법령이 되었다"[25]는 지적을 거론하고, 이를 "신흥종교의 단속에 유효했으며 또한 기본적인 법령의 위치를 차지하고 있던 것은 식민지기를 통틀어 보안법이었음에 틀림없다"며 비판한다. 이에 관해서는 경찰범 처벌규칙을 기본적인 법령으로 여겼던 저자의 인식에 잘못이 있었음을 인정한다. 조경달의 비판을 받아들여 저자의 주장을 "보안법(제1조의 규정)이 기본법규로서 지속되었지만, 경찰범 처벌규칙이 주로 적용된 시기도 있었다"는 내용으로 수정하고 싶다.

---

24 조경달, 『朝鮮民衆運動の展開』, 186쪽.
25 졸저, 『朝鮮農村の民族宗教』의 주장('유사종교'의 단속은 경찰범 처벌규칙을 기본법령으로 이루어졌다는 내용, 122~123쪽)을 지적하고 있다.

조경달이 지적하듯이 보안법의 제1조 규정(결사의 '해산' 규정)은 식민지기를 통틀어 신흥종교 단속을 위한 대전제로 존재했다. 다만 그러한 대전제 아래에서 주로 적용되었던 법령이나 그 추이를 확인, 분석하는 작업도 필요하다고 본다. 이러한 작업을 통해 '유사종교'에 대한 단속형태의 변화를 가늠하는 것이 가능해지기 때문이다.

이 점을 염두에 두면서 보안법 제1조 규정을 고찰해보자. 보안법 제1조 규정에 보이는 결사 단속의 방식에 입각해 식민지 초기에 행해졌던 신종교의 단속은 —시기에 따라 그 정도와 질의 차이는 있었으나— 식민지기를 통틀어 일관되게 적용되었다고 할 수 있다. 아래에서 이 점을 논증해보자.

② 3·1운동 이전의 '유사종교' 단속

먼저 주관부서를 '내지'의 두 가지 계통과 비교해보자. 조선총독부에서 종교행정을 주관했던 곳은 학무국이었다. 비공인종교단체는 병합 당초에는 헌병경찰제도 아래 총독부의 외국外局으로서 설치되었던 경무총감부가 관할했는데, 3·1운동을 거쳐 1919년 8월에 헌병경찰제도 및 경무총감부가 폐지되자 총독부에 신설된 경무국이 비공인종교단체에 대한 단속을 이어받게 되었다.

경찰 제도를 통해 알 수 있듯이 식민지지배는 치안우선의 방침과 함께 시작되었다. 그리고 —경무국이 신설된 뒤의 변화에 주목할 필요가 있으나— 식민지기를 통틀어 비공인종교단체에 대한 치안당국(경무국 및 고등법원 검사국)의 입장, 즉 이를 단속의 대상으로 간주하는 입장이 변함없이 우선시되었다는 추론이 가능하다. 예를 들어 포교규칙 제15조의 규정에 따라 '종교유사의 단체'가 공인을 받은 사례는 확인되지 않으며(제2절을 참조), '내지'에서 시행되었던 종교단체법(1939년 제정)이 조선에서 시행되는 일도 없었다(후술). 이러한 사실들을 통해서 위의 추론을 검증하는 것도 가능하겠지만, 보다 확실한 검증을 위해 '유사종교' 단속의 추이를 좇아보도록 하자.

3·1운동으로 인해 보안법 제1조 규정에 입각한 단속 방침은 전환을 맞게 된다. 1922년 당시의 치안상황을 전하는 치안당국의 보고서는 '집회결사의 단속 방침'에 대해 다음과 같이 설명하고 있다.

다이쇼 8년[1919년] 8월에 제도가 개정된 이후 종래의 결사 및 집회에 대한 제한적 단속 방침을 완화하여 결사집회의 자유를 용인하는 한편, 안녕질서를 해치는 불온 과격한 언동을 행하는 자에 대해서는 엄중한 단속을 실시하도록 했다.[26]

위의 자료에서 3·1운동 이전에는 헌병경찰제도를 바탕으로 결사(와 집회)에 대해 '제한적 단속 방침'을 취하고 있었음을 알 수 있다. 하지만 3·1운동 이후 시작된 문화통치기에는 신설된 경무국에 의해 그러한 방침이 '완화'되고 있었다. 그리고 위 인용문에는 '결사집회의 자유를 용인'한다는 당근과 "안녕질서를 해치는 불온 과격한 언동을 행하는 자에 대해서는 엄중한 단속을 실시"한다는 채찍이 동시에 등장하는데, 두 가지 방책을 나누어 사용하려는 의도로의 전환을 확인할 수 있다.

---

26 『大正十一年 朝鮮治安狀況 其ノ一 '鮮內'』 가운데 「五、結社及集會取締ノ狀況」의 「(イ) 集會結社ノ取締方針」.

여기서 결사를 '종교유사단체'에만 한정해보는 경우, 위의 치안상황 보고서의 다음 구절을 참조할 수 있다.

종래 천도교와 시천교, 그 밖의 몇몇 종교유사단체 및 사교와 오락 단체 이외에는 대부분의 결사 조직을 허가하지 않았으나, 기존의 방침을 갱신하여 다이쇼 8년 10월 이후 집회결사의 자유를 용인하자 정치, 사상, 노동관계 및 그 밖의 각종 청년회 등의 결사가 무더기로 생겨났는데, 다이쇼 9년 말에 그 수가 985곳을 넘기에 이르렀으며 다이쇼 10년 말에는 각 단체들이 일약 2,989곳까지 격증했다. 다이쇼 11년에는 전년에 비해 증가폭이 그리 많지 않았지만 대체로 그 추세를 유지하여 3,002곳이 되었고,[27]

이를 통해 3·1운동 이전에는 앞서 소개했듯이 결사에 관한 '제한적 단속 방침' 아래 천도교, 시천교, 그 밖의 '몇몇' 단체들에 대해서만 '종교유사단체'로서 결사의 조직을 허락하고 있었음을 알 수 있다. 여기에 포함되지 못한 비공인종교단체는 '종교유사단체'로 인정받지 못한 채 비밀결사가 되었고, 종교적 활동을 위해서는 지하에 잠복하지 않을 수 없었다. 이러한 비밀결사들에 대해서는 보안법 제1조의 '해산' 규정을 빌미로 가혹한 단속과 탄압이 행해졌고, 나아가 '안녕 질서'를 무너뜨린다고 판단된 경우에는 해산을 강제할 수 있었다. 다만 해산된 단체의 존재에 관해서는 자료의 제약상 확인이 불가능하다.

---

27 「(ハ)集會結社ノ趨勢」, 위의 책.

③ 3·1운동 이후의 '유사종교' 단속

그러나 위의 치안상황 보고서에 적혀있듯이 3·1운동 이후 결사, 집회의 '제한적 단속 방침'이 '완화'됨에 따라 결사가 '무더기로 생겨'나게 되었다. 이를 알려주는 3년간의 결사 수 전체의 추이를 정리하면, 1920년에 985곳으로 증가했고 1921년에는 2,989곳으로 '격증'했으며, 1922년에도 전년의 '추세를 유지하여' 3,002곳이 되었다.

같은 보고서에 게재된 「제1표 다이쇼 9년·다이쇼 10년·다이쇼 11년(9월 말일) 조선인단체 조사비교표」의 '종교유사단체' 항목(전부 16항목)에는 결사 수의 3년간의 추이가 숫자로 제시되어있다. 이를 보면 1920년에는 345곳, 1921년에는 1,397곳으로 격증했고 1922년에는 1,245곳이었는데, 모두 16항목 중 가장 많은 수치였고 다른 항목과의 차이도 대단히 컸다. 게다가 모든 해의 결사 전체 중에서도 그 대부분을 '종교유사단체'의 결사가 점하고 있었다. 이들 결사의 숫자가 매우 많았다는 것은, 아마 단속의 관점에서 각각의 종교단체가 아니라 포교소 등의 하부조직을 허가의 대상으로 삼았기 때문일 것이다.

참고로 두 번째로 많은 항목은 '청년회'였으며 1920년부터 각각 251곳, 446곳, 488곳이었다. 세 번째는 '종교관계 청년회'로서 1920년부터 각각 98곳, 226곳, 271곳이었다.

이처럼 '종교유사단체' 결사의 수가 증가한 원인은 '종교유사단체'로서 인정된 단체가 늘어난 점에 있을 것이다. 이를 확인해보자.

3·1운동 이전의 '종교유사단체'에는 앞서 본대로 천도교, 시천교 및 그 밖의 '몇몇' 단체만이 포함되어있었다. 그런데 3·1운동 이후 1927년이 되면 "천도교, 시천교, (…중략…) 대종교가 있으며 그 외에 크고

작은 30여 단체가 있어서 그 실제 숫자는 50여 개에 이른다"는 기록에서 알 수 있듯이, 천도교 이하 50여 군데의 '종교유사단체'가 있었다고 한다.[28] 3·1운동 이후 '완화'된 결사, 집회의 '제한적 단속 방침'이 증가를 불러온 것 같다.

그 후에도 1934년까지 '완화'의 방침이 지속된 것으로 추정되는데,[29] 1932년 말에는 61곳,[30] 1934년 8월 당시에는 67곳이 존재했다. 후자의 숫자는 1935년에 발표된 『조선의 유사종교』의 조사 결과에 따른 것이다.[31] 저자가 찾아본 바로는 이 조사 자료가 나오기 이전에는 — 1930년대 전반의 경무국의 치안상황 보고서를 보아도 — 천도교, 시천교, 보천교 이외의 '종교유사단체'에 관해서는 '특기'할만한 내용이 없다는 인식이 주류를 이루고 있었다. 가령 1933년의 보고서는 "동학의 비조 최제우(호 수운)에서 갈라져 나온 천도교, 시천교의 일파와 도교의 흐름을 잇는 훔치교의 강일순(호 증산)에서 비롯한 보천교 등이 가장 세력이 강하고, 다른 각 교파에는 특기할만한 것이 없다"고 기술하고 있다.[32]

28 「八、宗教類似團體」, 『昭和二年十二月 治安狀況』.

29 「2 宗教類似團體」, 『昭和五年十月 治安狀況』 및 朝鮮總督府警務局, 「2 宗教類似團體」, 『最近に於ける朝鮮治安狀況』을 보면 '30여 곳의 단체', 즉 30여 개의 '종교유사단체'가 있다고 적혀있다(각각 1930년과 1933년의 기술). 아마 1928년 이후의 어떤 해에 이전까지의 치안상황 보고서의 기술을 참조하여 그 해의 보고서를 작성했는데, 이때 본문에 인용한 '30여 단체가 있어서'(1927년)라는 부분을 '종교유사단체'의 전체 숫자로 잘못 이해한 것으로 추정된다.

30 「宗教類似團體道別表(昭和七年末現在)」, 『最近に於ける朝鮮治安狀況』에 따름.

31 단체의 숫자는 『朝鮮の類似宗教』 제8장 제1절, 「現在趨勢」에 게재된 표(476·477쪽)의 〈宗團数〉에 따른 것이다.

32 『最近に於ける朝鮮治安狀況』의 「2 宗教類似團體」에 따름. 1930년에 간행된 『昭和五年十月 治安狀況』의 「2 宗教類似團體」에도 본문에서 인용한 것과 거의 같은 내용이 적혀있다. 다만 1927년에 발행된 『昭和二年十二月 治安狀況』에는 "천도교, 보천교, 무극대도교(無極大道教)를 제외하면 특기할만한 것이 없다"고 적혀있는 바, 천도교와 보천교 이외에는 시기에 따라 변화가 있었던 것으로 보인다.

그렇지만 저자는 『조선의 유사종교』 이후 '종교유사단체' 단속의 '완화' 방침이 다시 엄격해지기 시작했다고 본다. 이에 관해서는 다음 제4절 및 제5절에서 살펴볼 것이다.

한편 1922년 2월, 보천교(증산계 종교의 하나로 차경석이 창시)는 '보천교진정원普天敎眞正院'의 간판을 내걸고 '보천교 종지'의 성명을 발표하는데, 이를 어떻게 해석해야할까?[33] 1934년 경상북도의 경찰부 자료를 보면 보천교는 종래 '비밀주의를 신조로 하고' 있었는데, 1922년에 "비밀주의를 개선하고 보천교로 이름을 바꾸어 현재에 이른다"는 내용이 나온다.[34] '비밀주의'를 포기하여 결사로 인정을 받았으며, 보천교로 '이름을 바꾸어' '종교유사단체'의 하나로서 현재에 이르고 있다는 것이다. 치안당국이 '종교유사단체' 단속을 '완화'하는 방침으로 전환하고 아직 얼마 지나지 않은 시기였다.

이상 결사, 집회의 '제한적 단속 방침'이 '완화'의 방향으로 전환되었던 점을 살펴보았다. 이와 같은 방침의 전환은 법령의 수준에서 보면 포교규칙 제15조의 '종교유사의 단체로 인정된 것'이라는 규정의 적용이 '완화'되었음을 의미한다. 그렇다면 이 규정 이외의 법령은 어떻게 적용되었을까?

이를 위해 메이지기 '내지'에서 확립한 신종교에 관한 대응 패턴을 다시 한 번 확인해두자. 이 패턴의 골자는 신형법에 입각하여 교의에는 불경죄로(후에 치안유지법이 추가), 일상행위에는 경찰범 처벌령으로 대응하

---

33 조경달, 『朝鮮民衆運動の展開』는 이를 가리켜 "보천교는 실질적으로 공인되었다"(307쪽)고 이해한다.

34 慶尙北道警察部, 『高等警察要史』第6節(1934년)에서 『宗敎類似團體ノ狀況』의 「6 普天敎」 항목.

는 점에 있었다(구형법에서는 위경죄였다).

신형법(법률 제45호, 1907년)은 조선형사령(제령 제11호, 1912년)의 규정을 통해 법역을 달리 하는 조선에도 적용되었다. 치안유지법(법률 제46호, 1925년) 또한 「치안유지법을 조선, 대만 및 가라후토에 시행하는 건治安維持法ヲ朝鮮,臺灣及樺太ニ施行スルノ件」(칙령勅令 제175호, 1925년)에 따라 조선에서도 시행되고 있었다. 그리고 조선에는 경찰범 처벌령에 상응하는 법령으로서 병합 직후인 1912년에 총독부령을 통해 제정되었던 경찰범 처벌규칙[35]이 있었다.

1930년대 전반에 총독부 경무국은 이미 소개한 것처럼 천도교, 시천교, 보천교 이외의 단체에 관해서는 '특기할만한 것이 없다'고 인식하고 있었다. 이와 같이 — 단속의 '완화' 방침을 반영한 — '특기'의 대상조차 되지 못했던 단체들이 여기서는 주된 목표의 위치를 차지하고 있었다.

해산을 강제하는 보안법이 기본적인 법규였다는 점에는 변함이 없지만, 앞서 본 '내지'의 대응 패턴을 조선에도 적용해보는 것이 불가능하지는 않다. 이 패턴에 입각해서 바라보면 조선에는 아직 '종교유사단체'

---

35 병합직후 경찰범 처벌규칙(총독부령 제40호, 1912)이 제정되었는데, 이는 '내지'의 경찰범 처벌령(내무성령 제16호, 1908)에 상응하는 것이었다. 그렇지만 조선의 경찰범 처벌규칙은 식민지 고유의 처벌규정이 삽입되는 등(2개조로 이루어져있으며 그 중 제1조는 87개에 이르는 세칙을 정하고 있다), '내지'의 경찰범 처벌령을 한층 강화한 형태를 띠고 있었다. 이를 통해 소위 경범죄 단속의 명목으로 치안을 방해한 자를 별도로 체포하는 것이 가능해지는 등, 식민지지배를 위한 치안법으로서 기능하고 있었다.
조선의 경찰범 처벌규칙은 이처럼 치안법의 특색을 가지고 있었으나, 종교행위에 직접 관계하는 항목은 경찰범 처벌령의 항목(제2조 제16~19호)을 그대로 도입하고 있었으며 문언의 내용 또한 거의 동일했다(경찰범 처벌규칙, 제1조 제21~24호). 여기서 이들 항목이 '내지'와 마찬가지로 민중의 일상적인 신앙현상을 통제할 목적으로 도입되었다는 것을 알 수 있다. 무속, 점복 같은 민간신앙을 비롯하여, '종교유사의 단체'로 간주된 종교단체의 일상적 종교행위 역시 경찰범 처벌규칙의 적용대상에 포함되어 단속을 받았다.

를 교의의 측면에서 단속하는 방침이 확립되지 못했으므로 일상적 종교
행위를 다루는 경찰범 처벌규칙의 적용을 중심으로 단속이 이루어질 수
밖에 없었고, 그 외에는 개개의 '범죄' 사례에 비추어 해당 규칙이 적용
되었을 것으로 판단된다. 저자의 추측으로는 교의에 적용되는 법령의
패턴은 1935년 이후에 확립되어갔다. 이 점에 대해서는 다음 절 이후부
터 검증할 예정이다.

　이제 제3절의 내용을 정리해보자. 1930년대 중반에 접어들면 문부성
과 내무성 · 사법성이라는 '내지'의 두 계통에 있어서 공인단체와 '유사
종교'의 구분이 애매해졌음을 확인할 수 있었다. 다만 구분이 애매해진
'유사종교' 개념의 내용 자체에 대해서는 두 계통 사이에 낙차가 있었
다. '유사종교'를 단속의 대상으로 간주하고 압박의 강화를 도모한 내무
성 · 사법성과는 달리, 문부성은 '유사종교'를 종교행정의 소관 내부에
포함시킬 수 있는 '회유'의 대상으로 인식했다. 조선에서 먼저 형성된
'유사종교' 개념과 그 용어를 문부성이 역수입하는 형태로 도입했을 가
능성이 높다는 점은 이미 지적했다. 위의 내용은 저자의 이러한 주장을
뒷받침해주는 증거가 된다.

　한편 조선에서는 3 · 1운동 이후에 단속 방침의 전환이 일어났으며
— 1930년대 전반까지이긴 하지만 — '유사종교'로 인정된 단체가 증가
하고 있었다. 문부성의 '회유' 방침과 마찬가지로 조선총독부 또한 '유
사종교'를 '회유'하는 방침을 채택했으며, 그리고 특히 3 · 1운동 이후
에 그 적용대상의 범위를 확대시켰음을 알 수 있다.

4. 국체명징과 종말사상

1) 위험시되는 종말사상

앞서 소개한 총독부 조사자료『조선의 유사종교』(1935년)는 '해산' 혹은 '데나오시出直し'(=개종)라는 대책방안을 판단재료로 제시하고 있었다. 이 대책방안에는 그것이 받아들여질 수 있었던 시기적 배경이 있었는데, 1935년 두 차례에 걸쳐 발표된 국체명징성명을 지적할 수 있다. 이를 계기로 1935년 1월에 공표, 시작되었던 심전개발운동에서는 국체명징의 입장에서 배제해야할 대상으로 여겨지던 것들도 검토재료로서 중요한 의미를 가지게 되었다. 심전개발운동은—농촌진흥운동이 전개하는 와중에 국체명징성명의 영향 아래—조선총독부가 국민통합을 목표로 조선민중의 '신앙심'을 재편성하기 위해 구상한 정책이었다. 총독부는 이 정책의 논리를 이용하여 천황 통치권의 정당성을 조선인들에게 명시하고자 했다. 심전개발운동에 관해서는 이 책 제1부 제2장 및 제3장에서 논한 바 있으므로 참조하길 바란다.

이미 심전개발운동이 시작하기 이전부터, 특히 1933년부터 본격적으로 시작된 농촌진흥운동은 근대주의적 입장에서 폐해로 간주되었던 '미신' 행위를 '미신타파'의 대상으로 상정하고 있었으며, 경찰당국은 경찰범 처벌규칙에 입각하여 이를 단속하고 있었다. 이후 1935년부터 '심전개발'이 주장되었고, '내지'에서는 같은 해 두 차례에 걸친 국체명징성명에 이어 12월 8일에 제2차 오모토 사건에 따른 검거가 시작되었다.

이러한 상황 속에서 경찰당국은 보천교의 해산을 계획하기 시작했다. 1935년 12월 『동아일보』에 다음과 같은 기사가 실려있다.

경무국에서는 전북[전라북도에는 보천교의 본부가 있었다] 경찰부를 지휘하여 대본교【大本敎, 오모토교를 가리킨다】와 흡사하며 정읍에 근거를 두고 있는 보천교(普天敎)를 철저히 소탕코자 그 방침을 연구, 협의 중에 있다고 한다.

즉 보천교의 차경석(車京錫)[京石]은 데구치 오니사부로(出口王仁三郞) 처럼 불경한 이름과 소위 주택의 내부 명목까지도 궁중의 전형과 흡사하게 짓고 있으며, 소위 교재 등도 괴상한 품이 불경스럽기 짝이 없다는 것이다.

(…중략…)

민중을 우롱하고 혹세무민하는 행동 외에 불경한 언동과 행동 등이 적지 아니하므로 대본교에 철퇴를 내릴 때와 같은 방법으로 불원간 전조선적으로 대철퇴가 내리게 되리라고 한다.

그리하여 경무국 종교유사단체 담당부서는 총철퇴령을 앞두고 만반의 준비를 정돈하는 중이며, 전북 경찰부는 경무국과 연락하여 내사를 엄밀히 하고 있다 한다.[36]

보천교의 활동이나 탄압에 대해서는 상세한 선행연구[37]가 있으므로,

---

36 「宗敎類似團體에 鉄椎 筆頭는 普天敎掃盪」, 『東亞日報』, 1935.12.19(석간), 2면.
37 조경달, 『朝鮮民衆運動의展開』, 제9장, 제10장을 참고. 특히 제10장에서는 당시 보천교에 대한 탄압과 해산에 대해서도 논하고 있다(343~346쪽). 그러나 이 책은 보천교의 활동을 "식민지기 조선민중의 소박한 개벽=해방의 바람을 상징하는 것"(348쪽)으로 간주하고 있으며, 교주 차경석에 대해서도 "민중을 조직화해서 독립을 획득하려는 논리는 조금도 발견되지 않는다"(349쪽)고 논하는 것처럼 '민중운동사'의 입장에서 보천교

여기서는 경무국이 제2차 오모토 사건 직후부터 보천교의 해산을 계획하고 있었다는 사실만을 지적해둔다.

같은 해 12월 하순에는 『매일신보』에 아래와 같은 기사가 실렸다.[38]

이 운동[심전개발운동]을 명년부터 더욱 철저히 하기로 되어, 우선 심전개발운동에 대해서는 여러 가지 피해가 많았으며 민심을 미혹했던 미신단체를 철저히 단속하게 되었다.

즉 내무성에서는 현존하는 미신단체를 단속하기 위해 경찰범 처벌규칙['내지'의 경우 정확히는 경찰범 처벌령]을 보강하기로 되었다는데, 조선에서는 이보다도 심전개발운동의 철저한 진출과 미신단체의 단속을 위해 사찰의 탁발승(托鉢僧)을 통제하고 "사람의 길흉화복을 함부로 판단하며 병을 낫게 한다고 기도를 해서 의약을 못쓰게 하는 자"를 처벌한다는 경찰법[39] 조문을 활용할 모양인데, 이것을 활용함에 따라 조선에 있는 미신단체도 멀지 않은 시기에 박멸될 것이라 한다.

위의 기사를 통해 경찰당국은 '조선불교'의 '탁발승'을 통제하는 동시에 '길흉화복'을 설파하는 행위, 혹은 의료를 방해하는 치병治病행위에 종사하는 '미신단체'를 '박멸'하기 위해 경찰범 처벌규칙의 해당 조문을 철저히 적용한다는 방침을 세우고 있었다는 점을 알 수 있다. 오모토교에 대한 탄압과 마찬가지로, '음사사교淫祠邪教'로 간주되어온 '종교

의 한계를 지적하는 입장을 취하고 있다.

38 「心田開發側面工作으로 迷信團體撲滅為計 有形無形의 弊害가 續出 警察法規定을 補強」, 『每日申報』, 1935.12.25(조간), 5면.

39 주35에서 설명한 경찰범 처벌규칙을 가리킨다.

유사단체' 중에서도 보천교가 해산시켜야할 특별한 단속 대상이 된 것
이다. 다만 당시의 경찰당국은 다른 단체에 대해서는 여전히 '미신단체'
라는 인식을 가지고 있었으며, 경찰범 처벌규칙의 적용에 철저를 기한
다는 방침에 머물러 있었다.

그런데 다음 해인 1936년 1월 15일에 심전개발운동의 구체적 대강
이 공표되자 경찰당국은 보천교만이 아니라 '종교유사단체' 전반에 대
해서 단속을 한층 강화해가는 방침을 취한다. 심전개발운동에 보이는
배제의 논리는 국체나 식민지지배에 반항하는 종말사상을 위험시하는
내용을 담고 있었다. 6월 5일자『매일신보』의 기사[40]를 통해 '종교유사
단체' 전반에 대해 단속이 강화되는 양상을 확인할 수 있다.

"오모토교 박멸을 완료한 경찰당국은 심전개발운동의 순조로운 발전
을 도모"하기 위해서는 조선에서도 "진지한 정신운동을 저해하는 종교
유사단체를 순차적으로 정리하는 일이 긴요"하다고 보고 있었다. 그리
고 6월 29일부터 3일간에 걸쳐 개최된 각 도 경찰부장회의에서 이를
"협의 소항으로서 제안하고 각 도 경찰부장의 의견을 구해 구체적인 방
책을 수립하게 되었다"고 한다.

위의 보도가 나온 직후 보천교는 곧장 해산의 위기에 내몰리게 되었고,
이를 계기로 탄압의 촉수가 다른 단체들에게도 향하게 되었다. 해산에는
보안법 제1조의 규정이 적용되었는데 '안녕질서를 유지'하는 데 지장을
가져오는 결사라는 점이 그 이유였다. 해산된 뒤의 '개종'[41]에 일본의 불

---

40 「『類似團體跋扈는 心田開發運動을 妨害』目下 各道에 散在한 此等團體는 六十種, 信徒
　　十五万」,『每日申報』, 1936.6.5(조간), 2면.
41 해산이 경찰당국의 담당이었다면, '개종'은 종교행정을 주관하던 학무국이 담당했는데,
　　학무국의 소위 '선도' 방침('내지'의 문부성처럼 종교행정 측이 공인종교는 물론 소관

교교단이 협력하거나, 또는 그 '개종'이 위장에 불과했던 경우도 확인된다.[42] 이러한 해산·'개종'을 강제하는 배제의 논리는 — 선행연구에서 제시된 것처럼 — '종교유사단체'의 교의가 국체 및 식민지지배에 반항하는 위험한 종말사상을 포함하고 있다는 인식에 근거하고 있었다.[43]

2) 종말사상과 보안법 제7조

치안당국은 교의에 포함되어 있던 종말사상을 단속함에 있어서 어떤 법령을 적용했을까? 저자는 아마 보안법 제7조였으리라 추정하고 있다. 제7조의 내용은 아래와 같다.

밖에 있던 '유사종교' 역시 '선도'하면서 통제하는 방침)에 따른 시책으로 볼 수 있다.

42 조경달은 『朝鮮民衆運動の展開』의 제8장에서 당시의 탄압을 심전개발운동과의 관련 속에서 개관한다(260~261쪽). 참고로 총독부의 '유사종교' 조사 및 1936년 이후의 탄압, 그리고 개종협력과 위장개종에 관해서는 졸저, 『朝鮮農村の民族宗教』의 제2장, 「総督府の『類似宗教』観」과 제4장, 「金剛大道の予言の地」를 참고하길 바란다.

1936년 이후의 탄압에 대해 말해보자면, 가령 '예언'의 내용과 행위가 법령(주로 보안법 제7조)에 저촉된다는 명목으로 검거되고, 더욱이 해산의 협박 속에 진종대곡파(眞宗大谷派)[3]로의 '개종'을 강요당한 단체도 있었다.

금강대도(金剛大道) 역시 수난을 피해가지 못했다. 신도들이 사는 마을에 대해 1937년 무렵부터 '만주'로 이주시키라는 요청이 있어왔는데, 이를 거절하자 다음으로 회유가 시작되었고 와카야마현[和歌山県] 고야산(高野山)의 금강봉사(金剛峯寺)로 '개종'할 것을 촉구했다. 이를 다시 거절하자 1941년에 이윽고 교주 및 간부, 신도의 대량검거(간부, 신도의 고문사), 그리고 신도들이 살던 마을의 강제 철거, 교단시설의 해체 등, 철저한 탄압이 시작되었다.

43 이러한 인식에 입각하여 조사 자료를 제공한 것이 『朝鮮の類似宗教』였다. 졸저, 『朝鮮農村の民族宗教』의 제2장, 「総督府の『類似宗教』観」에서 『朝鮮の類似宗教』를 분석한 적이 있다. 그 결과 위의 조사 자료는 — '유사종교'의 '사회운동' 사상, 곧 '지상천국'＝독립이 식민지지배와 정면에서 충돌하므로 — '지상천국'을 논리적으로 부정하는 작업에 전력을 기울이고 있음을 알 수 있었다. 또한 '유사종교'에 대한 대처방법으로서 해산 혹은 '데나오시'(＝개종)를 제안하고 있던 사실도 확인할 수 있었다.

제7조 정치에 관해 불온한 언론과 동작, 또는 타인을 선동, 교사, 혹은 사용하고, 또는 타인의 행동에 간섭함으로써 치안을 방해하는 자는 50대 이상의 태형, 10개월 이하의 금옥 또는 2년 이하의 징역에 처한다.

(第7条 政治二關シ不穩ノ言論動作又ハ他人ヲ煽動教唆或ハ使用シ又ハ他人ノ行為二關涉シ因テ治安ヲ妨害スル者ハ五十以上ノ笞刑十箇月以下ノ禁獄又ハ二箇年以下ノ懲役二処ス)

이 보안법 제7조는 종말사상이 농후한 '종교유사단체'의 교의에 적용되었을 것이다. 가령 금강대도金剛大道(『조선의 유사종교』에는 '금강도'로 표기)는 교주가 간부에게 말해준 예언 및 가무가 보안법 제7조의 '정치에 관해 불온한 언론과 동작'에 해당한다는 이유로 제2대 교주가 1945년 1월 대전지방법원에서 유죄판결을 언도받았다(그 전에 1941년 12월 보안법 제7조 위반용의로 교주 및 간부 53명이 검거되었고, 교주는 1년 후에 간신히 석방되었다는 경위가 있다). 예언과 가무는 『정감록』의 영향을 받은 내용으로 날조되었다. 『정감록』의 예언은 이씨 왕조가 멸망한 뒤에 진인眞人 정씨 新王가 나타나 계룡산에 새로운 왕조를 건설한다는 내용으로 이루어져 있었다. 그 예언의 땅은 신도 인新都內으로 지칭되었다.

경찰당국은 예언과 가무의 내용을 다음과 같이 인식하고 있었다. 예언은 1939년에 총본부 객실에서 간부 2명에게 말한 것으로 "쇼와 17, 18년, 정씨가 등극할 때의 고위 고관에 대해서 교주는 정씨의 국사國師에 오르고 여동생 춘단春丹은 정씨의 왕후가 되어 신세계의 개벽에 임한다"는 등의 내용을 담고 있었다고 한다. 그리고 가무는 "정씨가 등극하여 새로운 국가를 실현하는 때가 가까워졌음을 기뻐하고 축복하기 위해

홍기도덕가興氣道德歌를 창화唱和하면서 무용을 반복한다"는 것이었다.[44]

금강대도의 교의를 보면 이와 같은 예언과 가무의 내용이 충청남도 경찰부가 공판을 위해 날조한 '사실'에 다름 아니라는 점을 알 수 있다. 이 두 가지 '사실'을 보안법 제7조의 '정치에 관해 불온한 언론과 동작'으로 볼 수 있다는 이유로 1945년 1월 8일 교주에게 유죄판결을 내렸던 것이다.[45]

---

44 「判決」, 1945년 5월 14일자, 한국 국가기록원 소장에 따름. 제2대 교주의 '보안법 위반 피고사건'에서 유죄판결(1945.1.8)이 언도되자 이에 교주는 '상고'를 신청한다. 이를 '기각'하는 내용의 판결문이 「判決」이었다. 1987년 금강대도 측으로부터 동 자료의 번역을 의뢰받았을 때 사본을 제공받았다. 졸저, 『朝鮮農村의 民族宗敎』를 집필할 때도 동 자료의 사용을 허락해주었다.

45 「判決」을 보면 주문은 "본건의 상고를 기각한다"였고, 이유는 "따라서 전시형사특별법 제29조에 의해 주문과 같이 판결한다"는 것이었다. '전시형사특별법'이란 '내지'에서 제정된 전시형사특별법(법률 제64호, 1942년)을 가리킨다(1943년에 개정법규가 제정). 법역을 달리하던 조선에서는 1944년 2월에 제정된 조선 전시형사특별령(제령 제4호) 제1조의 규정에 의해 적용되었다. 조선 전시형사특별령, 그리고 같은 시기에 제정된 조선총독부 재판소령 전시특례(제령 제2호)는 식민지 말기의 대표적 치안법으로 여겨진다.
조선전시형사특별령에 따라 조선에 적용된 전시형사특별법에는 다음과 같은 조문이 있었다.
제25조 지방재판소의 사건에서도 형사소송법 제343조 제1항이 규정하는 제한에 따르지 말 것.
제26조 유죄를 언도할 때 증거를 통해 죄의 사실을 인정하는 이유를 설명하고 법령의 적용을 제시 해야 하는데, 증거의 표목 및 법령을 나타내는 것으로 충분하다.
먼저 제25조를 보자. 형사소송법 제343조 제1항은 "피고인 및 그 외의 사람의 공술을 녹취한 서류로서 법령에 의거하여 작성한 심문조서가 아닌 것"은 "증거로 볼 수" 없다는 제한규정의 내용을 담고 있었다. 그런데 제25조의 규정에 따라 지방재판소의 사건에서도 이러한 제한을 적용하지 못하게 되었다. 이로 인해 경찰의 임의조사에 바탕을 둔 청취서가 증거로서의 능력을 부여받게 되었다.
그리고 제26조는 유죄판결에 있어서 이유의 설명과 법령의 적용을 나타낼 때 "증거의 표목 및 법령을 나타내는 것으로 충분하다"고 규정하고 있다. 이렇게 유죄판결 시 제시해야할 이유가 간이화됨에 따라 유죄판결의 언도 자체도 간단해졌다.
충청북도 경찰부는 이와 같은 조선전시형사특별령을 근거로 ─ 증거로서의 능력이 충분치 못함에도 불구하고 ─ 지방재판소인 대전지방법원에서 교주에게 유죄판결을 내릴 수 있었다.
이때 도 경찰부는 공판을 위해 두 가지 '사실'을 준비해두고 있었다. 그 내용이 위의 「判

지금까지 본 것처럼 심전개발운동이 실질적으로 개시(1936년 1월)된 이후, 경찰당국은 '종교유사단체'에 내포된 국체 및 식민지지배에 반항하는 종말사상을 위험시하고 있었다. 3·1운동 이후 단속 방침이 '회유'를 중시하는 방향으로 전환되었고 '유사종교단체'의 대상에 포함되는 단체가 늘어났지만, 심전개발운동 이후에는 '회유'의 방침이 후퇴함과 동시에 비밀결사는 물론 '유사종교단체'에 대해서도 엄격한 단속과 탄압이 이루어지게 되었다.

決」에 기재되어있는 바, 본문에서 인용한 그대로이다. 이 두 가지 '사실', 즉 간부에게 말한 예언과 가무까지 법령 적용의 대상이 되었고, 더욱이 그 '사실 인정'에 있어서 교주나 간부의 '심문조서의 기재' 및 '홍기도덕가의 현존' 등, '단순한 증거를 나열'(담당 변호사의 '상고 취의서'에서 인용)하면 그걸로 충분했던 것이다.

하지만 금강대도의 교리는 『정감록』의 예언에서 말하는 진인을 교주로 상정하고 있으며(이를 '미륵대불'로 칭하고 있었다), 그렇다면 본래의 교의와 두 가지 '사실'은 서로 다른 내용을 담고 있다고 보아야 할 것이다. 무엇보다도 경찰당국의 임의 조사에 우선 신빙성이 없으며, 날조 또한 용이했을 것으로 보인다.

참고로 판결에 이르기까지의 재판 경위를 보충 설명해둔다. 교주는 대전지방법원에 '상고' '신청서(申立書)'를 제출하고(형사소송법 제419조), 담당 변호사가 작성한 '상고 취의서'를 상고재판소에 제출했다(전시형사특별법 제28조에 의함). 상고재판소는 고등법원을 가리킨다. 그러나 고등법원의 재판은 앞서 「判決」의 내용에서 보았듯이 전시형사특별법 제29조에 입각해서 이루어졌고, 결국 "검사의 의견에 따라 변론은 생략하며 상고를 기각하는 판결을"(제29조) 내리는 결과로 이어졌다.

5. 종말사상에 대한 단속

1) '비밀포교'의 단속

여기서는 경찰당국이 종말사상을 위험시하기 시작한 심전개발운동 이후의 시기(구체적으로는 1936년 1월 15일에 심전개발운동의 구체적 대강이 공표된 이후)를 중심으로 '종교유사단체'에 관한 단속의 상황을 살펴보자.

1938년에 발행된 『경기도의 교육과 종교』[46]에 의하면 ─ 총독부 소재지인 경성이 있던 ─ 경기도에 존재한 '종교유사단체'의 숫자는 1932년 12월 말 당시(이하 다른 연도도 마찬가지)에 27곳, 33년에 31곳, 34년에 24곳, 35년에 19곳으로서, 1930년대 전반에는 별다른 변동이 없거나 약간 감소하는 경향을 보이고 있었다. 그런데 1936년에는 급작스럽게 5곳으로 줄어들었다. 14곳이나 해산당한 것이다.

이 점에 관해 위의 자료는 "특히 최근 사교邪教를 철저하게 단속함에 따라 쇼와 11년 12월 말 현재 그 단체 수는 겨우 5군데로 줄었다"고 설명한다. '쇼와 11년', 곧 1936년에 '사교를 철저하게 단속'한 결과 경기도에서는 '종교유사단체' 가운데 14곳이 해산에 이르렀던 것이다. 남은 5곳 중 한 곳은 일본인들만 참가했던 곳이며(성천교聖天教), 다른 4곳(천도교 신파, 시천교, 인천교人天教, 정도교正道教)은 조선인들로만 이루어진 단체였다.

당시의 단속은 아마 보안법 제1조 규정에 의거하여 해산을 강제하는

---

46 『京畿道ノ教育ト宗教』는 경기도 내무부가 발행한 것으로 추정된다. 여기에 적힌 신도 수 등의 숫자는 정확하다고 보기는 힘들지만, 교세의 대강의 추이를 파악하는 데 큰 도움이 된다.

방식으로 이루어졌을 가능성이 높은데, 그 후로는 변화가 감지된다. 다음 해인 1937년의 상황을 보자.

1937년 2월 소위 백백교白白敎 사건이 벌어져 세간을 놀라게 한다. 당시 단속을 피해 지하에 잠복해있던 백백교의 소재를 정보제공을 통해 파악한 경찰당국은 백백교 관계자 100명과 인천교 관계자 10명을 검거했다. 검거 후의 조사에 의해 백백교 내부에서 300명 정도를 대량살인(교주 김용해金龍海와 간부들이 벌인 일로 추정된다)했던 일이 발각되었고, 총독부와 치안당국은 커다란 충격을 받게 되었다.[47]

이후 '종교유사단체'에 관한 단속 방법의 중점은 '비밀포교'를 뿌리 뽑는 방향으로 옮겨갔다. 앞서 지적한 것처럼 경무국은 아직 파악되지 못한 포교활동을 '비밀포교'로 간주하고 강력한 단속을 시행했다. 이렇게 '비밀포교'에 초점을 맞춘 단속이 행해지기 시작한 것은 1937년에 백백교 사건이 발각된 이후의 일이었으며, 같은 해의 치안상황 보고서[48] 또한 '비밀포교'라는 용어를 가지고 단속의 강화를 설명하고 있었다.

그에 따르면 '비밀포교'에의 대책은 — 백백교 사건을 밝혀낸 것이 "이런 종류의 불온 유사종교를 전선全鮮에 걸쳐 철저하게 파헤치는 방법으로 나아간 결과"임을 참조하여 — 발각된 사건에 관해 해당 법령을 적용하여 처벌하고, 필요한 경우에는 신도나 단체를 '설교'·해산시키는 방식을 취하고 있었다. 당시에는 '유사종교' 개념을 결사로 인정하려는 '완화' 방침은 이미 과거의 것이 되었고, '비밀포교'의 유무가 정사正邪

---

47 더 상세한 내용에 관해서는 졸저, 『朝鮮農村の民族宗教』의 제2장, 「総督府の「類似宗教」観」을 참조할 것.

48 朝鮮總督府警務局, 「2 宗教類似團體」, 『昭和十二年 第七十三回帝國議會說明資料』, 1937.

의 기준이 되는 한편 단속에 있어서 무엇보다 치안이 우선시되었다. 이러한 '비밀포교'를 행하는 단체에 대해 경무국은 '비밀종교유사단체'라는 이름을 붙였다.

앞에서 소개한 치안상황 보고서에는 1937년 중의 검거사건을 열거한 「비밀종교유사단체 검거표」가 실려 있는데, 전체 사건의 수는 47건으로 기록되어있다. 그 가운데 처벌과 기소, 판결 등에 적용된 법령이 어떤 것이었는지 알 수 있는 사례가 18건인데, 경찰범 처벌규칙이 최다인 12건이었고, 보안법 제7조가 2건(그 중 한건은 사기죄도 적용), 치안유지법이 1건, 제령 제7호(「정치에 관한 범죄처벌의 건政治ニ關スル犯罪処罰ノ件」, 1919년)가 1건, 사기죄가 1건, 의사醫師규칙이 1건이었다.

그 외에 '설교'·해산이 10건, '청취 중'이 9건, '수사 중' 등이 5건, '송국送局'(송검에 해당)이 4건, '검거 보류 중'이 1건이었다. 그 중에서도 주목되는 것이 '청취 중' 9건 가운데 '사건의 개요'로 판단하는 한, 보안법 제7조 위반에 해당할 것으로 추정되는 5건의 사건이다. "조선의 독립을 표방하는 비밀잠재의 의혹이 있음"(9월 6일 검거사건)이라는 구절 등에서 이를 추측할 수 있다.

이를 통해 '비밀포교'의 단속에 있어서 교의를 주된 대상으로 삼는 단속이 보안법 제7조에 의거해 이루어지고 있었음을 알 수 있다. 이와 같은 경무국의 단속 방침은 다음 해인 1938년에 보다 명확한 형태로 드러나게 된다.

또한 종교유사단체로서 비밀리에 정감록이나 그 외의 예언서에 근거하여 조선의 독립을 설파하고, 입교자에게 독립 후 고위 고관의 자리에 앉아 행복을 향유하게 될 것이라는 등의 허튼 소리를 가지고 민중의 무지함에 파고들어 사리를 꾀하는 사례가 많으므로, 지난해부터 특히 이에 대한 단속을 엄중히 실시하고 있는 바 올해 10월 말까지의 검거 상황은 별표와 같다.[49]

위 인용문은 교의를 주요한 대상으로 삼는 단속의 실시를 표명하는 동시에 '예언서에 근거하여 조선의 독립을 설파', "입교자에게 독립 후 고위 고관의 자리에 앉아 행복을 향유하게 될 것이라는 등의 허튼 소리"를 지적하고 있다. 국체 및 식민지지배에 반항하는 종말사상의 포교수단에 관한 당국의 인식을 보여주는 동시에 1937년부터 단속이 강화되고 있었던 점도 알려준다.

'별표'는 같은 자료에 실려 있는 「비밀종교유사단체 검거표」(1938년 1~12월)를 가리킨다. 이 표에 따르면 1938년 중에 검거된 사건은 전부 16건인데, 그 중 종말사상의 포교수단에 관해 보안법 제7조를 위반한 사례가 8건 있었다. 그리고 이 8건 가운데 사기, 육군형법, 불경죄가 같이 적용된 사건이 각각 한 건씩 있다. 또한 황극교黃極敎에 관한 한건은 '치안법 위반'으로 적혀있는데, '치안유지법'을 잘못 기록한 것으로 보인다.[50]

그 밖에는 경찰범 처벌규칙이 적용된 것이 2건, 치안유지법 위반이 1건, '청취 중'이 1건, '정신병자'가 1건, 불명이 1건이었다.

---

49 朝鮮總督府警務局, 「2 類似宗敎團體」, 『最近に於ける朝鮮治安狀況』, 1939. 인용문의 '올해'는 1938년을 가리킨다.
50 高等法院檢事局思想部, 『思想彙報』 第22號, 1940년 3월의 「思想犯罪から觀た最近の朝鮮在来類似宗敎」를 통해 황극교의 교주와 간부가 치안유지법 위반으로 기소되었던 사실을 확인할 수 있다.

그런데 보안법 제7조 위반과 치안유지법 제1조 위반 사이에는 어떤 차이가 있었을까? 보안법 제7조는 '정치에 관해 불온한 언론과 동작'을 대상으로 삼는 것이었고, 따라서 적용대상은 종말사상에 관련된 포교수단(예언행위, 가무, 창송唱誦 등)에 제한되었을 것으로 추측된다. 고등법원 검사국 사상부가 발행한 『사상휘보』에 '유사종교'에 관한 '사상범죄'가 보고되어 있으므로 먼저 이를 살펴보자.

가령 "유사종교관계 사건의 거의 대부분이 보안법 위반죄에 해당하는 것은, 앞서 설명했듯이 포교의 수단에 있어서 정감록의 예언 내용을 견강부회한 일에 그 원인이 있다"는 설명이 있다.[51] 종말사상에 관련된 예언적 내용을 다룬 '언론동작(언동)'에 보안법이 적용된 것인데, 이것이 '포교의 수단'으로 인식되었던 점을 확인할 수 있다.

한편 치안유지법 제1조는 "국체를 변혁할 목적으로 결사를 조직한 자, 또는 결사의 역원이나 그 외에 지도자적 임무에 종사하는 자"를 대상으로 삼고 있었다. 조문 가운데 '국체를 변혁할 목적'이란, '유사종교'의 입장에서는 조선의 독립에 다름 아니었을 것이다. 이 점을 『사상휘보』의 기술을 통해 살펴보자.

가령 선도교仙道敎는 '조선독립운동 사건'으로 취급되고 있다.[52] '사실개요'에는 "조선을 제국의 기반에서 이탈시킬 목적을 가진 도道(후세인들은 이를 선도교라 칭하고 있다)로서 종교유사의 결사를 조직하고 교도의 획득을 꾀하고 있다"고 적혀있다. '조선을 제국의 기반에서 이탈'시킨다는 것은 조선을 일본으로부터 독립시킨다는 의미이다. 그러니까 결사가

---

51 「思想犯罪から觀た最近の朝鮮在来類似宗敎」를 참조.
52 「仙道敎徒の朝鮮獨立運動事件」, 高等法院檢事局思想部, 『思想彙報』 第21號, 1939.12.

행하는 언동이 앞서 본 것처럼 포교수단을 넘어서서 치안당국에게 매우 위험한 것으로 간주될 때는, 조선의 독립을 목적으로 삼는 결사, 곧 '국체를 변혁할 목적'을 지닌 결사로 간주되어 치안유지법 제1조가 적용되었던 것이다.

거듭 강조하지만 경찰당국이 종말사상을 위험시하기 시작한 심전개발운동 이후의 시기에 접어들면(구체적으로는 1936년 1월 15일에 심전개발운동의 대강이 공표된 이후), '종교유사단체'에 대한 단속 방법의 중점은 '비밀포교'를 뿌리 뽑는 방향으로 옮겨갔다. 단속의 중심내용은 보안법 제7조 위반이었고, 적용대상은 단체의 종말사상과 관련한 포교수단이었다. 그리고 종교단체의 언동이 포교수단의 범위를 넘어서는 상당히 위험한 것으로 여겨진 경우에는 치안유지법 제1조가 적용된 것으로 보인다.

2) 종교단체법 시행 후의 단속 상황

그런데 다음 해인 1939년 4월 '내지'에서 종교단체법이 제정(1940년 4월 시행)되었음에도 불구하고, 조선총독부는 이를 시행하지 않고 포교규칙의 규정을 계속해서 적용하고 있었다. 탁무성은 『내외지 법령 대조표』[53]를 작성하여 '내지'의 법령과 '외지'의 법령을 대조하고 있는데, '내지'의 종교단체법에 대응하는 조선의 법령으로서는 포교규칙이 제시되어 있다(1941년 9월 당시). 또한 『조선총독부관보』의 휘보란에는 이후에도

---

53 한국 국립중앙도서관 홈페이지 내 전자도서관에서 拓務省, 『内外地法令對照表』(1941년 9월 현재)의 원문을 열람할 수 있다.

계속 포교규칙에 입각하여 총독부에 제출한 '포교계'가 게재되어있다.

종교단체법이 제정되었을 당시, 총독부는 조선의 특수사정을 감안하여 그 시행을 유보하고 있었다. 종교단체법은 종교결사제도를 도입하는 내용을 담고 있었는데, 이는 조선에서는 3·1운동 이후의 '회유' 방침으로 되돌아가게 됨을 의미했다. 이를 피하기 위해 '단속'의 방침을 택하면서 종교단체법의 시행을 유보하는 대신, 포교규칙을 일부 개정하여 '유사종교'에 대한 단속을 강화하고 공인종교에 관해서도 불교 및 기독교의 포교사布教師·전도사의 계출제를 허가제로 변경하는 안이 검토되었다.[54] 다시 말해 포교규칙의 개정을 통해 공인종교와 '유사종교' 양자에 대한 단속의 강화를 도모했던 것이다.

심전개발운동의 개시 이래 '유사종교'를 '회유'하는 방침이 후퇴하는 한편 단체에 따라서는 이전보다 심한 '단속'의 위협에 놓이게 된 곳도 있었는데, 이제 총독부 당국은 여기서 더욱 나아가 '회유'를 그만두고 공인종교 및 '유사종교' 양자를 '단속'의 대상으로 설정하기 시작했던 것이다.

이렇게 치안을 무엇보다 중시하는 상황 속에서 1941년 5월 개정된 치안유지법(1941년 3월 제정, 법률 제54호)이 시행되었다. 만약 이 개정법령이 종교의 교의에도 적용될 수 있다면(제3절 (1)을 참조) '유사종교'에 대한 단속을 더욱 강화하는 것이 가능해진다. 포교규칙의 개정은 더 이상 불필요해지며, 게다가 '회유'의 방침도 완전히 일축되기 때문에 보류되었던 종교단체법이 시행되는 일도 없었다고 보인다.

---

54 「心田開發의 戰士重視 傳道·布教師에 許可制 "宗教團體法" 實施를 保留하는 대신 느저도 来秋부터 實施豫定」, 『每日申報』, 1939.7.29(석간), 2면.

다음으로 당시의 '종교유사단체'의 단속 상황을 보여주는 보고자료[55]를 참고하여 종교단체법의 시행 직후부터 개정 치안유지법의 시행 직후에 이르는 시기(1940년 11월~1941년 9월)에 보이는 검거사건을 분석해보자.

총 18건 가운데 보안법 제7조 위반이 3건(기소), 경찰범 처벌규칙이 1건, 보안법 제7조 위반으로 추측되는 '송국'이 1건, 보안법 제7조로 추측되는 '청취 중'이 8건(그 중 1건에는 살인죄도 적용되었던 것으로 보인다), 불경죄가 3건(기소, 그 중 2건은 보안법 제7조 위반으로 추측), 기소유예가 1건(용의는 불명), 불명이 1건이다. 이를 통해서도 1937년 이후의 단속 방침, 즉 국체 및 식민지지배에 반항하는 종말사상과 포교수단의 연관을 위험시하며 보안법 제7조를 적용하는 방침이 여전히 계속되었음을 알 수 있다.

이 가운데 개정 치안유지법이 시행되었던 1941년 5월 이후와 검거시기가 겹치는 사건은 '청취 중'의 4건이다(7월 1건, 8월 3건). 각각 '조선독립을 목적으로 하는 비밀결사', '구세의 시기에 이르면', '조선은 독립한다', '낙토를 건설하여 고위 고관에 오를 것'이라는 내용을 담고 있었는데, 당국의 표현이긴 하지만 종말사상의 분위기가 진하게 풍긴다. 검거에 적용된 법령이 어떤 것이었는지는 알 수 없으나, '조선독립을 목적으로 하는 비밀결사'는 치안유지법 제1조 위반에 해당하며, 나머지는 만약 포교수단으로서의 언동에 그쳤을 뿐이라면 보안법 제7조 위반에 해당되었을 걸로 추정된다. 그렇지만 포교수단으로서의 언동에 그쳤을 경우라도 개정 치안유지법에 새롭게 설치된 규정, 곧 제7조의 '국체'를 '부정'하는 행위로 인식되었을 가능성이 있다. 다만 유감스럽게도 현재로서는 자료

---

55 朝鮮總督府警務局, 「秘密布教宗教類似團體檢擧表(自昭和十五年十一月至昭和十六年九月)」, 『昭和十六年十二月 第七十九回帝國議會說明資料』, 1941.

의 제약으로 인해 적용된 법령이 무엇이었는지 파악하기 어렵다.

지금까지 본 것처럼 조선총독부는 '내지'에서 제정, 시행되었던 종교 단체법을 유보하는 대신 포교규칙을 일부 개정하여 '유사종교'의 단속을 강화하는 방침을 취했다. 이렇게 치안을 우선시하던 상황에서 1941년 5월 개정 치안유지법이 시행되었다. 이 법령의 제7조 규정을 적용하게 되면 '유사종교'에 대한 단속이 강화되므로 더 이상 포교규칙을 개정할 필요성이 없어지며, 보류되었던 종교단체법('회유' 방침의 산물)이 시행될 필요도 없어진다.

마지막으로 조선총독부의 종교행정과 '유사종교'의 관계를 정리해보자. 조선총독부 학무국이 종교행정의 입장에서 '유사종교'의 단속과 관계를 맺은 것은 심전개발운동기부터 1941년 5월 개정 치안유지법이 시행되기 이전까지인 '비밀포교'의 단속 단계였으리라고 추정된다. 그 내용은 경찰당국이 '종교유사단체'를 해산시키면 그 후에 종교행정 측이 '개종'을 담당하는 방식이었다.

종장

민족종교의 틀을 넘는 제국신도론

이 책에서 다루어온 주제는 다음과 같다. 조선총독부의 신사정책을 분석하고 식민지조선에서 신사신도가 겪은 변용을 제국사적 관점에서 파악하는 것. 제국사적 관점이란 신사신도와 국민교화國民教化의 관계를 제국일본의 틀 속에서 바라보는 것을 의미하는데, 국민국가의 단일민족주의는 물론 다민족 제국주의적 내셔널리즘(국민주의)의 형성과정까지를 포함하려는 방법을 가리킨다.

이러한 문제의식에서 이 책은 식민지조선에서 변용하는 신사신도가 천황숭경의 시스템과 결부되는 지점에서 국가신도의 논리를 적출하고, 나아가 이와 같은 논리의 실체화가 시도된 점을 살펴보았다. 이는 다민족 제국주의적 내셔널리즘에 입각한 국가신도의 논리를 드러내려는 작업으로서, 본문에서는 이러한 국가신도의 모습을 '제국신도'로 표현했다.

전후 일본의 내셔널리즘과도 관계하는 부분인데, 현대의 단일민족주의적 내셔널리즘을 근대에 소급적용하는 경향 때문에 신사신도를 민족

종교로 간주하는 주장이 자명한 것처럼 받아들여지고 있다. 이에 대해 이 책에서는 근대의 다민족 제국주의적 내셔널리즘에 입각한 국가신도의 모습을 입증하고, 국가신도기의 신사신도가 민족종교가 아닌 제국신도로서 존재했음을 제시하고자 했다.

참고로 심전개발운동心田開發運動에 이르는 과정을 포함하여 총체적으로 신사정책을 이해하기 위해서는 '국가신도'를 종교개념으로서 파악하고 그 용법을 좁은 의미에서 사용하는 편이 유효하다고 판단했다. 이 책에서는 이소마에 준이치磯前順一 등의 선행연구를 바탕으로 국가신도의 의미를 좁혀서 "신사를 통해 천황제 내셔널리즘을 국민에게 주입하려고 한 전전의 사회체제"로 파악하는 시점을 택했다. 그리고 이러한 해석을 토대로 신사신도의 도덕과 종교성 사이에 그어진 경계선의 흔적을 검토해보았다.

구체적으로는 국가신도의 논리 및 그러한 논리의 실체화가 조선에서 시도되었다는 점을 경성신사 등 유력한 신사가 열격된 국폐소사國幣小社, 그리고 촌락에 증설되었던 신사·신사神祠(신사의 하위)를 중심으로 논했다.

본론에서 얻은 성과를 바탕으로 다음 절 「1. 국가신도의 논리와 제국신도」에서는 (1) 아마테라스 오미카미의 성격변화, (2) 국가신도의 논리, (3) '제국의 신기'와 제국신도에 대해 고찰한다. 그리고 「2. 조선사회의 반응」에서는 (1) 조선인의 반응과 (2) 일본인 이주자의 반응을 각각 검토할 것이다. 마지막 「3. 과제」에서는 남겨진 과제로서 (1) '가정제사'의 장면 및 (2) '경신숭조'관의 변천에 대해서 언급한다.

1. 국가신도의 논리와 제국신도

1) 아마테라스 오미카미의 성격변화

조선총독부의 신사정책을 통해 국가신도의 논리가 확립할 수 있었던 배경으로서 '외지'에서는 전근대의 제사와 근대천황제에 입각한 제사가 서로 섞여있지 않았었다는 점을 들 수 있다. 근대이전부터 신사가 존재했던 '내지'(홋카이도와 오키나와를 제외)에서는 전근대의 제사와 근대천황제에 입각한 제사가 근대의 신사신도를 통해서 뒤섞이게 되었다. 그렇지만 '외지'에서는 대부분의 신사가 근대에 접어들면서 건설되었기 때문에 근대천황제의 성격이 보다 강조되기 쉬운 경향이 있었다. 더욱이 조선의 경우에는 조선신궁이 창건되기 이전까지 아마테라스 오미카미天照大神 봉재를 매개로 신사신도가 현지일본인의 국민의식 형성과 밀접한 관련을 맺고 있었다.

근대천황제적 성격을 중심으로 보면 '외지'에 창건된 신사 중 삿포로 신사(1869년 창건, 1871년 진좌), 대만신사(1900년 창건, 1901년 진좌), 가라후토신사(1910년 창건, 1911년 진좌) 같은 식민지 총진수들은 개척삼신(오쿠니타마노 미코토, 오나무치노 미코토, 스쿠나비코나노 미코토)을 제신으로 모시고 있었다. 여기에 ― 개척한 국토를 천손에게 양보했다는 신화에 나오는 ― '영토개척의 신' 오쿠니타마노 가미大國魂神를 모시는 신학이 작동하고 있음은 분명한 사실이다(서장 참조). 개척삼신의 제신으로부터 천황제 이데올로기에 입각한 '영토개척'의 성격을 발견할 수 있는 것이다.

조선신궁(1919년 창건, 1925년 진좌) 또한 아마테라스 오미카미와 메이지천황을 제신으로 모시고 있었는데, 이는 종종 천황제 이데올로기를 상징하는 황조신 봉재로 평가된다. 게다가 조선신궁 이후로 식민지 총진수에서 — 메이지천황을 합사한 사례도 포함해서 — 아마테라스 오미카미를 주신으로 모시게 되었다는 점이 중시되기도 한다. 서장에서 설명했듯이 선행연구들은 이와 같은 개척삼신에서 황조신으로의 변화를 "국가신도 논리의 확립＝신사신앙으로부터의 변화·일탈로 간주하는 견해"를 취하고 있다.

하지만 식민지조선에 보이는 신사의 궤적은, 적어도 조선신궁이 창건되는 시기까지는 아마테라스 오미카미 봉재를 매개로 현지일본인의 국민의식 형성과 보조를 맞추고 있었다. 조선신궁의 아마테라스 오미카미 봉재 역시 신사신앙으로부터의 '일탈'이 아니라 일본인의 국민의식 형성을 동반한 '변용'으로 파악할 필요가 있다(제1장 참조).

이를 국민교화라는 관점에서 살펴보면, 한국병합을 전후하여 일본인 이주자들이 아마테라스 오미카미를 모시는 신사시설을 자발적으로 건설하던 단계에서 조선신궁이 진좌(1925년)하는 무렵까지 아마테라스 오미카미에게 부여된 성격은 단일민족적 내셔널리즘(국민주의)을 반영하고 있었다. 아마테라스 오미카미 봉재를 매개로 단일민족주의적인 일본인의 국민의식이 형성되었고, 조선신궁의 아마테라스 오미카미 봉재는 이를 결정짓는 요인으로 작용했다. 비록 총독부 당국은 조선인의 국민교화에 있어서 조선신궁을 적극적으로 이용하지는 않았지만, 당시의 단일민족주의적 내셔널리즘(국민주의)은 내지연장주의의 논리와 함께 고려될 필요가 있다. 일선동조론을 바탕으로 아마테라스 오미카미를 조선인의 조상신에 자리매김하고자 했기 때문이다.

그 후 농촌진흥운동이 펼쳐지던 1930년대에 들어서면, 적극적 신사 비종교론의 일환으로서 가케이 가쓰히코筧克彦의 '고신도古神道' 담론의 영향을 받은 야마자키 노부요시山崎延吉의 농민판 '천황귀일론', 조상을 신격화하는 가토 겐치加藤玄智의 논의, 가케이의 '야마토바타라키日本體操'나 가와쓰라 본지川面凡児의 미소기 행위禊行라는 신체적 실천 등이 식민지조선에 유입되었고 강력한 영향력을 발휘했다(제1부의 각 장을 참조). 만주사변 이후에 해당하는 이 시기에 일본은 국제적으로 고립되었고 제국 내 국민통합을 위한 민족적 동질성이 요구되고 있었다. 이러한 움직임이 식민지조선에서는 신사신도의 '동아민족'론으로서 등장했다(제1장 제4절 참조). 즉 국민교화를 담당하는 신사신도의 역할이 더욱 증대되었고, 그 내용 또한 제국일본의 다민족 제국주의적 내셔널리즘을 형성하는 방향으로 나아가게 된 것이다.

이와 같은 상황에서 1936년 심전개발운동이 본격적으로 시작한다. 그 이데올로기였던 '경신숭조'는— 위에서 언급한 적극적 신사 비종교론의 테두리 안에서— 신이 된 '조상'이 아마테라스 오미카미에게 '귀일'한다는 조상숭배형 황조신숭배의 구조를 창출했으며, 국가신도에도 영향을 미쳤다. 구체적으로는 '중추민족'(=일본인)이 아닌 조선인은 '조상'을 통해서 아마테라스 오미카미에게 '귀일'하게 된다는 논리였다. 이 논리를 이용하여 총독부 당국은 천황 통치권의 정통성을 조선인들에게 비로소 명시할 수 있었다. 이렇게 국가신도는 황조신숭배를 중심으로 하는 천황숭경의 시스템과 깊게 연결된 채 전개되었다(제3장 참조).

이상과 같은 아마테라스 오미카미의 성격 변화를 통해 식민지조선에서 신사신도는 천황숭경의 시스템과 접속하는 '일탈'을 겪었던 것이 아니라는 점을 알 수 있다. 조선에서는 오히려 아마테라스 오미카미 봉재에 중점을 두고 있던 신사신도가 일본인과 조선인의 국민의식 형성과 관계하면서 자발적으로 변용해갔고, 그 완성형에 이르러 천황숭경 시스템과 연결되는 과정을 확인할 수 있다. 그리고 — 아래 (3) **'제국의 신기'와 제국신도**에서 거론하겠지만 — 신사신도는 단일민족주의적 내셔널리즘에 더해 다민족 제국주의적 내셔널리즘에 입각한 국민교화를 떠맡게 되었다.

2) 국가신도의 논리

1930년대에 신사정책을 담당했던 총독부의 관료들은 가케이와 호즈미 노부시게, 가토, 가와쓰라의 논의를 응용하여 심전개발운동의 이데올로기를 만들어냈다. 조선인은 '조상'을 통해 아마테라스 오미카미에게 '귀일'한다는 '경신숭조'의 논리였다. 총독부 당국은 이러한 논리의 실체화를 시도했는데, '국가제사'의 경우에는 국폐소사에 '아마테라스 오미카미'와 '구니타마노 오카미'를 합사시켰고, '공동체제사'의 경우에는 촌락에 신사·신사神祠를 증설하는 방침을 취했다. 강원도에서는 지방행정이 관제 '동제洞祭'를 만들고 그 토대 위에 신사神祠를 지으려는 시책이 실시되기도 했다. 저자는 이와 같은 '경신숭조'의 논리가 국가신도 논리의 확립을 나타낸다고 간주하는데, 아래에서 그 이유를 설명해 보겠다.

조선신궁의 창건을 통해 식민지 총진수의 제신은 개척삼신에서 아마테라스 오미카미와 메이지천황으로 변화하는데, 이 두 신의 합사는─국가신도의 논리에 입각해서 바라보면─'동조'와 '영토개척' 논리의 조합을 의미하고 있었다. 종래의 '영토개척'의 측면은 메이지천황에게 이어졌고, 아마테라스 오미카미는 일본인의 국민의식 형성에 관련된 제신의 지위를 유지했다. 특히 3·1운동 이후─일선동조론이라는 조선에만 적용되는 독자적인 논리와 함께─아마테라스 오미카미는 일본인과 조선인 양 민족의 '동조'라는 성격을 겸비한 채 조선신궁의 제신이 되었다(제1장 제1절 (1) 참조).

다만 저자는 조선신궁의 창건은 황조신숭배를 중핵으로 하는 국가신도 논리의 형성단계에 지나지 않았다고 본다. 그 후 '동아민족'론이 등장하고 농촌진흥운동이 교착 상태에 빠지는 과정을 거쳐, 국체명징성명을 계기로 심전개발운동기에 신사신도는 조선인의 교화敎化에 주안점을 둔 천황제 이데올로기와 연결되어갔다. 여기서 앞서 말한 '동조'와 '영토개척'을 조합하는 논리가 심전개발운동의 이데올로기였던 '경신숭조'의 논리에 흡수되었고, 1936년 8월 이후 열격이 시작되었던 국폐소사의 제신을 통해 실체화되었다는 가설을 세워보았다(제1장 제1절 (1) 참조). 그리고 이와 관련하여 조선신궁은 진좌 후에 이세신궁伊勢神宮을 상징하는 존재가 되었으며, 따라서 제신이 지닌 의미가 '동조'와 '영토개척'의 조합으로부터 분리되어 갔다는 점도 지적했다(제1장 제1절 (2) 참조).

제1부 제3장의 분석을 통해 위의 가설을 뒷받침하는 성과를 얻을 수 있었다. 조선신궁의 진좌(1925년)는 국가신도 논리의 형성단계에 위치하며, 앞서 논한 조합과는 다른 논리, 곧 식민지 총진수가 이세신궁을

상징하는 형태로 등장했다는 사실을 검증했다. 그리고 국가신도와는 또 다른 형태로 나타난 것이 국폐소사 열격(1936년 이후)에 보이는 '경신숭조'의 논리였다. 조선인이 '조상'을 통해 아마테라스 오미카미에게 '귀일'한다는 이 논리는 '아마테라스 오미카미'와 '구니타마노 오카미'라는 제신의 합사로 실체화되었는데, 저자는 여기서 비로소 국가신도의 논리가 확립되었다고 본다.

아마테라스 오미카미 봉재에 중점을 두고 있던 식민지조선의 신사신도는 일본인과 조선인의 국민의식 형성에 관여하면서 자발적인 변용을 거쳤고, 그 완성에 이르러 천황숭경 시스템에 깊이 연루되어갔다. 그렇다면 위의 단계에서 국가신도의 논리가 이윽고 확립되었다고 볼 수 있다.

이와 같은 논리의 실체화로서 앞서 지적한 국폐소사의 제신을 들 수 있다. 다만 곳곳에 증설되었던 신사神祠의 제신의 경우, 국폐소사처럼 '아마테라스 오미카미'와 '구니타마노 오카미'를 합사한 곳은 거의 보이지 않는다. 그 이유에 관해서는 제2부 제5장에서 논했는데(제5장 제3절 (3)), 개략적인 내용은 다음과 같다. ① 전통적인 '동제'의 신들에게 무속적 요소가 보인다. ②『부락제』 조사를 통해 '구니타마노 오카미' 봉재에 관해 부정적인 의견이 제시되었다. ③ 가장 중요한 이유로서, 종족宗族집단의 조상제사로서 그 결집력을 상징하던 유교제사가 존재했기 때문이다. '공동체제사'를 담당하는 신사神祠('신명신사神明神祠')에 조선인의 '조상'으로 간주되었던 '구니타마노 오카미'를 합사하게 되면 종족집단의 조상제사는 이에家를 단위로 한 제사로 변질될 뿐만 아니라 가족의 조상이 '구니타마노 오카미'에 흡수되고 만다. 따라서 총독부 당국은 결집력이 강한 종족의 유교제사에 자극을 주지 않기 위해 증설된 '신명신사'에서 '구니타마노 오카미'를 합사하는 일을 회피하는 등 신중한 자세를 취하고 있었다.

다음으로 증설된 신사神祠가 제신에서 '구니타마노 오카미'를 제외한 조선신궁의 형태 — 아마테라스 오미카미 봉재를 기본으로 메이지천황 등을 합사한 형태 — 를 취했던 점과 신사참배 강요는 어떤 관계에 있었는지 살펴보자.

가케이가 고안한 '야마토바타라키'는 — 그의 설명에 따르면 — '미소기 하라에禊祓의 실천'이었다. '야마토바타라키'는 '천황귀일'론의 근간에 있는 아마테라스 오미카미로의 '귀일'을 신체화하는 실천으로서, 미소기에 보이는 신체화의 실천과 공통점을 지니고 있었다(제3장 제1절 (2)). 심전개발운동기에 활발해지는 미소기 행위는 '야마토바타라키'와 마찬가지로 조선에 유입되었던 가케이의 '고신도' 담론에 바탕을 두고 있었으며, 가와쓰라의 법식에 따라 '조상신'(아마테라스 오미카미)과 '일체'가 되는 행위의 장소로서 도입되었다(제3장 제1절 (4)).

이와 같은 '야마토바타라키'나 미소기 행위라는 신사 비종교론에 어울리지 않는 실천은 — 신사신도의 종교성으로 여겨지는 중요한 요소인 — 아마테라스 오미카미로의 '귀일'을 신체화하는 실천이기도 했다. 이러한 신체적 실천은 총진수가 조선신궁이 된 점, 그리고 증설된 다수의 신사神祠가 조선신궁의 형태를 도입한 점을 발판삼아 더욱 간편한 실천으로 변해갔다. 가령 신사・신사神祠에 가서 거기 모셔진 아마테라스 오미카미에게 참배하거나, 혹은 진구 다이마神宮大麻를 모시는 가미다나神棚를 향해 아마테라스 오미카미에게 절을 올리는 신체적 실천이 전개된 것이다. 이후 강제적으로 추진된 신사참배는 황조신숭배를 신체화하기 위한 간단한 동작으로 이루어져있었다. 겉으로는 국민의례를 내세웠지만, 신사참배의 실태는 종교행위에 있었다고 할 수 있다.

가와쓰라의 미소기 행위는 '내지'에서도 신사신도에 커다란 영향을 주었다고 한다. 특히 신궁봉재회神宮奉齋會 회장이었던 이마이즈미 사다스케今泉定助의 신도론은 가와쓰라로부터 많은 영향을 받은 것이었다. 가와쓰라의 미소기 행위는 1925년부터 신궁봉재회의 연중행사로 채택되었고, 이마이즈미 문하의 노력으로 1940년에 발족한 대정익찬회大政翼贊會에서도 국민적 행사로 채용되었다.[1] 앞으로의 신도사 연구는 당시 '내지'에 보이는 미소기 행위에 관한 분석을 동반해야하며, 이때 조선의 심전개발운동 및 그 이후에 나타나는 미소기 행위와의 관련에 초점을 맞출 필요가 있다는 점을 지적해둔다.

3) '제국의 신기'와 제국신도

앞서 (1) **아마테라스 오미카미의 성격변화**에서 아마테라스 오미카미 봉재를 중핵에 두었던 조선의 신사신도가 제국이라는 테두리 안에서 일본인 및 조선인의 국민의식 형성과 관계하는 가운데 스스로 변용해갔고, 완성형에 이르러 천황숭경 시스템에 깊이 연루되었던 점을 거듭 확인해보았다. 아마테라스 오미카미가 이와 같이 국민의식 형성에 영향을 주었다는 점을 염두에 두면서, 아래에서는 이를 국민국가론의 관점에서

---

1   津城寬文, 『鎮魂行法論―近代神道世界の霊魂論と身体論'新装版'』(春秋社, 2000)의 第1章 第14節, 「川面凡児」, 93~94쪽을 참조.

살펴보고 제국주의적 내셔널리즘에 관해 논해보도록 하겠다.

1930년대에 들어서 가케이의 '고신도' 담론, 조상을 신격화하는 가토의 신도론, 가케이의 영향을 받은 야마자키의 농민판 '천황귀일'론이 강한 파급력과 함께 조선에 유입되었다. 그리고 심전개발운동의 이데올로기였던 '경신숭조'의 논리를 바탕으로 아마테라스 오미카미에게 '귀일'하려는 신체적 실천이 — 가케이의 '야마토바타라키'와 유사한 — 가와쓰라의 미소기 행위를 통해 시도되었다. 그 결과 식민지조선에서 신사신도는 다른 '외지'들보다도 한층 더 황조신숭배를 중시하는 천황숭경시스템과 깊은 관련을 맺게 되었다. 여기에는 — 가령 학교에 가미다나나 다이마 봉재전을 설치한 것처럼 — 학교 교육을 통해 천황·황조숭경을 추진하는 시스템도 포함되어있었다.

이와 같은 황조신숭배의 개입여부를 기준으로 조선의 촌락에 설치된 관제 '동제'의 성격을 크게 두 가지로 나누어볼 수 있다. 하나는 심전개발운동이 시작하기 이전에 이미 지어져있던 '천지신단天地神壇'형 시설로서, 제신이나 건물, 제사 등에 조선의 전통적인 요소를 담고 있었을 뿐만 아니라(토착성), 해당 촌락에 어느 정도 정착하고 있던 사실들을 자료를 통해 확인할 수 있다(제1장 제3절). 여기에 황조신숭배의 요소가 개입할 여지는 없었다.

다른 하나의 형태로서 심전개발운동 이후 강원도에서 시도된 '이동사里洞祠'를 들 수 있다. 총독부 당국의 관제 '동제' 설치안에 입각해있던 '이동사'에는 황조신숭배의 요소가 개입되어있었다. '이동사'에는 장차 황조신숭배를 위한 신사시설이 건립될 예정이었는데, 이로 인해 현재의 '이동사'는 도리어 신사시설이 될 수 없었고, 그 최저기준으로 여겨진 제신과 사전양식에 대해서도 엄격한 통제가 이루어졌다(제5장 제5절). 참고로 법령과 관계없는 신사신도의 참배시설을 통틀어 가리키는 경우, 이 책에서는 이를 법령상의 신사와 구별하기 위해 신사시설로 표기한다.

이와 같은 강원도의 '이동사'를 촌민들의 시점에서 생각해보자. 이러한 시책이 실시된 촌락에서는 전통적인 '동제'가 자취를 감추었고, 만들어진 관제 '동제'인 '이동사'가 이를 대신하게 되었다. 실제 촌민들의 신앙과 그 내용을 파악하기는 어려우나, 기존의 '동제'와는 제사법도 외관도 다른 '동제'가 지금까지와 같은 장소에서 행해지게 되었다는 점은 분명하다. 게다가 엄격한 통제로 인해 제신 및 건물도 종래의 형태와는 크게 달라졌을 것이다.

그러면 '이동사'가 만들어진 촌락에서 조선인 촌민들의 기도는 어떤 형태를 띠게 되었을까? 훗날 '이동사'에 신사시설이 세워졌을 경우에, 신사신도는 그들의 기도를 이해하고 받아들일 수 있었을까? 신사에 기도한다는 것은 대체 무엇을 의미하는 걸까? 아니, 애초에 신사란 도대체 무엇이란 말인가?

이상 '천지신단'과 '이동사'라는 두 가지 형태의 관제 '동제'를 살펴봄으로써, 황조신숭배의 이면에 조선의 신들을 모셔야하는가 아닌가라는 문제, 즉 '제국의 신기神祇'라는 제신의 문제가 그 근본에 위치하고 있음을 알 수 있었다. '내지'와 조선의 신들은 동일한 제국에 속하지만, 그렇다고 조선의 신들을 같은 '제국의 신기'로서 간주할 수 있었을까?

다음으로 이와 같은 '제국의 신기' 문제를 통해 제국신도에 대해 논해보자. 신사의 제신과 내셔널리티의 관계를 고찰하기 위해 러일전쟁에서 일본 측에 서서 싸우다 전사한 외국인을 야스쿠니 신사에 모시는 것을 두고 벌어진 논의를 분석하는 스가 고지菅浩二는, 특히 "신사의 제신은 제국의 신기로 삼는 것이 (…중략…) 원칙이다"라는 오기노 나카사부로荻野仲三郎의 주장에 주목하고 '제국의 신기'론을 제기한다. 스가는 대만의 개산신사開山神社(제신은 정성공鄭成功) 및 중국의 신사, 조선신궁의 제신에 단군이 부정된 점(제2장 제4절 (3) 참조), '조선 구니타마노 가미'라는 신명神名이 '구니타마노 오카미'로 개칭된 점(제2장 제4절 (3) 참조)을 예로 들고, '해외의 재지신앙을 거절하는 태도'와 '신사의 제신은 제국의 신기다'라는 주장을 '원칙'으로 떠받드는 '사상'이 '표리일체를 이루고 있었다'고 주장한다.[2]

저자는 '표리일체'라는 비판에는 기본적으로 동의하지만, 조선의 경우에는 더욱 복잡한 사정이 있었다고 본다. '조상', 그리고 재래 '동제'에서 모셔지던 조선의 전통적인 신들이 신사·신사神祠의 제신이 될 가능성이 생겨났을 때, 황조신과 합사의 대상이 되는 '구니타마노 오카미'로 여겨지거나 거절되었다는 두 갈래의 결과를 맞이한 사실을 중시하고 싶다. 이러한 관점이야말로 제신에 관한 '제국의 신기'론을 보다 깊은 곳에서 묻는 작업이 될 것이며, 신사란 무엇인가라는 물음과도 이어진다고 본다.

'제국의 신기'를 고찰함에 있어서 — 황조신숭배가 개입되었다는 사실에서도 알 수 있듯이 — 아마테라스 오미카미는 중요한 분석요소가 될 것이다. 조선에서 신사신도는 아마테라스 오미카미 봉재를 무엇보다 중시했으며, 나아가 일본인과 조선인의 국민의식 형성과 관계하는 와중

---

2 菅浩二, 『日本統治下の海外神社—朝鮮神宮・台湾神社と祭神』(弘文堂, 2004)의 第2部 第5章, 「台湾神社の神社御祭神とナショナリティ」의 「むすび」(226~228쪽)를 참조.

에 스스로 변용해갔기 때문이다.

앞서 (1) **아마테라스 오미카미의 성격변화**에서 논했듯이, 아마테라스 오미카미 봉재는 조선에 이주한 일본인들의 근대적 국민의식 형성과 깊은 관련을 맺고 있었다. 이처럼 조선신궁 진좌를 전후한 시기의 내셔널리즘은 단일민족주의적인 것이었다.

그런데 1930년대 이후 만주사변을 거치면서 일본이 고립하는 가운데, 다민족 제국주의적 내셔널리즘으로서 신사신도판 '동아민족'론이 등장하게 된다. 심전개발운동을 통해 신이 된 '조상'이 아마테라스 오미카미에게 '귀일'한다는 조상숭배형 황조신숭배의 논리가 그 결정체로서 창출되었고, 이윽고 국가신도에도 영향을 끼치기에 이른다. 이것이 '경신숭조'의 논리였다. 조선인들도 '조상'='구니타마노 오카미'를 거쳐 아마테라스 오미카미에게 '귀일'할 수 있는 통로가 열린 것이다.

이러한 논리를 통해 총독부 당국은 비로소 천황 통치권의 정통성을 조선인들에게 명시할 수 있게 되었다. 그 후 국가신도는 황조신숭배를 중심으로 한 천황숭경시스템과 밀접하게 뒤얽힌 채 전개되어갔다(제3장 참조).

이처럼 '내지'와 조선의 신들은 하나의 제국에 속하게 되었지만 '제국의 신기'로서 동일한 대접을 받은 것은 아니었다. 조선의 신들은 '구니타마노 오카미'가 되어 '아마테라스 오미카미'에게 '귀일'한 다음에야 간신히 '제국의 신기'가 될 수 있었다. 이를 내셔널리즘의 관점에서 보면 '아마테라스 오미카미'에게 직선적으로 '귀일'하는 일본인들과는 달리, '중추민족'(=일본인)이 아니었던 조선인들은 '구니타마노 오카미'를 거쳐서, 그리고 조선의 신들은 '구니타마노 오카미'로서 제국의 '지기地祇'가 됨으로써 '아마테라스 오미카미'에게 '귀일'한다는 논리가 성립한 것이다.

위의 논리를 통해 단일민족주의에 입각한 서열화가 제국 내의 다민족을 상정한 내셔널리즘, 곧 '동아민족'의 바탕 위에 기획되었음을 알 수 있다. 아마테라스 오미카미를 기준으로 일본인과 조선인의 서열을 설정하고, 이를 토대로 국민통합을 도모했던 것이다. 전통적인 '동제'에 대한 관심이 높아졌던 1930년대 초반까지만 하더라도 조선의 신들은 아직 동조론적이고 단일민족주의적인 인식의 대상으로 여겨졌지만, 심전개발운동기에 들어서면 — 아마테라스 오미카미의 성격변화를 통해 알 수 있듯이 — 다민족 제국주의적 내셔널리즘이 그 모습을 드러내기 시작한다. 게다가 이 두 가지 내셔널리즘은 공범관계에 있었다.

이와 완전히 똑같은 구조를 조선에 거주하던 일본인 신직들의 내셔널리즘에서도 엿볼 수 있다. 마찬가지로 가케이의 '고신도' 담론에서 많은 영향을 받았던 그들은 '내지'와 조선의 고대에 각각 존재했던 — 유교 및 불교가 수입되기 이전의 — '고신도' 세계를 설정하고, 이를 토대로 '일본신도'와 '조선신도'를 구별하고 있었다. 이 '조선신도' 개념에 동조론적 관심은 지워져있다. 그리고 '구니타마노 오카미'를 제외한 '조선신도'의 신들을 '일본신도'의 하위에 두고 신사・신사神祠에서 모시는 것에 반대했다. 그들 또한 '일본신도'와 '조선신도'라는 개념을 가지고 일본인과 조선인의 서열을 설정한 것인데, 총독부 당국이 심전개발운동을 통해 구상한 내셔널리즘과 마찬가지로 다민족 제국주의적인 내용을 포함하고 있었다. 더욱이 일본인과 조선인 사이에 서열을 둔다는 점에서 단일민족주의와 다민족 제국주의라는 두 내셔널리즘이 여기에서도 공범관계를 이루고 있었음을 알 수 있다.

이처럼 '제국의 신기'론을 설명하기 위한 중요개념을 아마테라스 오미카미로의 '귀일'에서 찾을 수 있는 바, 이를 분석하기 위해서는 다민족 제국주의적 내셔널리즘의 관점을 취할 필요가 있는 것이다.

그리고 최남선을 논할 때도 국민국가론의 시점은 더없이 유용할 것이다. 최남선은 '동아민족'론(다민족 제국주의적 내셔널리즘)을 바탕으로 제국의 틀 안에 조선의 '고신도' 세계를 설정하고, 이른바 '조선신도'와 '일본신도'의 공통점을 강조함으로써 조선인의 제국 내 지위를 확보하고자 했기 때문이다. 그러니까 최남선이라는 한 '친일파' 안에 단일민족주의적 내셔널리즘과 다민족 제국주의적 내셔널리즘이 공존하고 있었던 것이다. 이를 규명하기 위해서는 조선을 포함한 제국의 판도를 중심으로 펼쳐졌던 신사의 공범, 공존관계의 양상을 제국신도의 '전개'로서 분석하는 작업이 뒤따라야할 것이다.

이 점을 신사사神社史연구 중에서도 국가에 의한 제사체계를 비판하는 입장에서 아마테라스 오미카미와 제신의 문제를 다룬 글을 통해 살펴보자.

오하마 데쓰야大濱徹也는 메이지기의 후쿠시마현福島縣 및 홋카이도 개척지에 보이는 신사와 아마테라스 오미카미를 정점에 두는 '국가의 제사체계'가 서로 대립한다고 보고, 향당鄕黨의 제사를 통해 마음의 위안을 얻고자 하는 개척민들의 세계를 '대지의 기도'로 표현한다. 그리고 이러한 세계가 '신을 모시는 일본인의 원초적 형태'라고 한다.[3]

그렇지만 오하마는 개척민들이 아마테라스 오미카미 또한 제신으로 모시고 있었던 것의 의미에 대해서는 묻지 않는다. 아마테라스 오미카미가 국민의식의 형성에 끼친 영향을 간과하고 있는 것이다. 물론 개척민들은 국가에 의한 단속과 정리의 대상이었던 '무원신사無願神祠' 등을

---

3   大濱徹也, 「大地の祈り」, 『年報新人文学』, 北海学園大学大学院文学研究科 第4号, 2007.12.

세우기도 했지만, 한편으로 각지에서 개척지로 모여들었던 그들은 아마테라스 오미카미를 섬기는 제사를 통해 공통의 국민의식을 만들어간 근대의 신민이기도 했다.

그렇지만 오하마는 그들의 '대지의 기도'가 아마테라스 오미카미에게도 전해진 점을 불문에 부치고, 그러한 세계가 '신을 모시는 일본인의 원초적 형태'였다고 단정한다. 우선 신을 모시는 행위의 '원초적 형태'를 상정하는 것 자체가 — 전전戰前의 담론처럼 — 고대에 '고신도'란 것이 존재했다고 간주하고 이를 근거로 신사신도를 '유신도惟神道'('신 그대로의 길')로 정의내리는 발상과 논리적 공통점을 지닌다고 할 수 있다.[4] 신사신도의 '원초적 형태'를 가정하려는 발상은, 신사신도를 일본인의 민족종교로 여기는 주장[5]이 빠지기 쉬운 논리적 함정에 다름 아닐 것이다.

앞서 논한 것처럼 국가신도는 이 책에서 말하는 제국신도의 시기, 다시 말해 다민족 제국주의적 내셔널리즘에 입각한 시기를 경험했으며, 이를 통해 가령 '조선신도'와 구별되는 '일본신도'라는 개념도 태어날 수 있었다. 그리고 '일본신도'와 '조선신도' 사이에 서열이 생기자, 또 다른 공범자였던 단일민족주의적 내셔널리즘도 황조신숭배를 통해 강

---

4 위의 고찰은 사카이 나오키[酒井直樹], 이득재 역, 『사산되는 일본어·일본인』(문화과학사, 2003)의 제6장, 「사산되는 일본, 일본인─일본어라는 통일체의 제작을 둘러싼 "반"역사적 고찰」의 내용을 참고한 것이다.

5 이와 같은 주장을 대표하는 최근의 연구로서 신도국제학회(ISF)의 임원인 존 브린(John Breen)과 마크 티웬(Mark Teeuwen)이 2010년에 출판한 저서(*A New History of Shinto*, Chichester, Wiley-Blackwell)를 들 수 있다. 이소마에 준이치와 장석만은 공동논문을 통해 이 책이 국가신도를 비판하는 종교연구 및 식민지에서의 국가신도 정책에 관한 연구를 언급하지 않음을 지적하고, 이와 같이 편향된 연구에 입각해 신도의 국제화를 꾀하려는 최근의 경향을 비판한다. Isomae Jun'ichi and Jang Sukman, "The Recent Tendency to 'Internationalize' Shinto─Considering the Future of Shinto Studies", *Asiatische Studien Études Asiatiques* 66(4), Hungary, 2012, pp.1081~1097.

화, 유지될 수 있었다. 이러한 문제를 묻지 않고 — 전후 일본의 민족주의적 내셔널리즘에 입각한 신도관을 소급적용해서 — 신사신도를 당연한 일본인의 민족종교인 것처럼 여기는 오늘날의 현실을 뒤돌아볼 필요가 있다.[6] '일본신도'를 거친 신사신도는 더 이상 일본인의 민족종교가 아니다.

오하마가 말하는 '대지의 기도'라는 단어가 아늑한 기분과 함께 '역사적 시원에 대한 향수'에 우리들을 '빙의'시키고, 어느새 신사신도를 다시 한 번 '민족과 동일한 것'으로서 간주하는 담론 속으로 독자들을 끌고 들어가는 점에 유념해야한다.[7] 실체를 동반한 신사신도의 형상이 당연시되기 쉬운 경향이 있으나, 신사신도의 실체란 실제로 존재하는 것이 아니라 '원초적 형태'라는 담론 공간을 통해 상기되는 것에 불과하다. 더군다나 신사신도에는 — 국가신도체제에 기반을 둔 제국신도가 형성되는 와중에 — 황조신에게 '귀일'한다는 천황제 이데올로기로 변용해갔다는 경험이 새겨져 있다.

그러므로 신사신도란 담론 공간 속에서 상기된다는 전제를 명심하면서, 일본인 이주자들이 세웠던 신사에 '공公'으로서의 아마테라스 오미카미 봉재와 '사私'로서의 그 밖의 제신의 봉재가 중첩되어있었다는 이중성(이 장 「2 조선사회의 반응」의 (2) 일본인 이주자의 반응에서 재론한다)에 주목할 필요가 있다. 또한 관제 '동제'였던 '천지신단' 등을 통해 신사신도

6 전후 일본의 민족주의적 내셔널리즘에 대해서는 사카이 나오키, 최정옥 역, 『일본, 영상, 미국 — 공감의 공동체와 제국적 국민주의』(그린비, 2008)의 제5장, 「비교라는 전략 — 공감의 공동체와 동아시아에서의 미국의 존재를 둘러싼 공상의 실천계」를 참조.
7 磯前順一, 『記紀神話の考古学 — 歴史的始原へのノスタルジア』(角川学芸出版, 2009)의 第1章, 「言葉と物のあいだ — 記紀と考古学」, 46~47쪽.

와 '대지의 기도'가 가지는 의미를 보다 철저히 파헤쳐야한다는 것이 저자의 생각이다.

이제 지금까지의 고찰을 신사신도의 현재적 과제로서 정리해보자. '천지신단'처럼 조선의 전통적인 신들을 모시던 사당과 신사의 관계를 논해보는 것은 — 신사정책연구와는 별개의 관점에서 — 오늘날의 신도론에도 중대한 의미를 가져다줄 것이다. 저자는 정책과의 관계를 중요시하는 입장이지만, 신도론에 중점을 둔 연구 또한 신사신도의 토착성(앞서 소개한 '대지의 기도'를 포함해서 그 땅의 신들을 외경하고 존숭하는 토착성을 가리킨다)을 다루지 않을 수 없기 때문이다.

현대의 신사계神社界는 이와 같은 토착성의 문제를 어떻게 논할 수 있을까? '천지신단' 같은 토착적 관제 '동제'가 통제되고 있던 식민지조선의 현장에서, 신사신도가 토착성을 강조하는 방향으로 나아갈 경우 이는 국민교화를 지향하는 입장이 추진하는 내셔널리즘의 문제와 맞닥뜨리게 된다. 결과적으로는 후자의 입장이 우선시되었고 — 신사행정 측이 주도한 다민족 간의 서열을 동반한 내셔널리즘, 즉 — 다민족 제국주의적 내셔널리즘을 바탕으로 '구니타마노 오카미'를 통제하는 것으로 '제국의 신기'를 둘러싼 제신의 문제가 처리되었다. 토착성과 국민교화는 정반대의 방향을 향했던 것이다.

하지만 신사신도와 그 내셔널리즘의 문제가 이러한 의미에서 고찰의 대상이 된 적은 현대에 이르기까지 거의 없었다고 보인다. 오히려 위의 문제는 탈각되었고, 민족종교를 자임하는 신사신도는 그 존재의의로서 여전히 단일민족적 내셔널리즘을 내걸고 있다.

국가신도는 조선의 신들에 대한 관심에서 출발했으며, '동아민족'론과 그 결정체인 심전개발운동의 논리에 따라 다민족 제국주의적 내셔널리즘을 지향하는 국민교화를 담당한 시기, 그러니까 제국신도기를 거쳤다는 경험을 가지고 있다. 따라서 오늘날의 신사신도가 토착성과 내셔널리즘에 관한 중대한 과제로부터 벗어나는 일도 있을 수 없다. 논리적으로 과거를 극복할 수 있는 방도를 모색하는 동시에, 신사계가 이 중대한 과제와 진지하게 대면할 필요가 있다.

오늘날 신사신도의 국제화가 제창되고 있다. 그런데 토착성의 관점에서 제신이나 사전양식의 국제화는 어떻게 생각할 수 있을까? 제신의 국적은 어떻게 되는 것일까? 정말 혹시나 국제화가 가능하다면, 가령 기독교회처럼 한국의 농촌에 다시 한 번 신사를 건립할 수 있을까?

위에서 언급한 중대한 과제의 탈출구를 찾지 못하는 한, 신사신도가 국가신도를 극복하는 일도 불가능할 것이다.

2. 조선사회의 반응

이 책에서는 조선총독부의 신사정책에 관한 제도사를 다루어보았다. 저자의 관심은 신사정책이 현지사회에서 가지고 있던 의미에 있다. 그래서 이 책에서는 조선사회와의 접점을 항상 염두에 두면서 신사정책의 전개를 추적해보았다. 아래에서는 신사정책에 관한 조선인과 일본인 이주자의 각각의 반응을 현시점의 성과를 토대로 시험적으로 논해보겠다.

1) 조선인의 반응

저자는 1987년도부터 88년도에 걸친 2년 동안 군사독재에서 민주화로 나아가던 한국에 유학했으며, 그 후에도 종종 신사·신사神祠의 유적을 조사하기 위해 농촌을 방문한 경험이 있다. 그 과정에서 식민지 시절을 직접 겪었던 분들과 만나서 신사(정확히는 신사와 신사神祠)에 관한 이야기를 들을 수 있었다. 당시 받은 인상으로서는 신사를 일본의 '귀신鬼神'이 사는 집으로 여기는 이야기가 많았다. 다만 이를 실증적으로 정리하지 못한 채 오늘날에 이르고 있다.

조선인들이 신사에 대해 가지고 있던 구체적인 인식을 실증적으로 증명하는 것은 자료의 제약상 대단히 곤란한 작업임에 틀림없다. 아래의 내용은 이러한 어려움을 전제로 하고 있음을 헤아려주길 바란다. 다만 이 책에서는 농촌에 전통적인 '동제', 관제 '동제', 신사·신사神祠라는 세 가지 층위의 제사가 존재했음을 제시했는데, 이들 상호간의 거리를 추출하는 작업을 실마리삼아 신사에 대해 조선인이 가졌던 인식을 어느 정도는 밝힐 수 있을 것이다.

제2부 제5장에서 설명했듯이 식민지조선에는 '내지'의 무라마쓰리村祭り에 해당하는 '동제'('부락제')가 있었다(제5장 제1절 (2)). 이들 '동제'와는 별개로 식민지지배가 시작되기 전부터 일본인 거류민들이 세운 크고 작은 신사시설이 있었고, 총독부의 정책에 따라 다수의 신사·신사神祠가 지어지기도 했다. 신사시설은 대개 일본인 이주자들이 집주하는 지역에 세워졌고, 그 중에서도 무원신사[8](설립허가를 받지 않은 신사참배시설)

8　부윤, 군수, 도사(島司)에게 보낸 전라남도 내무·경찰부장 통첩, 「무원신사의 건립에

는 어촌의 '고토히라샤金刀比羅祠'처럼 특정한 제신에 대한 신앙이 요구되던 지역에 많았던 것으로 보인다.

애초에 조선재래의 '동제'와 일본인이 세운 신사는 서로 전혀 다른 세계에 속하는 것이었는데, 1930년대에 들어서서 농촌진흥운동이 시작되자―제1부 제1장에서 소개한 '천지신단'처럼 ― 행정 측이 만들어낸 소위 관제 '동제'가 주목을 받게 되었다(제1장 제3절). 관제 '동제'는 농촌진흥운동이 전개하는 가운데 지방행정 측이 전통적인 '동제'를 대신하여 촌민 통합의 역할을 맡기고자 시험적으로 만든 참배시설을 가리키는데, 그 전형적인 예로서 '천지신단'을 들 수 있다. '천지신단'이 시도된 지역은 충청북도 영동군 영동면과 청주군에 한정되며 다른 사례도 발견되지 않는 개별적인 실험에 불과했지만, 이는 전통적인 '동제'와 신사·신사神祠의 중간에 위치하는 존재로서 식민지사회에서 특별한 의미를 지닌다고 볼 수 있다.

본문의 내용을 간략히 소개한다. 농촌진흥운동이 전개하는 가운데 충청북도에 '천지신단'이 설치되었다. '천지신단' 설치가 보다 일찍 시도된 지역은 영동면이었는데, 농촌진흥운동이 시작되기 직전인 1932년 8월 회동리에 '회동리 천지신단'이 건립되었다.

'회동리 천지신단'은 그 명칭을 비롯하여 제신이나 건물은 물론, 농악을 연주하거나 '풍양을 기념祈念하는' 제사를 올리는 등 조선의 전통적인 요소를 내포하고 있었다. 다른 한편으로 추제秋祭リ를 지내는 점, 농

관한 건(無願神祠ノ建立ニ關スル件)」(1934.9.1)의 제목에서 알 수 있듯이, 홋카이도 개척지와 마찬가지로 조선에서도 신사행정 측은 '무원신사'라는 단어를 사용하고 있었다. 이 통첩은 한국 국가기록원 소장의 全羅南道編,『現行全羅南道例規集・內務』(1937)에 실려 있다.

촌진흥운동과의 연결고리로서의 역할이 기대된 점 등, '일본'적 혹은 행정적인 요소 또한 포함하고 있었다.

이렇게 촌락사회와의 접점을 가지고 있던 '천지신단'을 단서로 신사시설과의 거리를 가늠해볼 수 있을 것이다. 가령 '천지신단'과 신사시설의 커다란 차이점은 사전양식과 제신에 있었다. '천지신단'은 조선재래의 '동제'와 마찬가지로 사당을 가지고 있었으며 일본의 신을 제신으로 모시지도 않았지만, 신사시설은 — 무원신사도 포함해서 — 일본을 연상시키는 특유의 사전을 구비하고 있었고 제신 역시 일본의 신으로 구성되어있었다.

따라서 신사시설이 촌락사회와 어떤 접점을 가지려 해도 조선인 촌민들에게는 오히려 '천지신단'이 더욱 가까운 존재로 느껴졌을 것이다. 게다가 국폐소사에 모셔진 '구니타마노 오카미'라는 제신은 그것이 아무리 조선 '국토개발의 시조'로 간주되었다고 해도 — '천지신단'을 기준으로 생각하면 — 일부 지식인을 제외한 조선인들에게는 도저히 그 정체를 알수 없는 신에 불과했을 것이다. 앞서 소개한 것처럼 조사를 위해 방문한 농촌에서 신사를 일본의 '귀신'이 사는 집으로 알고 있었다는 나이 많은 어르신들의 이야기를 듣고 저자는 고개를 끄덕이지 않을 수 없었다.

다음으로 유교제사와의 관련을 살펴보자. 제2부 제5장 제3절 (3)에서 언급하고 이 장 「1 국가신도의 논리와 제국신도」의 (2) **국가신도의 논리**에서 정리했듯이, 증설된 신사神祠의 제신이 '구니타마노 오카미' 합사를 기피하는 조선신궁의 형태를 띠게 된 중요한 이유로서, 총독부 당국이 결집력이 강한 종족의 유교제사를 자극하지 않기 위해 신중한 자세를 유지했던 점을 들 수 있다. 이를 법령의 측면에서 더욱 고찰해보자.

각 마을에 증설된 신사神祠('神明神社')에 조선인의 조상신으로 간주된 '구니타마노 오카미'를 합사하는 경우, 이는 종족집단의 조상제사가 아닌 이에를 단위로 한 제사가 되어야만 했다. 그러니까 조선인에 대해 '내지'의 민법에 속하는 가족법을 적용하고 ― 다시 말해 종족의 성을 단위로 하는 집단이 아니라 민법에 근거한 씨를 단위로 하는 집단(이에)으로 만들고 ― 그 조상신의 맨 앞에 위치하는 '시조'로서 '구니타마노 오카미'를 제사지내게 하는 제도를 도입할 필요가 있었던 것이다.

하지만 현실의 조선에서 가족법은 조선민사령(1912년, 제령 제7호)의 제11조 규정에 따라 '관습', 곧 관습법으로 존재했고, 이를 개정하는 형태로 조금씩 민법규정의 적용을 도모하는 수준에 그치고 있었다. 심전개발운동이 개시된 직후에는 조선민사령의 개정문제를 두고, 본국의 민법에 따르는 방식과 '특례'로서 조선의 '관습'에 따르는 방식을 병용하자는 안이 검토된 적도 있다.[9] 씨氏 제도를 도입하는 일(1939년의 조선민사령 개정에 따른 창씨)조차 중추원 조선인 참사들의 반발에 부딪혀 곤란한 상황에 처해있었던 점을 생각하면, 이에를 단위로 하는 조상제사를 통해 '구니타마노 오카미'를 모신다는 것은 현실성이 떨어지는 발상이었다. '구니타마노 오카미' 합사가 기피된 이유는 이 점에 있을 것이다.

그리고 조선인을 황조신에 결부시키는('귀일'시키는) 매개로서 ― 조선인의 '시조'·조상신으로 간주된 ― '구니타마노 오카미'를 만들어낸 것은 다름 아닌 총독부 당국이었는데, 제신이 기피되었다는 사실은 이 조상신이란 것이 결국 조선사회에서 통용되지 못했음을 알려주는 증거가

---

9 졸고, 「創氏改名の政策決定過程―朝鮮民事令改正をみる視点から」(『朝鮮史研究会論文集』第50集, 2012.10)의 第1節, 「司法法規改正調査委員会の再檢討」를 참조.

된다. 국가신도의 조상신은 조선사회에서는 반발의 대상에 불과했는데, 총독부 당국은 심전개발운동을 개시한 직후에 이 사실을 새삼 확인하게 되었다.

무속은 어떠했을까? 1936년 1월 심전개발운동이 본격적으로 시작되었을 당시 간행된 『심전개발운동의 요지』라는 해설서는 무속을 비롯한 민간신앙을 철저히 비판하고 있다(제3장 제3절 (1)). 구체적으로는 '경신숭조'의 논리를 설명한 구절에서 '경신관념을 배양'하기 위한 전제로서 "종류가 많고 잡다한 미신을 타파하여 음사잡신의 귀신관념을 청산"할 것을 설파한다. '미신을 타파'하고 '귀신관념을 청산'해야 할 근거로서 유교제사의 영향을 받기 이전부터 존재해온 조선고유의 조상숭배를 지적하고, 이러한 "조상숭배는 경신관념까지 발전해서 '신'의 관념을 통일, 완성시키는 경지에 이르지 못했으며, 그저 무당에 의지하는 유치한 귀신관념은 원시신앙의 상태를 방불케 하는 바, 하층민은 미신의 질곡에 신음하고 있는 것이 오늘날의 상황"이라고 한다.

무속을 비롯한 민간신앙이 고유의 조상숭배를 담당하고 있으므로 '미신타파' 등을 통해 이를 순화시키고 '경신관념'까지 끌어올려야한다는 것이다. 이렇게 민간신앙의 조상숭배에 보이는 '미신'의 부분을 배제하는 것은 국가신도의 조상숭배인 '구니타마노 오카미' 봉재로 나아가기 위한 방책이 되는 바, 불필요한 부분을 순화라는 명목으로 배제하고 고유한 조상숭배를 국가신도에 포섭하려는 의도를 가지고 있었다. 이는 배제와 포섭의 논리로 볼 수 있으나, 실제로는 '구니타마노 오카미' 봉재가 기피되었기 때문에 배제, 곧 '미신타파'의 측면만이 격화되는 결과를 가져왔다.

2) 일본인 이주자의 반응

다음으로 일본인 이주자의 반응을 검토해보자. 제2부 제4장 제1절에서 설명했듯이, 패전 당시 조선에 존재했던 신사시설(신사행정 소관)을 법령에 따라 정리해보면 관폐대사官幣大社에 조선신궁과 부여신궁(진좌하지는 않았다), 국폐소사가 8사,[10] 호국신사가 2사,[11] 일정한 기준을 충족하여 허가를 받은 신사(무격사)가 70사, 마찬가지로 허가받은 신사神祠가 862사였다.[12] 이는 모두 공인된 신사·신사神祠였으며, 그 밖에 허가를 받지 못한 비공인 신사시설인 무원신사도 존재했다. 정확한 집계는 불가능하지만 아마 상당한 숫자에 이를 것으로 추정된다.

훗카이도 개척지와 마찬가지로 조선에서도 일본인 이주자가 창립한 신사시설을 둘러싸고 신사창립허가·신사神祠설립허가 등의 문제가 발생했다. 제2부 제4장에서는 이와 같은 무원신사의 존재에 주목해보았다. 무엇보다 무원신사의 존재는 신사신도의 참배시설이 지닌 이중성을 가시화한다. 참배시설로서의 신사시설 가운데 공인·비공인의 구별이 생겨났는데, 이를 통해 일정한 기준을 만족시키는 법적 신사·신사神祠, 그리고 허가를 받지 못했지만 현지 일본인들의 신앙의 대상으로서 기능했던 참배시설=무원신사가 나누어졌다.

마찬가지로 제2부 제4장에서 논했듯이, 자유롭게 참배시설을 설치하던 일본인 이주자들과 길항하는 가운데 신사행정 측은 신사의 정의를

---

10 경성신사, 용두산신사, 대구신사, 평양신사, 광주신사, 강원신사, 전주신사, 함흥신사.
11 조선에는 2개 사단 각각의 중심에 경성호국신사와 나남호국신사가 창건되었다.
12 이상 신사·신사(神祠)의 숫자는 青井哲人,『植民地神社と帝国日本』(吉川弘文館, 2005), 74쪽의 그림,〈内地·台湾·朝鮮における神社行政と神社階層制度〉를 참고했다.

내렸는데, 그 기준으로서 규정한 최저조건은 제신과 사전이었다. 제신은 '신기'(「신사神祠에 관한 건」 제1조)로 삼을 것이 명확하게 지시되었고, 사전은 애매하긴 했지만 공인신사神祠에 보이는 양식이 기준으로 제시되었다. 공인된 법적 신사神祠가 되기 위해서는 더욱 높은 기준과 까다로운 조건을 충족시켜야했지만, 어쨌든 신사행정 측이 신사시설로 규정한 최저조건은 이와 같은 제신과 사전양식의 기준이었다. 참고로 사전의 양식은 제신에 따르고 있던 사실이 확인되며, 제신이 보다 중요한 조건이었음을 알 수 있다.

이러한 참배시설과 그 이중성의 문제를 제신의 이중성으로 치환해서 이해하면, 일본인 이주자들과 신사행정 측이 겪었던 길항관계가 보다 구체적으로 드러나게 된다. 제신의 이중성이란 아마테라스 오미카미와 '내지'의 다른 신들 사이에 보이는 관계성을 말한다. 신사행정 측은 신사시설의 제신을 통제하면서 공인신사·신사神祠에서는 황조로서 아마테라스 오미카미를 주된 제신으로 삼고, 다른 신들을 여기에 합사·추사하는 방식을 택했다. 그리고 다른 신들을 합사·추사하는 것이 불가능한 경우에는 이들을 섬기는 신사시설을 무원신사로 다루었다.

제1부 제1장에서는 조선의 경상북도 연안에 이주해온 일본의 어민들이 마을을 형성했던 구룡포(현 포항시 남구 구룡포읍)의 사례를 소개했다 (제1부 제1장 (1)). 「경상북도 구룡포 시가도」에 의하면 구룡포의 신사시설로서는 가장 넓은 경내지를 소유했던 '구룡포신사'와, 그 다음으로 규모가 컸던 '에비스신사ㄹㅂ지神社', 그 밖에 소규모의 '이나리稲荷', '부동명신不動明神'의 네 곳이 있었다.[13] 그리고 아직 검증하지 못했지만 '고토

---

13 발행연도 불명의 이 시가도는 趙重義, 權善熙著, 中嶋一訳, 『韓国内の日本人村ー浦項九

히라신사'도 세워져있었다고 한다.[14] 내용이 중복되지만 아래에서는 제
1부 제1장에서 논한 내용을 다시 정리한다.

시가지 뒷산에 세워졌던 '구룡포신사'는 구룡포에 살던 일본인들의
'우지가미氏神'였던 것 같다.[15] 이후 1929년에 촌민들은 총독부에 신사
神祠의 설립허가를 신청했고 이것이 통과되어 '아마테라스 오미카미'를
모시는 법적인 '신명신사'가 되었다.[16]

한편 그 외의 신사시설은 고향이 다른 어민들, 상인들의 개별적인 신
앙의 대상이었던 것으로 추정된다. 이들 시설은 신사행정 측으로부터
무원신사의 취급을 받았다. 다른 지역의 허가된 '신명신사'(아마테라스 오
미카미를 주된 제신으로 섬기는 신사神祠)의 경우, 고토히라신사는 '오모노누
시大物主命', 에비스신사는 '고토시로누시事代主命' 등 기기신화記紀神話에
나오는 신의 이름을 따서 '신명신사'에 합사·추사되는 사례가 보인
다.[17] 그러나 구룡포의 경우에는 합사·추사되지 않고 각각의 사당이
독립을 유지했던 것 같다.

이와 같은 제신의 이중성을 통해 다음과 같은 점을 지적할 수 있다.
다양한 고향과 배경을 가지며 각양각색의 신을 믿던 일본인들이 식민지

龍浦で暮した』(アルコ[浦項], 2009(初版)·2012(改訂版))의 말미에 수록되어있다.
14 포항시 문화관광 해설자 분이 구룡포에 거주하는 95세(추정) 노인에게 들은 이야기에
   의하면, '고토히라신사'는 현재 수협(수산업협동조합)이 세워진 장소에 있었다고 한다.
   현지조사는 2013년 8월 27일에 행했다.
15 2009년 10월 구룡포회(패전 후 구룡포에서 돌아온 일본인들이 1978년에 결성. 『韓国内
   の日本人村』, 155쪽)의 회원 15명이 구룡포를 방문했을 때, 앞서 소개한 문화관광 해설
   자에게 '구룡포신사'는 그들의 '우지가미'였다고 말했다고 한다.
16 岩下伝四郎編, 『大陸神社大観』(大陸神道連盟, 1941)의 '神社大観編', '附録編'에 게재
   된 「朝鮮神祠一覧」에 의함.
17 위의 책.

조선에 이주하고 서로 협력하여 사회를 구축해가던 과정에서, 공통의 심적 기반으로서 아마테라스 오미카미를 '다이진구大神宮'에 모셨다(구룡포의 경우에는 '구룡포신사'). 아마테라스 오미카미 봉재에 아이덴티티의 근거를 두고 일본인 이주자들은 국민의식을 형성해갔다. 이와 동시에 다른 신들 또한 일본인 이주자들의 사적 신앙의 대상으로서 각각의 사당에 모셔졌다.

이렇게 아마테라스 오미카미가 현지 일본인들의 통합에 기여하는 바가 적지 않음을 본 신사행정 측은 ─ 이를 경신의 대상으로서 교화에 이용할 것을 결정하고 ─ 기본적으로 공인신사에서는 아마테라스 오미카미를 주된 제신으로 섬기게 했다. 그리고 다른 신들을 여기에 합사 혹은 추사할 계획을 세웠다.

하지만 아마테라스 오미카미 이외의 신들을 섬기던 ─ 무원신사로 간주되었던 ─ 사당의 대부분은 현재 상태를 그대로 유지하려는 경향을 보였다. 비록 정확한 숫자를 파악하는 것은 힘들지만, 총독부 당국이 이들에 대해 집요하리만치 통제를 계속했다는 점으로 미루어보아 그 수가 상당했음을 짐작할 수 있다. 앞서 본 구룡포의 '에비스신사', '이나리', '부동명신', '고토히라신사'와 같은 작은 사당들을 ─ 그 제신을 계속 유지했던 ─ 무원신사의 사례로 간주할 수 있을 것이다.

이와 같은 제신의 이중성을 규명하는 데 있어서 시마조노 스스무島薗進가 제시한 '정신의 이중구조'를 참조할 수 있다. 시마조노에 의하면 교육칙어敎育勅語가 내려진 1890년부터 약 20년 간 사이에 일본인은 "강력한 '공公'의 종교적 규범질서"에 편입되었다. 그리고 일정한 범위의 천황숭경의 표현이나 의례적 행위를 받아들이기만 한다면 '사私'의 영역에서는 개인의 학문이나 신앙 등을 유지하는 것이 가능했다. 이러한 일본의 종교 및 정신의 이중구조는 1890년 무렵에 확립되었고 제2차 세계대전이 끝날 때까지 계속되었다. 종교에 한정해서 말한다면 "'공'의 국가신도와 '사'의 여러 종교가 중첩된 이중구조였다"고 할 수 있다.[18]

시마조노가 제기한 일본의 종교와 정신에 보이는 이중구조는 식민지 조선의 일본인 이주자들에게도 적용해볼 수 있을 것이다. "'공'의 국가신도와 '사'의 여러 종교가 중첩된 이중구조"를 원용하여, 일본인 이주자가 설치한 신사참배 시설에 나타나는 이중성을 '공'의 아마테라스 오미카미 봉재와 '사'의 다른 제신 봉재로 이해할 수 있다.

나아가 '공'의 아마테라스 오미카미 봉재를 더욱 파헤쳐보면 문제의 본질이 그 모습을 드러내게 될 것이다. 제1부 제3장에서 심전개발운동과 '경신숭조'의 논리를 분석해보았는데, 1930년대 중반 이후 심전개발운동을 통해 아마테라스 오미카미 봉재를 둘러싼 환경이 크게 변화했음을 알 수 있었다. 신사신도는 천황숭경 시스템에 포섭되었고, 황조신에 '귀일'한다는 천황제 이데올로기로 변해갔다.

따라서 신사신도에서 종교성을 찾으려는 어떤 일본인 이주자가 '고신도' 담론의 영향 아래 아마테라스 오미카미에게 '귀일'하는 신앙을 가지게 될 때 — 아마테라스 오미카미 봉재를 통해 형성된 국민의식을 토대로 — 그는 신격화된 천황에게 '귀일'하는 국체론을 받아들이는 통로에 들어서게 되는 것이다. 심전개발운동은 일본인 이주자들에게 이와 같은 길을 제공하고 있었다.

바꾸어 말하면 일본인 이주자들은 신사시설에 보이는 제신의 이중성

18 島薗進, 『国家神道と日本人』, 岩波新書, 2010, 50~51쪽.

이라는 질서를 유지하고 있었던 것이다. 이러한 질서 속에서 '공'의 아마테라스 오미카미 봉재를 거쳤던 그들은, 1930년대 중반 이후 심전개발운동을 통해 신사신도가 천황숭경 시스템에 깊이 연루되는 과정에서 ─ '사'의 다른 제신 봉재와 모순을 겪는 일 없이 ─ 국체론과 연결된 국가신도체제를 지탱할 수 있었다고 생각된다.

3. 과제

1) '가정제사'의 장면

제1부 제3장에서 언급했듯이 호즈미 노부시게穗積陣重의 조상제사론을 바탕으로 '국가제사', '공동체제사', '가정제사'라는 세 가지 층위의 제사가 설정되었다(제3장 제3절 (2)). 이 세 가지 층위의 제사에 입각하여 논의를 진행해보자.

관료들에게 공통적으로 보이는 '천황귀일'론과 '경신숭조'관을 토대로 국가신도의 논리가 실체화하는 장면을 찾아본다면, 국폐소사와 '구니타마노 오카미' 봉재가 주목되는 '국가제사', 그리고 신사·신사神祠의 증설과 관련된 '공동체제사'를 지적할 수 있다. 이에 대해서는 제1부 제3장에서 제2부 제5장에 걸쳐 이미 검토했다.

그러면 '가정제사'의 장면이 남게 되는데, 이는 조선인의 가족법에 관한 법률문제로서 심전개발운동 및 신사정책과 직접적 관련을 가지지 않을 뿐만 아니라 주로 법제사의 분야에서 조선민사령의 개정과 함께 다루어야할 테마이기도 하다. 본문에서 이를 다루지 않은 것도 그 때문이다.

다만 이 장 「2. 조선사회의 반응」 (1) **조선인의 반응**에서 조선민사령의 개정과 관련한 문제를 조금 논해보았으므로 그 내용을 다시 정리해둔다. '가정제사'에서는 종족이라는 성을 단위로 삼는 집단이 아니라 민법에 근거한 씨를 단위로 삼는 집단(이에)이 중심이 되며, 그 조상신의 맨 앞에 위치하는 '시조'인 '구니타마노 오카미'를 섬기는 제도의 도입이 실제로 검토된 적도 있다. 물론 여기에는 많은 곤란이 산적해있었으며 현실적인 방책도 아니었지만, 1936년 이후 국폐소사에 실제로 '구니타마노 오카미'가 합사되었다는 사실은 조선민사령의 개정을 둘러싼 문제를 해명하는 과제가 지닌 중요성을 부각시켜준다.

2) '경신숭조'관의 변천

또한 '경신숭조'관의 변천을 정리하는 작업도 중대한 과제가 될 것이다. '내지'에서 호즈미 노부시게와 야쓰카八束 형제가 주장한 조상제사론은 신사 비종교론의 입장에서 제창된 '경신숭조'였는데, 조선에서는 그 '숭조'가 종교성을 받아들이는 토대가 되었음을 본문에서 확인했다. 이러한 토대로서의 측면에 착목하는 동시에, '숭조'와 적극적 신사 비종교론의 관계를 보면서 그 후 '경신숭조'로서 전개해나가는 과정을 고찰할 필요가 있다.

이 책에서는 그 인식의 변천과정을 통해 '경신숭조'가 1930년대 중반에 국가신도의 논리로서 확립했음을 밝혀보았다. 저자는 식민지조선에서 확립한 이 논리의 구조적 특질, 즉 '숭조'를 통해 종교성을 받아들인다는 특질이 그 후 '내지'에서도 커다란 영향력을 발휘했을 가능성을 지적하고 싶다. 1940년 11월 본국정부에서 내무성 신사국을 대신하여 —내무성의 외국外局으로서— 신기원神祇院이 설립[19]되는 과정을 통해 신사신도의 종교적 측면을 발견할 수 있기 때문이다.

예를 들어 서장에서도 잠깐 소개했듯이, 1939년 1월 히라누마 기이치로平沼騏一郎의 수상취임은 신사계의 특별관아 설치운동이 호전하는 계기가 되었다. 히라누마는 1938년 당시 "제사의 정신을 '신인합일'에 두고 미소기 하라에에 의한 '진혼귀신鎭魂歸神'을 중시"하는 것이 '제정일치'라고 설명하고 있었다. 이는 가와쓰라 본지의 미소기 행위를 가리키는 것이기도 했다. 1940년에 발족한 대정익찬회大正翼贊會도 가와쓰라의 미소기 행위를 국민적 행사로서 채용하고 있었다(이 장 제1절의 (2) 국가신도의 논리).

제1부 제3장에서 논했지만 조선에서는 이보다 빠른 시기인 심전개발운동기(1935년 제창)를 전후하여 아마테라스 오미카미와 '일체'가 되는 실천의 장소로서 —이케다 기요시池田淸(전 신사국장. 당시에는 총독부 경무국장)가 고문을 맡았던— 조선미소기회朝鮮禊會가 조직되었고(1934년), 가와쓰라의 법식에 입각한 미소기 행위가 도입되었다. 가와쓰라의 진혼

---

19 신기원의 설립에 관해서는 阪本是丸, 『国家神道形成過程の研究』(岩波書店, 1994)의 第10章, 「五 国家神道体制の終焉」을 참조.

행법에 보이는 "신아일체의 신으로서의 태도를 표명"하는 경지는, 조선에 들어온 뒤 — '이에家의 조상제사'를 중시하는 호즈미 노부시게, 그리고 조상을 신격화하는 가토 겐치의 논의를 거쳐 재해석되었고 — '조상신'과 '일체'가 되는 행위로 탈바꿈하여 미소기 행위의 탈혼脫魂을 통해 아마테라스 오미카미에게 '귀일'할 수 있다는 논리를 낳았으며 그 실천으로 이어졌다.

심전개발운동으로부터 몇 년이 흐른 1941년, 전시체제기의 국민총력 조선연맹이 주도한 미소기 행위에서도 가와쓰라의 "미소기 하라에의 의한 진혼귀신, 신인합일의 경지"가 실천되었으며, 이와 동시에 "제사란 조상신에 다가가서 하나가 되는 것"이라는 조상제사관도 계승되었다(이상 제3장 제1절 (4)). 이처럼 '조상신'과 '하나'가 되는 실천을 통해 아마테라스 오미카미에게 '귀일'한다는 미소기 행위의 논리는 심전개발운동기에 나타났던 '경신숭조'의 논리와 동일한 내용을 담고 있었다.

그리고 '숭조'가 종교성을 받아들이는 토대가 되었던 다른 사례로서 신장제神葬祭를 들 수 있다. 이 점을 간략히 설명해보자. 제1부 제1장에서 논했듯이, 오가사와라 쇼조小川原省三에 의해 1933년 12월에 동아민족 문화협회가 창설된다(제3장 제4절 (1) 참조). 그 이사를 맡았던 마쓰나가 모토키松永材[20]는 같은 협회의 좌담회(1941년 8월 4일)에서 '경신숭조의 일체화를 추진해야 한다'고 주장하고 그 구체적 방책으로서 '사원을

---

20 마쓰나가 모토키(1891~1968)는 고치현[高知縣]에서 태어났다. 와세다대학[早稲田大學] 고등사범부를 나오고 1919년 도쿄제국대학 문학부를 졸업했다. 다음해 와세다대학 교수로 취임했고 1926년부터 고쿠가쿠인대학[國學院大學] 교수를 겸임했다. 일찍부터 칸트 연구와 학내외의 일본주의 운동에 종사했으며, 청년과 학생들에게 큰 영향을 미쳤다. 1940년에는 대정익찬회 임시중앙협력회의 의원에 선임되었다. 朝日新聞社編, 『現代日本朝日人物事典』(朝日新聞社, 1990)을 참고.

조령사祖靈社로 바꿀 것'을 제안했다. 그 며칠 전에도 대정익찬회 임시중앙협력회의 석상에서 '공장公葬문제'에 관해 같은 취지의 발언을 했는데, '신불항쟁神佛抗爭'으로 불릴 만큼 커다란 파문을 일으켰다. 그리고 사이다 모리우지座田司氏(가마쿠라궁 궁시鎌倉宮宮司)는 이에 동조하여 「영혼이 안주할 장소로서의 조령사 설치를 신기원에 요망하는 건」을, 오가사와라는 「전장의 제사는 당연히 국가의 관리인 신직의 손으로 집행해야하는 건」을 발표했다.[21]

마쓰나가의 '경신숭조 일체화'론은 그의 저서 『경신숭조 일체론』(平凡社, 1941년)을 통해 더욱 상세히 다듬어졌다. 마쓰나가는 '숭조'를 신도의 고유한 개념으로 여기는 입장에서 '경신숭조의 분리'는 "국체관념을 착란하고, 혹은 박약하게" 만든다고 비판하고(109쪽), '경신'과 '숭조'를 '일체화'하여 국체관념을 강화할 것을 주장한다.

지금까지의 논의를 참고하면, 신사 비종교론에 입각한 '경신숭조'관으로부터 '숭조'를 신장제로 여기는 '경신숭조'관의 등장에 이르는 변천의 과정을 직선적으로 연결시키기란 불가능하다는 것을 알 수 있다. 도중의 어떤 단계에서 — 앞서 본 미소기 행위나 심전개발운동 등을 통해 — '숭조'관에 종교적 요소가 가미되었다고 보는 것이 타당하다. 1944년에 신기원이 출판한 『신사본의神社本義』의 제6장 제2절 「경신과 숭조」를 펼쳐보면, '숭조의 염心'이 '신사의 숭경'과 '융합'하는 것에 관해 다음과 같이 논하는 구절이 눈에 들어온다(119쪽).

---

21 小笠原省三編, 『海外神社史・上卷』(海外神社史編纂会, 1953)의 「下中, 松永両氏を囲み公葬問題の解決に邁進」, 150~151쪽을 참조.

조상숭배는 우리나라 고래의 전통 정신이다. 그러므로 그 정수는 신사숭경에서 가장 선명히 현현한다. 즉 신사에서 섬기고 모시는 천신지기(天神地祇)는 황실을 위해, 국가를 위해, 그리고 작게는 일향 일가를 위해 모든 것을 바친 우리의 조상인 것이다. 이렇게 경신은 곧 숭조인 것이며 숭조의 염은 신사의 숭경과 융합하는 바, 여기에 국민이 신의(神意)를 떠받들고 조지(祖志)를 계승하여 천업을 익찬하는 것에 의해, 신 그대로의 큰 길(惟神の大道)은 드디어 그 빛을 발하게 될 것이다.

위 인용문은 일본인의 '조상'이 '천신지기'에 다름 아니라는 관념을 근거로, "경신은 곧 숭조인 것이며 숭조의 염은 신사의 숭경과 융합"한다는 이른바 '경신숭조의 일체화'를 강조하고 있다. 이 '경신숭조의 일체화'라는 관념이 전술한 미소기 행위의 논리 및 심전개발운동에 보이는 '경신숭조'의 논리, 그리고 신장제를 둘러싼 논의나 마쓰나가의 '경신숭조의 일체화'론 등과 어떤 관련을 맺고 있는지, 그 전체상에 대해서는 여전히 불분명한 점이 많다. 이와 같은 문제를 포함해서 메이지 이후 '경신숭조'관의 변천을 제국사적 시야에서 파악한다는 커다란 과제가 남겨져 있는 것이다.

참고문헌

1. 관보, 직원록, 조사자료, 통계자료, 유고

越智唯七, 『新舊対照・朝鮮全道府郡面里洞名称一覧』中央市場, 1917.

京畿道内務部(추정), 『京畿道ノ教育ト宗教』, 발행년도 불명.

慶尚北道警察部, 『高等警察要史』, 1934.

司法省刑事局編, 『最近に於ける類似宗教運動に就て 昭和十六年度』, 社会問題資料研究会編, 『社会問題資料叢書』第1集, 1974.

拓務省, 『内外地法令對照表』, 1941년 9월 현재.

朝鮮總督府編, 『朝鮮巨樹老樹名木誌』, 朝鮮總督府, 1919.

_____, 『朝鮮施政に關する諭告, 訓示竝に演述集』, 朝鮮總督府, 1937.

_____, 『朝鮮總督府及所属官署職員録』.

_____, 『朝鮮總督府官報』.

_____, 『朝鮮總督府統計年報』.

_____, 『農山漁村に於ける中堅人物養成施設の概要』, 1936.

朝鮮總督府高等法院検事局思想部編, 『思想彙報』.

朝鮮總督府警務局保安課, 『昭和二年十二月 治安状況』, 1927.

朝鮮總督府警務局, 『最近に於ける朝鮮治安状況』, 1933.

_____, 『最近に於ける朝鮮治安状況』, 1939.

_____, 『昭和12年 第73回帝國議会説明資料』, 1937.

_____, 『昭和16年12月 第79回帝國議会説明資料』, 1941.

朝鮮總督府中樞院編, 『心田開發に關する講演集』, 朝鮮總督府中樞院, 1936.

朝鮮總督府・調査資料, 『朝鮮の鬼神』第25輯, 1929.

_____, 『朝鮮の郷土神祀・部落祭』第44輯, 1937.

_____, 『朝鮮の聚落・後篇』第41輯, 1935.

_____, 『朝鮮の類似宗教』第42輯, 1935.

内閣印刷局編, 『職員録』.

水野直樹編集・解説, 『朝鮮總督諭告・訓示集成』全6巻・別巻, 緑蔭書房, 2001.

2. 미간행 자료

「關東神宮ニ設置スル職員ニ關スル件」, アジア歴史資料センター, 『公文類聚』 第68編・昭和19
年・第29巻・官職29・官制29(関東局1), 国立公文書館所蔵.

「京城神社(京畿道京城府倭城臺灣町鎮坐)及龍頭山神社(慶尚南道釜山府弁天町鎮坐)ヲ國幣小社
ニ列格ス」, 『公文類聚』 第60編・昭和11年・第58巻・社寺・神社, 衛生・人類衛生・獣畜衛生.

「縣社嘉義神社國幣社ニ昇格ノ件回答」(神祇院一八内總第11號, 1943.7.9, 内務省管理局長宛の神祇
院總務局長による回答書), 第45巻薄冊 『本邦神社關連雑件 嘉義神社關係』(1943~1944), 広瀬
順皓監修『戦中期植民地行政史料 教育・文化・宗教篇』[外務省茗荷谷研修所旧蔵記録, マイクロ
フィルム版]ゆまに書房, 2003.

「全州神社(全羅北道全州府華山町山ノ一番地鎮坐)竝ニ咸興神社(咸鏡南道咸興府東雲町鎮坐)ヲ
國幣小社ニ昇格ノ件」, 『公文類聚』・第68編・昭和19年・第82巻・社寺・神社・陵墓.

「國幣社列格神社御祭神に關する件陳情」(1936.6.1, 崇敬者總代17名・總代長・社掌の連名によ
る宇垣一成總督宛の龍頭山神社陳情書), 山川鵰市編, 『龍頭山神社史料』, 龍頭山神社社務所,
1936.10.

「朝鮮神宮職員令中ヲ改正ス(權宮司及主典増置)」, 『公文類聚』第59編・昭和10年・第12巻・官職
10・官制10(朝鮮總督府4).

「朝鮮神宮職員令ヲ定ム」, 『公文類聚』第49編・大正14年・第33巻・地理・土地～雑載, 警察・保
安警察, 社寺・神社・寺院.

「朝鮮神社御祭神ニ關スル件」(内務省秘第852号, 1918.7.4), 「朝鮮神社ヲ創立シ社格ヲ官幣大社
ニ列セラル」, 『公文類聚』第43編・大正8年・第28巻・警察・行政警察, 衛生・人類衛生, 社
寺・神社(教規)・雑載.

「朝鮮神社創立ニ關スル件」(拓第6556号, 1919.3.19), 「朝鮮神社ヲ創立シ社格ヲ官幣大社ニ列セ
ラル」, 『公文類聚』第43編・大正8年・第28巻・警察・行政警察, 衛生・人類衛生, 社寺・神社
(教規)・雑載.

「朝鮮神社創立ニ關スル件」(内秘第434号, 1918.12.16), 「朝鮮神社ヲ創立シ社格ヲ官幣大社ニ列
セラル」, 『公文類聚』第43編・大正8年・第28巻・警察・行政警察, 衛生・人類衛生, 社寺・神
社(教規)・雑載.

「朝鮮神社ヲ創立シ社格ヲ官幣大社ニ列セラル」, 『公文類聚』第43編・大正8年・第28巻・警察・
行政警察, 衛生・人類衛生, 社寺・神社(教規)・雑載.

「朝鮮忠清南道扶餘郡扶餘面ニ扶余神宮ヲ創立シ官幣大社ニ列格セラル」, 『公文類聚』第63編・昭和
14年・第97巻・社寺門・神社・寺院.

朝鮮總督府編, 『歳入出計劃書類』, 1936(국가기록원소장).

朝鮮總督府司政局地方課, 『昭和十六年度 國幣社關係綴』(국가기록원소장).

金剛大道第2代教主の『判決』, 1945.5.14(국가기록원소장).

全羅南道編, 『現行全羅南道例規集・内務』, 1937(국가기록원소장).

3. 통첩

「國體明徵ニ關スル件」(官通牒第23號, 1935.8.10, 朝鮮總督府各局長, 官房課長, 所屬官署の長宛
　　の政務總監官通牒), 『朝鮮總督府官報』第2574號, 1935.8.10.

「國體明徵ニ關スル件」(官通牒第34號, 1935.10.25, 朝鮮總督府各局長, 官房課長, 所屬官署の長
　　宛の政務總監官通牒), 『朝鮮總督府官報』2636號, 1935.10.25.

「祭神ノ呼稱ニ關スル件」(1934.10, 各道知事宛の内務局長通牒), 朝鮮神職會編, 『朝鮮神社法令輯
　　覽』, 帝國地方行政學會朝鮮本部, 1937.

「神祠創立ニ關スル件」(1933.8, 各道知事(平安南道を除く)宛の内務局長通牒), 『朝鮮神社法令輯
　　覽』.

「神祠ニ關スル規則ヲ定ムル件」(内秘第71號, 1917.3, 各道知事宛の政務總監通牒), 『朝鮮神社法
　　令輯覽』.

「神祠ノ祭神ニ明治天皇ヲ權請スル願ヲ許ス件」(1925.6, 各道知事(慶尚南道を除く)宛の内務局
　　長通牒), 『朝鮮神社法令輯覽』.

「神社及神祠設立許可方針ニ關スル件」(南庶第3552號, 1932.10.18, 邑各面長宛の全羅北道南原
　　郡守通牒), 全羅北道南原市金池面『庶務例規綴』, 1917～1949(국가기록원소장).

「神社及神祠ノ設立許可方針ニ關スル件」(地第67號, 1932.10.21, 府尹・郡守・島司宛の全羅南
　　道内務部長通牒), 全羅南道編, 『現行全羅南道例規集・内務』, 1937(국가기록원소장).

「神社寺院竝布敎ニ關スル件」(学第998號, 1915.9.28, 府尹・郡守・島司宛の内務部長通牒), 『現
　　行全羅南道例規集・内務』.

「神社神祠ノ靈代授与ニ關スル件」(1935.2, 各道知事宛の内務局長通牒), 『朝鮮神社法令輯覽』.

「神社崇敬者醵出金ニ關スル件」(1936.9.30, 府尹・羅州・高興・長城郡守宛の全羅南道内務部長
　　通牒), 『現行全羅南道例規集・内務』.

「神社ニ關スル法令ノ施行ニ關スル件」(内秘第89號, 1936.8, 各道知事宛の内務局長通牒), 『朝鮮
　　神社法令輯覽』.

「神社ノ施設改善ニ關スル件」(内第411號, 1935.10.18, 各道知事宛の内務局長通牒), 『朝鮮神社
　　法令輯覽』.

「神職減額旅費規程ノ件」(1936.9.28, 府尹・羅州・高興・長城郡守宛の全羅南道内務部長通牒),
　　『現行全羅南道例規集・内務』.

「神明神祠祭神ニ關スル件」(1936.12.22, 各道知事宛の内務局長通牒), 『朝鮮神社法令輯覽』.

「農会, 産業組合, 金融組合及殖産契に關する事務の主管に關する政務總監通牒」(1937.6.12, 各道
　　知事宛の政務總監通牒), 『自力更生彙報』第47號, 1937.7.20.

「農山漁村振興上留意すべき要項」(1935.3.16, 各道知事宛の政務總監通牒), 朝鮮總督府編, 『朝鮮

施政に關する論告, 訓示竝に演述集』, 1937.

「農山漁村の振興に付本府職員視察の結果に徵し改善刷新を要すと認むる事項」(1936.2.14, 各
　道知事宛の政務總監通牒), 『自力更生彙報』第30號, 1936.2.20.

「府令『神祠ニ關スル件』ノ改正ニ關スル件」(1936.9.21, 郡守・島司宛の全羅南道內務部長通牒),
　『現行全羅南道例規集・內務』.

「無願神祠調查ニ關スル件」(1936.12.2, 北海道庁の通牒), 天鹽町役場文書.

「無願神祠ノ建立ニ關スル件」(1934.9.1, 府尹・郡守・島司宛の全羅南道內務・警察部長通牒),
　『現行全羅南道例規集・內務』.

「無願神祠ノ設立ニ關スル通牒」(1939.5.16, 各道知事宛の內務局長通牒), 『鳥居』[朝鮮神職會]
　第9卷 第6號, 1939.6.

標題不明の通牒(1936年7月18日付, 郡守・警察署長宛の內務部長・警察部長通牒), 「農産漁村の更生は/先
　づ心田開發から/百六十万道民の精神生活を穩らす/江原道の新指導車」, 『京城日報』, 1936.7.24(조간),
　5面 '北鮮東滿版'.

4. 법령·법령집

官國幣社以下神社祭祀令(1914, 勅令 第10號).

官國幣社及神宮神部署神職任用令の改正法令(1936, 勅令 第251號).

官國幣社職制の改正法令(1936, 勅令 第250號).

官幣大社朝鮮神宮祭式(1925, 總督府令 第110號).

警察犯処罰規則(1912, 總督府令 第40號).

警察犯処罰令(1908, 內務省令 第16號).

國幣社會計規則(1936, 總督府令 第73號).

國幣社処務規程(1936, 總督府訓令 第16號).

國幣社ニ於テ恒例トシテ行フ式及其ノ式次第竝ニ遙拜詞, 祓物及大祓詞ノ格例(1936, 總督
　府訓令 第15號).

寺院規則」(1936, 總督府令 第80號).

宗敎團體法(1939, 法律 第77號).

神祠ニ關スル件(1917, 總督府令 第21號).

神祠ニ關スル件[개정](1936, 總督府令 第79號).

神社寺院規則(1915, 總督府令 第82號).

神社規則(1936, 總督府令 第76號).

神職任用奉務及服裝規則(1916, 總督府令 第50號).

政治ニ關スル犯罪処罰ノ件」(1919, 制令 第7號).

戰時刑事特別法(1942, 法律 第64號).

全羅南道神社処務規程(1937, 全羅南道訓令 第2號).

治安維持法(1925, 法律 第46號).

治安維持法[개정](1941, 法律 第54號).

治安警察法(1900, 法律 第36號).

朝鮮刑事令(1912, 制令 第11號).

朝鮮神宮職員令(1925, 勅令 第276號).

朝鮮神宮職員令中改正ノ件(1935, 勅令 第292號).

朝鮮戰時刑事特別令(1944, 制令 第4號).

朝鮮總督府裁判所令戰時特例(1944, 制令 第2號).

朝鮮ニ於ケル法令ノ効力ニ關スル件(1910, 制令 第1號).

布教規則(1915, 總督府令 第83號).

保安法(1907, 法律 第2號).

朝鮮神職会編, 『朝鮮神社法令輯覧』帝國地方行政學會朝鮮本部, 1937.

5. 사전

朝日新聞社編, 『現代日本朝日人物事典』, 朝日新聞社, 1990.

井上順孝·他編, 『新宗教事典』, 弘文堂, 1990.

國學院大學日本文化研究所編, 『神道事典』[縮刷版], 弘文堂, 1999.

『朝鮮人事興信録 昭和十年版』, 朝鮮人事興信録編纂部, 1935.

薗田稔·橋本政宣編, 『神道史大辞典』, 吉川弘文館, 2004.

6. 정기간행물(전전)

1) 일본어

『火曜版·國語教室』, 每日新報社.

『京城日報』, 京城日報社.

『皇國時報』, 皇國時報社.

『思想彙報』, 朝鮮總督府高等法院檢事局思想部.

『自力更生彙報』, 朝鮮總督府農林局農政課, 農村振興課.

『總動員』, 國民精神總動員朝鮮聯盟.

『朝鮮』, 朝鮮總督府.

『朝鮮新聞』, 朝鮮新聞社.

『朝鮮地方行政』, 帝國地方行政學會朝鮮本部·朝鮮行政學會.

『鳥居』, 朝鮮神職會.

『朝鮮農民』, 朝鮮農民社.

『農民』, 朝鮮農民社.

『パンフレット』, 東亞民族文化協會.

『文教の朝鮮』, 朝鮮教育會.

『釜山日報』, 釜山日報社.

2) 한국어

『東亞日報』, 東亞日報社.

『每日申報』, 每日申報社.

『每日新報』, 每日新報社.

7. 저서

1) 일본어

青井哲人, 『植民地神社と帝国日本』, 吉川弘文館, 2005.

青野正明, 『朝鮮農村の民族宗教—植民地期の天道教・金剛大道を中心に』, 社会評論社, 2001.

赤澤史朗, 『近代日本の思想動員と宗教統制』, 校倉書房, 1985.

畔上直樹, 『「村の鎮守」と戦前日本—「国家神道」の地域社会史』, 有志舎, 2009.

安達生恒, 『山崎延吉—農本思想を問い直す』, リブロポート, 1992.

庵逧由香 監訳, 『日本の朝鮮植民地支配と植民地的近代』, 明石書店, 2012.

磯前順一, 『記紀神話と考古学—歴史的始原へのノスタルジア』, 角川学芸出版, 2009.

_____, 『閾の思考—他者・外部性・故郷』, 法政大学出版局, 2013.

磯前順一・尹海東編, 『植民地朝鮮と宗教—帝国史・神道・固有信仰』, 三元社, 2013.

井上寛司, 『「神道」の虚像と実像』, 講談社現代新書, 2011.

_____, 『日本の神社と「神道」』, 校倉書房, 2006.

今井田清徳傳記編纂會編, 『今井田清徳』, 同會, 1943.

岩下伝四郎編, 『大陸神社大観』, 大陸神道連盟, 1941.

『宇垣一成日記』(全3卷), みすず書房, 1966・1970・1971.

大澤真幸, 『帝國的ナショナリズム—日本とアメリカの変容』, 青土社, 2004.

_____, 『近代日本のナショナリズム』, 講談社, 2011.

小笠原省三編, 『海外神社史・上卷』, 海外神社史編纂会, 1953.

小熊英二, 『単一民族神話の起源—'日本人'の自画像の系譜』, 新曜社, 1995.

小倉慈司・山口輝臣, 『天皇と宗教』(「天皇の歴史」9卷), 講談社, 2011.

小山文雄, 『亡びゆく日向の傳説』, 教育良書刊行會, 1922(増補再版, 日高印刷所, 1924).

_____, 『神社と朝鮮』, 朝鮮佛教社, 1934.

筧克彦, 『古神道大義 皇國の根柢萬邦の精華』, 清水書店, 1912(再版, 筧克彦博士著作刊行会, 1958).

_____, 『神ながらの道』(皇太后宮職御蔵版), 皇學會, 1926(訂正第二版, 岩波書店, 1934).

_____, 『日本體操』(普及版), 春陽堂書店, 1929.

_____, 『皇國精神講話 完』, 春陽堂, 1930.

加藤玄智, 『神人乃木將軍』, 菊地屋書店, 1912.

金谷真, 『川面凡児先生傳』, みそぎ會星坐連盟, 1941.

柄谷行人, 『'戦前'の思考』, 文藝春秋, 1994(講談社学術文庫, 2001).

_____, 『日本精神分析』, 文藝春秋, 2002(講談社学術文庫, 2007).

川面凡児先生十周年記念會編, 『川面凡児全集』(全10卷), 川面凡児先生十周年記念會, 1939〜
    1941.

姜東鎮, 『日本の朝鮮支配政策史研究―1920年代を中心として』, 東京大学出版会, 1979.

ケネス・ルオフ著, 木村剛久訳, 『紀元二千六百年―消費と観光のナショナリズム』, 朝日選書,
    2010.

熊平源蔵編, 『朝鮮同胞の光』, 熊平商店, 1934.

國民總力朝鮮聯盟編, 『祓禊の奬勵』, 國民總力朝鮮聯盟, 1941.

蔡錦堂, 『日本帝国主義下台湾の宗教政策』, 同成社, 1994.

嵯峨井建, 『満洲の神社興亡史』, 芙蓉書房出版, 1998.

阪本是丸, 『国家神道形成過程の研究』, 岩波書店, 1994.

_____, 『近代の神社神道』, 弘文堂, 2005.

_____, 『近世・近代神道論考』, 弘文堂, 2007.

阪本是丸編, 『国家神道再考―祭政一致国家の形成と展開』, 弘文堂, 2006.

櫻井治男, 『蘇るムラの神々』, 大明堂, 1992.

_____, 『地域神社の宗教学』, 弘文堂, 2010.

島薗進・磯前順一編, 『東京帝国大学神道研究室旧蔵書―目録と解説』, 東京堂出版, 1996.

島薗進・高橋原・前川理子監修, 『加藤玄智集』(全9卷), クレス出版, 2004.

島薗進, 『国家神道と日本人』, 岩波新書, 2010.

孫禎睦著, 西垣安比古・市岡実幸・李終姫訳, 『日本統治下朝鮮都市計画史研究』, 柏書房, 2004.

神社本庁編, 『神社制度調査会議事録①』(近代神社行政史研究叢書Ⅰ), 神社本庁, 1999.

菅浩二, 『日本統治下の海外神社―朝鮮神宮・台湾神社と祭神』, 弘文堂, 2004.

高松忠清編, 『松廼舎遺稿』(非賣品), 1960.

武田共治, 『日本農本主義の構造』, 創風社, 1999.

全成坤, 『日帝下文化ナショナリズムの創出と崔南善』, J&C(ソウル), 2005.

趙景達, 『朝鮮民衆運動の展開―士の論理と救済思想』, 岩波書店, 2002.

趙重義・権善熙著, 中嶋一訳, 『韓国内の日本人村―浦項九龍浦で暮した』, アルコ(浦項), 2009
    (初版)・2012(改訂版).

津城寛文, 『鎮魂行法論－近代神道世界の霊魂論と身体論'新装版'』, 春秋社, 2000.

網沢満昭, 『日本の農本主義』, 紀伊國屋書店, 1980.

寺内威太郎・永田雄三・矢島國雄・李成市, 『植民地主義と歴史学－そのまなざしが残したもの』(明治大学人文科学研究所叢書), 刀水書房, 2004.

西川長夫, 『植民地主義の時代を生きて』, 平凡社, 2013.

樋浦郷子, 『神社・学校・植民地－逆機能する朝鮮支配』, 京都大学学術出版会, 2013.

藤谷俊雄, 『神道信仰と民衆・天皇制』, 法律文化社, 1980.

穂積陳重, 『祖先祭祀と日本法律』, 有斐閣, 1922(再版).

松田利彦, 『日本の朝鮮植民地支配と警察－1905〜1945年』, 校倉書房, 2009.

松永材, 『敬神崇祖一体論』, 平凡社, 1941.

村上重良, 『国家神道』, 岩波新書, 1970.

森謙二, 『墓と葬送の社会史』, 講談社, 1993.

森岡清美, 『近代の集落神社と国家統制－明治末期の神社整理』, 吉川弘文館, 1987.

安丸良夫, 『神々の明治維新』, 岩波新書, 1979.

_____, 『近代天皇像の形成』, 岩波書店, 1992.

山川鵜市編, 『龍頭山神社史料』, 龍頭山神社社務所, 1936.

米地実, 『村落祭祀と国家統制』, 御茶の水書房, 1982.

渡辺治, 『日本の大国化とネオ・ナショナリズムの形成』, 桜井書店, 2001.

2) 한국어

사카이 나오키, 이득재 역, 『사산되는 일본어・일본인』, 문화과학사, 2003.

사카이 나오키, 최정옥 역, 『일본, 영상, 미국－공감의 공동체와 제국적 국민주의』, 그린비, 2008.

윤해동, 이소마에 준이치 편, 『종교와 식민지 근대－한국 종교의 내면화, 정치화는 어떻게 진행되었나』, 책과함께, 2013.

윤해동, 이성시 편, 『식민주의 역사학과 제국』, 책과함께, 2016.

이소마에 준이치, 심희찬 역, 『상실과 노스탤지어－근대 일본이라는 역사 경험의 근원을 찾아서』, 문학과지성사, 2014.

이소마에 준이치, 제점숙 역, 『근대 일본의 종교 담론과 계보－종교・국가・신도』, 논형, 2016.

8. 논문

1) 일본어

青野正明, 「朝鮮農村の「中堅人物」－京畿道驪州郡の場合」, 『朝鮮学報』第141輯, 1991.10.

_____, 「朝鮮総督府の神社政策－1930年代を中心に」, 『朝鮮学報』第160輯, 1996.7.

_____, 「植民地期朝鮮での「内鮮一体」と江原神社」, 大濱徹也編, 『近代日本の歴史的位相－国

家・民族・文化』, 刀水書房, 1999.

_____, 「植民地期朝鮮における神社の職制・神職任用関連の法令−1936年の神社制度改編を中心に」, 『人間科学』[桃山学院大学] 第30号, 2006.1.

_____, 「植民地期朝鮮の神職に関する基礎的研究−戦時体制下の神職任用を中心に」, 松田利彦・やまだあつし編, 『日本の朝鮮・台湾支配と植民地官僚』, 思文閣出版, 2009.3.

_____, 「創氏改名の政策決定過程−朝鮮民事令改正をみる視点から」, 『朝鮮史研究会論文集』第50集, 2012.10.

石川健治, 「権力とグラフィクス」, 長谷部恭男・中島徹編, 『憲法の理論を求めて−奥平憲法学の継承と展開』, 日本評論社, 2009.

李成市, 「コロニアリズムと近代歴史学−植民地統治下の朝鮮史編修と古蹟調査を中心に」, 寺内威太郎・永田雄三・矢島國雄・李成市, 『植民地主義と歴史学−そのまなざしが残したもの』(明治大学人文科学研究所叢書), 刀水書房, 2004.

遠藤潤, 「宮地直一」, 島薗進・磯前順一編, 『東京帝国大学神道研究室旧蔵書−目録と解説』, 東京堂出版, 1996.

_____, 「20世紀前半の神道研究と神社行政−宮地直一を焦点として」, オーストリア科学アカデミーアジア文化・思想史研究所でのシンポジウム「Shinto Studies and Nationalism」, での報告文, 2007.9.

遠藤高志, 「1930年代中盤に見る'類似宗教'論−'迷信'論との関係に着目して」, 『東北宗教学』 第2号, 2006.12.

大坂金太郎, 「在鮮回顧十題」, 『朝鮮学報』 第45輯, 1967.10.

大谷栄一, 「昭和初期日本の仏教ブーム」, 国際宗教研究所編, 『現代宗教 2005』(特集 宗教復興の潮流), 東京堂出版, 2005.

大濱徹也, 「大地の祈り」, 『年報新人文学』[北海学園大学大学院文学研究科] 第4号, 2007.12.

加藤玄智, 「我が祖先崇拝の二方面」, 『東亞之光』, 1921.8.

_____, 「世界宗教史上に於ける神道の位置」, 『神道講座(2)−神道篇』, 1929〜1931.

_____, 「惟神の大道としての神道と既成宗教」, 『神道學雑誌』, 1937.1.

桂島宣弘, 「民衆宗教の宗教化・神道化過程−国家神道と民衆宗教」, 『日本史研究』 第500号, 2004.4.

_____, 「国家神道論という言説−井上寛司『日本神社と「神道」』によせて」, 『新しい歴史学のために』 第269号, 2008.3.

_____, 「宗教概念と国家神道論−'帝国＝植民地'を射程に入れて」, 磯前順一編著『植民地朝鮮と宗教−帝国史・神道・固有信仰』, 三元社, 2013.

姜海守, 「植民地朝鮮における「東方」という'境界'とナショナルな知の形成−崔南善の『不咸文化論』を中心に」, 『日本研究』[韓国外国語大学日本研究所] 제21호, 2003.12.

_____, 「「親日」と「帝国意識」の狭間で−崔南善の「満蒙文化」論」, 『日本文化研究』[東アジア日本学会, 韓国] 제20집, 2006.10.

金泰勲, 「「朝鮮仏教」の成立―「帝国仏教」論の射程」, 末木文美士・林淳・吉永進一・大谷栄一編
　　著, 『ブッダの変貌―交錯する近代仏教』, 法藏館, 2014.

栗田英二, 「植民地下朝鮮における神明神祠と「ただの神祠」」, 崔吉城編著, 『日本植民地と文化変
　　容―韓国・巨文島』, 御茶の水書房, 1994.

孝本貢, 「北海道地域社会における神社形成過程―日高・浦河町地方の事例研究」, 『明治大学人文
　　科学研究所紀要・別冊』第4号, 1984.

呉豪人, 「植民地の法学者たち―「近代」パライソの落とし子」, 酒井哲哉責任編集, 『「帝国」編成の系
　　譜』(『岩波講座「帝国」日本の学知』第1巻), 岩波書店, 2006.

五島寧, 「「神都」計画と扶余神宮に関する研究」, 『都市計画論文集』[日本都市計画学会] 第33号,
　　1998.

阪本是丸, 「「国家神道」研究の四〇年」, 『日本思想史学』第42号, 2010.9.

佐藤弘毅, 「戦前の海外神社一覧Ⅱ―朝鮮・関東州・満洲国・中華民国」, 『神社本庁教学研究所紀
　　要』第3号, 1998.

島薗進, 「加藤玄智」, 島薗進・磯前順一編, 『東京帝国大学神道研究室旧蔵書―目録と解説』, 東京
　　堂出版, 1996.

＿＿＿, 「国家神道と近代日本の宗教構造」, 『宗教研究』第75巻 第2集, 2001.9.

沈熙燦, 「明治期における近代歴史学の成立と「日鮮同祖論」―歴史家の左手を問う」, 『立命館史
　　学』第35号, 2014.

高木博志, 「官幣大社札幌神社と「領土開拓」の神学」, 岡田精司編, 『祭祀と国家の歴史学』, 塙書房,
　　2001.

高谷美穂, 「植民地朝鮮における神社政策の展開と実態」, 姜徳相先生古希・退職記念論文集刊行委
　　員会編, 『姜徳相先生古希・退職記念 日朝関係史論集』, 新幹社, 2003.

竹田稔和, 「筧克彦の国家論―構造と特質」, 『岡山大学大学院文化科学研究科紀要』第10号, 2000.11.

田中聡, 「「朝鮮古代史」の形成と大坂金太郎」, 『岩波講座 近代日本の文化史』6, 岩波書店, 2002.6
　　(月報6).

池明観, 「申采浩史学と崔南善史学」, 『紀要』[東京女子大学比較文化研究所] 第48号, 1987.

津田良樹・中島三千男・金花子・川村武史, 「旧朝鮮の神社跡地調査とその検討―全羅南道, 和順
　　郡を中心に」, '年報'『人類文化研究のための非文字資料の体系化』第3号, 2006.3.

土井浩嗣, 「朝鮮農会の組織と事業―系統農会体制成立から戦時体制期を中心に」, 『神戸大学史学
　　年報』第22号, 2007.6.

外村大, 「朝鮮総督府の古蹟調査保存事業と朝鮮民衆」, 早稲田大学朝鮮文化研究所編, 『コロニア
　　リズムと「朝鮮文化」―朝鮮総督府「朝鮮古蹟調査事業」をめぐって』, 早稲田大学朝鮮文化研究
　　所, 2006.

中島三千男, 「「海外神社」研究序説」, 『歴史評論』第602号, 2000.6.

永瀬節治, 「昭和戦前期における橿原神宮を中心とした空間整備事業に関する研究―紀元2600年

祝典に際しての「神都」創出とその文脈」, 『都市計画論文集』[日本都市計画学会] 第44集 第3号, 2009.

新田均, 「「国家神道」研究の整理」, 『神道史研究』 第53巻 第1号, 2005.6.

林淳, 「近代仏教と国家神道−研究史の素描と問題点の整理」, 『禅研究所紀要』[愛知学院大学] 第34号, 2006.3.

藤田大誠, 「国家神道体制成立以降の祭政一致論−神祇特別官衙設置運動をめぐって」, 阪本是丸編, 『国家神道再考−祭政一致国家の形成と展開』, 弘文堂, 2006.

前川理子, 「加藤玄智の神道論−宗教学の理想と天皇教のあいだで(1)」, 『人文学研究所報』(神奈川大学) 第46号, 2011.10.

_____, 「加藤玄智の神道論−宗教学の理想と天皇教のあいだで(2)」, 『人文学研究所報』(神奈川大学) 第47号, 2012.3.

前田孝和, 「北海道の集落小祠−『北海道神社庁誌』の未公開社を中心にして」, 『悠久』 第119号, 2009.10.

牧之内友, 「戦前期における文部省の宗教政策−「類似宗教」が「宗教結社」となるまで」, 『北大史学』 第43号, 2003.11.

水野直樹, 「治安維持法の制定と植民地朝鮮」, 『人文学報』[京都大学人文科学研究所] 第83号, 2000.3.

宮地正人, 「国家神道の確立過程」, 國學院大學日本文化研究所編, 『近代天皇制と宗教的権威』, 同朋社出版, 1992.

宮本誉士, 「国家的神道と国民道徳論の交錯−加藤玄智の「国体神道」の意味」, 阪本是丸編, 『国家神道再考−祭政一致国家の形成と展開』, 弘文堂, 2006.

_____, 「明治聖徳記念学会と加藤玄智−学会創立前後を中心として」, 『明治聖徳記念学会紀要』 第43号, 2006.11.

村田文江, 「北海道開拓地における無願神祠に関する覚書」, 『歴史人類』 第10号, 1982.3.

茂木栄, 「北海道の神社創建と展開−「神社明細帳」を通して」, 『悠久』 第119号, 2009.10.

山口公一, 「植民期朝鮮における神社政策と朝鮮社会」, 一橋大学博士学位論文, 2006.3.

山田一孝, 「御祭神の撰び方」, 『悠久』 第119号, 2009.10.

吉沢佳世子, 「日本の植民地朝鮮支配と農業教育・農民教育」, 『年報・日本現代史』 第10号, 2005.

2) 한국어

김대호, 「1910년대~1930년대 초 경성신사와 지역사회의 관계−경성신사의 운영과 한국인과의 관계를 중심으로」, 이승일·김대호·정병욱·문영주·정태헌·허영란·김민영, 『일본의 식민지 지배와 식민지적 근대』, 동북아역사재단, 2008.

김승태, 「일제하 조선의 신사에 관한 연구」, 허동현·권태억·김승태·이규수, 『근대 한·일간의 상호 인식』, 동북아역사재단, 2009.

김태훈, 「1910년 전후 '종교' 개념의 행방―제국사적 관점에서」, 윤해동·이소마에 준이치 편,
　　『종교와 식민지 근대―한국 종교의 내면화, 정치화는 어떻게 진행되었나』, 책과함께, 2013.
박균섭, 「心田開発論과 教育引退問題」, 『일본학보』(한국일본학회) 제47권, 2001.
심희찬, 「'방법'으로서의 최남선―보편성을 정초하는 식민지」, 윤해동·이소마에 준이치 편, 『종
　　교와 식민지 근대―한국 종교의 내면화, 정치화는 어떻게 진행되었나』, 책과함께, 2013.
한긍희, 「1935~37년 日帝의 '心田開發'정책과 그 성격」, 『한국사론』(서울대 국사학과) 제35권,
　　1996.

3) 영어

Isomae Jun'ichi·Jang Sukman, "The Recent Tendency to Internationalize Shinto―Con-
　　sidering the Future of Shinto Studies", *Asiatische Studien Études Asiatiques* 66(4), Hungary,
　　2012, pp.1081~1097.

역주

한국어판 서문

【1】 1997년에 결성된 극우단체. 초기에는 주로 '새로운 역사교과서를 만드는 모임(新しい歴史教科書をつくる会)'의 활동을 지지하거나 남녀공동참가 기획에 반대하는 운동을 펼쳐왔으며, 최근에는 개헌운동에 많은 힘을 쏟고 있다. 일본의 황실을 중심으로 개헌과 야스쿠니 참배, 자위대의 해외파견, 애국교육의 강화 등을 주장하고 있으며 2016년 현재 3만 8천명의 회원을 거느리고 있다(일본의 47개 도도부현(都道府県) 전부에 본부가 설치되어 있고, 그 아래 241곳의 시정촌(市町村) 지부가 존재한다).

결성 자체는 1997년이지만 그 모체가 된 것은 1974년에 설립된 '일본을 수호하는 모임(日本を守る会)'과 1978년에 설립된 '일본을 수호하는 국민회의(日本を守る国民会議)'이며, 더욱 거슬러 올라가면 1930년에 창설된 신종교 '생장의 집(生長の家)'과 그 제자들이 60년대 학생운동 당시 조직한 보수계 청년 모임에 이른다고 한다.

일본회의는 근래 일본정치의 우경화와 관련하여 미디어와 학계의 주목을 받고 있다. 도쿄신문의 기사(「일본 최대의 우파조직, 일본회의를 검증(日本最大の右派組織 日本会議を検証)」, 『東京新聞』, 2014년 7월 31일)를 비롯하여 다수의 신문에서 관련보도가 이루어졌고, 스가노 다모쓰[菅野完]의 책(『일본회의의 연구(日本会議の研究)』, 扶桑社, 2016년) 등 각종 연구 서적이 쏟아지고 있는 중이다. 이를 통해 일본회의가 단순한 우익운동을 넘어서서 현실 정치에도 강력한 영향력을 미치고 있음이 밝혀졌는데, 가령 제3차 아베내각(2014년 12월 24일~2015년 10월 7일)의 각료 대부분이 일본회의에 소속된 인물이라는 점이 지적되기도 했다.

일본회의의 간부 중에는 특히 종교계와 관련된 사람이 많은데, 스가노는 위의 책에서 '신사신도, 교파신도, 불교' 및 '신종교' 등 실로 다양한 종파가 일본회의 안에서 동거하고 있으며, 나아가 일본회의는 일종의 '종교단체 연합체'로서의 성격을 지닌다고 밝힌 바 있다.

서장

【1】 일반적으로 신사를 중심으로 우지코[氏子]와 신앙자 등에 의해 행해지는 제사, 의례를 신사신도(神社神道)라 부른다. 역사적으로는 메이지(明治) 이후 샤머니즘적 요소를 강하게 지닌 신도의 근대화 과정에서 기존의 공동체적 제사의 부분(신사신도)과 종교적 부분(교파신도(教派神道))을 나누기 위해 등장한 용어로 볼 수 있다. 즉 신사신도는 개인적 신앙의 자유에 맡겨지는 종교의 영역에 포함되지 않고 국민도덕적인 의무의 영역을 담당했던 것이다(신사 비종교론(神社非宗教論)).

제2차 세계대전 이후 미점령군은 제국일본의 종교정책 및 제도를—파시즘적 요소를 다분히 지닌—국가신도(國家神道)로 정의했는데, 이러한 인식에 대항하여 국가적 이데올로기에 완전히 포섭되지 않았던 부분을 나타내기 위해 주로 사용된다. 이처럼 국가신도와 신사신도를 서로 다른 것으로 보는 시각이 있는 한편, 전전(戰前)은 물론 오늘날의 신사신도까지 국가신도의 개념을 가지고 파악할 필요성을 주장하는 견해도 있다.

이 책이 가지는 연구사적 참신성을 위의 논의에 입각해 간단히 설명하자면 신사신도와 국가신도 사이에 식민지주의의 문제를 삽입함으로써, 국민국가라는 틀 안에서만 자족해왔던 일본의 국가신도 연구에 대해 '제국신도'라는 문제적 개념을 제기한 점에 있다고 할 수 있겠다.

【2】 종교를 근대적 개념의 일종으로 파악하려는 관점. 이소마에는 탈랄 아사드(Talal Asad) 등의 논의 및 탈구조주의, 포스트모더니즘 등에 입각하여 민중들의 삶과 밀접히 결부되어있던 여러 종교적 행위가 서구 종교개념의 유입을 통해 내면적 믿음을 중시하는 교의(belief)와 실천(practice)의 양자로 분리되었다고 본다. 이를 통해 세속의 분리와 함께 정교분리의 이념이 강조되기에 이른다. 이러한 종교개념의 정착 과정에서 신도는 사적 종교의 영역과 공적 도덕의 영역 사이를 방황한다. 본문 중에 여러 번 등장하는 적극적 신사 비종교론 또한 위와 같은 맥락에서 등장한 것이다. 더 자세한 내용에 관해서는, 이소마에 준이치, 『근대 일본의 종교 담론과 계보』(제점숙 역, 논형, 2016년)를 참조.

【3】 일본신화에 등장하는 황실의 조상신으로서 태양을 신격화한 여신으로 여겨지며 이세신궁[伊勢神宮]의 제신(祭神)이다. 창조신인 이자나기(イザナギ)와 이자나미(イザナミ)가 낳은 삼귀자(三貴子)의 첫 번째 신으로서(나머지는 쓰쿠요미[月讀命], 스사노오[素戔嗚尊]), 천상의 세계인 다카마가하라[高天原]의 통치를 위임받았다고 한다.

구체적인 탄생에 관해서는 여러 설이 있다. 『고사기(古事記)』와 『일본서기(日本書紀)』 일서(一書)에는 불의 신을 낳던 중 음부가 불에 타는 바람에 결국 죽음에 이른 이자나미를 쫓아 이자나기가 요모쓰쿠니[黃泉國]에 갔는데, 이자나미를 '보아선 안 된다'는 금기를 어긴 이자나기가 미소기 하라에[禊祓]를 행하며 왼쪽 눈을 씻었을 때 아마테라스가 태어났다는 이야기가 전해진다. 『일본서기』 본문을 보면 이자나기와 이자나미가 아메노우키하시[天浮橋]에 서서 바닷물을 창으로 휘저어 일본을 만든 뒤 여러 신을 낳았는데, 그 때 아마테라스를 비롯한 삼귀자가 태어났다고 한다.

황조신, 태양의 신, 미소기 하라에 등, 아마테라스 신화에 등장하는 개념들은 본문의 내용을 이해하는데 있어서 대단히 중요한데, 특히 남동생에 해당하는 스사노오와의 관계에 주목할 필요가 있다. 이자나기가 미소기 하라에를 하면서 코를 씻을 때 태어났으며 풍우를 관장한다고 전해지는 스사노오는 자신의 아들을 데리고 한반도에 건너갔었다는 신화로도 유명하다. 전전에는 대표적인 식민사학의 논리로 악명 높은 일선동조론(日鮮同祖論)을 뒷받침해주는 이야기로 자주 언급되었고, 그 반동으로 스사노오를 한반도에서 일본으로 건너간 신으로 간주하는 견해도 있었다.

일본신화에서 스사노오는 어머니인 이자나미를 그리워해서 항상 울거나, 이자나기로부터 어둠의 세계인 우나바라[海原]의 통치를 명받고도 이를 거부하고 다카마가하라에 가서 아마테라스와 대립하는 등 여러 문제를 일으키는 존재로 묘사된다. 아마테라스와 스사노오는 우케이(誓約, 선언이나 점복, 재판 등을 의미한다고 한다)를 통해 다섯 명의 남신(男神)과 세 명의 여신(女神)을 낳는데, 이를 자신의 승리로 여긴 스사노오가 난폭한 행동을 일삼자 아마테라스는 동굴 속으로 숨었고 다카마가하라는 어둠으로 뒤덮였다. 결국 스사노오는 다카마가하라에서 쫓겨나 아시하라노 나카쓰쿠니[葦原中国]의 이즈모[出雲]로 가게 되고, 다카미무스비[高御産巣日神]를 중심으로 여러 신이 동굴 앞에 모여 가미아소비[神遊]를 행하자 이에 흥미를 느낀 아마테라스가 동굴 밖으로 나옴으로써 다시 빛을 찾았다고 한다. 이와 같은 신화기술의 내용, 그리고 스사노오와 아마테라스와의 관계는 식민지조선의 신사정책 및 그 인식을 비롯하여 당시 단군신화의 해석 등에도 다양한 영향을 주었다.

【4】 메이지정부는 성립 이래 신사의 전국적 장악과 그 조사를 진행했으며, 1871년 5월 태정관(太政官) 포고를 통해 근대사격제도(社格制度)를 확립한다. 제도의 골자는 신사의 격(格)을 크게 관사(官社)와 제사(諸社)로 나누어 그 등급을 정하는 것이었고, 97곳의 신사가 관사로 열격(列格)되었다. 고대 율령제를 모방한 사격제도의 제정을 통해 관사는 기년제(祈年祭)와 신장제(新嘗祭)에서 국가로부터 봉납을 받게 되었고, 이를 다시 관폐(官幣)의 대·중·소사, 그리고 국폐(國幣)의 대·중·소사로 나누었다. 관폐사와 국폐사의 제사는 각각 신기관(神祇官)과 지방관(地方官)이 담당했다. 제사는 부사(府社), 번사(藩社), 현사(県社), 향사(郷社)로 이루어졌는데, 같은 해 7월 폐번치현(廢藩置縣)의 단행을 통해 번(藩)이 소멸되었기 때문에 실제로 번사가된 곳은 없었다.

당시의 사격제도는 아직 유동적인 것이었기 때문에 이후의 여러 조사와 정세를 거쳐 별격(別格)관폐사나 촌사(村社) 같은 사격이 새로이 추가되었다. 또한 사격제도에 포섭되지 않는 무격사(無格社, 공인된 신사이지만 사격은 가지지 않았다. 잡사(雜社)로도 불렸다)가 존재했고, 사격제도 자체와는 별도로 칙제사(勅祭社), 내무대신 지정 호국신사(護國神社) 같은 제도도 존재했다. 제2차 세계대전 후 미점령군의 신도지령(神道指令)에 의해 근대사격제도는 폐지되었고 모든 신사가 동등한 위치에 놓였으나(이세신궁 제외), 지금도 여전히 '구(舊)사격'을 사용하는 곳이 있으며 1948년에 신사본청(神社本庁)이 정한 별표신사(別表神社) 등을 현재의 사격제도로 간주하는 견해도 있다. 사격제도와 식민지에서의 적용에 대해서는 본문 제2장에 언급되어있다.

【5】 메이지유신 이듬해인 1869년에 창설된 행정관청. 신기관은 고대 율령제도 아래 존재했던 관청으로서 메이지 신정부에 의해 부활한 것이다. 1868년 1월 신기사무과, 2월 신기사무국이 설치되었고, 1869년 7월에는 태정관에서 독립하는 형태로 신기관이 설립되었다. 신기관은 제전(祭典), 제릉(諸陵), 선교(宣教), 하후리베(祝部, 고대 율령제도에 있었던 사직(祠職)의 하나), 간베(神戸, 각종 잡역에 종사했던 하급관리) 등에 관한 사무와 정책을 담당했다. 그 중 제릉과 선교는 고대 신기관에는 없었던 사항으로서 메이지 신기관의 특징을 잘 보여주는데, 특히 기독교에 관한 대책을 강구하는 동시에 국민교화(國民教化)를 위해 시행된 조치였던 선교사의 임명이 주목된다.

다만 이러한 신기관의 사무는 효율적으로 기능하지 못했고, 결국 1871년 신기관은 태정관

소속의 신기성(神祇省)으로 재편되었다. 이를 통해 신기관의 제사는 궁중으로 옮겨갔고, 신기성은 선교만을 담당하게 되었다. 하지만 경전이 없는 신도의 교의는 대단히 미숙한 것이었고, 국학자(國學者)나 신도가(神道家)로 이루어진 선교사들의 태반은 자신이 가르쳐야할 내용을 제대로 이해조차 못하고 있었다. 초등교육에 사용하는 교과서조차 읽지 못하는 자들이 국민교화를 위한 선교를 담당한다는 것 자체가 어불성설이었다. 이처럼 인원이 부족한 점에 더해, 선교사로서의 자질 자체가 의심되는 자들이 대부분인 상황에서 선교활동의 성과를 기대하기란 곤란한 일이었다.

이에 메이지정부는 선교정책의 추진에 있어서 불교와 승려의 힘을 빌릴 심산으로 다음해 신기성을 폐지하고 교부성(敎部省)을 설치하여 종래의 신기(神祇)·종교행정을 신불합동의 기치 아래 일원화시키고자 했다. 하지만 교부성의 정책은 불교계의 정교분리론 등 반대론에 부딪혔으며 정부 내부로부터도 불필요하다는 의견이 개진되었다. 이로 인해 1875년 교부성은 폐지되었고 신설한 내무성 사사국(社寺局)이 관련 사무를 계승했다.

[6] 교부성에 속하면서 선교활동을 담당했던 무급 제도를 가리킨다. 교도직은 1872년부터 1884년까지 존재했으며 14가지 등급으로 이루어져있었다. 신도가(神道家), 신관(神官), 승려 등으로 이루어진 교도직은 주로 '3조의 교칙'('경신애국(敬神愛國)', '천리인도(天理人道)', '황상봉대·조지준수(皇上奉戴·朝旨遵守)')을 국민에게 알리는 역할을 맡았다. 신기성의 선교사 정책 실패를 거울삼아 민중의 흥미를 유발할 수 있는 소위 강담사(講談師) 같은 이야기꾼 등도 교도직에 임명되었다. 그러나 신도적 색채를 띠고 있던 교도직의 활동에 대해 서본원사(西本願寺) 소속의 시마지 모쿠라이[島地黙雷] 등이 강하게 반발하는 등 불교계의 비판이 끊이지 않았고, 학교제도가 정비되어감에 따라 교도직의 필요성 또한 경감해갔다. 이후 교부성이 폐지되고 선교활동이 부진에 빠지자 교도직 역시 1884년에 폐지되었다.

[7] 오쿠니타마[大國魂命]는 지상 세계인 아시하라노 나카쓰쿠니를 주재하는 오쿠니누시[大國主命]의 혼 가운데 하나, 혹은 그 다른 이름으로 여겨지며 구니타마[國魂], 구니타마노 가미[國魂神]로도 불린다(다만 본문 제2장에서 설명되듯이 구니타마노 가미의 경우에는 입장에 따른 해석의 변화를 보인다). 국토 그 자체를 영격화한 것으로서 각각의 토지나 지역에 머무는 정령을 말한다.

오나무치[大己貴命] 또한 오쿠니누시의 다른 이름으로 간주된다. 국토를 만들고 경영한 신으로서 천상의 세계인 다카마가하라를 주재하는 아마테라스의 손자 니니기[瓊瓊杵尊]가 지상세계를 다스리기 위해 다카치호[高千穗]에 내려왔을 때(천손강림(天孫降臨)), 그 지배권을 넘겨주었다고 한다. 혹은 뇌신(雷神) 다케미카즈치[建御雷神]가 지상에 내려와 국토의 양도를 요구했을 때, 오쿠니누시의 아들인 다케미나카타[建御名方神]가 이에 저항하여 힘겨루기를 했다는 이야기도 있다.

스쿠나비코나[少彦名命]는 오나무치를 도와 국토를 만든 신. 소인(小人)의 신, 경작의 신으로서의 성격을 지닌다.

개척삼신은 이처럼 천상의 신인 아마쓰 가미[天つ神]에게 지역과 토지의 신인 구니쓰 가미[國つ神]가 자신이 다스리던 국토를 넘겨준다는 국토양도 신화[國讓り神話] 및 천손강림 신화

와 깊은 관련을 지니고 있다. 본문에서도 언급되듯이 이는 식민지지배를 정당화하는 이데올로기로서도 종종 이용되었다.

참고로, 이른바 기기신화(記紀神話, 『고사기(古事記)』와 『일본서기(日本書紀)』의 신화를 함께 부르는 칭호)에 등장하는 신들은 우선 『고사기』와 『일본서기』의 표기법 차이 때문에 이름이 다양하며, 몇 가지 별칭을 가진 신들도 많다. 오쿠니누시가 그 대표적인 예라 할 수 있는데, 위의 오쿠니타마와 오나무치 모두 오쿠니누시의 다른 이름 가운데 하나로 여겨진다.

【8】 황실의 조상신. 주로 이자나기와 아마테라스, 그리고 아마테라스와 스사노오 사이에 태어난 아메노오시호미미[天忍穗耳尊] 및 그 아들 니니기와 손자 호리[火遠理命], 호리의 아들이며 초대 천황으로 여겨지는 진무천황(神武天皇) 등을 가리킨다. 현재는 일반적으로 아마테라스만을 황조신이라 지칭하기도 한다.

【9】 역주8의 내용을 참조.

【10】 고대 율령제도 당시에 존재했던 신전으로서 천황을 수호하는 여덟 신을 제사지내던 곳을 말한다. 신기관 서원(西院)에 위치했으며 어린 소녀 신관이 근무했다. 메이지유신 이후 신기관이 부활하자 가신전(假神殿)이 세워졌고 거기서 위의 여덟 신을 포함하여 천신지기(天神地祇) 및 역대 황령(皇靈)을 제사지냈다. 1872년 신기성이 폐지되자 이를 궁중으로 옮겨 신전(神殿)으로 개칭했다. 오늘날까지 이어지는 궁중삼전(宮中三殿, 나머지는 가시코도코로[賢所], 황령전(皇靈殿))의 하나로서 황실제사를 지내고 있다.

【11】 미소기[禊]란 신체를 씻어내는 행위를 통해 몸에 달라붙은 흉사(凶事)나 재액(災厄)을 제거하고 정화하는 것을 말한다. 이자나기가 요모쓰쿠니에서 얻은 부정을 씻어내기 위해 미소기를 행한 것이 신화적 기원이라 일컬어진다. 하라에[祓]는 몸과 마음에 묻어있는 더러움을 미소기 등의 의례나 주문을 통해 제거하고 청정한 상태로 되돌리는 것을 말한다. 미소기와 하라에는 일련의 행위, 관념을 이루므로 '미소기 하라에'로 부르는 경우가 많다. 다만 두 개념의 본래적 성격에는 차이가 있다는 지적도 있다.

【12】 신령이 순행할 때 일시적으로 머무른다고 전해지는 가마. 주로 흑칠한 목제를 사용하여 4각, 6각, 8각 등의 형태로 만들어지며 동체와 지붕으로 이루어진다. 기원은 불분명하나 나라시대(奈良時代)에 대불(大佛)을 건립하면서 우사하치만 오카미[宇佐八幡大神]를 마중할 때 자색의 가마가 사용되었다. 이후 헤이안시대[平安時代]에 접어들면서 신령의 탈 것으로서 미코시가 전국적으로 보급되었다고 한다.

【13】 천황이나 미코시가 외부에 행차하는 것을 말한다.

【14】 신사신도는 형식적으로는 비종교로 간주되었기 때문에 역사용어로서 '신자' 등의 표현은 부적절하다. 따라서 조금 어색하긴 하지만 일본에서 자주 사용되는 숭경자라는 표현을 직역해서 사용한다.

【15】 1929년 무렵부터 시작된 일본의 공황으로서 격렬한 물가하락이 특징이다. 이미 1928년부터 주가가 하락세로 돌아서는 등 전조가 있긴 했으나, 직접적으로는 1929년에 시작된 미국 발 공황의 영향을 받은 것으로서 세계대공황의 일환을 이루었다.

구체적인 원인으로는 은의 가치하락과 대중국 정책의 연이은 실패로 인한 수출의 부진, 민정당(民政党) 하마구치 오사치[浜口雄幸] 내각의 금해금(金解禁) 정책으로 인한 엔고(円高)현상과 수입물가의 하락 및 긴축재정을 들 수 있다. 그 중에서도 통화와 금의 태환을 자유롭게 하여 국제간의 금의 이동을 촉진시키려던 금해금 정책을 주요한 요인으로 꼽을 수 있다. 제1차 세계대전의 영향으로 1917년 이래 금의 유출을 금지해왔었던 일본정부는 당시 각종의 디플레이션 정책을 통해 금해금을 꾀하고 있었다. 미국에서 '검은 목요일'이 터지자 당시의 장상(蔵相) 이노우에 준노스케[井上準之助]는 이를 오히려 호기로 간주하고 금해금을 단행하지만, 그 결과 거액의 금이 유출되어 약 2년간 총 8억 엔에 달하는 정화(正貨)를 상실하기에 이른다. 이로 인해 금본위 정책 또한 포기하지 않을 수 없게 되었고, 미증유의 대공황이 본격적으로 시작되었다.

주가와 물가가 엄청난 하락을 거듭하는 가운데, 무엇보다 면사(綿絲)와 생사(生絲), 그리고 쌀값이 눈에 띠게 폭락했고 이는 사회적 불안으로 이어져갔다. 국민총생산이 급감하고 기업들이 도산하면서 임금을 지불받지 못하는 노동자가 늘어났으며, 특히 농촌경제의 궁핍은 생존의 위기로 이어질 정도로 심각했기에 노동쟁의와 소작쟁의가 급증했다. 이와 같은 농촌사회의 불안정은 농본주의적 파시즘 운동의 온상을 제공하기도 했다.

이후 등장한 이누카이 쓰요시[犬養毅] 내각과 다카하시 고레키요[高橋是清] 장상은 국내적으로는 금의 유출 금지와 인플레이션을 통한 공황 탈출, 그리고 국제적으로는 만주침략을 위한 군비의 강화를 추진했다. 한마디로 군수산업을 통한 인플레이션 정책을 추진한 것이다. 여기에 오히려 공황의 덕택을 본 중화학공업의 성장과 농촌구제를 위한 공공토목사업의 실시, 만주에 대한 적극적인 투자, 환율 덤핑 등의 정책이 가세했고, 1933년경부터 경기는 점차 회복국면에 접어들게 된다.

다카하시의 다양한 정책은 분명 일본이 공황에서 빠져나오는데 중요한 역할을 했으나, 재정의 군사적 유착을 가져왔고 군부세력이 대두하는 받침대로 기능하기도 했다. 1935년 군부세력의 성장을 경계한 다카하시는 군비축소를 도모하지만, 이는 필연적으로 군부의 반발을 불러왔고 결국 자택에서 2·26 사건(二·二六事件)을 일으킨 청년장교들에 의해 암살되기에 이른다.

쇼와공황은 사회경제적 측면에서 일본이 전쟁과 파시즘 시대를 맞이하는 중요한 전환점이 되었으며, 식민지지배 정책에도 커다란 영향을 미쳐 조선에서 농촌진흥운동이 펼쳐지는 계기를 제공했다.

[16] 고대 율령국가의 제사 가운데 하나. 6월과 12월의 월차제(月次祭), 11월의 신상제(新嘗祭)와 함께 가장 중요한 제사로 여겨졌다. 매년 2월 4일에 열렸으며 그 해의 풍양을 기원했다. 무로마치 막부[室町幕府] 이래 중지되었으나 메이지 신정부의 성립과 함께 1869년에 부활했다.

[17] 매년 11월 궁중 및 전국의 각종 신사에서 열리는 수확제. 정확한 제사 날짜는 1873년에 서력이 도입됨과 동시에 11월 23일로 정해졌다.

[18] 신사의 유래 및 제신과 관계있는 날을 매년 정해 지내는 제사. 메이지기 이후 기년제, 신상제와 함께 가장 중요한 대제(大祭)의 하나로 간주되었다.

[19] 히모로기와 이와사카에 대해서는 본문 1장의 주73을 참조할 것.

【20】 일반적으로 하나의 신사를 숭경하고 신봉하는 주변의 지연적 집단, 혹은 그 구성원을 우지코[氏子]라 칭한다. 그러한 신사를 우지가미[氏神]라 부르며 우지코는 이에 대응하는 개념이다. 숭경자는 이러한 우지코의 구역 밖에 거주하는 자들을 일컫는다. 다만 숭경자와 우지코는 서로 혼동되어 사용되기도 한다. 고래로 우지코는 씨족의 조상신을 모시는 집단으로 여겨져 왔는데, 메이지기에 들어서면 우지코 총대[氏子總代] 제도가 지방의 행정조직과 함께 정비되어 오늘날에 이르는 신사운영의 기반이 확립하게 되었다. 현재 우지코 제도는 법적, 행정적 규제를 지니지는 않지만 관례와 신앙에 의해 유지되고 있다. 우지코 구역에 대해서는 신사 상호간의 존중이 강조되지만, 대규모 주택개발이나 매립, 토목공사, 행정구역의 변경 등으로 인해 다양한 문제가 야기되고 있다.

1장

【1】 헤이안시대의 정치가 스가하라노 미치자네[菅原道真]를 제사지내는 신사. 천신(天神)신앙과 깊은 관련이 있으며 교토의 기타노덴만궁[北野天滿宮], 후쿠오카의 다자이후덴만궁[太宰府天滿宮]을 비롯해 일본 전국에 약 1만 2천여 곳이 존재한다. 스가하라노 미치자네는 충신으로 이름이 높았지만, 정적들의 허위와 비방에 의해 후쿠오카의 다자이후로 좌천되었고 거기서 삶을 마쳤다고 한다. 이후 이변이 빈발하자 죽은 미치자네가 앙화를 가져온다고 생각한 조정은 그의 혼백을 달래기 위해 신으로 모시기 시작했다. 오늘날 미치자네는 학문의 신으로서 일본인들에게 매우 친숙한 존재가 되었으며, 학생이나 수험생들이 덴만궁을 찾는 풍경을 자주 접할 수 있다.

【2】 곤피라상[金比羅さん]이라는 이름으로 널리 불리며 해상수호, 항해안전의 신을 모신다. 근세에 북해항로가 개척되고 해운기술이 발전함에 따라 그 신앙의 범위도 전국적으로 넓어졌다고 한다. 농업, 어업, 의약 같은 민중의 일상생활에 관련된 소망이 주를 이룬다.

【3】 에비스는 칠복신(七福神)의 하나로서 낚싯대를 쥐고 생선을 안고 있는 친숙한 모습을 통해 오늘날에도 일본에서 널리 사랑받는 존재이다. 이름의 어원은 이방인, 혹은 변경인의 의미에서 유래한다는 견해도 있다. 어촌에서는 주로 어업번성을 위해 해안가에 사당을 짓고 에비스를 모시는 경우가 많으며, 도시나 농촌에서는 상업과 농업의 신으로 모셔지기도 한다. 생활공간의 외부에서 복을 가져다준다는 이미지를 지닌다.

【4】 벼를 비롯하여 오곡과 먹을 것을 관장하는 신을 모시는 곳. 교토의 후시미이나리 대사[伏見稲荷大社]를 중심으로 전국에 약 3만여 곳의 이나리 사가 존재한다. 가장 많은 신봉자를 지닌 신앙형태로 간주되기도 한다. 곡령신앙의 성격을 지니고 있으며 도시에서는 상업번창의 신, 어촌에서는 어업의 신으로 모셔지기도 한다.

【5】 먹을 것, 그 중에서도 벼의 신으로 여겨진다. 기기신화에서는 스사노오의 아들, 혹은 이자나기, 이자나미의 아들로 설정되어있다. 교토 후시미이나리 대사의 제신(祭神)이기도 하다.

【6】 오쿠니누시[大國主命]의 다른 이름, 또는 그 니기타마(和魂, 신령의 가진 난폭한 성격과 온화한 성격 가운데 후자를 나타내는 용어. 전자는 아라타마[荒魂]라 한다)로 간주되는 물의 신,

농업의 수호신이다. 뱀의 형태를 띠고 있었다고 하며 역병을 쫓는 신화에 등장하기도 한다. 오쿠니누시와 함께 국토를 만드는데 관여했고, 진무천황의 부인을 낳았다고도 전해진다.

【7】 오쿠니누시의 아들로서 국토양도 신화(國讓り神話)에 등장한다. 다케미카즈치[建御雷神]가 지상에 내려와 국토의 양도를 요구했을 때, 오쿠니누시의 다른 아들인 다케미나카타[建御名方神]가 힘겨루기를 신청했던 것과 달리 공순한 태도로 임했다고 한다. 고토시로누시는 이외에도 신언(神言)을 대행하는 탁선(託宣)의 신으로서 기기신화에 등장한다.

【8】 신사의 사전 앞이나 경내에 놓여있는 사자(獅子) 형태의 조각으로서 쌍으로 이루어져있다. 고려견(高麗犬), 호마견(胡麻犬)으로 한자를 표기하고 '고마이누'로 음독하는 경우도 있다. 재질은 돌, 동, 철, 나무 등 다양하며, 중국의 당과 송에서 전해졌다고 한다. 참고로 고려(高麗)는 한반도 지역을 추상적으로 지칭하는 용어였는데, 한반도를 경유해서 왔거나 아니면 외부에서 건너온 것들을 일괄해서 한반도로 표현하는 경향 때문에 고려견이라는 표기가 사용되기도 했던 것으로 보인다.

【9】 아마테라스의 다른 이름으로서 주로 이세신궁[伊勢神宮]에서 사용한다.

【10】 1897년 홋카이도의 서남지역에 설치된 지청(支廳). 지청은 1871년의 폐번치현(廢藩置縣) 실시 이후 지방통치의 공백을 메우기 위해 설치된 출장기관을 가리킨다. 이후 통치기구와 제도가 정비되면서 대부분이 소멸해갔지만, 홋카이도의 행정적 지배는 군역소(郡役所)가 설치되었던 혼슈[本州] 이남과는 달리 주로 지청을 통해 이루어졌다.

【11】 미에현[三重縣]에 위치하고 있으며 아마테라스를 모신다. 일반적으로 이세신궁으로 불리지만 정식 명칭은 그냥 '신궁'으로서, 아마테라스를 제사지내는 고타이신궁(皇大神宮, 주로 내궁(內宮)이라 불린다)과 의식주를 관장하는 도요우케히메[豊受大御神]를 모시는 도요우케대신궁(豊受大神宮, 주로 외궁(外宮)이라 불린다)을 중심으로 별궁(別宮), 섭사(攝社), 말사(末社), 소관사(所管社) 및 그 외 시설로 이루어져있다. 신사본청의 '본종(本宗)'으로서 일본 전국에 분포하고 있는 신사의 중심적 존재라 할 수 있다. 메이지유신 이듬해 천황이 처음으로 신궁을 참배하기도 했다.

고대 이래 내궁은 아라키다 일족[荒木田氏], 외궁은 와타라이 일족[渡会氏]이 그 관리직을 세습해왔으나 1871년의 신궁개혁을 통해 이들의 세습은 폐지되었고, 1896년부터는 신궁의 제주(祭主)가 황족으로 제한되었다. 근대사격제도에 있어서 사격을 초월한 존재로 여겨졌으나 전후에는 종교법인이 되었다.

일본의 성지로 여겨지며 문헌을 보아도 참배에 신분적 제한이 가해졌다는 기록이 있다. 하지만 실제로는 기도를 올리거나 부적을 판매하던 하급신직 오시[御師] 등의 활동에 의해 소위 이세신앙이 고대부터 민중 사이에 널리 퍼져있었으며, 신궁 주변에는 술집과 노점상, 기루(妓樓)를 비롯하여 놀이판을 벌이던 시바이코야[芝居小屋]가 성행했다고 한다.

【12】 1912년 7월 30일 메이지천황이 죽고, 2년 뒤에 부인인 쇼켄황태후[昭憲皇太后]가 죽자 이들을 기리기 위해 창건된 신사. 새해 첫날 신사나 사원 등에 참배를 올리는 하쓰모데[初詣]에서 일본인들이 가장 많이 찾는 신사이기도 하다.

【13】 궁사(宮司)는 신직의 하나로서 그 신사의 장(長)의 지위를 나타낸다. 권궁사는 궁사의 아래에 위치하는 직위로서 1871년 관국폐사 중사(中社)에 권궁사를 둘 것이 결정되었다. 참고로 신직이 행정용어로서 사용되기 시작한 것은 근대이후의 일로서, 1887년에 관국폐사의 신관을 폐지하고 신직을 설치하면서 기존의 신관은 이세신궁의 제사에 종사하는 자들로만 한정했다. 1902년에는 관국폐사 직제를 통해 궁사, 권궁사, 예의(禰宜), 궁장(宮掌)을 신직으로 정했다. 신직제도는 여러 번 수정을 거듭했으며, 신직 사이에는 계위(階位)와 신분이 존재한다.

【14】 예의의 아래에 위치하는 신직으로서 관국폐사에서 제의와 사무 등을 담당했다.

【15】 신직의 하나로서 궁사를 도와 신사의 제사 등을 담당하는 직위를 가리킨다. 예의라는 명칭 자체가 신직 전반을 나타내는 경우도 있다.

【16】 메이지정부는 국가의 관리를 네 가지 등급으로 나누고 있었고 그 임명의 직접·간접적 권한은 천황이 가지고 있었다. 임용의 방식과 대우에 따라 친임관(親任官), 칙임관, 주임관(奏任官), 판임관(判任官)으로 구별되었는데, 그 중 친임관, 칙임관, 주임관을 고등관(高等官)이라 불렀다. 친임관은 고등관 가운데 가장 높은 직위로서 천황이 직접 임명했다. 칙임관은 그 다음 직위로서 친임관 이하 8등급 가운데, 1등급과 2등급에 해당했다. 주임관은 3등급부터 8등급에 해당한다. 고등관이 되기 위해서는 문관의 경우 고등문관시험에 합격해야했고, 무관의 경우에는 육군사관학교, 해군병학교를 졸업해야했다. 다만 판임관에서 승진하는 경우도 있었다.

【17】 고사기의 개벽신화에 최초로 등장하는 신. 다만 상세한 기술을 찾아볼 수 없고 이를 모시는 신사도 존재하지 않는 바, 중국사상의 영향을 받은 고도로 사변적·관념적인 신격으로 여겨진다.

【18】 셀 수 없이 많은 수의 신을 칭하는 개념. 고대일본의 범신론적 관념을 보여주는 용어로 해석된다.

【19】 『일본서기』 30권 중 신화부분에 해당한다고 여겨지는 1, 2권을 신대권(神代卷)이라 부른다. 일본의 기기신화는 주로 천지개벽부터 아마테라스 및 스사노오의 이야기, 국토 양도, 천손강림에서 진무천황까지의 내용을 다룬 신대(神代, 가미요)와, 그 후 천황가의 이야기를 다룬 인대(人代, 히토요)로 나누어진다고 설명된다.

【20】 제1대 천황으로서 황실의 조상에 해당한다고 간주된다. 동정(東征)을 완수하고 천하를 평정했다고 전해진다. 진무천황이 즉위한 날로 상정된 2월 11일이 1873년부터 기원절(紀元節)로 정해졌다.

【21】 대일본제국헌법과 주권의 소재를 논한 학설. 호즈미 야쓰카[穂積八束]와 그 제자 우에스기 신키치[上杉慎吉]의 '천황주권설'을 반박한 미노베 다쓰키치[美濃部達吉] 등에 의해 1910년대부터 주장되었다. 미노베는 국가법인설을 바탕으로 천황이 국가통치권의 주체임을 부정하고, 통치권은 법인인 국가에 속하며 천황은 그 최고기관으로서 통치권을 행사한다고 주장했다. 즉 '만세일계'의 천황을 주권과 등치시키는 천황주권설에 대해 주권과 국가, 그리고 천황의 관계를 공법적 관계로서 새롭게 제시한 것이다.

　일본의 근대국가 성립과 공법제도의 확립에 있어서 천황은 그 처리가 매우 난감한 아포리아로 존재했다. 메이지 신정부는 서양열강과 맺은 불평등 조약을 개정하는 동시에, 영국과 프랑스, 미국의 자유주의 사상을 받아들여 '민권파'를 형성하고 의회개설과 헌법제정을 주장하는 구세력의 저항에 맞서야하는 상황에 직면해있었다. 이토 히로부미[伊藤博文] 등을 중심으로 헌법제정을 준비하던 메이지정부는 독일의 '군주입헌제'에 기초하여 행정권의 강화와 입법권의 제한, 내각 연대책임의 부정 등을 골자로 하는 정체의 골격을 다듬고 이를 1889년 2월 11일에 대일본제국헌법으로서 발포한다. 이를 통해 메이지정부는 근대적 헌법체제를 갖추는 한편 자유주의적 헌법론을 배격할 수 있었다.

그러나 천황과 주권의 소재를 근대적 헌법체제 안에 자리매김하려던 이 시도는 오히려 천황의 존재가 초법적 위치에 놓이게 되는 모순을 피할 수 없었다. 천황은 헌법을 통해 피통치자들과 유기적으로 결합하는 세속적 군주가 아니라 신격화된 존재였고, 따라서 법적인 '인격'이 될 수 없었기 때문이다. 천황은 법에 의해 규정되는 자가 아니라 법을 말하는 자, 혹은 법 그 자체였다. 그렇다면 헌법 또한 동등한 법적 인격 사이에 맺어진 약속이 아니라 신의 입에서 발화된 명령이자 계시로 간주될 수밖에 없었다. 헌법이 규정하는 공적 영역과 천황의 사적 명령이 중첩된 채 분리되지 못했던 것이다. 천황기관설을 둘러싼 논쟁은 바로 이러한 식별 불가능한 지점의 해석을 두고 이루어졌다.

미노베는 신화적 천황론에 입각해있던 우에스기 등의 논의를 비판하면서 천황이 아니라 법인격을 지닌 국가가 통치권의 주체이며, 천황은 법인으로서 국가를 대표하고 헌법의 조규에 따라 통치의 권능을 행사하는 최고기관에 다름 아니라고 규정했다. 이러한 해석을 바탕으로 미노베는 국정의 입헌주의적 운영을 주장했고 내각과 의회의 지위를 끌어올리고자 했다. 특히 제국의회는 천황으로부터 권능을 부여받은 조직이 아니고, 헌법에 그 직접적인 근거를 가진 국민의 대표기관으로서 천황에 대해서 독립적인 지위를 가진다고 논했다.

1910년대에 벌어진 우에스기와 미노베의 논쟁은 미노베의 승리로 귀결되고, 다이쇼 데모크라시(大正デモクラシー) 및 교양주의의 확산과 함께 천황기관설은 통설로 자리잡아갔다. 고등문관시험의 필독서로서 미노베의 저작이 언급되었고, 무엇보다 쇼와천황 자신이 천황기관설을 받아들이고 있을 정도였다.

그러나 미노베의 이와 같은 논의는 인민주권에 대해 군주주권을 주장하는 것이었으며, 천황이 법과 주권의 기초라는 점까지 부정하는 것은 아니었다. 이는 외관상의 격렬한 대립에도 불구하고, 어떤 의미에서는 일본판 왕권신수설에 가까운 천황주권설의 문제를 보완하는 성격을 지니고 있었다. 통치권의 원천 자체는 천황에게서 태어난다거나, 대만이나 조선처럼 존황심 및 애국심이 없는 식민지에 헌법을 적용해선 안 된다는 미노베의 주장은 이 점을 뒷받침해준다. 그는 신화적 존재인 천황과 근대적 입헌제도의 공존이라는 모순을 해결하기 위해 천황을 '마음'과 '문화'의 영역으로 밀어냈고, 이러한 '예외화'의 과정을 통해 천황의 신성성을 해치지 않으면서 정치와 법의 사회적 영역을 분리해내고자 했던 것이다. 주권을 신화적 권위에 의거해 정당화했던 대일본제국헌법의 한계라고도 볼 수 있겠다.

이처럼 주류학설의 위치를 차지했던 천황기관설은 만주사변이 발발하고 1935년에 통치권의 주체를 천황으로 규정한 국체명징성명이 발표되면서 우익 진영의 극렬한 비판을 받게 되었고, 귀족원 의원에서 쫓겨난 미노베는 백색테러의 대상이 되기까지 했다(위의 내용은 주로 김항, 『제국일본의 사상: 포스트 제국과 동아시아론의 새로운 지평을 위하여』(창비, 2015) 등의 고찰을 참조하여 작성했다).

【22】 신사에서 발행하는 각종 부적.

【23】 신사 등의 성역을 감싸고 있는 숲을 말한다.

【24】 토지의 수호신. 우부스나[産土]라고도 부른다. 산부 및 갓난아기를 수호하는 우부카미[産神]의 영향을 받았으며, 그 관념은 점차 지연적 집단의 씨족 신인 우지가미와 합치하는 경향을 보였다고 한다.

【25】 사격(社格)의 하나로서 주로 본궁(本宮)이나 본사(本社)가 관리하는 소규모 신사를 통칭하는 용어로 사용된다.

【26】 제사에서 신에게 바쳐지던 나무. 여기에 주로 종이나 실 등을 감은 다마구시[玉串]의 형태로 바쳐졌다. 무용에서 사용되기도 하고, 사전(社典) 등에 부착하여 신역(神域)을 나타내기도 한다.

【27】 중일전쟁 및 태평양전쟁 시기의 관제 국민통합단체. 중일전쟁이 초반 예상과 달리 장기화에 빠지자 이를 타개하기 위한 국민의 획일적 조직화와 전쟁체제로의 동원이 긴급한 과제로 떠올랐다. 이에 제2차 고노에 후미마로[近衛文麿] 내각은 1940년 7월 26일 「기본국책요강」을 각의에서 결정하고 '국방국가체제'의 수립 방침을 내걸었다. 이러한 신체제운동을 통해 모든 정당이 해산되었고 10월 12일에 대정익찬회가 결성되었다. 대정익찬회는 다수결 원리에 따른 운영을 폐지하고 이른바 나치의 지도자 원리를 본뜬 '중의통재(衆議統裁)'(중의를 고려하지만 최종결정은 어디까지나 총재가 내린다는 것) 방식을 채택했다. 총재는 수상이 겸임했으며 사무총장 이하 전 간부의 임명권을 가지고 있었다. 중앙본부와 지방조직을 거느리고 있었으며, 이후 대일본산업보국회, 대일본청소년단 등의 단체가 대정익찬회와 내무관료의 지도 아래 결성되었다.

초기에 주도권을 쥐고 있던 것은 강력한 정치력의 결집을 구상했던 고노에와 그 측근 그룹(야베 데이지[矢部貞治] 및 쇼와연구회[昭和研究會])이었다. 특히 도쿄제국대학 법학부 출신의 야베가 큰 영향을 끼쳤는데, 그는 칼 슈미트 등의 이론을 응용하여 정치적 결단을 내리기 힘든 자유민주주의는 자본주의사회의 여러 모순을 해결하기 힘들다고 지적하고, 사회민주주의에 기반을 둔 독재체제를 일본에 성립시키고자 했다. 그러나 법적 성격을 둘러싼 논쟁을 비롯하여 대정익찬회가 일종의 '막부(幕府)'에 다름 아니라는 비판이 생겨났고, 이윽고 각 정파 간의 주도권 경쟁이 시작되었다. 특히 대정익찬회가 국체를 훼손한다고 여기고 있던 관념적 우익, 그리고 대정익찬회가 지향하던 사회주의적인 통제경제체제에 반감을 가지고 있던 재계의 반발이 거셌다. 결국 대정익찬회는 1941년 2월 정치결사가 아닌 공사결사(公事結社)로 인정되는 바람에 정치적 활동이 불가능해졌고, 4월의 제1회 개조(改組)를 통해 고노에 측근 그룹도 퇴진하게 되었다. 이들을 대신해 내무관료와 경찰이 대정익찬회의 주도권을 쥐게 되었고, 기존의 '하정상통(下情上通)' 방식 역시 '상의하달(上意下達)'로 변경되었다.

뒤이어 등장한 도쿄 히데키[東条英機] 내각은 대정익찬회의 실천부대로서 대일본 익찬장년단(大日本翼贊壯年團)을 결성하고 익찬선거를 실시하여 익찬협회체제를 성립시켰다. 나아가 관제 국민운동 단체들을 대정익찬회의 산하에 집결시키는 한편, 지방의 세포조직에까지 그 영향력을 확대시킴으로써 전국 행정조직의 일체화와 천황제 파시즘 체제의 성립을 이루어냈다.

대정익찬회는 이후 태평양전쟁 말기인 45년 6월 13일에 해산했고 국민의용대(國民義勇隊, 소학교 졸업 이상 65세 이하의 남자와 45세 이하의 여자로 이루어진 전재(戰災)복구조직으로서 1945년 3월 23일에 각의 결정되었다)로 흡수되었다.

【28】 신궁황학관(神宮皇學館)과 함께 대표적인 근대일본의 신직양성기관. 황전강구소는 1882년 국사, 국문 등 고전을 연구하고 가르치기 위해 설립된 기관으로서 당초부터 신관, 신직의 양성 및 교육에 관여하고 있었다. 같은 해 내무성은 부현사(府縣社) 이하 신사의 신관은 황전강구소의 졸업증서 소지자, 혹은 황전강구소나 그 분소의 시험에 합격한 자에 한해 임용한다는 방침을 내렸다.

당시 황전강구소의 학자들은 신도를 국체와 동일시하는 사상을 가지고 있었으며, 독일 실증주의를 받아들였던 제국대학의 역사학자들과 신대사(神代史) 및 천황의 역사적 해석을 둘러싸고 종종 논쟁을 벌이곤 했다. 특히 신도를 동아시아 지역에 널리 보이는 제천신앙(祭天信仰)의 일종으로 여긴 제국대학 국사과 교수 구메 구니타케[久米邦武]를 맹렬히 비판하여 그가 제국대학에서 쫓겨나는데 커다란 영향을 미쳤다. 구메는 자신의 글에서 천황을 비판하기는커녕 오히려 동아시아 지역에서 유일하게 그 습속을 간직하고 있는 일본신도의 훌륭함을 설파했는데, 황전강구소의 학자들은 일선동조론에 가까운 구메의 논리는 황실의 순수성을 더럽히는 것에 지나지 않는다며 비판했다.

1909년 내무대신의 위탁에 따라 신직양성부가 설치되었고, 1927년에는 전문학교령에 의거해 신직양성부를 국학원대학(國學院大學) 부속의 신직부로 재편했다. 현재는 국학원대학과 황학관대학(皇學館大學)이 신직양성의 2대 기관으로 꼽힌다.

【29】 일반적으로 전전(戰前)의 신도13파(구로즈미교[黑主教], 신도수성파(神道修成派), 이즈모오야시로교[出雲大社教], 후소교[扶桑教], 실행교(實行教), 신슈교[神習教], 신도대성교(神道大成教), 온타케교[御嶽教], 신도대교(神道大教), 미소기교[禊教], 신리교(神理教), 금광교(金光教), 천리교(天理教))를 가리킨다. 당시에 교파신도로 공인되었던 교단은 전부 14곳이었으나 후에 신궁교(神宮教)가 재단법인 신궁봉재회가 되면서 이탈했다.

교파신도의 성격을 정확히 정의하기란 어려운 일이지만, 대략 신사신도를 중심으로 하는 신도의 실천과 의례, 또는 근세의 국학(國學) 및 복고신도(復古神道)를 기반으로 형성된 교의에 따라 전개된 근대의 신도교파라 할 수 있다. 다만 금광교나 천리교 등은 새롭게 제창된 종교로 볼 수 있다. 각종 신도계열의 교단 가운데 메이지정부의 종교행정에 의해 국가의 공인을 받은 그룹이기도 하다.

메이지정부는 당초 선교사, 교도직 등을 통해 국민교화를 추진했으나 이내 한계에 부딪혔고, 독특한 정교분리의 개념을 전개하는 방향으로 종교정책을 선회하게 된다. 우선 신사를 '국가의 종사(宗祀)'로서 여타 종교와는 다른 위치에 놓은 뒤, 정치와 종교의 분리를 진행했다. 즉 제사를 중심으로 하는 신도와(신사신도), 교화를 중심으로 하는 신도(교파신도)가 서로 분리된 것이다. 전자는 근대적 신기제도(神祇制度)를 낳았고 후자는 교파신도로 이어져갔다. 정교분리가 이루어지면 신앙은 개인의 자유에 맡겨지게 되는데 이는 곧 신도가 다른 종교들과의 경쟁관계 속에 편입됨을 의미했다. 하지만 선교사와 교도직의 예에서 보았듯이 신도가 불교, 기독교 등과의 경쟁을 이겨낼 가능성은 대단히 희박했고, 다양하게 이루어진 교리적 측면의 체계화와 통일의 시도 역시 모두 실패를 거듭하고 있었다. 이에 메이지정부는 신도를 보호하기 위해 국가의 제사, 그러니까 개인의 사상이 아닌 국민도덕의 영역을 설정했던 것이고 신사신도는 서양적 종교 개념의 울타리 밖에 위치하게 되었다. 이를 통해 신사에 대한 숭배는 개인적인 신조와는 무관한 도덕 행위로서 일률적인 국민의 의무가 되었다. 그리고 신도의 종교적 영역과 그 포교를 담당한 것이 메이지정부의 공인을 받은 교파신도의 각 교단이었다.

2장

【1】 사이타마현 히다카시(日高市)에 위치한 신사로서 고대에 한반도에서 건너온 자들이 그 선조를 모신 곳으로 알려져 있다.

【2】 국가양도국가양도 신화는 서장의 역주7에서 소개한 국토양도 신화를 뜻한다.

【3】 더럽혀져서 나빠진 상태를 말한다. 청정(淸淨)의 반대개념이다. 고래로 인간적인 죄와 달리 자연발생적 현상으로 여겨졌으며, 더럽고 탁한 것이 달라붙어 개인은 물론 사회전체에도 앙화를 가져오는 것으로 생각되었다. 이러한 게가레를 정화하기 위해서는 미소기[禊]나 하라에[祓]가 필요했다. 민속학에서는 게가레의 어원을 '기(気)'가 흐트러진(乱れる) 상태를 뜻하는 '気乱れ'로 보기도 한다.

【4】 주로 실내에 설치하여 신령에게 기도나 제사를 드리는 곳. 가정제사와 일상적 신앙행위 등에 사용된다.

【5】 유랴쿠천황은 5세기 중반에 재위한 제21대 천황으로서 『송서(宋書)』, 『양서(梁書)』에 보이는 '왜의 5왕' 중 한 명인 무(武)일 것으로 추정되고 있다. 야마토[大和] 왕조의 세력 확대와 강화에 있어서 획기적인 영향을 끼친 인물로 보인다.

3장

【1】 메이지 시대의 유명한 육군 노기 마레스케(乃木希典, 1849~1912)를 가리킨다. 해군의 도고 헤이하치로[東鄕平八郞]와 함께 '성장(聖將)'으로 불렸다. 메이지 신정부의 거점지역 가운데 하나인 쵸슈번[長州藩] 출신으로 요시다 쇼인[吉田松陰]에게 깊은 감명을 받고 있었다고 한다. 제2차 세이쵸전쟁[征長戰爭], 세이난전쟁[西南戰爭] 등에서 활약했으며 독일에 유학을 갔다 온 뒤 청일전쟁에 참가했다. 이때 여순요새를 단 하루 만에 함락시키는 활약을 하지만, 엄청난 수의 민간인을 학살하여 국제적인 비난의 대상이 되었다. 대만에도 출정했으며 1896년에는 대만 총독이 되었으나 불과 2년 만에 사직한다. 1904년에 러일전쟁이 벌어지자 휴직 중이었음에도 불구하고 제3군 사령관으로 참전하여 여순함락을 이끌었다. 노기의 여순공략은 반년의 시간 동안 3회의 총공격, 6만여 명의 사상자를 내고 자신의 둘째 아들도 잃는 극심한 소모전이었다.
　　1912년 메이지천황이 죽자 부인과 함께 자결했다. 이에 각지에서 추도의 물결이 일어났고 노기의 저택을 비롯하여 별장, 생가, 홋카이도 등에 노기신사가 지어졌다. 호국의 신, 무인의 거울, 무사도의 체현자 등으로 신격화되었다.

【2】 아마테라스가 스사노오의 난폭한 행동을 피하기 위해 숨었다는 동굴. 서장의 역주3을 참조.

【3】 미노베 다쓰키치와 천황기관설에 대해서는 1장의 역주21을 참조.

【4】 신전을 새로 짓거나 수리한 경우, 준공 후에 신체(神體)를 옮기는 의식.

【5】 일본의 황족 후시미노미야 구니이에[伏見宮邦家] 친왕의 9번째 아들로 1847년 교토에서 태어났다. 닌코천황[仁孝天皇]의 유자(猶子, 형제나 친족 등의 아이를 성을 바꾸지 않고 양자로 삼는 것)로 자라났으며 메이지천황의 의숙부(義叔父)이기도 했다. 황족이 대대로 계승해온 사원을 맡아보고 있었다.

이후 쵸슈번, 사쓰마번[薩摩藩]을 중심으로 하는 신세력과 구막부 세력 간에 보신전쟁(戊辰戰爭)이 벌어진다. 구막부의 잔존 세력과 이를 지지하는 동북 지역의 번(藩)들은 오우에쓰 열번동맹[奧羽越列藩同盟]을 맺고, 구막부와 가까운 사이였던 요시히사 친왕을 메이지천황에 대립하는 의미의 도부황제[東武皇帝]로 옹립한다. 당시 뉴욕 타임스 등은 이를 두고 내란의 와중에 두 명의 황제가 일본에 등장하게 되었다는 기사를 전하기도 했다. 전쟁은 신정부의 승리로 끝났고, 요시히사 친왕은 근신에 처해지게 되었다.

이후 1870년에 프로이센으로 건너가 군사에 대해 공부했고, 귀국한 뒤에는 육군의 군직(軍職)에 올랐다. 청일전쟁에 참가하여 대만 정벌에 임했으나 말라리아에 걸려 죽고 말았다. 이에 대만에는 요시히사 친왕을 기리는 신사가 세워졌다.

4장

【1】 근대 이전 일본의 신도는 불교와 뒤섞인 채 존재하고 있었다. 샤머니즘 및 도교적 성격을 지닌 신도는 사원과 밀접한 관계를 지니고 있었고, 정치적 영역에서도 천황가는 불교세력과 긴밀한 연관을 유지하고 있었다. 전근대의 일상적 신앙체계는 다양한 요소가 서로 명확한 경계를 가지지 않은 채 혼합된 상태로 존재했는데, 가령 우사하치만궁[宇佐八幡宮]에는 무속집단이 형성되어있었고 신궁사(神宮寺)가 지어져있던 신사도 적지 않았다. 기온사(祇園社)는 대륙에서 전해져온 우두천왕[牛頭天王]을 역신(疫神)으로 모시고 있었으며, 그 외에도 산악신앙과 밀교 등이 신사에 깊이 침투해있었다.

근대화의 추진에 있어서 국민통합을 위한 이데올로기가 필요했던 메이지정부는 천황의 신권적 권위 확립을 위해 신불분리(神佛分離)의 정책을 추진했다. 이는 현실적 이익을 추구하는 직관적·다신교적인 신앙체계로부터 일본 고래의 순연한 아이덴티티로서의 신도를 추출해내려던 다분히 작위적인 정책이었다. 1868년 메이지정부는 신불판연령(神佛判然令)을 포고하여 신사에 있던 승려를 환속시키고 궁사(宮社)를 폐지했으며, 불교풍의 사호(社號)와 불상을 신체(神體)로 여기는 행위를 금지하고 신사의 불구(佛具)를 철폐했다. 1871년에는 궁중에 있던 불상과 위패, 불구 등을 전부 천용사(泉涌社)로 옮기고 황족의 장례를 신기제사(神祇祭祀)로 행하게 했다. 이전까지 사원에 있었던 지누시카미[地主神]는 독립하여 커다란 신사를 설립했고, 신도와 불교 어느 쪽에 속한다고 보기 어려운 종교 시설들이 신사가 되었다. 마을의 작은 사당 등에는 불상이나 불구가 놓여있는 경우가 많았는데, 이들 모두가 일촌일사(一村一社)의 우지가미로 통폐합되었다. 이러한 풍조는 폐불훼석(廢佛毀釋) 운동을 낳았고 각지의 사원에서 폭력적인 행위가 들끓었다.

이처럼 신불분리 정책은 일본 고유의 신앙체계로부터 외래사상을 제거하려는 이른바 전통의 창출에 다름 아니었다. 그 배경에는 근대적인 종교개념의 유입이 있었다. 메이지정부는 고대 이래 독자적으로 존재하던 신도를 원래의 형태로 되돌리고 제정일치제도를 확립한다는 명분하에 신불분리를 추진했으나, 실제로는 포괄적인 형태로 존재하던 일상적인 신앙체계가 근대적 종교개념에 따라 강제적으로 분류되는 결과를 가져왔다. 이를 통해 일본고유의 신앙체계로 창출된 신도는 국교의 위치로 격상되었고, 불교 또한 근대 종교로서의 체계를 갖추어가는 계기를 맞이하게 되었다.

다만 일본인의 신앙생활을 신도를 중심으로 재편성하려던 메이지정부의 의도는 원활하게 추진되지 못했고, 결국 신도는 종교가 아닌 국민도덕의 영역으로 자리를 옮겼다. 그리고 신도의 종교적 부분은 정부의 공인을 받은 13개 교단(교파신도)이 담당하게 되었다.

【2】 스이텐진은 물의 신을 가리킨다. 물의 정령에 연원을 가지며 뱀, 용, 잉어 등의 형태로 나타나기도 한다. 물을 긷는 우물이 제장이 되는 경우도 있으며 풍작을 기원하는 제사나 재액 및 역병을 방지하는 제사에서 모셔지기도 한다.

【3】 교토의 아타고산 정상에 위치한 아타고신사[愛宕神社]에서 유래하는 신앙. 산악신앙의 일종으로서 헤이안시대에는 조정의 칙사가 파견되어 불법을 올리기도 했다. 아타고산은 교토의 서북부에 위치하며 뇌운이 자주 출현하는 곳이라 불의 신으로 여겨지기도 했다. 또한 승군지장(勝軍地藏)을 안치하고 있어서 중세에는 무가의 신앙대상이 되기도 했다.

【4】 9세기에 편찬된 고대 씨족 일람서. 전부 1182개의 씨성(氏姓)이 각각 '황별(皇別)', '신별(神別)', '제번(諸蕃)'의 구별에 따라 실려 있다.

5장

【1】 신에게 바치는 물품을 말한다. 품목과 수량은 제사나 신사의 종류에 따라 다른데 주로 비단이나 의복, 무구(武具)나 술, 떡 등이었다고 한다. 이후 음식 종류가 제외되는 경향이 있었고, 1875년에 신사제식(神社祭式)이 정해진 뒤로는 비단 등의 현물 및 종이로 싸서 바치는 폐백료 등이 미테구라로 사용되었다.

【2】 신사의 직책 중 하나. 신직(궁사, 예의, 주전 등)의 아래에 위치하며 견습생의 성격을 지니고 있었다.

【3】 가마쿠라시대[鎌倉時代]의 승려 니치렌의 가르침과 그 법화경 지상주의적 측면을 근대적으로 체계화한 사상으로서, 이를 단순한 신앙의 영역을 넘어서서 정치, 경제, 문화 등 사회 다방면으로 확대시키고자 했다.

【4】 황실의 궁중제사를 담당하던 직책을 가리킨다.

【1】 메이지유신 이후에 성립·발전한 일련의 신흥종교를 나타내는 용어. 전근대적 사회질서가 붕괴되고 근대적 자본주의사회가 형성되어가는 과정에서 등장한 종교들을 가리키는 종교학적 용어로서 역사학의 분야에서는 주로 민중종교라고 칭한다. 한국에서 민족종교라 칭해지는 카테고리와 비슷하다고 보면 되겠다.

【2】 오모토 사건은 신종교 중 하나인 오모토교[大本敎]에 대한 대대적인 검거를 말하며 근대일본의 대표적인 종교탄압사건으로 꼽힌다. 오모토교는 교토부 아야베시[京都府綾部市]에 위치한 신종교로서 개조(開祖) 데구치 나오[出口なお]와 성사(聖師) 데구치 오니사부로[出口王仁三郞]를 교조로 삼고 있다. 가난한 여성으로서 온갖 고생을 겪고 있던 데구치 나오가 1892년 1월 5일 접신한 것을 계기로 탄생했다. 그리고 데구치 나오의 가르침을 이론화하고 교단을 사회적 조직으로 만드는데 큰 역할을 한 것이 훗날 나오의 사위가 되는 데구치 오니사부로였다. 오모토교는 자본가와 지주 계급에 대한 비판을 서슴지 않았으며 전쟁을 거부했다. 1916년에는 교단명을 황도오모토[皇道大本]로 바꾸고 오사카의 신문사를 매입하는 등, 교세를 확장해나갔다. 해군기관학교의 교관 아사노 와사부로[淺野和三郞]를 비롯하여 많은 수의 지식인과 장성급 군인이 입신한 것도 이 시기이다.

　　그러나 오모토교의 이러한 확장은 국가의 경계심을 불러왔고, 결국 1921년 불경죄 및 신문지법 위반을 빌미로 탄압을 받게 되었다(제1차 오모토 사건). 다수의 간부가 기소되었고 데구치 나오의 묘지는 천황릉과 비슷하다는 이유로 파괴되었다. 대규모 검거가 있었지만 교단명을 다시 오모토로 바꾼 뒤에는 세계종교연합회와 인류애선회(人類愛善會)를 창립하여 만교동근(萬敎同根)의 기치 아래 해외로 진출하는 등 활발한 활동을 펼쳤다. 하지만 20년대 후반부터 창설한 쇼와청년회, 쇼와신성회[昭和神聖會] 등의 정치적 활동이 다시금 당국의 경계를 불러 일으켰고, 1935년 불경죄, 치안유지법, 출판법, 신문지법 위반 등을 이유로 본부시설이 그야말로 철저하게 파괴되었으며(다이너마이트로 폭파되었다) 전조직의 해산과 전간부의 구속이 이루어졌다.

　　두 번에 걸친 국가권력의 극심한 탄압에도 오모토교는 사라지지 않았고, 일본의 패전 후 평화운동을 내걸고 다시 부활하여 현재에 이르고 있다.

【3】 가마쿠라시대의 승려 신란(親鸞)을 종조(宗祖)로 삼는 정토진종(淨土眞宗)의 일파. 정토진종은 교토의 본원사(本願寺)로 대표되는데, 1881년부터 동본원사(東本願寺)파를 진종대곡파, 서본원사(西本願寺)파를 진종본원사파로 개칭했다. 제2차 세계대전 후 서본원사는 종명(宗名)을 정토진종본원사파로 변경하지만 서본원사파는 그대로 두었다.

찾아보기

역자 후기

　지금 우리가 살아가는 현대 한국사회에서 신들의 세계는 어떤 모습을 하고 있을까? 기독교와 불교를 중심으로 한 기성종교의 세계, 그리고 이른바 무당이나 점집 등으로 표현되는 무속신앙 또는 민간신앙의 세계를 통해서 우리는 어떤 방식으로 각자의 일상에서 신들의 세계에 접하고 있을까?

　한국 근대사에서 특히 일제강점기로 명명되는 식민지 시기의 종교와 신들에 관한 역사적 문제들은 오늘날 한국사회의 일상에 공존하는 종교적 상황들을 규정하는 출발점이었다. 이 책은 바로 그 점에 대해 특히 식민지 종주국의 종교적 이데올로기였던 국가신도가 식민지조선의 종교와 신들의 영역을 어떻게 파악하고 포섭, 동화, 배제하려 했는지를 치밀하게 고찰한 책이다.

　저자 아오노 마사아키는 식민지조선의 종교에 대해서 연구하는 매우 적은 수의 일본학자 중 한 명으로서 단행본『조선농촌의 민족종교—식민지기의 천도교, 금강대도를 중심으로朝鮮農村の民族宗教 - 植民地期の天道教·金剛大道を中心に』(社会評論社, 2001년)를 비롯하여 여러 권의 편저, 그리고 다수의 논문을 한일 양국에서 발표했다. 종교연구와 식민지연구의 일선에서 매우 정력적인 활동을 펼치고 있으며 한국의 학계와도 활발히 교류하고 있다.

역자가 저자의 국가신도 연구를 처음 접한 것은 2012년 2월 교토의 국제일본문화연구센터国際日本文化研究センター에서 열린 국제심포지엄 '식민지 조선과 종교-트랜스 내셔널 제국사 서술을 위하여植民地朝鮮と宗教-トランスナショナルな帝国史の叙述にむけて'에서였다. 당시 한일 양국의 종교, 역사, 문학, 인류학에 종사하는 연구자들이 주축이 되어 열린 이 심포지엄은, 식민지 조선의 종교 제반에 걸친 문제를 서구의 종교개념의 이입과 그 전개과정을 통해 재검토하려는 목적을 가지고 있었다. 이틀 동안 개최된 심포지엄에서는 종교개념, 일본종교의 선교, 국가신도와 최남선, 샤머니즘과 고유 신앙이라는 네 개의 섹션을 통해 연구 성과 보고와 활발한 토론이 이루어졌다. 저자는 네 개의 섹션 중 '국가신도와 최남선'에서 '조선총독부의 신사정책과 유사종교朝鮮総督府の神社政策と類似宗教'라는 제목으로 발표했다. 조선총독부의 종교정책에 의해 조선에서 새로이 생겨난 '유사종교'라는 개념이 1920년대에 일본으로 역수입되었다는 사실을 밝혀낸 저자의 보고에서 많은 시사를 받았던 기억이 지금도 새롭다.

저자가 제기한 유사종교 개념의 성립과 이동은 식민지 조선에서 종교가 어떻게 인식(종교개념의 범위)되었고 어떠한 역할(종교의 역할)을 담당하고 있었는지를 종주국과 식민지의 상호관계 속에서 엿볼 수 있게 해준다. 식민지조선에서 유사종교 개념이 생겨났다는 사실은 식민지조선의 종교 자체가 비종교적인 것으로 간주된 여러 요소를 포함하는 혼효적인 상태에 있었음을 알려주는 지표가 아닐까? 그렇다면 식민지 조선에서 종교는 종교(교파신도, 불교, 기독교)와 종교가 아닌 것(미신), 그리고 종교와 유사한 것(유사종교)으로 여겨진 다양한 영역이 서로 불완전하게 섞인 일종의 '개념'으로서 존재하고 있었다고 볼 수 있다. 이처럼 균일

한 것으로 존재하지 않았던 종교의 외연과 그 내실은 언제든지 변화할
수 있는 유동성을 지니고 있었다. 또한 이와 같은 종교개념은 식민지조
선 측에 의해 언제든지 재해석 될 가능성을 내포하고 있었다. 저자의 이
러한 유사종교 개념에 대한 고찰은 이 책의 골자인 '제국신도론'의 밑그
림이 되었다.

저자의 일련의 연구는 이처럼 식민지 조선의 종교개념 자체를 불완전
하고 혼효적인 것으로 다시 읽어내고, 이를 통해 식민지조선의 종교지
형을 새로이 구성했다는 점에서 커다란 의미를 지닌다. 저자가 이 책에
서 제시하는 제국신도론은 이러한 종교와 종교가 아닌 것, 그리고 종교
와 유사한 것들이 경계가 모호한 상태로 공존하던 식민지조선에서 국민
교화를 담당했던 국가신도의 실체를 제국사帝國史적 관점에서 파악하기
위해 고안된 방법론으로 볼 수 있다. 제국신도의 형성 과정에 대한 고찰
은 본문의 내용을 통해 충분히 확인할 수 있을 것이다. 다만 저자가 제시
하고 있는 제국신도라는 개념은 한국은 물론 일본의 종교연구자들에게
있어서도 조금은 생소하게 느껴지는 것이 사실이다. 아래에서는 이 책
에서 거듭 강조되고 있는 제국신도의 의미를 검토하고, 저자가 이를 통
해 한일 양국의 종교연구자들에게 던지려는 물음에 대해 생각해보겠다.

우선은 일본에서 국가신도에 관한 연구가 어떻게 진행되어 왔는지를
간략하게나마 살펴볼 필요가 있다. 일본의 국가신도 연구는 무라카미
시게요시村上重良의 작업을 중심으로 그 계승과 비판을 통해 진행되어왔
다. 무라카미 국가신도론의 특징은 서구 시민사회를 그 기준으로 삼고,
이와는 다른 특수한 존재로 국가신도를 파악하는 점에 있다. 무라카미

의 연구는 국가신도가 지닌 폭력적 성격을 추출하고, 그 전근대성을 비판하려는 명확한 목적을 가지고 있었다. 다만 서양의 근대적 종교관 및 정교분리를 일본의 국가신도와 대립적으로 파악하는 이러한 관점은, 도리어 양자의 교착 및 길항이라는 다양한 양태를 보기 힘들게 만드는 측면이 있었다.

이후 국가신도의 연구는 이소마에 준이치磯前順一를 필두로 한 종교개념에 관한 논의가 등장하면서 새로운 국면을 맞이하게 된다. 지금까지 자명한 것으로 인식되어 온 종교 및 신도라는 개념 자체가 일본의 근대화 과정을 거치며 새롭게 탄생한 근대적인 개념으로 여겨지게 된 것이다. 종교개념론의 적용을 통해 종교는 서구의 'religion'의 번역어로서 새로이 창출된 근대적 산물로 여겨졌으며, 천황제 국가체제가 형성되고 성립하는 시기에 신도, 불교와 같은 개념도 동시에 생겨나고 정착된 것으로 간주되었다. 아오노는 이러한 종교개념론을 참조하면서, 총독부의 신사정책을 통해 식민지조선에 유입되었던 국가신도와 그 범위의 확장을 살펴보고, 이를 통해 내지의 신도개념 및 국가신도 또한 조선의 상황에 따라 변용을 겪어야만 했다는 점을 밝혀낸다.

저자의 이와 같은 분석은 기존의 선행연구들이 식민지조선에서 드러나는 국가신도의 이데올로기적 성격을 신사신도의 일탈로 파악함으로써 국가신도의 전개과정과 분리시키고 마는 것과는 달리, 제국일본과 식민지조선의 종교를 둘러싼 갈등을 공시적으로 파악할 수 있는 시점을 제공해준다. 이러한 제국사적 관점을 통해 당시 타민족의 포섭과 동화를 추진하던 제국일본의 내셔널리즘, 즉 다민족 제국주의적 내셔널리즘과 그 이데올로기를 담당한 국가신도의 폭력이 선명히 떠오르게 된다. 식민지조선에서 실시된 신사정책이 그와 같은 동화와 포섭을 위한 정책이었다는 점은 두말할 필요가 없다. 식민지조선에서 제국일본이 실시한 종교정책을 국가신도의 일탈이 아닌 제국신도의 형성과정으로 치환해서 바라보아야, 타민족에 대한 동화와 포섭, 그리고 배제가 지닌 폭력성을 보다 분명히 인식할 수 있을 것이다.

이러한 제국신도론의 전개과정은 식민지조선의 신들에 대한 일본의 종교정책과 그 대응을 통해서 확인할 수 있다. 식민지조선의 종교정책과 국가신도체제의 이식에 있어서 현지의 신들을 신사의 제신에 어떻게 포함시킬 것인가는 매우 중요한 문제였는데, 저자는 상당한 양의 자료를 매우 꼼꼼히 읽는 작업을 통해 그러한 과정, 곧 제국신도의 형성과정을 추적한다.

이처럼 제국신도론은 지금까지의 국가신도론이 놓쳐왔던 식민지의 문제에 주목할 필요성을 환기한다. 이렇게 저자는 제국신도론을 통해 여전히 신도연구에 있어서 배재된 영역으로 남아있는 식민지를 제국이라는 틀 안에 다시 집어넣으려 한다.

그렇다면 이와 같은 저자의 제국신도론은 한국의 연구에 어떤 시사를 줄 수 있을까? 한국에서는 아직 국가신도에 대한 상세한 연구, 즉 국가신도란 대체 무엇이었으며 그 이데올로기와 근대적 억압성, 그리고 국가신도라는 근대적 경험이 가지는 현재적 의의 등에 관한 연구가 많이 이루어지고 있지는 못한 실정이다. 물론 제국일본의 식민지 종교정책을 기독교, 불교, 신종교, 고유신앙 등 개별 종교와의 관계성을 통해서 밝혀내려는 연구는 꾸준히 있어왔으며 훌륭한 성과를 축적해온 것도 사실이다. 최근에는 식민지조선에 세워졌던 지방의 신사와 지역과의 관계를 통해 식민지지배의 다양한 양상을 읽어내려는 시도 등, 점차 그 소재와 관심이 넓어지고 있는 중이다.

그렇지만 이와 같은 한국의 연구들은 주로 일본의 종교정책을 일방적인 통치 이데올로기에 국한하며, 지배와 피지배, 즉 위에서 아래로 향하는 통제와 탄압에만 주목함으로써 도리어 식민지권력에 포섭되지 않는 다양한 신앙의 영역을 놓치고 마는 경우가 종종 있다. 이렇게 식민지의 시공간을 탄압과 저항이라는 이항대립적 관계로 완결시키는 전형적인 식민지 인식은 일본의 종교정책에 대한 피식민지민들의 반응 또한 저항과 친일의 이항대립으로 한정하는 한계점을 지니고 있다. 식민지조선에서 제국일본의 지배자들이 행한 일방적인 강압과 통치의 양상을 조명하는 것은 매우 중요한 작업임에 틀림없지만, 다만 피지배민족의 다양한 반응을 오직 저항과 친일이라는 두 가지 회로에만 가두고 마는 인식에 대해서는 재고할 필요가 있다.

아오노가 제시하는 제국신도론은 기존의 연구들이 가지는 한계와 문제점을 극복할 수 있는 새로운 시점을 제시한다. 그것은 일국사적 식민지 역사기술을 지양하는 동시에 제국일본의 존재양식과 한계를 확인하는 작업이며, 나아가 보편적 문제로서의 종교와 신앙, 그리고 신과 인간의 관계에 대한 역사적 인식의 물음으로 우리를 이끈다.

식민지조선이 균일한 존재가 아닌 불완전하고 유동적인 것으로 인식되는 이상, 종주국과 식민지의 관계 또한 일방적인 관계가 아니라 상호적인 관계에 놓이게 된다. 식민지를 폐쇄적·한정적인 공간으로 보지 않고 제국의 확대, 그러니까 제국일본이 타민족인 식민지조선인들을 동화, 포섭, 배제해가는 이른바 제국사의 관점에서 종교정책을 바라보려는 저자의 문제의식은, 독자로 하여금 피식민지민의 반응 또한 다양한 형태로 표출되었을 가능성을 상기하게 해준다.

결국 조선의 신들을 국가신도의 제신으로서 포섭하려던 총독부의 종교정책은 실패로 끝나고 말았다. 그렇지만 그들이 남긴 상흔은 여전히 오늘날 한국의 신앙형태를 대단히 강력하게 규정하고 있다. 총독부의 종교정책은 한국의 종교지형 전체를 전면적으로 바꾸어버렸고, 종교와 비종교, 그리고 종교와 유사한 것으로 여겨진 영역은 현대에도 여전히 서로 명확한 경계선을 지니지 못한 채 우리의 일상생활 주변에서 배회하고 있다. 나는 이 책이 우리의 삶과 직결되고 있는 종교적 상황의 근원을 알려주는 동시에, 이를 비판할 수 있는 역사적 무기가 되어준다고 생각한다.

이 책이 일본에서 출판된 것은 2015년 7월로서 그해 10월에 리쓰메이칸대학立命館大学에서 역자들이 주최한 서평회가 열렸다. 당일 서평회에서는 한국과 일본의 젊은 종교사 연구자들을 중심으로 제국신도라는 신선한 개념의 해석을 둘러싸고 열띤 논쟁이 벌어졌다. 그 후 근대 종교사와 사상사를 전공한 역자들은 이 책의 내용을 한국에도 알릴 필요가 있다고 판단하여 아오노 선생님께 그 의향을 물었고 다행히 허락을 받았다. 언제나 친절하게 대해줄 뿐만 아니라 역자들에게 한층 성장할 수 있는 기회를 주려고 노력하는 저자에게 깊은 감사의 인사를 전하고 싶다. 책의 번역 출판을 소명출판에 타진해주신 한양대 윤해동 선생님께는 언제나 다 갚지 못할 신세를 지고 있다. 부디 이 책이 한일 간 종교연구의 새로운 디딤돌이 되어서 두 분 선생님께 작은 보답이라도 되었으면 하는 바람 간절하다.

역자들의 게으름으로 인해 소명출판의 편집부 식구 여러분들, 특히 박성모 대표님께는 이 짧은 글에 모두 담을 수 없는 실례를 범하고 말았다. 힘든 출판사정 속에서도 흔쾌히 번역 출판을 수락해주셨음에도 불구하고, 도리어 더 폐만 끼친 꼴이 되고 말았다. 그런 와중에서도 역자들의 미숙한 한글 문장을 깔끔한 책으로 만들어주셨다. 심심한 감사의 말씀을 드리고 싶다.

역자를 대표해서 배귀득 씀